卑鄙的聖人

曹操9

王曉磊——著

千古之謎，曹操爲何棄曹植立曹丕

目錄

繼承者們　歷史上的相煎都很急　004
第一章　百騎夜襲，甘寧逞威曹營　006
第二章　南征不利，曹操望江興歎　025
第三章　暗謀奪嫡，楊修襄助曹植　045
第四章　二子爭嗣，曹操出題　061
第五章　臨機應變，曹植棋高一著　082
第六章　優劣已分，曹操屬意曹植　104
第七章　再征江東，徒勞無功　122
第八章　廢殺伏皇后，威逼天子　148

第九章　曹植作弊事發，曹操大失所望　166
第十章　出征漢中壓制劉備　199
第十一章　誤打誤撞平定漢中　231
第十二章　大破孫權，張遼威震逍遙津　254
第十三章　無心戀戰，曹操錯失滅蜀良機　272
第十四章　曹操晉封魏王　293
第十五章　重臣屈死，曹操立威　315
第十六章　賢內助一語驚醒曹操　345
附錄一　冊魏公九錫文　371
附錄二　秋胡行　374
附錄三　進魏公爵為魏王詔　378

歷史上的相煎都很急

儲位之爭從來都是令人頭痛的問題，雖然周朝制定了傳位嫡長子的傳統，但嫡長子未必最賢能、最適合或最受寵。於是很多人舉棋不定，特別是在亂世，因為繼承人須能守成，避免前代辛苦打拚成果付諸東流。繼承人若本身不夠強或年紀太輕，政軍大權往往會落在權臣手中，之後又要經歷動盪，甚至流血才能順利上軌道（例如清朝的康熙帝）。以東漢末年而言，最幸運且順利的要算是劉備之子劉禪了，他立儲前沒有其他皇子奪嫡的威脅（雖然劉備有養子劉封，又有庶子劉永、劉理，但皆不構成威脅），繼位後也沒有權臣壓迫甚至圖謀篡位（託孤重臣丞相諸葛亮和尚書令李嚴都乖乖輔佐他），可以說是無縫接軌，因此能保全夷陵之戰後大傷元氣的蜀漢不被瓜分。

最慘的不外乎兄弟不睦，甚至兵戎相見導致滅亡。

劉表長子劉琦和次子劉琮不睦，劉琮的母親蔡氏為荊襄世族，舅舅蔡瑁又攬兵權，連劉表都要對二人敬重三分（劉表當初孤身一人來赴任，能夠穩住荊襄之地，蔡氏功不可沒）。於是劉表一死，蔡氏不但立劉琮繼位，後來更直接投降曹操（劉琮投降後，曹操半途派于禁加害是《三國演義》情節；正史上劉琮安全地掛名擔任青州刺史，後來曹操還封他為諫議大夫）。

袁紹有三子，長子袁譚、次子袁熙、三子袁尚，其中袁尚最得袁紹寵愛，他廢長立幼讓袁尚繼位。袁熙生性怕事，沒有主見，自然不參與奪嫡之爭。官渡戰敗，袁紹死後，袁譚和袁尚兩人不顧曹操虎視眈眈，竟各自帶領自己的謀臣兵將互相拚殺。袁譚屢屢失利竟然投降曹操（假意投降，想讓曹操削弱袁尚勢力，自己得漁翁之利），然而曹操識破他的陰謀，將計就計順利滅了袁氏一族（其實官渡之戰後，袁紹還是占據著優勢，只是他剛愎自用又太早亡，以致二子兄弟鬩牆讓曹操有機可乘）。

翻開歷史，最普遍的狀況不是上述兩者，而是像孫權或曹操一樣，重則經歷狂風暴雨，國雖存而轉衰；輕則如湖上行舟，船過水無痕。孫權晚年歷經了長達八年的二宮之爭，先後廢了太子孫和、賜死魯王孫霸（兩人爭儲，暗結朝臣互相攻訐，史稱「南魯黨爭」），最後冊立七子孫亮為太子，後來繼位；但只在位六年就被權臣孫綝所廢，改立孫權六子孫休為帝；後來孫休用計滅了孫綝一黨，但只在位六年就去世，由孫和之子孫皓繼位。孫吳連番損耗之下，國力雖能勉強支撐，但已日薄西山。

曹操最寵愛的兒子曹沖死後，他在曹丕和曹植中難以抉擇。曹丕行事幹練、城府較深，然而氣量狹隘、又喜結黨謀私，文章才華也略遜曹植一籌；曹植天性浪漫、仁德為懷，然而放縱不羈、雖謙虛禮賢卻不擅於兵學政事，治世為明君，而此亂世恐難以繼承大業。既然難以抉擇，曹操便默許他們互爭，故意在他們的幕僚中安插對方人馬，又給他們相同的恩寵，藉此看誰最適合繼承（和清朝制度很像）。雖然曹丕繼位後有流血衝突，但國力不受影響。

且看曹丕和曹植如何互相較勁、爭取儲位？曹操南征又為何屢屢徒勞無功？晉升魏公不久，曹操又晉封魏王，漢王室岌岌可危，作為和王莽有七八分像的曹操，真的會篡漢自立嗎？

第一章
百騎夜襲，甘寧逞威曹營

白水兵變

蜀地的冬天雖不似北方嚴寒，卻來得也慢、去得也遲。如今已是建安十八年（西元二一三年）二月，益州之地依舊陰冷潮濕，尤其夜晚更是寒氣逼人刺骨難耐。

山巒疊嶂霧靄迷茫，羊腸古道逶迤蜿蜒，虯藤老松和嶙峋怪石都籠罩在沉沉夜色之中，如魍魎鬼魅般陰氣森森。幽深密林無一絲聲響，蓊鬱枝葉淒涼地瑟瑟抖動。山間小路曲折迂迴，在朦朧縹緲的霧中若隱若現。枯枝敗葉、草窠苔蘚與潮濕的泥土裹挾著，滑溜溜舉步維艱。猛一陣啼鳴打破寂靜，卻是夜棲的鴟梟驚風而動，鬼影般一閃而過。這條路向東北方迤邐而去，在路的盡頭有一座並不十分雄偉的關城。乍看之下這關城古老破敗，在崇山峻嶺間顯得甚是渺小，但只要仔細觀察兩側的高山峭壁便不難看出，此處實是一夫當關萬夫莫敵的險隘——這就是阻隔蜀地與漢中要道的白水關（今四川省廣元市青川縣）。

振威將軍劉璋承繼其父劉焉之業，割據蜀地二十載，雖然也有過幾次叛亂，但大體上還算安定；加之他胸無大志意在自守，各處兵馬都疏懶了，卻唯獨白水關武備森嚴毫不鬆懈。只因此處北通秦隴、南接葭萌，是隔斷蜀地南北的重要關隘。雖同屬益州，但白水關以北的漢中郡是「米賊」

張魯的地盤，以南才是劉璋的勢力範圍，雙方敵對多年時常衝突，因而白水關又被蜀中官民叫做「關頭」，足見緊要至極。轄制此關的巴西太守龐羲是河南人士，曾任議郎，與劉焉乃是故友，涼州軍禍亂長安時他曾營救劉焉子姪，之後入蜀輔佐劉氏父子兩代，平定蜀中鄉人叛亂立有大功，繼而與劉璋結成兒女親家。他也曾有意征討張魯平定漢中，無奈幾番用兵盡皆鎩羽，只好嚴守不出以待天時，如今鎮守白水關的是他手下宿將楊懷、高沛。此二人雖非驍勇之輩，卻也忠心耿耿；麾下兵卒萬餘久與張魯對陣，稱得起是蜀中最能征慣戰的隊伍。扼制要道防守北方自然是楊、高二將最重要的職責，不過隨著劉備入蜀，益州情勢添了幾分微妙變數，也令二將頗感憂慮。

一年前劉璋邀劉備入蜀，意在借助其力征討張魯，趕在曹兵大舉西征之前全據蜀地扼守漢中。然而蜀中大吏黃權、劉巴等極力反對，主簿王累甚至倒懸城門以死勸諫，終究未挽回劉璋的決心。在別駕張松的極力推動下，劉備還是被請來了。蜀中至荊州的險山關隘門戶洞開，劉備在使者法正的引導下長驅直入，輕而易舉涉過天險，在涪縣（今四川省綿陽市涪城區）與劉璋相會。與其同來的不但有一萬荊州兵，還有龐統、黃忠、魏延、霍峻等謀臣驍將。當暮氣沉沉的蜀中官吏目睹了劉備及其部屬的勃勃英姿時，每個人都倒抽一口涼氣——這樣厲害的人物來到蜀中，究竟是福是禍呢？

劉璋胸無城府，在他看來這一定是好事，劉氏宗親自當攜手禦敵，劉備儀表堂堂禮賢下士，正是夢寐以求的幫手，兵強馬壯當然再好不過，怎麼會包藏禍心呢？二劉各領部屬在涪縣盤桓多日，一個誠心相待，一個虛與委蛇，漸漸稱兄道弟。劉璋大顯慷慨，主動「表奏」劉備為大司馬、領司隸校尉；劉備投桃報李，也「表奏」劉璋為鎮西大將軍、領益州牧。當然，這種表奏根本不可能上達天聽，即便遞到許都，曹操控制的朝廷也不會予以承認。適逢曹操在潼關對戰韓遂、馬超等關中叛軍，劉璋不敢怠慢，又借給劉備一萬兵馬，並供給糧草輜重，請其暫屯白水關以南的葭萌關（今四川省廣元市元壩區），休整人馬擇日北征，並傳令白水關楊、高二將，隨時配合劉備行動。

殊不知劉璋這決定無異於倒持干戈授人以柄，劉備率軍北上，一到葭萌關就賴下不走了，竟以休整人馬為名拖延一年之久。葭萌關位於溝通南北東西的要道上，由此向北出白水關可討張魯；但若向西南而進，突破梓潼、涪縣、雒城等地又可直逼成都城下；另外葭萌境內有渝水（今嘉陵江支流）向東南流淌匯入長江——劉璋不明白，但蜀中不少有識之士都看出劉備似乎用心不善。他占據這個地方，既可北攻張魯又可南侵蜀中，還能與荊州保持通訊，反客為主之勢昭然若揭！

北方局勢變化也出人意料。曹操大破韓遂、馬超，誅殺成宜、梁興等，進而收降楊秋，拿下涼州本已勝券在握，卻因冀州叛亂倉促收兵，只留夏侯淵、徐晃、張郃等鎮守長安。韓遂、馬超遺患未除，一心東山再起；漢中張魯恐唇亡齒寒，把韓、馬視為擋箭牌，暗地裡助兵助糧，竭力支持他們侵擾隴西之地；江東孫權平定交州之後轉而籌謀北方，因而孫、曹兩軍會於長江重鎮濡須口，大戰一觸即發。諸方勢力互相牽制，暫時無人能對蜀中構成威脅。外患似乎沒有了，劉備反而成了心腹內患。成都官員離得遠還難以詳察，楊、高二將近在咫尺卻瞧得明白，這一年多劉備厚樹恩德邀買人心，每日裡置酒高會，拿著劉璋資助的錢財賞賜將領、結交士人、賑濟百姓，棲息在他羽翼下的人越來越多。

楊懷、高沛表面上對劉備恭恭敬敬，實則心懷戒備。白水關原本只防禦北面張魯，如今卻南北關門皆閉，片刻不敢掉以輕心，只盼「貴客」高抬貴足早回荊州。剛好半個月前出現轉機，曹操南征兵至長江，劉備以回援荊州幫助孫權為名告辭，卻又獅子大開口，要求劉璋再支援一萬兵幫忙抗曹。劉璋腸子都悔青了，劉備入蜀一仗未打，在葭萌關白吃白喝一年，耗費錢糧不計其數，臨走之際還要他出血，這買賣賠到家了！但請神容易送神難，畢竟自己請來的，也不好公然翻臉，劉璋考慮再三打個了折扣，只答應援助四千兵。劉備心有不甘，致書成都要求增兵，劉璋卻再不多予；一個漫天要價，一個就地還錢，你來我往好不熱鬧。楊、高二將見此情形既感欣慰又覺憂慮——喜的是劉備總算肯走了；憂的是倘若撕破臉面，又怕劉備狗急跳牆。於是白水關守備更嚴了，二將平分兵馬，一個白天守關、一個夜晚值宿，時刻關注南面動向。

這一晚值宿的是高沛，他在城關周匝仔細巡視一圈，便高坐城樓之上，守著炭盆觀看以往幾天的軍報。寒夜漫長倒也無事，沒有任何探報，饒是高沛三十出頭體格強健，百無聊賴地耗一宿終究打熬不住，到凌晨之時已是滿眼昏花哈欠連連。正渾渾噩噩間，忽聽五更鼓響，不禁精神一振，忙喚親兵敞開閣門，但見天色轉明霧氣漸淡，這一夜就算平安度過了。只需再過半個時辰，楊懷起來點兵，高沛就能休息了。他心中正喜，猛聽一個清脆的「報」字自南面傳來，擊碎了凌晨的寧靜。楊懷陡然一驚，險些踢翻炭盆，大步踱至閣外手扶女牆朝下望去，果見黎明曉色中有個斥候兵駐馬關下。

「南面有何軍情？」

那斥候兵嗓音洪亮：「有十餘騎自葭萌關而來……」此刻天未大亮仍舊安靜，這句稟報響徹山谷，竟傳來一連串回音。

高沛原以為劉備有所行動，哪知只來了十餘騎，心頭不免詫異：「不必進城，給我再探！」

「諾。」斥候領命而去。

高沛吩咐完畢，回頭看了眼親兵：「你去把楊……」話說一半略一思索，「算了吧！」

他本有意把楊懷叫起來，但想來又有些小題大做，十幾個人豈能掀起風浪？天快亮了，應該不會出差錯，說不定是劉備派人來傳什麼口訊——如此一想寬慰了不少，呼吸著清晨的涼氣，靜候探報歸來。

過不多時天邊泛起了魚肚白，南面傳來疏疏落落的馬蹄聲，繼而山道迷霧中浮現出十餘騎，奔得卻不快。高沛揉揉惺忪睡眼，見方才派去的斥候兵與為首者並轡而來，頗覺詫異，又伏在牆頭伸著脖子瞧看了半晌，漸行漸近才辨明來者。此人身材清瘦，身著皂衣外罩布袍，頭戴武弁斜插翎羽，腰中懸一柄佩劍，面龐白淨三綹墨髯，三角眼、鷹鈎鼻、短人中、高顴骨、尖下頜，濃濃一道連心眉——原來是劉璋派至劉備軍中、引荊州兵入蜀的軍議校尉法正。

高沛不忙傳令開門，扯開嗓門嚷道：「原來是孝直兄，大清早跑來做什麼？」他有所耳聞，這一年來法正身處劉備營中，沒少得人家恩惠，還向劉備引薦了不少蜀中之士，因而有所防備。

法正行至關下勒馬，未曾說話先打了個哈欠，扭著脖子捶著肩頭，懶洋洋道：「這鬼天氣，冷得鑽骨頭縫……快開門吧，開門送瘟神，劉備要回荊州了！」

「什麼？」高沛以為自己聽錯了，「這就要走？」

法正翻身下馬活動著腿腳，繞過守備的拒馬、鹿角，無精打采道：「是啊，天不亮就打發我來通報你，攪了一場好夢……」

「他人馬呢？」高沛不禁舉目遠眺——其實望也望不見多遠，霧還沒散呢。

「我出來時剛開始點兵，這會兒想必已出葭萌關，離得還遠呢，少說也得半個時辰。」話說至此法正轉而惱怒，提高嗓門朝上嚷道：「姓高的，你還不快開門？我大半夜就教劉玄德打發出來，一路辛苦水米未打牙，你不開門想凍死我呀？留神我罵你八輩祖宗！」

「開門開門！」高沛朝親兵揚了揚手，不禁咕噥：「你這頤指氣使的臭樣兒就是改不了，難怪龐羲他們瞧不上你。」

禍福難測，關城大門只開了窄窄一道縫，十餘人挨個牽馬而入。高沛耐著性子等了半天，法正才慢吞吞登上城來，近看之下見他面色慘白，穿霧而來鬢髮之上皆是水珠，有氣無力地耷拉著腦袋。

「劉備真要走？」高沛仍不免懷疑。

法正往牆頭一倚，擰著濕漉漉的袍襟，沒好氣道：「不走不行。昨夜荊州急報，曹操已破孫權江北大營，好像連南郡之地也受到曹軍威脅了，他再不回去恐怕老窩都沒啦！」

高沛長出一口氣：「這回不跟咱討價還價了？」

「哪還顧得上？借他四千兵就不錯了。主公也真好心，若依著我一個兵都不給！咱耗得起，他在這兒耗不起的。」

「嘖嘖嘖……」高沛拿他取笑，「當初還不是你把他引進來的？這會兒又充豪橫，可不是送客之道啊！」

法正愁眉苦臉：「不錯，是我請來的。可又不是我願意去，上支下派嘛！」

「我可聽說，你沒少得他好處。」

「呸！」法正三角眼一瞪，「你光看見賊吃肉，沒看見賊挨揍！這大耳賊也忒勢利，當初跟咱主公好的時候對我噓寒問暖，一聽說主公不肯借兵立刻就向我發作，那臉拉得比驢臉都長。如今你們也都把錯推我身上，這冤枉還洗得清嗎？我算看透了，什麼同宗之義都他媽胡扯，這大耳賊害我不淺！」

高沛頗覺好笑，但兩家畢竟沒撕破臉，也算好聚好散。法孝直嘴上沒個把門的，一口一個「大耳賊」地亂嚷嚷，若傳揚出去恐怕不好，反而勸道：「別罵了。君子絕交不出惡聲，容他們走就是了……」一語未畢又生疑惑，「咦？劉備回荊州為何不走來時舊路，北出白水臨近張魯、蒯祺之地，豈不危險？」

法正卻道：「就你聰明，淨拿劉備當傻子。咱防著人家，人家還防著咱呢！走來時之路需經重山險隘，劉備心裡也不踏實，怕咱把門一關將他吃了，所以乾脆北出白水。只要過了你這關，咱也奈何不了他啦！」

高沛連連點頭，當即命兵馬整備列隊，一是恭送劉備離蜀，二來也想在大耳賊面前擺擺威風。漸漸天色已亮，楊懷及其部屬也醒轉了，點齊人馬開門列隊，撤去鹿角、拒馬，雖不至於清水潑街黃土墊道，也得有點兒送客的樣子。

楊懷與法正相見，問明緣由，叫他帶隨從閣內休息，哪知他剛邁進一條腿就鬧道：「嗐！又是炭氣又是霉味，這破地方怎麼待？算了吧，我就在城樓忍會兒吧！」說罷招呼親兵牆根一蹲，掏出乾糧大嚼起來，折騰半宿果真是餓壞了。二將未多理會，兀自商議部署，楊懷領兵在外迎候，高沛在城上瞭望。

約莫小半個時辰，已是天光大亮，霧氣也退盡了，見遠方山巒間若隱若現有旌旗晃動，想必劉備到了，行動卻不甚快。高沛又感詫異：「劉備不是急於回荊州嗎？為何行軍如此遲緩？」

法正蹲在一旁嚼著肉乾咕噥道：「想快也快不了，整軍的時候我看見了，所有輜重糧草他都要運走，裝了百餘車，連根柴禾棍都沒給咱留下，瞧那架勢恨不得把葭萌關拆了搬回荊州。」

「可惡！」高沛狠狠一拍女牆，「皆我蜀中之物！」

「算了吧，破財免災，由著他拿又能拿走多少？蜀道之險他都不曉得，到時候運不走，連車帶東西全得扔在半路上，反倒便宜張魯、申耽。」說到這兒法正站起身，善意地拍了拍高沛的肩膀，「我得給你提個醒，關內可有輜重糧草？」

「有啊！」

法正笑道：「劉備要兵沒要來，可是賭氣走的。偷襲咱諒他不敢，但只怕賊不走空，惦記你關裡糧食，莫說明搶，萬餘兵馬穿關而過，順手牽羊也夠你受的！依我說，別傻乎乎光防外面，調點兒兵進來，看住糧食才要緊。」

「有理有理，多承老兄指教。」高沛即刻傳令，從關外兵馬中抽兩千入關看守輜重。楊懷在下面督隊，也未加干預。

白水關上下還在調動，忽見樹影晃動馬蹄聲響，一隊騎兵猛然從逶迤山道間閃了出來。領兵之人寬衣大袖風度翩翩，正是劉備本人，軍師中郎將龐統懷抱令旗侍奉在左，黃忠肩挎長弓護衛於右，魏延、霍峻、薛永、卓膺等將頂盔披甲皆在其後。楊懷在關下見此情形不禁一怔，抬眼望去大隊旌旗依舊甚遠，又見劉備未穿鎧甲，想必是親自在前率隊，心下更踏實了。

劉備素來好涵養，相貌又甚為英朗，臉上掛著一縷笑意，還離著老遠就在馬上抱拳行禮：「楊將軍，叨擾叨擾！」楊懷心中暗罵——都叨擾一年了，如今也算滿載而歸，快走吧！雖然這麼想，面子卻還得講，見劉備急催坐騎似要過來跟自己攀談，楊懷也趕緊帶親兵催馬出列：「玄德公忒客套。遠道而來照應不周，還請多多海……」

話未說完忽聽城上高沛大呼：「楊將軍小心！」

楊懷一驚，這才注意到迎面隊中黃忠已搭弓在手；忙欲撥馬招呼士兵應戰，還未拉緊韁繩，寒光一閃冷箭已中眉心！楊懷一聲未吭，死屍栽落馬下。

「卑鄙小人！」高沛在城頭連連跺腳放聲大叫：「衝上去，將大耳賊亂刃分屍！」將軍有命自然要聽，楊懷的親兵率先回應，齊奔敵人而去。劉備這會兒早退回隊中，龐統把手中令旗一晃，頃刻間喊殺聲震天動地，重山密林間冒出數之不盡的荊州兵——遠處那些旌旗不過故布疑陣，大隊兵馬早匍匐到近前了。

左右山麓弓矢齊發，楊懷那些親兵立時萬箭攢身！餘下蜀兵盡皆駭然，匆忙撤退閃避。若逃進關裡也罷了，可剛才傳令兩千步卒入關護糧，還沒調度妥當又開了仗，剛進城的兵一頭霧水，聽見喊殺聲趕忙又衝出去助陣；外面的情知鬥不過，反而往關裡擠，蜀軍進退衝突自相踐踏。

高沛眼瞧黃忠、魏延等將率領部眾如狼似虎向關口撲來，自己的兵兀自糾纏不清，唯恐城池有失：「放箭！速速關……」一個「門」字未出口，忽覺背後劇痛，四五柄長劍同時刺入體內！高沛只呻吟了一聲，便順著牆根緩緩癱倒在血泊中。

蜀兵還在關口擁擠踐踏，只覺敵人喊殺驟息，都舉著兵刃笑嘻嘻瞅他們。正懵懂間，又聽得上面傳來另一人的聲音：「白水關兵士聽令，速速放下兵刃。玄德公有好生之德，繳械者概不問罪，還不歸降更待何時？」大夥抬頭望去——軍議校尉法正昂然立於城頭，右手執劍，左手赫然攥著高沛血淋淋的首級！

這一變故非同小可，楊、高二將皆死，關兵喪失統帥不知所措。但大夥知道法正是蜀中官吏，有的兵倉皇之際不及詳思，聞聽號令就把兵刃扔了。有一個扔兵刃的就有十個照樣學，「鏘啷」之聲不絕於耳，近萬士卒大半棄了刀槍。

法正平素不拘小節桀驁不馴，官場聲望不佳，這會兒卻像是變了個人，仗劍而立精神抖擻，見還有人不甘繳械，朗聲疾呼道：「蜀中將士兄弟們，大家清醒一下吧！劉焉、劉璋父子治蜀二十餘載，可有絲毫善政？劉焉名為州牧，實是悖逆之賊。昔日借討叛之兵強占蜀地，一入成都便殺了王咸、李權等名士十餘家，重用奸佞欺壓良善，縱容張魯割據為禍。劉璋不過一懦弱昏兒，更有龐羲那等無才之輩身居高位坐擁兵權，楊懷、高沛這幫無用匹夫統兵為將，屢屢用武皆不得勝，致使多少健兒喪於米賊之手。這才是一將無能累死千軍！」這幾句話實有當頭棒喝之效，說得關下眾蜀兵面面相覷，都不住點頭。

法正把高沛首級隨手一拋，繼而手指對面陣中的劉備，提高嗓門道：「父老兄弟們，玄德公素有大德。昔日曹軍南下荊州，他率十萬軍民南逃，寧肯兵敗不棄百姓，天下之人誰不知曉？積善之家必有餘慶，故能挫敗曹操坐享荊州。自他屯駐葭萌以來，厚待將士體恤黎庶，葭萌軍民感恩戴德，這才是我蜀中百姓的救星！眼前有此愛民之主，咱豈能再受劉璋一黨欺凌？」說到這兒他攥起拳頭，操著濃重的川中口音，幾近聲嘶力竭道，「誰沒有父母爹娘？誰沒有妻兒子姪？連年戍關不得回歸，軍戎之苦九死一生，我蜀中萬千百姓何其悲苦！憑什麼劉璋、龐羲那等外鄉豪紳身居高位，占我蜀人之土、奪我蜀人之爵、食我蜀人之粟？大家奉玄德公殺回成都，父子相聚夫妻團圓，把劉璋一黨攆走，奪回我們的田地！奪回我們的官爵！」

這番話慷慨激昂，眾士卒霎時群情激奮，蜀中兒郎陣陣叫嚷：「法校尉說得對！保劉使君殺回成都，砍掉劉璋那龜兒的腦殼！」

叫嚷聲此起彼伏，互相感染著。其實劉備也並非蜀人，帳下心腹多為荊州之士，除劉璋而擁劉備，真的能讓蜀人當家做主嗎？而那個言之鑿鑿的法正又何嘗是蜀人？他本是關中扶風郡人士，不過天長日久學得一口像模像樣的川話。可當此時節萬眾一心，兵卒見識短淺，只想著回家過太平日子，誰還考慮這麼多？

法正見時機成熟，佩劍還鞘抱拳一揖：「白水關將士情願歸降，恭請劉使君入城！」

「恭請劉使君入城……」關下士卒紛紛拜伏。

劉備望著披靡順服的蜀兵，終於長出一口氣——莫看他表面氣定神閒，其實心一直懸著呢！奪取益州乃是他的夙願，此番入蜀也是為此而來。益州別駕張松、軍議校尉法正、部將孟達等早與其通謀，只因時局不明、民心未服才拖了一年，既是觀望曹操、孫權、張魯動向，也趁機在葭萌邀買人心。自得知曹、孫兩家交惡，無人掣肘於他，便假意欲回荊州，向劉璋再要兵馬，乃為積蓄兵力挑起事端。哪料關鍵時刻橫生枝節，還未舉事先洩漏了機密。

益州別駕張松是引劉備入蜀的始作俑者，法正出使也是受其所託，還曾描畫蜀中地圖獻與劉備，自然滿心盼著大事早成。無奈拖延日久，他與劉備一在成都、一在葭萌，道路相隔訊息不通。見到劉備向劉璋請辭的文書竟信以為真，忙暗中修書挽留，不想這封信卻被其兄張肅發現。那張肅昔年出使許都受任廣漢太守，故而傾向降曹，又恐張松陰謀敗露為禍全族，便向劉璋告發其弟。劉璋這才明白受了蒙蔽開門揖盜，盛怒之下捕殺張松，傳令蜀中各處兵馬封鎖關隘征討劉備，戰事已無可避免。

劉備喪失先機難免驚懼——公然翻臉倒也不怕，唯獨白水關二將實為大患，倘若劉璋大軍在前，楊、高襲擊於後，荊州軍有覆沒之險。所幸白水關在葭萌關東北，一條蜀道別無他途，傳訊使者已被劉備截獲，二將尚不知變故。龐統進獻三策：趁蜀兵整備未周，率精兵星夜兼程奇襲成都，擒拿劉璋控制益州，此為上策；假稱回歸荊州，北上白水關擒殺楊懷、高沛，先除後患再圖成都，此為中策；立刻開拔回轉荊州，日後再圖別計，此為下策。劉備害怕輕兵冒進風險太大，又不甘心錯失良機，便採納中策。多賴法正、龐統精心謀劃，故布疑陣裡應外合，不但剷除楊、高二將，還兼併了白水駐軍。

劉備入蜀率兵一萬，屯駐葭萌關之際自劉璋麾下借兵一萬，經過拉攏收買大半歸附；經此一役又兼併了白水軍，轉危為安實力大增，兵力已有三萬。他率領眾將進入關內，笑逐顏開登上城樓，左手拉住龐統、右臂挽著法正：「士元、孝直神機妙算，真乃張良、鄧禹之才！」

龐統倒也罷了，法正聞聽此言心頭說不盡的暢快——張良、鄧禹固然神機妙算，最妙的還是富貴榮耀，張良受封留侯尊崇至極，鄧禹名冠三公福蔭子孫，我若能得此二人之位，今生無憾！劉璋啊劉璋，你也算不得暴虐昏主，惜乎無識人之才，倘重用於我，豈有今日之事？奇謀之士何世無之，庸君不識，愚君弗用也……

他尚在飄飄然，劉備卻已悄然轉了話題：「楊、高授首後患已除，下一步該如何用武？」

龐統手撚鬚髯一陣冷笑：「以在下所見，蜀中並無能征之將善戰之兵，疲兵庸將不值一提，也不必再調關、張、趙雲前來。主公大可穩坐中軍，觀我指揮這三萬人馬直搗成都！」

法正覺他口氣太大，冷笑道：「將軍統兵之才在下佩服，但不可小覷蜀中之士。似吳懿、張任、嚴顏皆蜀中名將，黃權、劉巴、鄭度見識非俗，將軍口口聲聲要以三萬兵馬平滅益州，這話似乎不妥吧？以在下之見，咱徐徐進軍，我寫下文書分送蜀中官吏故友，曉之以理動之以情，勸他們倒戈相向，這才是穩妥之法。」

龐統瞥了法正一眼，不以為然道：「孝直莫非有意推崇蜀人？且看我逐個將他們擒下！」

法正有意把話頂回去，但他歸順劉備時日不久，總還礙著面子，只是默然搖頭。劉備見此情形心下思量：龐統、法正皆奇謀之士，可根基卻甚是不同。法正雖非蜀中人士，但畢竟是劉璋帳下舊僚，自然希望多多倚仗舊黨；龐統乃荊州之士，自詡劉備帳下嫡系。看來日後即便拿下益州，荊黨、蜀黨勢必有爭，若要稱雄天下，還需居中調和從長計議。

想至此劉備粲然一笑：「二位所言皆有理，依我之意並行不悖，一邊招降納叛，一邊揮兵南下。得勝自然最好，如若受阻，再調雲長、翼德來助也無妨。三萬兵馬足可周旋一時，當務之急應該如何？」

「捨白水而歸葭萌。」這次龐統、法正倒是同時脫口而出，想法出奇地一致。

「哦？」劉備頗感不解，「辛苦奪關豈能棄之？」

法正搶先道：「主公許諾攜白水之兵殺回成都，因此得蜀中士卒之心，留兵復鎮豈非食言？況三萬人馬並不甚多，羈絆於此倘與張魯生釁，此乃前門禦狼後門招虎也。」

「不錯。」龐統不甘示弱接過話茬，「主公所慮者無非楊懷、高沛為患於後，今二將已除。葭萌關駐兵日久，軍民仕宦多感主公之德，不妨以之為根基，派精兵把守，我等輔佐主公率大軍取梓潼、雒城等隘，穩紮穩打進圖成都，諒那劉璋昏弱無能不是對手。」

「好，就依二位之計。即刻提點全軍南歸，以霍峻率八百精兵守住葭萌，其他各部隨我進取成都。不過……」劉備話到嘴邊又咽了回去——眼前戰事他並不擔憂，真正大患在背後，曹操統一北方勢力強大，孫權雄心勃勃覬覦荊州，他們才是爭奪天下的強敵。

法正心明眼亮，已揣摩透他心事，笑道：「主公勿憂。今曹操擁北方之眾自以為天下無敵，孫權憑江表之險傲視群雄，兩家重兵對陣視若仇讎，久而久之必成難解之勢，哪還顧得上咱們？」

「不錯。」龐統也道：「即便江表事解，張魯又與馬、韓通謀擾亂關中，此亦曹賊心腹之患。至於江東孫權，有雲長、孔明抵擋，荊州尚不足為慮，咱們就在這兒打上一年兩載又有何妨？」

「哈哈哈。」劉備聽他二人解析時局，雲開霧散仰天大笑，「鷸蚌相爭漁翁得利。曹操老賊、孫權小兒，你們爭吧！我可要拓地西蜀、奠至尊之業啦！」

昔日諸葛亮曾有跨據荊益、三分天下的「隆中對」，但隨著襄陽易主半途夭折，可誰料到劉璋會開門揖盜再生變數？此刻劉備已默默打定主意，要趁孫、曹相爭之際讓這個計畫死灰復燃，如鳳凰涅槃一般浴火重生。

百士劫營

千里之外變數已生，但相持於濡須口的孫、曹兩軍兀自不察，依舊視對方為統一天下的最大勁敵，秣馬厲兵，惡戰一觸即發。此番對陣曹軍十餘萬，江東軍七萬，曹軍為攻方，江東軍為守方；曹軍先聲奪人已克孫權江北大營，江東軍首戰不利嚴守江防。從各方面看都對曹軍有利，但隨著春天到來，曹兵的底氣卻漸漸不足了。

江淮之地春季濕潤多雨，有時綿綿不絕連下好幾天，萬物都籠罩在一片氤氳之中。潮濕陰冷又守著江畔，軍營中士卒又多，幾日過去人人身上一股霉味，到夜晚展開被服，密密麻麻一層綠毛！

赤壁之戰因瘟疫橫行而敗，如今見此情形，這些北方佬們心有餘悸豈能不憂？更不妙的是，協同作戰的青州水軍因河道不暢遲遲未到。此番水戰主要倚仗他們，他們不到，曹軍就不能發起總攻，每日裡守在江畔，只能眼睜睜看著敵人戰船耀武揚威。尤其孫權打造了一艘五層樓船，由東吳勇將董襲督率，甲士林立旌旗招展，這龐然大物就似一座浮於江上的城池，整日在曹兵眼前晃來晃去，大家瞧得心驚膽寒。加之春雨連下江水又漲，敵人戰船一步步逼近，莫說普通士卒心裡沒底，就連英勇好戰的蕩寇將軍張遼都對前景不甚樂觀。恰在此時又傳噩耗——尚書令荀彧轉任光祿大夫，本應持節至軍中參謀軍機，不想半路染病留於譙縣，數月休養病勢愈烈，在丞相家鄉孤零零撒手人寰了。荀彧乃朝廷砥柱、曹營股肱，如此重要的人物崩於大戰之前，更給將士心頭添上了陰霾。

這是二月初的一個夜晚，連綿細雨仍淅淅瀝瀝下著，攪得每個人心中皆是愁煩。時節不佳、水軍不至、戰事不測，曹兵躺在撒氣漏風的帳篷裡，蓋著潮濕發霉的被服，聽著嘩啦啦的雨聲，想起赤壁慘敗的舊事，大營上下死氣沉沉。天色陰黑全無星斗，巡哨之人即便打著火把，也照不了多遠，還要時時防備叫雨水澆滅，索性各尋避雨之處，或站或蹲，茫然凝視自己眼前那丈餘之地。時間一長未免有些疏懶——江上爭鬥固然難占上風，陸戰就不然了；再說北軍十萬餘眾，想那孫權即便有天大膽子也不敢來劫寨。

迷迷糊糊也搞不清是幾更天，滴滴答答的雨聲催人入眠。眾哨兵正昏昏欲睡，忽覺眼前強光一閃，一道閃電已劃破長空；眾人還未反應過來，又一聲悶雷響徹天際，淋漓細雨驟然化作傾盆之勢，劈劈啪啪的大雨點打在臉上一陣生疼。暴雨一來大風隨之而起，捲著冰涼的水珠四散紛飛。

正所謂天有不測風雲，雨勢變得太急太快，眾哨兵猝不及防，已有好幾支火把被雨澆滅。大家忙護住剩餘火把，匆匆退至草棚之下——連日陰雨不絕，火鐮火石打不著，沒太陽也無法借助銅鏡，只有靠木燧。但此地陰冷潮濕，有時鑽半天也未必能生起團火，可野炊做飯、點燈照明、巡營瞭哨又事事離不了，故而保護火種也成了頭等大事。每個營寨都有幾個夥頭軍專門負責。這差事看似簡單其實甚為勞神，無論白天黑夜總得添枝續柴保持不滅，陰雨天氣還得搭起棚帳遮風避雨，務須確保隨時能用；若不慎熄滅，無論鑽木取火還是到別營去借，都是麻煩事，負責之人也免不了要吃幾軍棍。所以每營都在轅門左近搭草棚，皆用油布苫頂，一來是給守衛之兵臨時避雨，更為保護火把。

中軍大寨緊要所在，數十名兵士往來巡邏，這會兒皆退入草棚；無奈風勢強勁，捲著雨花四面八方灌入，七八支火把還是盡數熄滅，眼前黑乎乎一片。眾士兵冷雨澆頭頗覺狼狽，且把兵戈放一旁，緊緊靠在一起；聽著狂風暴雨電閃雷鳴，不住唉聲歎氣。

「這鬼地方！一連五日不放晴，這雨黏糊糊的真把人煩死！無論勝敗，只盼快打完這一仗，早日拔營起寨。」

有人取笑：「說走就走，你以為你是誰？只怕咱丞相到現在還沒個準主意呢！」

「別瞎說，腦袋不要啦？沒瞧見中軍帳還亮著燈嗎？丞相還沒睡呢！」

「這都幾更天了，他老人家最近怎麼了？天天熬半宿。」

「自從荀令君過世，丞相悲傷過度，時常鬧頭疼……」

眾哨兵正在草棚下，低聲低語打發著無聊，忽聽遠處隱約傳來一聲慘叫，大家都不禁收住口。可一聲之後再無其他動靜，只聞沙沙雨聲轟轟悶雷，眾人都只當哪個帳篷裡的兵在發囈語，便沒往心裡去，接著閒話起來。有個兵神神祕祕道：「我告訴你們件事，千萬別外傳。我有個兄弟在伏波將軍營裡當差，據他說令君從許都出來還好好的，一直到譙縣也沒病。後來伏波將軍把令君安置在丞相老宅就離開了，不知怎麼回事，過了仨月令君就死了。」

「噓，別說了。他們都是當大官的，誰知道其中有什麼道道，這話少傳為妙……」話未說完又聽一聲慘叫。

這次眾人聽得清清楚楚，再不敢掉以輕心，忙抓起各自兵刃，冒雨四處盤查。哪知草棚下聽得還算真切，到了雨中耳畔只有嘩啦啦的響聲，漆黑一片什麼也瞧不見，哨兵心中不免生出些怯意，只能攥緊兵刃摸黑慢步。

有個士兵正虛晃大戟往轅門摸去，忽然一道閃電照亮眼前情形，恍惚間身畔竄出兩個人影——身披蓑衣、手持環首刀、嘴裡叼著樹枝，不是自己人！

「有人劫……啊！」那兵丁未及喊完，頭上、肩上已連中兩刀，當即斃命。連著又是幾聲慘呼，四五名哨兵都著了道。

這次大夥明白了，忙大聲呼喊：「有人劫營……有人劫營……」緊接著慘叫聲不絕於耳，曹兵在明，敵人在暗，誰叫誰遭毒手。驚惶之下哨兵也不敢隨便出聲了，有人摸著柵欄進了大營，更多的則急於保護自己，在黑暗中胡亂揮舞著兵刃。

聽到呼叫聲，中軍大營可熱鬧了，各軍帳都有兵竄出來，也跟著七嘴八舌喊著：「敵人劫營！快起來應戰！」全營上下立時騷動。將士摸兵刃的摸兵刃、叫嚷的叫嚷、躲避的躲避，中軍大營一亂，其他營也跟著亂了。霎時間風雨聲、雷電聲、聒噪聲、慘號聲、兵刃相撞聲此起彼伏，也辨不清東西南北。黑暗中士兵都成了睜眼瞎，只能手持刀槍、背靠著背，瘋子一樣胡亂揮舞招架。

吵鬧之勢越演越烈，把各營的將領都驚動起來。百餘名虎豹士顧不得披好鎧甲，都一股腦兒湧到中軍帳前保護主帥。少時間大帳內燈火通明，十幾個親信侍衛手舉火把簇擁著中護軍韓浩快步出帳：「丞相有令！全軍舉火，不可聒噪！」

「全軍舉火，不可聒噪……全軍舉火，不可聒噪……」傳令兵扯著嗓門，一聲接一聲把命令傳至各哨。

但混亂之下誰搞得清發生什麼，大夢乍醒驚魂不定，有的誤傷了自己人，有的糊裡糊塗跌倒，有的亂揮兵刃挑翻帳篷。驚魂未定的士兵紛紛冒雨擠到中軍轅門，借著裡面的光亮心裡才踏實。

韓浩冒著雨站在營中正無計可施，忽見轅門外的士兵神情肅穆，竟漸漸安靜下來；回頭望去——原來曹丞相已親自出了大帳。

許褚、鄧展二將左右護衛，王粲、和洽、杜襲、劉曄緊緊相隨。曹操披散著髮髻，只穿著中衣，外面錦袍尚未繫好，腳下趿著木屐，手裡握著青釭劍，臉上神色甚是凝重。韓浩忙迎過來：「深更半夜怎勞煩您親自出來？」

曹操歎了口氣，威嚴的表情下露出一絲疲憊之色：「他們不瞧見我怎能安心？」說話間，五官中郎將曹丕從帳內追出，手裡攥了件蓑衣，要給父親披上。曹操輕輕推開：「將士們還淋著呢！」曹丕不敢多言退至一旁，他不穿蓑衣，其他將佐謀士也只好陪著淋雨。

方才還喋喋不休的士卒這會兒都老實了，遠遠擠在轅門外，大氣都不敢出，一時間只剩下沙沙雨聲。曹操環視良久，開言道：「敵我大江相隔，即便擾營必不能眾。將士各歸營寨舉火盤查，再有聒噪者嚴懲不貸。」他聲音雖不大，卻彷彿給大家吃了定心丸，士兵們低低諾了一聲，四散而去，漸漸消失在黑暗中。

約莫過了半個時辰，聒噪聲皆已平息，雨勢也逐漸小了，士兵們心緒稍穩各尋引火之物。營中備有松脂、魚膏，這會兒也不吝惜了，一支支火把逐個引亮，初始星星點點，沒過多久數里連營盡皆舉火，照得宛如白晝。各營將帥親自巡邏，只死了幾十個兵，受傷的卻有數百，皆屬自己誤傷，敵人一個沒逮著。又有衛兵來報，連營西北的鹿角、柵欄被人破壞，事情似乎很清楚了。曹操仍不敢怠慢，一面派人修補營寨，一面令眾將仔細盤查，唯恐敵人渾水摸魚潛藏營中。他沒心思再休息了，與眾謀士齊坐帳內等候消息。待各營回奏毫無異樣，早已天光大亮。劫營目的不在殺敵、意在擾敵，曹軍亂烘烘地折騰半宿，勢必影響軍心，敵人圖謀已經得逞。

曹丕兀自不解：「江畔守軍未有警訊，敵人何以過江入營？」

「哼！」曹操斜倚在案頭，撓頭苦笑，「長江百里水岸，哪裡不能偷渡？敵人熟悉地形，防不勝防啊！」

剛過卯時有斥候來報——連營以西十里有敵軍百餘人渡江南歸，率兵之人乃吳將甘寧，似是昨夜劫營之師，已然遠去不可復追。

「百人？」曹操不禁攥起了拳頭，「區區百人便擾我十萬大軍一夜不寧，好個大膽的甘寧，竟視我軍如草芥！」眾謀士默不作聲，料想以他近來的脾氣必有一番發作，哪知曹操卻沒動怒，而是站起身來擺了擺手，「隨我四處巡視。」語調中頗有幾分矜持和無奈。

穿過一寨又一寨，所過之處士卒紛紛拜倒，曹操竭力保持笑意，朝大家點頭致意。張遼、臧霸、樂進、李典等將盡皆請罪，曹操也不怪罪，只好言安撫；看見受傷之人就關照幾句，遇到看守輜重的兵就隨便詢問詢問，漸行漸遠，出了連營來至江邊——雨雖然停了，天色依然陰沉，相比前日江水又漲了不少。而這僅是開始，隨著暖春到來，江岸還要內縮幾丈。

曹操朝對岸注視良久，又回頭看了看，見都是親信之人，方才的笑容戛然而收：「兵貴速不貴久，遲則生變。現在軍心已不穩，再拖下去又將成赤壁敗局。派人再催催水軍，看他們何時能到。」

揚州從事劉曄剛調入幕府任職，急忙回奏：「啟稟丞相，在下已差出十餘撥斥候往返聯絡，青州軍已入濡須水，今晚不至明早必到。」

「好。」曹操卻沒什麼喜色，「水軍一到馬上進攻，不能再拖了。」

「以丞相之威、水軍之銳必能一戰成功。」劉曄滿口吉言，只是不知他心裡是否真這麼想。

杜襲與和洽對望一眼——江東久經水戰經驗豐富，又有龐大戰船，青州水軍雖已勤加操練，但真能敵得過孫權之眾嗎？

二人都覺此戰不容樂觀，但事已至此，焉能不戰而退？見曹操挺立江畔望眼欲穿，臉上凝重的表情恰似頭上陰沉的天空。二人都把話咽了回去，眾將佐也都默默無言陪在他身旁，終究沒再說什麼。

第二章

南征不利，曹操望江興歎

接連受挫

北方水軍到達長江頗為不易，雖然十餘年間曹操廣修河道，但要讓龐大的船隊南下終非易事。曹營嫡系水軍自鄴城出發，經白溝、入黃河，與從渤海來的青州水軍會合，然後經蒗蕩渠，自渦水入淮，再駛過淝水，途經壽春、合肥等地，越巢湖、入濡須水，才能到長江。船隻載運士兵輜重固然省事，但一路蜿蜒曲折，行動並不快，加之冬季水枯，河道狹窄，挨到開春才好行船，故而稍遲一步。

不過這支水軍聲勢甚大，旌旗林立帆帷如雲，大小鬥艦、艨艟、戰船密密麻麻排列江畔，曹軍將士見自家水師到了，士氣為之一振。船隊裡最威風的當屬青州水軍，當初曹操赤壁落敗，密令青州部調集擅長水戰的將士勤加操練。這支部隊是在驚濤駭浪的海上訓練出的，不但驍勇善戰，而且操起船來駕輕就熟，上至將官下至普通小卒，個個擊棹若飛、回舵若環。

臧霸已先一步率陸軍助戰，統率水軍來的是孫觀。曹操自要耍些威風鼓舞人心，親率文武到江邊犒勞水師。孫觀挺著溜圓的大肚子，遠遠望見大駕，第一個跳下船來跪倒高呼：「俺孫嬰子給丞相磕頭！」他草莽出身，壯如蠻牛相貌凶惡，歸降曹營十幾年，身負郡將之位，雖始終不棄當年匪號，對曹操的忠誠卻沒話說。

曹操心中愛惜，搶步上前攙扶，孫觀卻還是「咚咚咚」連磕三個響頭才起身，猛然抬頭一望，不禁大駭：「哎呀！幾年不見，丞相可越發顯老了，鬍子都白哩！」

別人若說這等話，曹操必定賞他個耳光，可孫觀性子單純、口快心直，曹操不計較，只苦笑道：「天下豈有不老之人？」

「瞧您瘦了這麼多，俺心裡怪難受的……」說著話，這個胖大莽漢竟紅了眼圈。

曹操感激他的真誠，撫著他的背甚是愛惜：「此番若能克定江東、擒獲孫權，天下平定指日可待，咱同享富貴又何懼老？大戰在即不要說這等傷心話。」

「您說得對！是俺嘴不好！」孫觀忙收住眼淚，狠狠抽了自己一巴掌。他手勁極大，臉上立時映出一記清楚的掌印。眾文武初始還覺有趣，但見此情形無不愕然——好個凶悍之徒！

說話間水軍將領盡皆迎來，孫觀連忙引薦。周曜、管容、李恕、張涉各擁戰船百艘，是直接指揮作戰的將領。這四將滿面虬髯、相貌醜惡、言語粗魯，但體格強壯頗有威風，尤其胳膊比旁人大腿還粗，一看就是多年操槳，在海上混營生的。眾文武瞧這陣勢已猜到八九分——孫嬰子本就是賊，這幫人出身也好不到哪去，恐怕是海盜。

曹操察言觀色豈有不明之理？但臨戰之際要用這幫賊，也不便點破，反而連聲誇讚：「果然個個是英雄！老夫與你們一起登船，看看敵軍動向。」丞相既要登船，眾文武也跟隨，人人心中均覺好笑——這可真是上賊船啦！

青州水軍戰船都不大，又細又長，隨著波濤起起伏伏，但士卒們往來如履平地，絲毫不覺搖曳。他們都是在海上待慣的，江上這點兒風浪全不算什麼。可這些兵不通禮儀、不知尊卑，眼見大官上了船，竟還各行其是，有的倚在舷邊哼小曲、有的手持釣竿打發時光，還有的兀自蹲在船板上磨著大刀，周曜一聲斷喝才把眾人趕散，但他本人也不知該如何招待丞相，便搶到桅欄前，撩起戰袍使勁擦了又擦，朝曹操拱手道：「丞相請。」

曹操手扶桅欄立於船邊，朝對岸放眼觀望——其實這幾天已看過無數遍，說是與諸將一同窺敵，實際是想聽聽四將的對策。江東一方情勢與這邊大不相同，孫權深知濡須口是攻防重鎮，早在一年前就建了船塢，還沿著江岸築起一座座營壘，攻之格外不易。曹操心不在焉看了片刻，正要向四將問計，忽覺身後傳來嘲笑之聲，忙問：「你等笑什麼？」

周曜手指董襲的五層樓船，笑道：「孫權小兒故弄玄虛。從來樓船至多三層，造此等大船，行動遲緩空耗兵力，嚇唬嚇唬人還成，真打起來不頂用。丞相請看，這船築樓太高，風平浪靜尚搖晃不定，若遇上狂風大浪，恐怕不用咱們動手，它自己就翻了！」

「哈哈哈……」一席話說得管容、張涉等人咧著大嘴仰天而笑。

曹操近日一直對此船暗懷畏懼，聽他如此解析，想來自己生平雖未打過幾場水戰，但遍觀古史戰事，也從無五層樓船之事，心下豁亮不少，越發看重這幾個水賊：「將軍言之有理，不過孫權布置已久，當想個破敵之策。」

「丞相多慮。」管容朗朗大言，「此等小敵有何懼哉？不用再想，我已有主意！」

曹操不禁詫異：「此話當真？」

管容嘿嘿一笑，朝上游數里之外指道：「看！那邊有座江心洲，離敵岸不遠。今夜我們便把它奪來，將船隻泊於洲邊，丞相發兵緊隨其後，在洲上立營築壘。待大舉交戰之時，丞相派樓船、艨艟從正面直衝敵船，我等從洲上出兵，率輕舟走舸順流而下，入敵陣斬將奪船；再有洲上兄弟們弓弩相助，定把孫權打得屁滾尿流哭爹喊娘。」占據島嶼是海盜一貫伎倆，管容早年就精通這套，娓娓道來有模有樣。

「管將軍此計可行？」曹操回頭目視和洽、劉曄等，眾謀士皆不做聲——他們不通水戰，也不甚明瞭。

「當然可行！」管容拍著胸脯，一副大包大攬的架勢，「末將自幼縱橫海上，也算身經百戰，這辦法一定行。」他同族之人管承是名震青、徐的海盜頭目，最猖獗時擁賊三千餘家，曾夥同遼東公孫康與曹操為敵，兵敗後歸順朝廷，管容也是自那時投入青州軍。

「對！」李恕跟著嚷道：「破了敵船就可上岸掏他老窩，到時候我衝鋒陷陣第一個登岸，一刀一個，把吳越蠻子腦袋都他媽削下來！」

曹操也顧不上他們語言粗俗，低頭琢磨——兵法有云：「險形者，我先居之，必居高陽以待敵」，陸地上用兵講求憑藉地利，想來水戰也大抵如此。這麼一想甚覺有理，連連點頭：「高明！幾位果真深諳水戰之道，請列位隨老夫回營，咱們詳議出兵之策。」

「這還議什麼？」張涉瞪著眼睛跺腳道：「今夜我等出兵奪洲，明天直攻敵陣，後天咱就殺過去啦！」眾文武聽了不禁發笑——豈能這麼容易？若三天就能盡破吳兵，我們這些年瞎忙什麼？

曹操也覺好笑：「張將軍氣概可嘉，但未免急功近利。用兵之事關乎成敗，豈可輕慢？」

張涉一怔，沒作答覆，轉身衝麾下水兵喊道：「兄弟們！我等蒙丞相大德效力朝廷，上報知遇之恩，下為吃香喝辣。今軍事緊急，需我等赴湯蹈火以效死命，大夥敢不敢奮勇一搏？」水上的賊有規矩，最忌諱一條船上的人自己內訌，因而船老大說一不二，素來被弟兄們尊重。這些兵昔日就是四將手下的賊，聞聽喝問立刻放下手裡的活，齊刷刷應道：「敢！」

張涉還不甘休：「都他媽給我大聲點兒。我再問一遍，赴湯蹈火你們敢不敢？」

「敢！」這聲齊呼響徹天地，震得周匝小船不住蕩漾；連敵人的巡江船都聽見了，還以為曹兵馬上要進攻呢！連忙掉轉船頭向對岸死命划去。

曹操被這群水賊的氣魄震撼了，轉念一想——水軍剛開到，若今夜行動，孫權猝不及防；再者他們言之鑿鑿，出奇制勝未嘗不是好辦法，即便不能得勝退回無妨。思忖至此決然道：「好，既然四位將軍鬥志甚旺，就依爾等之意。今夜二更出動，你等率青州水軍在前，老夫派三千精兵連同輜重在後。倘若順利，便登洲築寨；若事有不順立刻退回，切莫倉皇應戰挫了銳氣。」

周曜大手一揮：「丞相放心，料也無妨！」

「搶灘登洲如虎口拔鬚，老夫賜爾等酒肉以壯豪氣。」

管容倒很有骨氣：「無功不受祿，等破了孫權踏平江東，我等陪丞相痛飲三天！」

「哈哈哈……」曹操朗聲大笑，「將軍真率性好漢！」

曹丞相從善如流，採納青州四將搶占江洲之計。一切布置妥當，當夜定更用戰飯，二更啟程。周、管、李、張四將身先士卒，各駕座船當先帶路，所部戰船千餘皆隨其後，船上不但載了三千精兵，還有輜重、糧草、軍帳等築寨之物。

這一晚天色陰沉沒有月亮，卻平靜無風波瀾不大，四下杳無聲息。長江北岸看似燈火昏暗死氣沉沉，其實曹操已在親兵護衛下登臨高山遠眺全域。但覺水天相接一片漆黑，也辨不清哪裡是江、哪裡是岸，只有零星幾盞火光搖搖擺擺向西北方晃去——出兵之際曹操傳下命令，所有戰船每隔數艘執一火把，首尾相繼次第而進，這樣即便敵軍發現也只道是曹軍赤馬[1]。

自曹營出發去那小洲本是逆水行船，但青州水軍都有海上駛船的本事，哪把這點兒波濤放在眼裡。個個都覺自己大材小用，搖櫓如飛奮勇爭先，哪還顧得曹操囑咐，不多時次第而行已變齊頭並進之勢。江東自有巡江赤馬，見此情形豈能不疑？回去一報，少時便有十餘艘快艦迎面駛來。

① 赤馬，漢魏之際的巡江船，類似於陸軍的斥候。

管容、李恕在最前，眼見離江洲不遠，這幫賊漢豈可罷手？管容大刀一舉，回頭喊道：「敵人來襲，咱先衝上去滅了他！」一聲喊罷，後面戰船盡皆響應。水賊出身的兵性子極野，又自負受寵立功心切，倉促間盡皆舉火，齊向江東戰船襲去。吳兵望見點點火光布滿江面，自知眾寡難敵，連忙調轉船頭。可哪還逃得脫？青州戰船又小又快，眨眼間趕到近前。這幫水賊打仗自有一套，也不用長槍大戟，一時間飛爪撓鈎齊發，身手矯健之徒口銜鋼刀，抓著繩索三兩下便已攀上江東戰船，嘴裡吆三喝四喊著號子，揮舞兵刃一通狂殺，個個如瘋狗一般。東吳兵萬沒料到曹軍之中還有此等兵士，眼見被圍，船頭船尾左右兩弦，躥上來的曹兵越來越多，心中駭然全無抗擊之力，刀光閃閃一通慘叫，不多時皆成刀下之鬼。除駛在最後的兩條船僥倖得脫，餘者盡皆陷落。

尚未登洲先奪十餘條船，周曜、管容喜不自勝：「弟兄們，南蠻不過如此，都是他媽酒囊飯袋，咱回去奪洲立寨！」霎時間大小船隻調轉方向齊奔江洲，眾水兵搶著靠岸，爭先恐後踏上小島，頓時手舞足蹈歡呼雀躍——占據島嶼是海盜素有習慣，因為要躲避官兵的剿殺，海盜往往狡兔三窟，占領多個島嶼立塢守備，來了敵人就憑險抵抗，打不過就逃竄別處。東南近海大小島嶼數不勝數，海盜穿梭其間神出鬼沒，追剿之人再多也無可奈何。

四將洋洋得意，哪知北岸山上的曹操眉頭緊鎖——看情形似是勝了，但這幫水賊不聽軍令、毫無陣法，暴露行蹤也實在堪憂。他茫然注視江上聚在一處的燈火，不知為何心中不安起來，恍惚又見對岸火光驟起，似有大隊戰船移動。曹操心頭一凜，黑暗中大叫起來：「可惡！無謀莽夫獻此拙計，誤我大事矣！」明知已遲了，還是朝親兵嚷道：「快快傳令，叫他們收兵！快去啊！」

這邊曹操已急得連嚷帶叫，洲上之兵卻還在沾沾自喜。青州戰船已陸續靠岸，三千士兵都下來了，忙著搬運輜重準備立寨。四將抱著肩膀說說笑笑，哪知不多時有敵船朝這邊逼近。管容全然不懼，罵罵咧咧要招呼弟兄再戰，張涉卻道：「割雞焉用宰牛刀，這功勞且讓給小弟。」說罷自行領著麾下數十小船突向敵陣。哪知行至近處才發覺敵人甚多，密密麻麻連成一片，張涉倒也不懼，招呼弟兄們重施故伎搶奪敵船，卻聞「嗖嗖」聲響，箭支迎面飛來——原來東吳水軍皆有法度，鬥艦之間有艨艟護衛，不等他們鑽入陣中，就是一陣箭雨。

張涉站在船頭，肩上已先中一箭，忍著疼痛依舊催促前衝。不料敵人兩艘大艦一齊撞來，張涉的船立時傾覆，舟上兵盡數落水。其他水賊見主船翻了，人人皆有恨意，這幫人原本幹的是刀尖上營生，也不拿性命當回事，一齊向前衝入敵陣，惜乎這次敵船太多，刀砍斧剁弓箭配合，飛爪撓鈎大半斬斷，落水者不計其數，即便攀上船去也是徒然送命。加之東吳船大，三撞兩撞就把張涉所部衝得七零八落。

那邊曹兵還在立寨，漸漸感覺事情不對，江東大隊戰船已逼近。管容、李恕全然不覺大禍臨頭，還在冷笑：「莫非張老弟敗了？這幫吳越蠻子還真有兩下子，待咱再陪他們玩玩。」周曜腦子稍靈一些，暗自撓頭思量——這洲方圓不過半里，憑之禦敵是不是太小？東吳船那麼高，小洲又這麼低，倘若四面包圍一齊放箭……等他想明白了，敵船也到了！

鬥艦、艨艟交織一片，自北面包抄過來，青州士卒尚未登船，已被亂箭射回，不多時小洲被江東軍緊緊圍住，連泊在洲畔的船也動彈不得。敵船上有人高聲喊嚷：「爾等自投死地，還不投降更待何時？」管容、李恕此刻才知不妙，生死關頭狂性大發，各拎一口大刀，招呼弟兄們冒著箭雨一擁而上。

二將乃亡命之徒，在小船上左躥右跳，抓住敵軍船舷便爬上去，昏天黑地一通狂殺，不多時便殺得渾身是血，奮力奪下一艘戰船，可借著火光一望——兵重重甲重重，東吳戰船不知有多少層！二將不敢怠慢，率領親信繼續拚殺，這幫人躥縱跳躍身手矯捷，兔起鶻落間又殺過兩條船；勇則勇矣，惜乎寡眾殊異，不多時親兵折盡，二將身中數槍傷重跌倒，立時被吳兵一擁而上亂刃分屍。

洲上三千步兵更沒這本事，手持兵刃躲在尚未搭好的寨牆之後，已不知所措。周曜唯恐敵人登岸難以抵禦，硬著頭皮帶親兵衝出去，左擋一陣、右擋一陣，揮舞兵刃撥打射來的箭支，但求拖延時間以待救兵——其實曹操已瞧出破綻，焉能不救？救援的船早到了，被江東戰船阻於重圍之外，根本過不來！

周曜左阻右擋，繞著小洲疲於應對，不多時身邊親信死傷殆盡。眼見吳兵紛紛登岸，心頭一慌，不留神一箭正中膝頭，腳下一軟跪倒在地，緊跟著脖頸、胸口接連中箭，終於栽倒不起。周曜渾身劇痛已經力竭，吳兵唯恐這悍將不死，依舊往他背上狂射，不多時已如刺蝟一般，臨終之際他還滿心疑竇喃喃自語：「媽的……老子在海上闖過多少驚濤駭浪……怎反倒……反倒栽在江裡了……」

眼見三將頃刻斃命，曹兵早嚇得肝膽俱裂。又聽吳兵喝道：「曹兵聽好了，如若不降，他們就是爾等下場！」三千士卒看得清楚聽得明白，「鏘啷」一陣亂響，全都拋下了兵刃。

長江大戰

經過兩個時辰激戰，搶占江洲的行動一敗塗地。三千曹兵被俘，訓練已久的青州水師幾乎全軍覆沒，數百艘大小船隻連同所載的糧草輜重一併被孫權繳獲。周曜、管容、李恕三將戰死，唯張涉中箭落江被船救回，顧不得一身血水，跪在丞相面前請罪。

「哼！」曹操氣得渾身哆嗦，「你等大言不慚，竟被孫權打成這樣！」打敗仗並不可恥，可恥的是打了場糊塗仗，竟不假思索白給人家送了三千人馬。青州水軍固然有勇無謀，卻是操練已久的猛士，若嚴格駕馭未嘗不能建功，不想只這一仗，數年心血付諸東流。

張涉不服不忿，捂著肩頭傷口喘著粗氣道：「他媽的！孫權以眾欺寡勝之不武，請丞相再撥我三千戰船，來日再與……」

「住口！」曹操狠拍帥案，「你還嫌敗得不夠慘？爾等草寇出身治軍不嚴，只知死纏爛打，懂什麼用兵之道？江中小洲不過方寸之地，還在上面駐軍，豈非驅羊入虎口？此洲距敵近而距我遠，倘真能駐軍孫權早就占了！時逢春日江水必漲，我軍將士即便不被敵擒也活活淹死了！」仗打完了，曹操也想明白了，深悔自己被莽夫所誤。「老夫真是有病亂投醫，竟信了爾等鬼話！你到底懂不懂水軍之道？」

「我……我……」張涉兀自糊裡糊塗，心下納悶——昔年在海上就這麼討生計，看見島礁就占、衝上敵船就殺，練兵也是這麼練的，還有什麼別的道道？聽丞相喝問，想說懂又不好意思開口，直言不懂又拉不下臉來。

「可惡！」曹操一見他愁眉苦臉的模樣就全明白了，氣得鬍子都撅起來了，「來人吶！把這蠢賊轟出去，今後不准入大帳一步！」虎豹士聽令而行，棍棒交加打得張涉嗷嗷直叫，連滾帶爬逃出大帳。

「唉……」曹操跌坐帥位，「氣殺我也！」

「丞相息怒。」眾文武一齊跪倒，曹丕趕忙過去為他揉肩捶背。曹操兀自悶氣，倒不是氣別人，只埋怨自己——無論何種原因敗仗，身為統帥都難辭其咎，若非求勝心切，以他之精明豈能辦這蠢事？他喘了一陣大氣又凝眉思忖片刻，從案上抽出道空白手箚，提筆寫道：

擂鼓一通，吏士皆嚴；再通，什伍皆就船。整持櫓棹，戰士各持兵器就船，各當其所。幢幡旗鼓，各隨將所載船。鼓三通鳴，大小戰船以次發，左不得至右，右不得至左，前後不得易。違令者斬！

寫罷隨手往案前一擲，厲聲道：「軍法不嚴，兵之大忌。從今以後水軍皆按此章法行事，不得破壞陣勢恣意進退，違令者斬！」

無論如何補救，曹軍畢竟吃了場敗仗，面對大江束手無策，剛振作的士氣又低落下來。《戰船令》下達水軍，各部將領嚴格遵照指示，陳師江畔靜候戰機。但樹欲靜而風不止，江東軍打了場勝仗，一心要痛打落水狗，每日派船隊到北岸挑釁叫戰，今天放一通箭，明天敲一陣鼓，後天又對著曹營一陣叫囂，曹軍不勝其擾。曹操未有良策不敢應戰，約束將士不得出擊，僅以弓矢抵禦。

如此過了七日，第八天午後突然喧鬧起來，江東水軍大舉出動，氣勢洶洶向北而來。曹操頗感意外，卻不敢貿然迎擊，只命水軍沿岸列陣、陸軍集結江畔，以逸待勞靜候敵軍，又親自到江邊觀陣：但見烏雲滾滾烈風陣陣，灰濛濛的天幕下旌旗密布鑼鼓喧囂，數百大小戰船列一字長蛇陣，齊頭並進綿延數里，朝著北岸推進——若真衝過來也好辦，曹兵已彎弓搭箭等著，來了就是迎頭痛擊；可人家偏偏不來，渡過一半盡皆停船，離著曹軍不到二十丈。這距離太缺德，看得清楚卻射不著，眼瞅著他們耀武揚威叫囂討戰，一點兒辦法都沒有，這不故意逗火麼？

曹操身經百戰勝多敗少，從來都是他激別人出戰，今天卻被孫權將了一軍，見此情形早已氣憤填膺，但他頭腦還很清醒，水戰本就不是北軍長處，敵人士氣又旺，一旦交戰必然不利，若傷了元氣，以後的仗就更沒法打了。因而強壓怒火，傳下軍令：「敵人若來弓箭伺候，若叫囂不進，切勿主動出戰。」

戰場氣氛格外詭異，江上耀武揚威喊破喉嚨，岸上卻鴉雀無聲，本來是曹操征孫權，現在的情形卻似攻守雙方顛倒了。江東之士紛立船頭搖旗吶喊，初時還只是嘲笑曹軍不敢接戰，繼而越罵越難聽，到後來都是聽不懂的吳儂俚語。此番南征曹軍接連不順：甘寧趁夜劫營、青州水軍慘敗，現在又被人家堵在門口謾罵，將士怎不惱火？但弓箭射不到，懾於軍令又不能出戰，只好咬牙切齒壓下怒火，實在忍不住了就放下弓箭，放開喉嚨回敬幾句。雙方儼然成了「打嘴仗」，又是曹操老賊，又是孫權小兒，村街俚語漫天飛。

如此僵持半個時辰，忽見船隊左右列開，自水陣中央閃出條大船——這是艘雙層鬥艦，長有三丈，兩條桅帆，船頭雕成龍的形狀，高豎一面大旗，上書「討逆將軍」。曹操識得是孫權的座船。只見這條船槳搖櫓齊搖，如離群之雁，獨自向北岸衝來。一時間連曹操都不禁懷疑孫權是不是瘋了，難道敢單獨向老夫挑戰？將士們可不管那麼多，總算有船過來，立時萬箭齊發。耳輪中只聽「咚咚咚」一陣響，無數箭支釘在孫權船上。那船有護板，划槳之士藏身護板之後，孫權與士兵們安坐閣樓內，根本傷不到。

曹兵憋了好幾天的火，這會兒恨不得全發洩出來，無論水軍還是步卒都卯足了力氣，弓箭一陣接一陣，沒完沒了地向孫權座船射去。但那條船卻似閒庭信步不緊不慢，橫過船身任由他們射。見此情景曹兵愈加惱怒，不多時一側船舷已密密麻麻釘滿了箭。

「射！繼續射！」孫觀挺著大肚子奔到岸邊——青州水軍那幾個賊頭都與他稱兄道弟，如今死的死傷的傷，豈能不恨？他原本是督後隊的，這會兒竟帶著親兵跑前面來了，眼瞅著別人放箭不解氣，劈手從一個小兵手裡奪過長弓，親自射起來。

眨眼的工夫，孫權的船中箭何止千支。那船左舷朝北右舷朝南，曹軍的箭都射在左側，千餘支箭何等分量？這條船漸漸有些傾斜了。曹兵再接再厲，滿心以為再多射些箭就能使它傾覆，淹死孫權小兒。哪知人家晃晃悠悠掉轉了船身，改為右舷受箭，曹兵依舊不悟，幾陣箭雨過去，又射得刺蝟一般，這條船竟又漸漸平穩了！

孫觀氣得直咬牙，腕上一使勁，把一張鐵胎弓折為兩段，也不顧軍禮了，推開虎豹士，一猛子扎到曹操身前：「何必這般麻煩！南蠻崽子自來送死，俺過去滅了他！」

「不可造次。」曹操緊鎖眉頭注視江面，「孫權就是想誘咱出戰，老夫偏不叫他得逞。」

「氣死俺了！」孫觀連連跺腳語無倫次，「俺姓孫的不殺那姓孫的，誓不為人！」

曹操想笑卻笑不出來：「你給我忍著！為士者不武，善戰者不怒。小不忍則亂大謀。」話雖這麼說，其實這次他也沒有明確的破敵之謀。

「孫權小兒太過張狂，分明視我軍如無物，這如何能忍？」樂進也怒沖沖擠了過來，「末將懇請出戰，必獻孫權首級於麾下。」

曹操深吸一口氣，並不理睬二人——事情哪似他說得這般容易？孫權船隊在後，若自己派船奇襲，敵人一擁而上，自己再發兵救援，一場水仗立時打起。這可不妙啊！

正思忖間孫權的船已緩緩遠去，不但沒射沉，還帶走曹軍數千支箭，這些箭拔下來還能再射曹軍，以子之矛攻子之盾，可氣不可氣？這會兒不單孫觀、樂進，所有將領都氣炸肺腑，個個拔劍在手斬地洩憤。耳聽對面敵人一陣陣高喊「謝曹丞相贈箭」，連虎豹士都按捺不住了。

中領軍韓浩憤然道：「丞相英明一世，幾時受過此等大辱？如今群情激憤萬眾一心，難道還不足以一戰？」

曹操手撚長鬚，仍舊不發一言，默默盤算著利弊。

正在此時孫權的船去而復歸，這次不但在曹軍面前招搖，還奏起凱旋之樂，鼓樂齊鳴得意洋洋。曹軍的咒罵聲立時響成一片：「拚了，跟孫權小兒拚啦！」「寧可戰死，也不受此奇恥大辱！」「孫權小兒目中無人，過去宰了他！」

曹操心頭怒火也不免上竄，恰如韓浩所言，他用兵一世未嘗遭此大辱，即便當初赤壁之戰，也敗得痛痛快快，從沒有讓敵人逼得不敢出戰的時候。眼見孫權小兒如此狂妄，明知道他故意激自己，也把持不住了；又見將士罵聲連天，若再不准他們出戰，今後大家還有何鬥志可言？況且他至今尚無破敵之策，此刻群情激憤，盛怒之兵必驍勇，未嘗不可一搏……想至此曹操倏然拔出佩劍，一字一頓道：「是可忍孰不可忍，給我上！」

眾將就等這句話呢，一聲令下，十幾隻艨艟齊向孫權座艦駛去。果如曹操所料，孫權見曹軍出陣，樂也不奏了，鼓也不敲了，猛然掉轉船頭向後撤去，這船方才還不緊不慢，這會兒卻似離弦之箭，別看扎著數千支箭，三晃兩晃便鑽入了船陣之中；緊跟著殺聲大作，江東水軍兩翼包抄，要把那十幾隻艨艟圍在陣中。曹軍哪肯棄船，續發戰船前去抵禦，江岸殺聲四起——終於還是如孫權之願開了仗！

一方接連得利士氣高昂，一方怒氣沖沖鬥志正盛，這場仗一開始就殺得慘烈。性命相搏之際江東軍連箭都懶得放了，幾乎與曹軍的船生生撞在一起，雙方的戰船都劇烈搖晃，畢竟曹軍水戰差了一截，只一晃就不少人落水；但曹軍頂著火去的，哪管那麼多，依舊吶喊著往對面船上衝。吳兵也往曹軍船上湧，霎時就打亂，你中有我、我中有你，處處都在廝殺，也分不清誰的船。堵在後面的船連連放箭一通狂射，射的也不知是敵人還是戰友。

曹軍日前整飭軍紀，本該聞鼓而行，左不得至右，右不得至左，這會兒真打起來全不管了。江上殺亂套了，想聽也聽不清。至於吳兵用的就是各自為戰打法。刀槍交錯、箭如飛蝗、鬥艦搖晃，大江之上彷彿驟然騰起陣陣水汽，一切模模糊糊；鼓聲、殺聲、慘號聲、戰船碰撞聲、兵刃相交聲和滔滔水聲攪成一團。

鬥艦撞得木屑紛飛，護板都沒了，兩軍將士各舉兵刃跳來跳去；董襲的五層樓船晃晃悠悠駛入陣中，所過之處亂箭齊發，似一座漂移的箭樓；有隻戰船被江東軍奪下，艙內曹兵兀自不降，堅守窗口與敵廝殺；一隻赤馬船不幸捲入戰陣，左右幾條艦一擠，立時船身粉碎，幾個小兵落水呼救；

還有隻小舟隨波逐流脫離戰陣，船夫死了，船槳也漂走了，只兩個渾身是血的戰士兀自決鬥；另有幾隻艨艟甚陰損，士兵攥著兵刃一聲不吭隱身艙內，悄悄搖櫓在陣中鑽來鑽去，不知道的還以為是空船，哪知上去一個死一個！

曹操眺望戰場，不知不覺手心已出汗——初時兩軍旗鼓相當，廝殺一久曹軍明顯落下風。江東之士久在水上，長於短兵相接，曹軍雖然奮勇卻紛紛倒下。吳越之人水性精湛，重圍之下跳水便有活命，反之北方人即便會水，落於江中多半不能生還。

好在曹軍有十多萬人，為了這一仗又準備了大批船隻，源源不斷湧入戰場。剛開始去的還是正規戰船，後面連民間徵調的小船、漁船都上了。龐大驍勇的陸軍此刻毫無用武之地，便扯著嗓子為戰友吶喊鼓勁。曹軍雖不利，卻無崩潰敗陣之勢；但大片的江水已被鮮血染得殷紅，形形色色的死屍浮滿江面。

突然一陣狂風襲來，吹得眾船旌旗搖擺船身起伏，緊接著一個炸雷響起——暴雨又要來了！

曹操暗叫不好，趕忙傳令收兵。可談何容易？鳴金聲早已淹沒在喧囂中，水軍不似陸軍，撤退至少得有船，廝殺不已的鬥艦又怎分得清是誰的？還有的船堵在陣中，想撤也撤不回來。

驟然間，原本平靜的江面波浪大作，大雨似爆豆般打入水中，不論曹軍還是江東軍，所有戰船都在風浪間顛簸起伏。嗚嗚的江風、嘩啦啦的暴雨，還有隆隆震雷弄聾了所有人耳朵，戰場的聲音再也聽不到了。曹操早被雨水迷了眼，恍惚間只見數不清的士卒墜入水中，還有那艘龐大的五層樓船，此刻左搖右晃像匹難以駕馭的野馬，彷彿要把上面的人都甩入江中。

「收兵！收兵！」岸上的人徒勞地嚷著，卻只有尚未走遠的少數水軍登了岸——若非交戰之地距北岸較近，連這些人都回不來。

曹操渾身上下已被雨水澆透，茫然觀望江面，翹首企盼自己的兵快回來，卻沒多少人僥倖生還。

不知過了多久，曹丕、曹真一左一右把他攙住，硬架著他回營避雨，轉身又聞一聲巨響——那艘龐大的五樓船傾覆江中，激出一大片白茫茫的水花！

望江興歎

濡須口一場惡戰，天昏地暗血染長江，曹軍損失尤為慘重，死傷將士近萬。經此一役曹操已無力主動出擊，只得緊守北岸，孫權有時派小股船隊試探，曹軍只是放箭再不應戰，久而久之江東軍也不來了。北軍兵馬雖多，逾越不了長江天塹，守有餘而攻不足；南軍雖水戰得勝，但兵力較弱，登岸陸戰絕對占不到便宜，所以不求有功但求無過。

仗打到這個份兒上已陷入僵局，曹操滿心以為這次能洗雪前恥消滅孫權，沒料到卻被人家牢牢擋在江北。水軍差不多折光了，即便十萬大軍在手，過不了江又談何用武？原本曹軍是攻方，現在卻趨於守勢，士氣也一天天消磨。無需多高的戰略眼光，連普通小兵都看得出——打不過去啦！

但曹操心有不甘，雖不主動出擊，卻在長江北岸陳兵不動，始終擺出一副決戰到底的架勢。其實他有小算盤，面對這樣的形勢他早就不抱一舉蕩平江東的幻想了，但遠道而來不能無功而返。朝廷已改易九州，最近又在籌畫晉封他為公爵，這時若再建功勳錦上添花，該是何等榮光？因而他還要等待時機，哪怕只是勉強小勝一次，或是奪下尺寸之地，方可順水推舟見好就收。

可轉眼間半個月過去了，曹操找不到任何可乘之機，孫權把南岸布置得鐵桶一般，絲毫紕漏尋不出，而且人家也不派大部隊進攻了，連反擊得勝的渺茫機會都不給曹操。前方機會沒等來，反而接到後方軍報——西涼餘寇捲土重來，馬超在張魯支援下興兵隴上攻城掠地，圍困了雍州刺史韋康所在的冀縣（今甘肅天水市甘穀縣）。刺史是朝廷統御的象徵，韋康一旦有難，整個雍州局面都會動搖，駐軍長安的夏侯淵倒是有意相救，無奈韓遂已潛入關中，招募舊部四處作亂，大軍忙於戡亂無暇抽身，冀縣岌岌可危。

一年多以前，曹操自涼州收兵時，別駕楊阜就提醒過他，馬超是個禍患，早晚要再興波瀾，如今不幸言中了。曹操以叛亂為藉口誅殺了馬、韓兩家在京的人質，衛尉馬騰固然因兒子叛亂明正典刑，但本人卻未直接參與，多少有些可憫，因而曹操與馬超結下不共戴天之仇。馬超二次作亂不僅出於野心，也是想為父親報仇，更是以攻為守竭力自保。從某種意義上說他與劉備一樣，都是不可能被曹操寬恕的人，要生存只能鐵了心拚下去。

從濡須到冀縣路程遙遠，即便此刻班師也於事無補，只能放手讓夏侯淵應對，可連曹操都對這個有勇無謀、大字不識的「白丁將軍」不甚放心。馬超彪悍善戰，韓遂老奸巨猾，二人在西州人脈極廣，又倚仗張魯為靠山，夏侯淵對付得了嗎？曹操只能致書長安告誡他謹慎行事，捨小敵而固根本，當以援救韋康為重。

進不能取，後方有患，十萬大軍羈絆於江畔，不過是空耗時日，即便曹操急於建功也有些熬不住了，不得不考慮撤軍。恰在躊躇之際有江東使者下書，送來孫權給曹操的親筆信。孫權在信中明言「春水方生，公宜速去」，倘若拖延日久江水上漲，水軍優勢將更加明顯，曹軍難以建功賴著不走只會敗得更慘。曹操舉著這封信真是欲哭無淚──自己底線都叫人家摸清了！只好召集眾謀士商議退軍之事。

杜襲生性直率，首先開言：「大軍在外日耗千萬，進不能取士氣消磨；況後方餘患未除，荀令君剛剛過世，朝廷事務繁多，實在不宜久留。其實在下早有撤軍想法，是丞相執意要戰，因而未敢進言。」他心機不深，倒肯實話實說。

「子緒之言甚善，在下也以為撤軍為上。昔秦穆公東進，雖三戰不勝，勵精圖治終能成就大業，望丞相為鑒。」王粲也表示贊同，但口氣卻柔和得多。其實大家早動念頭，無非礙著丞相臉面不便說破，此刻有了由頭，眾人盡皆贊成。

劉曄最是機靈，趕緊道：「我軍雖難渡江，但畢竟襲破敵人江北之營，擒殺公孫陽，未為無功。況罷戰乃孫權所倡，足見其勢已弱，哀哀乞和。丞相有好生之德、寬仁之心，念及將士勞苦，難免有所不忍。暫且收兵日後再戰，有何不可？」他的話不能說毫無道理，現今江東雖有小勝，也好不到哪去。江東兵力遜於曹軍，上次惡戰損失也不小，近半戰船損毀，尤其五樓船傾覆，大將董襲溺死江中，頗令孫權痛心。如果雙方不計後果硬打下去，最後只能是兩敗俱傷。所以孫權也盼曹操罷手，但絕不似他說的「哀哀乞和」那麼誇張。劉曄其人雖心思縝密，卻不免失於諂媚，即便心有打算也往往投上所好。

曹操焉能不知他這麼說是維護自己面子？但心中卻仍不免惴惴，總覺得被逼而退臉上無光，反覆瀏覽孫權這封信，翻來覆去間，忽見書信背面也有墨跡，細細看罷，突然仰天大笑：「哈哈哈，孫權不欺我也！可以收兵了。」

眾人不明所以，圍上觀看不禁駭然。原來孫權在書信背面還寫了八個大字——「足下不死，孤不得安！」

此語是咒罵：「你這老傢伙不死，我永不得安寧！」可是曹操看罷非但不怒，反而愁雲盡散。真是心有靈犀一點通，孫權不愧精明之主，明白曹操所思所想。他深知纏鬥不休兩敗俱傷，又料到曹操恥於無功而返，便在書信之餘附上這句話。表面上是咒罵，實際卻是委婉地向曹操表態——你不必礙於顏面硬挺著，其實我心裡很怕你，你若不死江東永無寧日，就此罷手沒人笑話！

孫權此舉無異於主動給曹操臺階下，能得敵人這麼大一個面子，曹操還有什麼可羞的？當即回書表示接受，派人攜帶書信隨江東使者一同過江，兩家罷戰之議遂成。眾人都鬆了口氣，王粲笑道：

「丞相化干戈為玉帛，自此兩家罷戰各自休養，咱們也可早定叛亂。」

「哼，你不明白。」曹操一陣冷笑，「北土廣而江東小，長期休戰積蓄實力，早晚一日老夫必能滅江東，所慮者不過老邁將至。但孫權雄心勃勃血氣方剛，豈能無所作為等候誅戮？交州已落入其手，荊州劉備為之唇齒，江東無地可拓。莫說孫權有稱雄之意，即便只為保有舊土，也得以攻為守繼續侵擾，休戰不過權宜之計。」孫權是精明，曹操也不糊塗，他固然答應撤軍，卻早對孫權圖謀洞若觀火，豈能無所防備？當即命張遼、樂進、李典分兵七千，繼續屯駐合肥。荊州被劉備所占，襄樊有曹仁戍守，孫權北侵只能取道江淮，無論圖謀中原還是覬覦徐州，必先取合肥才能站穩腳跟。曹操分兵合肥無異扼住江東出路，無論孫權如何英武，拿不下合肥就始終處於被動。

此外曹操又任命揚州從事朱光為廬江太守、謝奇為屯田都尉，命朱光在皖城開墾稻田，囤積糧草以備下次南征；謝奇名為屯田之官，實際任務卻是聯絡江東境內的山越草寇，煽動叛亂給孫權製造麻煩。接著曹操向淮南各縣頒布教令：無論豪族大戶還是武將之家，今後不得私造艨艟等軍用船隻，現有一律上繳，歸合肥守軍調配；沿江諸縣除屯民外一律北遷，任何人不得無故渡江——如此淮南之地成了孫、曹兩軍交戰的緩衝帶，即便孫權有能力過江侵擾，也不會有什麼損失。作了這些安排，曹操便可以放心而退了。

罷兵之事相當順利，雙方你情我願，使者來往不絕，只兩三天便達成共識，以長江為界互不相擾，各自安排撤軍。或許老天故意戲弄人，連著陰了半個多月，如今罷兵計議已定，天空反倒放晴了。臨行之際曹操與眾謀士駐馬江畔，再望江南——雲開日現碧空如洗，狂風暴雨化作和煦春風，陽光照在江面上映出燦爛金光，草木經雨水滋潤都碧油油的，還有些不知名的小野花舒展著、招搖著，向世人展現著勃勃生機。對岸的吳兵正在撤軍，原先密密麻麻的旌旗已撤去大半，營壘拆了不少，但森嚴的水軍兀自列於江中，時刻捍衛寸土不讓。雖看不清船上的將士表情，但他們一定在慶賀歡呼，說是兩家罷戰，實際上是江東軍勝了，他們又一次以少勝多逼退北方大軍。

江東勇悍兩攻不下，天下何日才能統一？曹操正苦苦思索，又聞背後隱約傳來歌聲。回頭望去，自家將士也在搬運輜重、收起軍帳，一想到就快離開這禍福莫測的鬼地方，大家臉上均顯喜悅之色，有人忍不住唱起家鄉小曲。曹操不禁苦笑——看來不光我熬不住，將士們都熬不住了，大家歸心似箭，早沒心思打了。

「父親，上路吧！」曹丕見他良久不語，湊向前勸道：「韓浩已收拾妥當，大家都等著您呢！」

曹操卻充耳不聞，喃喃自語：「原以為沒了周瑜，江東不足為慮，真是小看天下英雄了。孫氏雖自詡孫武之後，其實不過是小吏之家。深山藏虎豹，田野埋麒麟。昔孫堅勇冠三軍縱橫南北，孫策拓定江東英武絕倫，孫權小兒能保父兄之業，也非泛泛之輩。」

正說話間，王粲手捧一卷文書從人群中擠過來：「啟稟丞相，剛從許都傳來消息，光祿勳蒯越病逝。這是留給您的遺書。」

「唉！」曹操長歎一聲——固然蒯越自荊州而降，但早年也與他有些交情；更重要的是與他同輩之人又少一個，歲月如刀殺人於無形，誰知什麼時候輪到自己？他接過遺書仔細看了一遍。蒯越不愧為荊州士人領袖，臨終之際除了感慨命運無常，仍念念不忘對劉表的諾言，懇請曹操善待劉琮、劉修兄弟。

「蒯異度雖言辭不多，卻明於利害行事穩重，堪稱一代國士。我遵照他遺言行事，他若在天有靈也可安息了。」曹操又悲又憐，「德才之士不能長壽，偏偏無用之人卻都活著，蒙受大恩卻不知慚愧，世間之事怎不叫人歎息？」在曹操看來劉表的兒子實在不成話，劉琮年已弱冠，依舊唯唯諾諾，既無膽識又無才幹；劉修不過白面書生。最可笑的就是那個劉琦，利令智昏，竟想借劉備之力與弟爭位，赤壁之戰僥倖脫難，結果被大耳賊架空，糊裡糊塗死在江夏，真乃蠢材！就憑這幾個無能小兒，即便有良臣輔佐又怎守得住荊州？他們與孫權相比簡直雲泥之別。

想至此，曹操遙望對岸不禁感歎：「創業難，守業更難。似孫權這小兒，不但能守父兄之業，還可抗拒強敵拓地於外，孫文臺能有此等佳兒，泉下有知更復何求？生子當如孫仲謀，似劉景升之子若豚犬耳！」這正是英雄惜英雄，好漢惜好漢。

眾謀士卻面面相覷，雖覺他此言有理，卻未免有些刻薄。劉琮再不成器，畢竟官拜諫議大夫，也算朝廷重臣；劉修居於鄴城為質，卻熱衷風雅，聽說還與平原侯曹植私交甚篤。曹操公然將他們斥為豚犬（豬狗），實在有些過分。

曹丕所思更與旁人不同：父親讚歎孫權發揚父兄之業，這話未嘗不是說給我輩聽的。在父親心中，我與三弟究竟誰似孫權、誰似豚犬呢？凝視大江正心事重重，忽覺身旁曹休輕輕拉他的衣角，回過神來才見父親已與眾人掉轉馬頭。

「文王伐崇，三旬不降，退而修教，復伐乃成。咱們效仿先賢，回去厲兵秣馬，日後再來吧！」扔下這句自我解嘲的話，曹操打馬揚鞭向北而去。

建安十八年四月，曹操第二次南征又以失敗告終。

第三章

暗謀奪嫡，楊修襄助曹植

闖園勸諫

長江之畔血雨腥風，遙遠的鄴城卻儼然一片太平景象。廣廈莊嚴市井祥和，尤其城西北的銅雀園更是幽美恬靜，草長鶯飛花紅柳綠，樓臺映水葳蕤生輝，朝陽之下滿目光華璀璨。

此刻銅雀臺上少長咸集、勝友如雲，十幾個峨冠博帶的文士齊聚一處。眾人彈衣揮袖高談闊論，其中不乏邯鄲淳、陳琳、路粹、繁欽那等享譽文苑的知名人物，卻都對一個二十出頭相貌英朗的青年公子禮敬有加——那便是曹操與卞氏第三子，平原侯曹植。

曹操二次南征無功而返，只留下句「生子當如孫仲謀」的感歎。戰場上他輸了，可在朝廷卻是大贏家。其實就在他與孫權廝殺之際，尚書令華歆、諫議大夫董昭等人操縱下的朝廷片刻都沒停歇，一道道驚世駭俗的詔令頒布天下。

建安十七年九月，四位小皇子晉封為王，劉熙為濟陰王、劉懿為山陽王、劉邈為濟北王、劉敦為東海王。表面上似是對皇族的鞏固，但有識之士都品得出味兒——四位皇子皆側妃所生，伏皇后嫡出的兩個皇子卻沒半點兒好處，這種晉封實是搪塞；欲要取之必先予之，曹操給皇家添些表面光采，是為日後不臣之舉埋下伏筆。

果不其然，建安十八年正月，朝廷頒布政令，復《禹貢》九州（《尚書・禹貢》記載的地域劃分，乃戰國人託名大禹所作。九州，即豫州、冀州、兗州、徐州、青州、揚州、荊州、梁州、雍州）。其實《禹貢》記載未必可信，有據可查的只有前朝篡逆王莽曾一度實施，根本談不到「復」。從文獻上看，九州並無幽州、并州，河北之地皆屬冀州所轄，曹操身兼冀州牧，這意味著三大州都將順理成章變為曹家私地。不僅如此，古籍云「州從《禹貢》有九，爵從周氏為五」，改易九州也是為恢復五等侯鋪路。

所謂五等侯，是昔日周室天下冊封的公、侯、伯、子、男，秦漢以來已然廢止，變為王、侯兩級。漢高祖誅戮韓信、彭越、英布等異姓諸侯王，自此「非劉不王」，身為臣子最高只能封侯。建武十三年（西元三七年）光武帝為了尊崇周公和孔子，冊封周朝後裔姬武為衛公、殷商後裔和孔子之後孔安為宋公，衛、宋兩個公國被視為漢賓。除了這兩個特例，還有一個受封公爵的人，即篡逆王莽，他以安漢公之名操控皇權奪取漢室天下。現今曹操的行動與當年王莽一般無二，目的不言而喻。

朝廷中人無不知曉，冊封曹操為魏公的詔書早就由尚書右丞潘勖草擬好了，就在省中待命，等曹操南征歸來便可詔告天下。不過現今的朝廷百官早已「洗心革面」，自荀彧死後，屹立朝堂之人除了緘口自保，就是沉醉功名攀龍附鳳，誰還敢螳臂當車？曹氏代漢早已呼之欲出，鄴城方面也加緊準備，幕府再次翻修，晉為宮殿，銅雀臺之南開建金虎臺，另外還要挑選吉地建造曹氏宗廟。不過曹操與身為五官中郎將的曹丕出征未歸，這些事自然落到平原侯曹植身上。

這位曹家三公子自幼喜好詩書通曉經籍，又生性灑脫熱衷風雅，此番由他留守，辦這等差事再合適不過。自光武中興已二百餘載，曹家又開封公建國之事，而且起於兵戎裂土分茅，與昔日王莽頗多不同，說是遵循舊制，實是前無古人，許多環節還需琢磨。故而曹植與諸多文士翻閱典籍悉心商討，一座座樓臺殿宇、館閣廟堂、禮樂建築拔地而起。

這其中尤為重要的就是金虎臺。雖同屬樓臺建築，金虎臺與銅雀臺大不相同，銅雀臺純屬曹家自娛之物，金虎臺卻大有含義。古來以虎符代表兵權，諸侯王也各築高臺用以耀兵。故而金虎臺乃依照兵戎之禮所造，象徵曹操以公侯之尊掌天下兵馬，實是閱兵之用。為了修築這座臺，曹植沒少花心思，自并州上黨郡調來上等木料，召集良匠加緊施工，務求精益求精。

忙了半個多月總算初見端倪，臺基夯實，樓閣已築起一丈有餘，皆用楠木青瓦，雕飾雲紋，雖未成規模但富麗華貴可窺一斑。眾文士見此情形無不欣喜，也對平原侯的才學交口稱讚。諸人之中尤以祭酒繁欽最為媚上，如此良機焉有不拍馬屁之理？當即誇讚道：「平原侯胸有溝壑腹藏珠璣，大筆一揮便勾勒出此等雋麗樓臺，實不亞於東魯之靈光、西京之建章。」

令史丁儀恰在近旁，聽繁欽溜鬚拍馬不遺餘力，心下頗為不齒，便取笑道：「這話讚得極是。在下記得您早年作過一篇《建章鳳闕賦》，其中不乏佳句，『長楹森以駢停，修桷揭以舒翼。象玄圃之層樓，肖華蓋之麗天。』昔日用以大書漢家宮殿之美，如今不妨搬來讚曹公之臺，見賢思齊倒也省了不少事。」說話之時丁儀不禁瞇了瞇眼睛。他自幼患目疾，看東西不甚清楚，瞇眼是習慣，但旁人看來越發覺得傲慢少禮。

繁欽效力幕府十餘載，雖是刀筆之任失於諂媚，畢竟資歷深厚；丁儀卻是曹操舊友丁沖之子，晚生後輩，在幕府中充個小小令史，如此諷刺前輩實在刻薄。但繁欽被這個後生奚落竟不敢爭辯，只默默退入人群。他心思雪亮——丁儀、丁廙兄弟與主簿楊修皆曹植心腹密友，丞相圖謀封公建國，日後立誰為嗣尚不可測，不過現今平原侯聖眷似在五官將①之上，絕不能得罪平原侯眼前紅人。

---

① 「五官將」是「五官中郎將」簡稱，本書中特指曹丕。

主簿楊修心思靈動，不願丁儀為曹植招怨，趕緊扯開話題：「此臺雖好，然盡善未盡美。」

曹植始終默默無言倚著白玉闌干，俯視南面的工地，根本也沒把繁欽的誇讚放在心上，但聞聽楊修說未能盡美，不禁問道：「德祖覺得還有何不好？」

楊修指指點點：「銅雀臺高逾十丈，金虎臺卻是八丈，預設房屋一百零九間，高挑不足豐腴有餘。兩臺一高一低姿態各異，恐不甚和諧。」也是他素與曹植親睦，換作別人可不敢輕易指摘。

曹植蹙眉凝思，不過片刻又笑了：「這有何難？不妨在北面再建一臺，銅雀臺居中，金虎臺與另一臺分居兩側，一高兩低錯落有致，三臺之間搭設飛閣便橋。《西都賦》有云：『樹中天之華闕，豐冠山之朱堂。因瑰材而究奇，抗應龍之虹梁。』凌空而行如在雲端，想來何等意趣？」

「絕妙絕妙！平原侯大手筆……」眾人自少不了又一番誇讚。繁欽耐不住本性，再次從人群中擠了出來：「今日良辰美景，平原侯又有此雅興，何不留詩一首以抒胸臆，也叫我等見識見識？」

曹植微微點頭，舉目眺望——眼前是正在動工的金虎臺，再往南是碧水瑩瑩的芙蓉池，池畔密林邊有一片精緻的青瓦房舍，那是剛剛建起的白藏庫和乘黃廄，用以儲備曹家的珍寶良馬。西面也在動工，眾民夫正在挖掘一條管道通往漳河，以後芙蓉池便與漳水、白溝相通，成了活水。這條水道便似玉帶縈繞於樓臺水閣之間，宛如人間仙境。有山有水，觀不完的美景，享不完的富貴，若在這裡生活該是何等愜意？曹植神采奕奕，脫口而吟：

名都多妖女，京洛出少年。寶劍值千金，被服麗且鮮。
鬥雞東郊道，走馬長楸間。馳騁未能半，雙兔過我前。
攬弓捷鳴鏑，長驅上南山。左挽因右發，一縱兩禽連。
餘巧未及展，仰手接飛鳶。觀者咸稱善，眾工歸我妍。

歸來宴平樂，美酒斗十千。膾鯉臇胎鰕，寒鱉炙熊蹯。
鳴儔嘯匹侶，列坐竟長筵。連翩擊鞠壤，巧捷惟萬端。
白日西南馳，光景不可攀。雲散還城邑，清晨復來還。

曹植《名都篇》

「快哉！」繁欽大唱讚歌：「平原侯才子心性，英姿颯爽人中之傑！」眾人不住附和，唯有楊修心下暗笑——作詩歸作詩，做人是做人，三公子生平之志怎限於當一個暢遊享樂的浪蕩公子？真真小覷他啦！

正說笑間，忽聽樓下有人呼喊：「老臣請見平原侯……懇請平原侯回府理事……」說來也奇，銅雀臺高十丈，但是此人嗓音高亢聲若洪鐘，自樓下傳來竟字字入耳，連眾人歡笑聲都掩蓋不住。大家手扶闌干往下注目，見一個皂衣大袖、滿面虬髯、身材偉岸的老臣正昂首高呼——那是幕府西曹掾崔琰。

銅雀園是曹氏私家苑囿，未得准許不能隨便出入，若別人前來早被衛兵攔了，遇到崔琰卻不敢較真。一者，此乃耿介之士威名素著，連丞相都讓他三分；再者，曹植還是崔琰的姪女婿，今平原侯督留守之事，更沒人敢攔崔琰。

樓上眾人見崔琰這架勢便知來者不善，八成是上諫言的，霎時間都不吭聲。唯丁儀低聲叨念：「崔大鬍子竟鬧到這兒來了，橫眉立目頤指氣使，哪把公子放在眼中？」丁儀不喜崔琰已非一日，在他看來曹植既然是崔氏之婿，崔氏就該全心全意助曹植謀得儲位，可崔琰存長幼之念，不顧親疏意屬曹丕。兩年前河間叛亂曹丕受斥，本是整垮曹丕的良機，崔琰與毛玠卻跳出來為其說好話，挽回曹操之心；如今曹植留守，又橫挑鼻子豎挑眼，實在可惡。

曹植卻不反感，只苦笑道：「父親曾道崔西曹『伯夷之風，史魚之直，貪夫慕名而清，壯士尚稱而厲。』實乃公正無私恪盡職守之臣，不過有時也似夏日之烈，叫人望而生畏啊……列位稍待一時，我下去見他。」

曹植一句話，大夥都放寬了心——崔琰講起大道理極少給人留情面，若大家一同下樓難免要遭他斥責，說他們傍著公子暢遊無度荒廢政務。莫說邯鄲淳年逾古稀享譽數朝，陳琳官拜門下督統帥文壇，宋仲子當世大儒名震天下，即便年輕的荀緯、王象、劉修等人也小有名氣，當眾受責臉上無光。幸虧曹植天性仁厚，自己擔下，眾人不免心存感激。

楊修嘻笑道：「昔日齊桓公耽於女樂，管仲築臺以分謗，這才是為臣子之道。公子獨去也不好，還是在下隨您一起聽訓吧！」

「我也去。」丁儀憤憤道：「倒要聽聽崔大鬍子說什麼。」

十丈高臺樓廊迴旋，著實費了不少工夫才從銅雀臺下來。曹植還沒邁出門檻，先拱手致歉：「晚生失禮，勞崔公久候了。」他雖是丞相之子、侯爵之身，畢竟沒個正經官職，折節下士，姿態放得很低，老臣面前常自稱「晚生」，既表示自謙，又不失文士風範。

崔琰頂著火來的。方才他到聽政堂請見，沒見到曹植，卻遇到了留府長史國淵、魏郡太守王修，詢問才知，曹植一早就去了銅雀園，幕府僕從說不久便歸，可二人候了半個時辰仍不見回轉，今天的公文還沒過目。崔琰眼裡揉不下沙子，心急火燎地尋到園中，要把曹植叫回去處理政事，這架勢簡直似家長教訓一個貪玩的孩子！可真見到曹植，瞧這位丞相公子如此謙卑相待，心頭怒火已去大半，收起凝重臉色，躬身還禮：「下官莽撞冒犯，還請恕罪。但望公子以國事為重，速速回府理事。」

「好好好。」曹植笑容可掬地拉住他手，「今早聞金虎臺臺基已立，故而約幾位才俊之士看看，不知不覺誤了時辰，實在慚愧。其實崔公派小廝催一聲就是，晚生焉敢不從？」這話謙恭至極。

「不敢。」崔琰掙開他手，再次行禮，「下官請見另有他事。」

「何事？」曹植滿臉微笑耐著性子。崔琰抬頭望了楊修、丁儀一眼，鄭重道：「此事有涉丞相家務，還請屏退旁人。」

曹植卻道：「崔公無需介意，德祖、正禮皆晚生親近之友，又得我父青睞，不妨參詳。」

哪知崔琰越發正色：「下官要說的第一件就是這個！幕府乃理政之地，公子與人來往當守規矩。楊德祖身為丞相主簿，隨時侍奉也罷了；丁正禮不過一令史，豈可日日與公子出入盤桓？再者，聖人有云：『行有餘力，則以學文』，公子身為留守，理當以政務為先，耽於浮華豈非捨本逐末？」

崔琰洋洋灑灑一番話，幾乎把曹植這幾月所作所為批得一無是處。曹植對他禮遇有加，絲毫不作辯駁，反而連連點頭；楊修也不插嘴，二目低垂傾聽教誨；丁儀卻頗有不忿之色──他當年曾被曹植推薦，卻被崔琰、毛玠壓下，豈能不怨？

待崔琰這一通牢騷發完，曹植滿臉堆笑：「崔公教訓得是，晚生受教不淺，日後自當慎行。」

「還望公子心口如一。」崔琰勸諫之言都是臨時而發，這才提及正事，「下官今日告見，其實是想請您勸勸二公子。」

「哦？」曹植不禁蹙眉。他深知二哥曹彰不喜詩書，性情乖張，平日行事多惹非議，不知又幹出什麼好事了。

崔琰細細道來，原來半月前曹彰出城射獵，路遇一個獵戶。那人身分倒也平平，卻騎了匹體無雜毛的白色駿馬。曹彰尚武，頗喜寶馬，有意重金買下，那獵戶卻不肯割愛。無奈之下曹彰竟想出奇招，不顧身分硬拉此人回府飲酒，席間叫歌伎侍女出來伺候，提議以美女交換寶馬。那獵戶也真膽大，堂而皇之挑來揀去，最後竟選中了曹彰的側室姬妾。曹彰毫不猶豫，留下寶馬，當即叫獵戶把姬妾領走。那姬妾哪裡肯依？哭哭啼啼叫苦連天，硬教曹彰推出門去。此女若孤苦出身倒也罷了，偏偏是譙縣鄉人之女，她家人原指望憑此女攀龍附鳳，怎料卻換了馬？找上門懇請贖回，曹彰卻一副一諾千金的架勢，要馬不要人。

曹植又好氣又好笑，楊修、丁儀也把持不住，捂嘴直樂。崔琰卻一點兒都不覺可笑，厲聲道：「此事有何可笑？丞相父子主政，乃臣民之表率，豈可如此乖張行事？此事傳揚開去，必成市井談資，恐貽笑於士林。請平原侯規勸二公子，還是收回姬妾的好。」這等事本輪不到崔琰過問，但他耿介心性，遇到看不慣的就要管。

「崔公所言差矣。」曹植尚未答覆，丁儀先開了口。他早憋了一肚子氣，有意與崔琰為難，陰陽怪氣道：「豈不知此事雖有駭世俗，卻無干王法？古云：『妻者，齊也，與夫齊體。上自天子，下至庶人，其義同也。』『妾者，接也，接見君子而不得伉儷。』既是姬妾，相贈易物又有何不可？二公子天性瀟灑樂於武事，美人易馬也算風流佳話。若真有悖律條，不勞崔西曹過問，有司早稟報上來了。」言下之意是說崔琰多此一舉，輪不到他管閒事。楊修卻不願得罪這老臣，忙拉他衣角示意住口。

崔琰根本不理睬丁儀，只是注視著曹植：「平原侯，平民百姓行此奇事倒也罷了，二公子身為丞相至親焉能如此？您若不管，我便上書問問丞相，取信於民安定天下，究竟重人還是重馬？國法治不了，恐還有家法吧？」

曹植心下暗驚——這話倒不假，以妾易馬雖不違律條，但終有些不妥。崔大鬍子說得出辦得到，若真一狀告到父親那裡，二哥吃不了好果子，鬧得幕府內外無人不知，全家都沒面子。現今正是父親晉位公爵之時，傳出輕人重馬這類話，可不是鬧著玩的。想至此曹植連忙表態：「崔公所論極是，晚生必會勸諫家兄。」

「若能如此下官甚慰，方才失禮之罪還請海涵。」崔琰說罷作揖告退，走了幾步又回頭道：「公子速速回府，國長史還等著呢！」

丁儀強壓怒火，見崔琰走遠，終於忍不住發作道：「崔大鬍子真可惡，憑什麼凡事都橫插一杠子？」

「就憑他用心端正不避嫌隙。」曹植接過話來，「如此耿介之臣理當尊敬，他時時訓教也是為我好啊！」

「不見得吧！」丁儀冷笑道：「他果真用心端正，就不該厚待五官將而薄於侯爺。依我看他闖園奏事分明小題大做，揚公子之過，離間手足，欲孤立公子。您可不要被他那一臉忠貞給騙了！」

「豈能如你所言？」曹植一笑而置之，「我素知崔公其人。說他固守長幼、對我有偏見倒不假，然而卑鄙害人卻非他所能為。」

楊修極是贊同：「不錯，公子洞悉善惡慧眼識人，單論氣量就比五官將高了一籌。但二公子之事還需妥善處置，勸諫不當轉而生怨，反倒不美。」

曹植早有成算：「這事不勞你等操心，我去跟他說。二哥若實在固執，我大不了破費些錢財，周濟那家姬妾便是。這家人鬧來鬧去也左不過是為了錢財富貴，我吃些虧也就罷了。」

丁儀歎了口氣：「侯爺就是心太善了，何必答應這等為難之事，平白替人受過。」

「你曉得什麼？」楊修手撚鬚髯眼神奕奕，「雖說侯爺與五官將爭位，其他的公子也不能小覷。局外人說話更能觸動丞相之心。謀儲之爭不光較量才智，更要友愛兄弟、凝聚人望，家事大過國事呢！」

曹植卻仰望蒼天喃喃而語：「謀儲之爭……謀儲之爭……我只想幹一番事業，從來沒想過要與別人爭什麼。戮力上國，流惠下民，建永世之業，留金石之功，方不枉為君子。」說罷背著手而去。

丁儀欲追卻被楊修攔住：「你還想叫崔琰說三道四？我隨侯爺回幕府理事，你叫大夥散了吧！」

丁儀怏怏不悅卻無可奈何，只得應允。走出甚遠的曹植倏然扭過頭來：「正禮，替我向列位告假，邯鄲老夫子年歲不小了，下樓時留神攙扶。不管這些老臣如何待我，咱身為晚輩可不能虧了禮數。」他白皙俊美的臉上飽含真誠，絕無半分矯揉造作。

楊修之謀

聽政堂上寂靜無聲，只聽得銅壺滴漏嗒嗒作響。幕府長史國淵、魏郡太守王修已候了半個時辰，一個低頭看公文呆呆出神，一個踱來踱去心事重重，誰都不說話。倒不是二人不睦，只因平日走動不多，又都不愛閒談，見面不過互相問候，等了這半天已客套好幾遍，實在沒意思。

莫看兩人沒交流，心裡所想完全一樣——平原侯實在有失偏頗！前年曹丕留守，雖無甚建樹又趕上場叛亂，但罪責本不在其身，一切中規中矩，對政務也很認真。即便與其相厚的吳質、夏侯尚、朱鑠等人，沒公務也不能隨便入見，懂得避嫌。而三公子稟賦甚高卻不遵禮法，處置事務也忒隨心，喜歡的事做起來沒完，不感興趣的問也不問。或許在那幫風雅文人看來，曹植是完人，但在這些幕府重臣眼中卻完全不一樣。

不過想歸想，國淵、王修都是涵養極深之人，也不便派人催促。後來崔琰來了，問明情由便板著臉去了，兩人略覺寬心——崔大鬍子乃性情中人，天大的事也敢管，何況與曹家有姻親，鬧一場也沒什麼可說的；我們不沾親不帶故的若也闖過去，知道的是以國事為重，不知的還道是傾心五官將，故意與平原侯為難。一個老曹已越來越難伺候，如今又添上倆小主子，焉能不慎？

崔琰出馬果然有效，不多時曹植便帶著楊修急匆匆趕回，進門來連連作揖：「晚生失禮，叫二位久候了，慚愧慚愧。」

「不敢。」兩人本有些怨氣，但見他主動道歉，舉手投足間既顯謙誠又不失瀟灑，滿腹心事不禁暫且拋開了。

「人言丞相乃國之股肱，我看兩位也是幕府股肱，若非你們處處周全，晚生真不知如何是好啊！」曹植客套了兩句這才落坐，「金虎臺建得挺快，不過與銅雀臺不甚相諧。方才與眾人商量，可在北邊再建一座臺，國長史以為如何？」

「此非急務，可待丞相回來再議。」國淵只搪塞一句，恭恭敬敬捧上十幾卷公文，「請公子過目。」

曹植只粗略翻翻，二話不說畫諾用印。國淵唯恐他不細看，一件件提醒：「丞相大軍已過豫州，可能會在許都停留一日……匈奴使者朝覲，華令君已叫他齎詔回平陽了……御史大夫郗慮乞歸田舍，丞相想必應允……朱光任廬江太守，在皖城開田，請求撥發錢糧……」

可不管他匯報何事，曹植只一句「知道了」，也不知往沒往心裡去。十幾道公文片刻工夫就用完印了，曹植別的都沒在意，卻對最後一份起了興趣：「荀令君靈柩已運回潁川安葬，這麼快！」

國淵、王修不禁悚然——荀彧在譙縣病故一事傳言頗多，鄴城群僚也不知真假，但荀彧一解除尚書令之職，改易九州、議封公爵等事立刻通過，他與丞相的分歧是明擺著的。故而大家絕口不談此事，以免引火焚身。

曹植倒不是對荀彧死因有何質疑，而是他與荀彧之子荀惲相厚，荀惲又是曹家女婿，故而關注。這份公文是關於荀惲襲萬歲亭侯之爵的事，末尾又錄了篇文章，是尚書右丞潘勖給荀彧草擬的碑文：

夫其為德也，則主忠履信，孝友溫惠，高亮以固其中，柔嘉以宣其外，廉慎以為己任，仁恕以察人物，踐行則無轍跡，出言則無辭費，納規無敬辱之心，機情有密靜之性。若乃奉身蹈道，勤禮貴德，動咨事間，匪雲予克，然後教以黃中之叡，守以貞固之直。注焉若洪河之源，不可竭也；確焉若華岳之停，不可拔也。故能言之斯立，行之斯成。身匪隆汙，直哉惟情，紊綱用亂，廢禮復經。於是百揆時序，王猷允塞，告厥成功，用俟萬歲。

曹植不禁搖頭：「此文也忒泛泛。令君昔隨我父立業兗州，也曾從軍謀劃多有良策，為何隻字不提？令君之心性如冰之清，如玉之潔，法而不威，和而不褻，這些怎麼也一概不論？潘元茂文筆一向不錯，但這篇文章卻中規中矩沉鬱內斂，少了些俊逸之氣。」

國淵比曹植更知底細。荀彧初始恭順，最終卻與曹操貌合神離，為其蓋棺定論實是困難。莫說潘勖，即便太史公復生、班孟堅在世，寫這篇墓誌銘恐怕也俊逸不起來。他趕緊敷衍道：「敕令所作的官樣文章，中庸揚善即可。」說著從曹植手中把文稿拿了過來。

曹植早覺出他心有不悅，莞爾道：「國長史是不是覺得晚生這些日子處置政務不大上心？」

「屬下不敢。」國淵言不由衷。

「您老是不忍傷晚生顏面。」曹植很有自知之明，「不錯，我最近確實沒對政務下工夫，但絕非玩忽懈怠，而是信任列位大人。我名義上是留守，其實誰都清楚，一干政令由列位大人議定，晚生只不過是審閱參議……」國淵想反駁，卻被他抬手攔住，「我沒別的意思，也並非有何不滿。列公皆公忠體國深謀遠慮之人，思慮良策無不完備，處置政令無不得當。聖明君主尚垂拱而治，何況我不過一膏粱後輩，何敢唐突指摘，貽笑大方？所以我才傾心於營建，一者乃時下所需，再者也是生平所長。為官一任當有所成，既不能燮理陰陽，搞些禮儀營建也算有所建樹，不枉當一次留守。

咱們各司其職，有何不美？」

這話雖不無道理，可國淵聽來總覺得有些彆扭，卻又不易辯駁，只得緘口而退。曹植見他已無話可說，甚是滿意，又瞟了王修一眼：「王郡將何故入見？」

王修正色道：「卑職要彈劾一人。」

「哦？」不但曹植一愣，楊修也感詫異——魏郡太守非一般郡將，只因幕府在魏郡首縣鄴城，故而魏郡實是天下第一郡。在曹操眼皮底下當地方官豈是易事？王修本袁氏故吏，又曾被孔融拔擢，這樣的人竟能被曹操如此重用，足見才幹之高。但才幹只是其一，更重要的是不樹敵，如今連他都要開口告狀，那被告的是何等罪惡滔天之輩？

曹植怔了片刻才問：「欲告何人？」

「鄴城令楊沛。」

兩年前冀州田銀、蘇伯叛亂，曹操頗感受辱，有意壓制豪強嚴懲不法，故而以著名酷吏楊沛為鄴城令。此人固然執法嚴格，卻做事偏激刑罰殘酷，視人命如草芥，上至幕府群僚下至百姓，對其無不畏懼。但他畢竟是曹操親自提拔的人，又深得信賴，群僚敢怒不敢言，王修能開口告他，真是把老實人逼急了。

「聖人云：『苛政猛於虎』，楊沛行事暴虐過甚。」王修義憤填膺，「自他上任以來，嚴刑峻法草菅人命，鄴城百姓噤若寒蟬，上下僚屬如履薄冰。其爪牙功曹劉慈等人更每日遊走街巷監視士民，凡有小過當即棒殺，不教而誅暴虐忒過！又與校事盧洪、趙達、劉肇等互通表裡，羅織罪狀迫害大臣。今市井民巷不聞人聲，百姓歸家閉戶避之如鬼魅。以此等暴虐之徒為官實是玷汙廟堂，難道咱們要步亡秦的後塵嗎？懇請公子做主，把這狂徒逐出冀州。」

曹植甚覺為難——他怎不知楊沛滿手是血？可楊沛之所以肆無忌憚是倚仗父親為靠山，扳倒楊沛豈不是公然挑戰父親的權威？他不敢插手，強笑道：「王郡將所言不無道理。然而楊沛雖行事不遜畢竟職責所在，不宜草草處置。」

王修再揖道：「為政以德，不以苛政峻法，楊沛所用皆不通文墨的宵小俗吏。前日許都華令君差一小吏來我寺中公幹，夜宿城西館驛；那小吏貧寒，臨行之際私藏驛舍席榻，被驛吏發現扭送縣寺，路遇巡城的劉慈等人。那劉慈卻說盜席雖是小過，遵聖人之教卻應處死，不由分說便將那小吏打死。」

曹植詫異：「盜席與聖人有何相干？」

「可惡便在這裡。」王修憤然，「劉慈說，孔子有云：『朝聞盜席，可死矣！』故斷死刑。」

國淵是鄭玄門下高足，學識淵博熟稔經典，聞聽此言卻是一愣，實在想不起孔子何嘗說過這麼句話。沉默片刻，楊修忽然一陣大笑：「這俗吏道聽塗說弄錯了，是『朝聞道，夕死可矣！』」

一語點破，曹植也笑了：「這倒有趣，不妨告訴邯鄲老夫子，請他編入《笑林》。」說了一半見王修滿臉嚴肅，忙收起笑容，「咳咳……此等刁猾酷吏果真可惡。王郡將所慮甚是，待丞相歸來，晚生自當向他老人家進言。」

王修不買帳：「卑職以為公子應當機立斷，無須請示丞相，及早罷免此人。」他心裡有個小算盤，指望曹操處置楊沛不太可能，最好能借曹植之力先斬後奏。

「不妥吧？我不過奉丞相之命代理一時，豈可隨便罷免官員？」

王修朝國淵使了個眼色，國淵會意，立刻進言：「政令文書屬下可代為之，只要公子應允並無滯礙。」倆人事先並沒商量，但此刻卻彼此心領神會，也是楊沛結怨太多所致。

曹植初掌政務卻不糊塗，國淵既然能辦為何不辦？必定還是過不了父親那關：「官員任免頗多掛礙，我等不易越俎代庖。」

「茍可強國，不法其故；茍可利民，不循其禮。」王修爭辯道：「公子方才說初次留守欲謀建樹，若能罷免酷吏造福於民，此功此德豈不比修造樓臺強之萬倍？古人云：『天雖至神，必因日月之光；地雖至靈，必有山川之化。』公子丞相父子一體，公子之德即丞相之德。」

老實人未必不會投其所好，曹植聽這話甚覺有理，若能辦件驚天動地的大事，非但利國利民，未嘗對自己不是好事；再看國淵，連連點頭確之鑿鑿。其實在曹植內心深處也不喜這個楊沛，雖然楊沛沒找過他的麻煩，但素來會文之士提起此人無不咬牙切齒。諸般心思湊到一起，曹植膽子漸漸壯了，便要拍這個板：「既然如此……」

「公子三思！」楊修突然插嘴，「楊沛雖是酷吏，丞相用之乃為去惡明法，雖矯枉過正，實是出自仁心，其中張弛自有分寸，非我等下僚所能忖度。子之德必仰於父，臣之政必受自君，公子與列位大人若自作主張草率行事，只恐壞了丞相一番良苦用心。為子之道、為臣之義也難免有虧。」他故意把「為子之道」四個字說得很重。

曹植料他阻攔必有道理，趕緊就坡下驢：「不錯不錯，德祖見地甚是，由他老人家親自處置總比咱們名正言順。」他不容王修再言，忙扭頭問楊修：「快到正午了吧，我該到後堂向母親問安了。」

王修見他一副逐客架勢，只好悻悻然望了楊修一眼。人家把「為臣之義有虧」都扔出來了，這麼大一頂帽子怎敢往頭上戴？

國淵輕歎一聲，捧起政令道：「既然如此，下官暫且告退。」王修也只得悻悻而去，心下暗暗盤算——早知這樣還不如不提，非但沒扳倒楊沛，此事若傳揚出去，日後更不好與那酷吏相處了！

曹植見二人走遠，也鬆了口氣：「德祖何故阻攔？」

楊修滿臉誠懇道：「公子切記，當有所為、有所不為。便宜行事固然無過，然楊沛受丞相厚遇不可輕動，若稍有差失，忤父之意還在其次，弄不好便有結黨之嫌。」

曹植顯得有些不耐煩：「那麼進善去惡之事就不做了嗎？」

「曲則全，枉則直。現今之際公子當自行其是，莫要多干預重要事務。老子曰：『太上，不知有之；其次，親而譽之。』幕府諸事丞相早有安排，國淵、袁渙等皆多年老吏，斟酌處事不會有半點兒紕漏，他們都管不了的事，公子也沒必要去操心。所以我才建議您以文會友，著眼營建之事，幕府公務全屬本分，這些事才是您額外的功勞啊！昔五官將都督留守，一應政務干預再三，結果非但無功，反而招了丞相埋怨，您可要引以為鑒啊！」

曹植並非完全贊同的他話，但深知楊修一片好意：「那聽你的，此事不再提了。」

「若我沒猜錯，如今公子聖眷已在五官將之上。」楊修早有成算，「公子之文采高於五官將，所短者乃在時政軍務。我獻此策也為藏拙露巧，還望公子用心趕上，方能與五官將一爭高下。」

「爭爭爭，又是爭！」曹植霍地站起來，「我從未想過與手足為敵，只想做好我自己，以誠心感化父親，一展平生之志！」

楊修望著一臉鄭重的他，嘴裡嘟囔了兩句，還是把想說的話忍了回去——曹植本是性情中人，為人處世也似文章一樣追求自我。善良出於本性，才氣實為天賦，倒也難能可貴。但只憑摯誠不靠權謀能成功嗎？你不與別人爭，別人還要與你爭呢！楊修心想，這樣下去不行，我得設法暗中相助……

第四章
二子爭嗣，曹操出題

曹魏公國

南征大軍回到鄴城，曹操剛邁進幕府大門就接到朝廷詔書，天子決定以冀州之河東、河內、魏郡、趙國、中山、常山、鉅鹿、安平、甘陵、平原十郡為封地，冊封其為魏公，並加賜九錫。雖然這是曹操處心積慮謀來的，但免不了還要上演一齣「三讓而後受之」的戲碼。曹操當即表態：「夫受九錫，廣開土宇，周公其人也。漢之異姓八王者，與高祖俱起布衣，創定王業，其功至大，吾何可比之？」

這看似一句客套話，卻是曹操深思熟慮過的。他想像自己是周公，接下來的勸進只要像讚美周公那樣讚美他就妥當了。再者，曹操講出他理想中的公國應仿照漢初異姓諸侯王的標準——那便是領土自治，有權自行任免國相以下官職，同制京師擬於天子！

尺度公開了，於是中軍師陵樹亭侯荀攸、前軍師東武亭侯鍾繇、伏波將軍高安侯夏侯惇、驍騎將軍安平亭侯曹仁、建武將軍清苑亭侯劉若、揚武將軍都亭侯王忠、奮武將軍安國亭侯程昱、軍師祭酒千秋亭侯董昭、中護軍明國亭侯曹洪、奮威將軍樂鄉侯鄧展、中領軍韓浩、左軍師涼茂、右軍師毛玠、建忠將軍鮮于輔，以及府僚王粲、杜襲、袁渙、任藩等數十名官員聯名上書，聲稱：「自古三代，胙臣以土，受命中興，封秩輔佐，皆所以褒功賞德，為國藩衛也。往者天下崩亂，群凶豪起，顛越跋扈之險，不可忍言。明公奮身出命以徇其難，誅二袁篡盜之逆，滅黃巾賊亂之類，殄夷首逆，芟撥荒穢，沐浴霜露二十餘年，書契以來，未有若此功者！」當真把曹操比作了周公，稱他的功德震古鑠今無人能及，裂土分茅理所應當，若不接受冊封則「上違聖朝歡心，下失冠帶至望」。

曹操覽罷雖然再次辭讓，卻感「盛情難卻」稍有動容，決定象徵性地只接受魏郡一地作為自己封國。但群臣再接再厲二次上書，堅持要曹操把冀州十郡照單全收，還說「今魏國雖有十郡之名，猶減於曲阜①，計其戶數，不能參半，以藩衛王室，立垣樹屏，猶未足也」。

群臣勸進懇切至極，但曹操難得秉承道家之義，稱「功遂身退，天之道也」，堅決不肯接受。於是天子劉協再次下詔，丞相名至實歸，理應晉位公爵。這次曹操不再違拗，立刻上表朝廷，信誓旦旦：「今奉疆土，備數藩瀚，非敢遠期，慮有後世；至於父子相誓終身，灰軀盡命，報塞厚恩。天威在顏，悚懼受詔！」終於「勉為其難」接受了冊封。

於是建安十八年五月丙寅日，天子劉協遣御史大夫持節赴鄴城，正式冊命曹操為魏公。曹操也不再惺惺作態，傳令將幕府隆重裝點，那些早就由梁鴻書寫好的宮殿匾額終於取代了各個堂閣的舊匾，從未正式啟用過的幕府西院四門大開，幕府群僚、魏郡官員以及曹門列侯，在丞相率領下齊聚文昌殿，恭候天子使臣大駕。

御史大夫郗慮雖無實權，卻還有利用價值，終究不能輕易告老，他又接受了一個既屈辱又光榮的使命，當殿宣讀天子冊命：

> 朕以不德，少遭閔凶，越在西土，遷於唐衛。當此之時，若綴旒然，宗廟乏祀，社稷無位；群凶覬覦，分裂諸夏，率土之民，朕無獲焉。即我高祖之命，將墜於地，朕用夙興假寐，震悼

於厥心。曰：惟祖惟父，股肱先正，其孰恤朕躬。乃誘天衷，誕育丞相。保乂我皇家，弘濟於艱難，朕實賴之。今將授君典禮，其敬聽朕命……②

這篇冊文洋洋灑灑大筆華翰，歷數曹操的十大功勞：首倡義軍，討伐董卓；消滅黃巾，安定關東；遷都許縣，恢復祭祀；棱威南邁，剷除袁術；收復河內，張、楊敗亡；回師東征，呂布就戮；官渡大捷，肅清袁氏；遠征烏丸，威震異族；南征劉表，荊襄投降；痛擊馬、韓，撫和戎狄。「雖伊尹格於皇天，周公光於四海，不能與之相比……」可誰能想到，如此激揚的冊命竟與那篇極盡模糊之能事的荀彧碑文一樣，皆出自潘勖之手。也真難得他在秦說秦，在楚說楚。

更為榮耀的則是受賜九錫。九錫者，車馬、衣服、樂則、朱戶、納陛、虎賁、斧鉞、弓矢、秬鬯，是天子獎賞臣下的最高榮譽。車馬，乃是大輅（禮制之車）、戎輅（戰車），配以玄牡二駟（黃馬八匹），按照禮法考究，能安民者賜以車馬；衣服乃朝堂禮服，上有袞冕九章紋飾，能富民者賜衣服；樂則，校訂五音之具、六佾之舞，能和民者賜以樂則；朱戶，允許使用紅色漆飾大門，民眾多者賜朱戶；納陛，宮殿階梯中間特鑿的玉階，不與旁人共道，能進善者賜納陛；虎賁、斧鉞，賜守門虎賁之士三百人，配以斧鉞各一，能退惡者賜虎賁、能誅有罪者賜斧鉞；弓矢者，彤弓矢百，玄弓矢千，能討不義者賜弓矢；秬鬯一卣，乃黑黍、鬱草所釀香酒，用以祭祀祖先之用，孝道備者賜秬鬯。按照禮法考證，一切臣子不論官職大小皆可受封，但古來罕聞其事，唯晉文公以城濮之功

---

① 周武王原本封周公於少昊之墟曲阜，治理魯國，但周公在鎬京輔政，於是以周公之子伯禽為魯公。這裡曲阜指代魯國，以周公的封國比較曹操的封國。

② 全文見附錄一。

受賜，王莽代漢帝理政而得封。

又考古之《周禮》：一命受職，再命受服，三命受位，四命受器，五命賜則，六命賜官，七命賜國，八命作牧，九命作伯。曹操實際已不單單是列土封疆的封國之主，還是諸侯百僚之令主，集大漢丞相、公國君主、諸侯霸主於一身，離真正的天子之位不過一步之遙。

郗慮宣讀冊命已畢，退至殿下，雖是欽差之身卻要與魏國的官員一同下拜。那些滿心攀龍附鳳要做開國元勳的人哪裡還管孝武帝定下的規矩，齊聲高呼「萬歲」，聲震殿宇繞梁三日，大有革命更始之氣。冀州十郡從此更名魏國，成為曹家「私有財產」。十郡之一的趙國原是漢家諸侯王之地，趙王劉珪只好聽憑擺布遷徙至博陵，乖乖讓出國土。而曹植原為平原侯，也改易為臨淄侯。

雖然天下沒有統一，這場封國盛典依舊進行得像模像樣，美中不足的是一國之母、國之儲君的人選沒有確立。卞氏跟曹操時間最長，儼然一家主母，又有曹丕、曹彰、曹植三子長成，曹操暫不給她這個名分，或許只是對原配丁氏的尊重，但世子是誰就難捉摸了。曹丕五官中郎將、副丞相的身分早定，按理說魏國世子也應該是他，但曹操卻不把這事敲定，反而頒布教令，將先朝尚書盧植之子盧毓、女婿夏侯尚、能吏鄭渾等派到曹丕府中，又讓名臣鄭泰之子鄭袤、記室劉楨、文壇新秀任嘏等充任曹植屬下。五官中郎將府與臨淄侯府，人才濟濟旗鼓相當。

自古以來儲君被喻為「國本」，不但關乎家國興衰，還牽繫多少官員的仕途命運。誰都看得出來，曹操在這件大事上猶豫了。

小姐鬧府

曹丕自從回到鄴城就無一日安寧，先是籌辦建國儀式，繼而受命督建曹氏宗廟，接著又有噩耗傳來，諫議大夫張範去世了。當初曹操指派張範與邴原督導曹丕，無論何事都要向兩位老臣請教，曹丕對張範執弟子之禮，還得為他忙喪事。至於邴原，受任五官將長史以來從未當過差，聲稱不敢狂妄指教丞相之子，整日閉門在家靜養不出。老人家姿態倒是很低，卻給曹丕添了麻煩，遇事請教是父親吩咐的，曹丕豈敢不遵？可邴原不來，又不能挑老人的錯，只能一趟趟往他府上去。好不容易冊封之事結束，家廟也建得差不多了，父親又把一群新僚屬塞到他府裡，有幾位曹丕並不熟識，亂烘烘地還沒理出個頭緒，父親的命令又來了——搬家！

曹丕兄弟所居在幕府正南、大街兩側，同樣的府邸共五座，除曹氏兄弟占著三座，另兩座一直空著。這五座宅院都是正堂廣大、兩側廂房對稱，前大而後小，做官衙倒比居住適合。當初搬進來時，曹丕、曹彰只覺不倫不類，現在才知父親深謀遠慮，早計劃封公建國，當初蓋的就是官衙，給列卿官員預備的。

曹丕等人受命移居到鄴城東北新建的戚里。曹植這半年多監督營建，事先有準備，東西早就挪得差不多了；曹彰也好辦，無官一身輕，除了妻妾沒外人，只要把他養的那群寶馬靈獒牽過去就齊了。曹丕可難了，剛從征回來，掾屬僕從一大群，也沒提前準備，光是要搬的簡冊就得裝十幾車，到那邊還得安排大夥兒的辦公之地。父親叫搬就得搬，收拾乾淨房子，新官還等著上任呢！於是前堂文書裝箱入櫃、後堂衣服打包袱，眾掾屬東尋西找自己負責的公文，僕僮搬著几案屏風進進出出，忙得不可開交。

曹丕這會兒也顧不得副丞相的派頭了，穿一襲單衣，叉腰往堂上一站，東張西望不住叮嚀：「輕拿輕放，那是劉威送我的翡翠屏風！」「百辟刀呢？到那邊還得掛呢！」「這幾卷《中論》徐幹剛剛寫成，我借來看的，別弄丟了。」「那圓乎乎的是什麼？噎，叡兒的皮毬！叫他自己收著。」「朱鑠！朱鑠！你小子跑哪兒去了？」

如今的朱鑠已不是中軍將領，自從罷黜官職就在曹丕府裡當差，名分上只是個管家，私下卻比一干掾屬還要親近。他聞聽招呼忙不迭跑上堂來：「我給您找車去了，就咱府裡這幾匹牲口，來來回回得運多少趟？我到行轅尋老部下借了幾輛平板車，這還省點兒事。」

「胡鬧！」曹丕斥責道：「用軍中之車，傳揚出去豈不惹閒話？」

朱鑠卻大大咧咧道：「這算什麼大事，臨時救急嘛！我好歹也是當過司馬的人，那幫崽子當初都是給我牽馬、扛刀、提夜壺的，巴結我還巴結不上呢！如今我肯找他們辦事，那是給他們臉！」

「好漢莫提當年勇，趕緊把車送回去，我寧可搬三天三夜也不借軍中之物。」

「五官將所言甚是。」一個清脆的聲音從堂下傳來，鮑勳抱著一大摞文書擠過來，「自古仁人君子絕不因私而廢公。借車雖是小事，然小惡不制，久而久之必長驕縱之心。君子慎行，豈能任意為之？」

鮑勳乃鮑信之子，卻絲毫不像其父，一副書呆子模樣。他年齡比曹丕小，偏偏滿口君子道德，似剛才那番話他大可逢迎稱頌，卻要擺出教訓口吻，怎叫人愛聽？曹丕甚是厭惡，嘴上雖跟他說話，眼睛卻始終關注著僕僮搬運的東西：「叔業有何要事？」

「這是今日幕府轉來的公文，請您過目。」

几案都搬走了，還看什麼公文？再說，哪件差事真能由他這副丞相做主？曹丕強忍不發，指了指身邊一口未抬走的大箱子：「先放這兒吧。」也不搭理鮑勳，衝堂下掃院子的僕人嚷道，「東西沒搬完掃地做什麼？該幹什麼都不清楚，長沒長眼睛？」

鮑勳不知是真沒聽出指桑罵槐，還是故意不走，又憂心忡忡道：「冀城戰事告急，救兵遲遲未發，韋康快守不住了。」

曹丕膩味透了，心道發不發救兵是夏侯淵的事，與我何干？鮑勳沒滋沒味又嘮叨幾句，這才怔怔而去。朱鑠早忍不住掩口而笑：「這書呆子也真磨人。」

「哼！若非父親硬派到府裡，我早把他攆走了！」曹丕話音未落又見夏侯尚、司馬懿連袂而來。

夏侯尚早與曹丕相厚，如今正式受命擔任五官中郎將文學侍從，可稱了心願，這兩天眉飛色舞神采奕奕：「子桓，我帶了二十名小廝，還有二十輛大車，在外面候著呢！」

朱鑠與他混慣了，玩笑道：「認識你這麼久，竟不知你家財豪富，竟有二十來輛大車。」

夏侯尚撓了撓腮邊的幾粒白麻子，笑道：「我家哪有這麼多，是子丹、文烈幫忙湊的，叫我一併帶過幫忙。」

曹丕會心一笑——曹真、曹休畢竟還是跟我更近一層，兄弟們都搬家，不能有偏有向，人不便來卻把車借我用，倒也妥當。

司馬懿卻沒說什麼，漫不經心踱到箱子旁，信手翻閱著鮑勳留下的公文，忽然想起件事，抬頭問夏侯尚：「昨晚魏公召你入宮，聽說還留了飯，到底囑咐你什麼事？」

「咳！沒什麼要緊。」夏侯尚樂呵呵道：「不是找我，是府裡幾位小姐想我內子，求魏公傳我們夫妻進去。她們姐妹後堂聚會，我跟著沾沾光，陪魏公吃了頓飯。」夏侯尚之妻乃曹真之妹，雖非曹操親女，卻是在幕府養大的，丁氏、卞氏視若己出。

朱鑠取笑道：「你這官越當越不濟，前些年還得過重用，如今卻靠婆娘替你撐著。甭問，懼內懼得厲害！」夏侯尚一陣苦笑——其實這樁婚事不甚美滿，曹真之妹相貌平平性情潑辣，夫妻關係頗不融洽。可礙於曹操的權力、曹真的關係，夏侯尚又不敢得罪妻子，尤其被視為曹丕一黨後，曹操不似先前那麼信賴他了，多仗夫人之力內外周旋。大丈夫賴妻當官，滋味能好受嗎？如今當了五官將文學侍從，以後的前程可就全攀附在曹丕身上了。

司馬懿眼神絲毫沒離開公文，閒聊似地問道：「不年不節，一群女眷聚什麼？嫂夫人沒對你說起？」

「昨晚幾位夫人派婢女傳話，留內子住下了，今早我出門時還沒回來呢。談些什麼我也不知道。」

「這可奇了……」司馬懿倏然抬頭，「魏公跟你聊些什麼？」

夏侯尚想了想：「都是家常話……他說金虎臺快完工了，臨淄侯籌劃得不錯，還說準備在銅雀臺以北再建一座高臺，還要交給臨淄侯監工。」曹丕不禁蹙眉，心道：便宜差事叫他趕上了，也是舅舅有病，讓他得了褒獎——營建之事本由卞秉負責，前年屯田貪賄一案暴露，卞秉無辜遭斥大病一場，也是故意與曹操賭氣，從此以染病為由整天往榻上一躺，拒不當差；曹操也不肯央求，郎舅二人就這麼槓上了。

司馬懿卻露出了笑容：「夏侯兄，這就是你大意了。魏公為何當著你的面誇獎臨淄侯？這些話必是他故意講的，就是想讓你帶給五官將。你不傳話，這頓飯豈不是白吃了？」

曹丕一怔：「父親用意何在？」

「他故意激您啊！」司馬懿的目光又回到公文，「如果我沒猜錯，他八成也在楊修那幫人面前誇了您，一定褒獎您隨軍征戰頗盡孝道。」

曹丕半信半疑：「會有這種事？」

「近來的安排您還瞧不清嗎？他是要你們爭，看看誰才能更高、品德更優。其實他老人家心裡也躊躇不定，若不讓你們爭一爭，焉知哪個兒子更勝一籌？魏公故意要激你們的鬥志，五官將府與臨淄侯府各顯其能，他便可靜觀其變比較優劣。」

夏侯尚、朱鑠聞聽此言不禁悚然——天下至親莫過於父子手足，曹操卻故意激兩個兒子一較高下，用心何等可怖？

司馬懿歎了口氣：「或許是有些不近人情，但這個位子牽繫家國運道，豈能草率相傳？老人家也是迫於無奈啊！」

堂上堂下忙忙碌碌甚是喧鬧，四人卻頃刻間默然無語，過了良久，曹丕才咬著牙低聲道：「爭就爭，豈能輸與子建？」

哪知司馬懿卻冷笑道：「若存這個念頭，不必爭您就先輸了。」

「此話怎講？」曹丕錯愕地望著司馬懿。

「當局者迷旁觀者清，魏公不單要考較你們才智，更要考較你們心胸。爭並不是比拚功勞、較量勢力，當真如此，各樹黨羽國分為二，豈能見容於他老人家？所以魏公越激您，您越要沉住氣，但行己事莫管他人，非但不能與臨淄侯置氣，還要格外對他好！論文采您與臨淄侯相差不過半籌，論才幹經驗您入仕甚早遠超臨淄侯，論及心胸開闊您更不能輸與臨淄侯。這正是老子所云『夫唯不爭，故無尤』！」司馬懿說一半藏一半，在他看來曹丕才幹尚高，最大缺點恰恰是心胸狹窄。

曹丕有豁然開朗之感，不免對司馬老弟另眼相看——先前他最信賴的智囊吳質被調往朝歌當縣令，臨行之際曾與他論及爭儲之策，如今司馬懿所言竟與吳質當初所言不謀而合。

忽聽堂外一陣聲響，似是僕僮把東西摔了。抬眼望去，不見有人過來請罪，卻見滿院的僕人慌裡慌張東躲西竄。四人正納罕，又聽一個尖細的女子聲音叫道：「子桓哥哥……子桓哥哥出來，我有話跟你說！」

曹丕一顫——這愣丫頭怎麼跑我這兒來了？

來者乃曹操之女、曹丕異母妹曹節。漢家風俗重男輕女，生兒乃「弄璋之慶」，生女不過「弄瓦之喜」，曹操也不免俗，幸而他兒子多女兒少，又無一女卞氏所出，因而不加嬌慣，自幼讓她們習學針黹；獨一個女兒例外，就是這曹節。只因此女自小不喜恬靜，生就男兒脾氣，別的姐妹愛花愛草，偏偏她爬樹、掏鳥、鬥雞、蹴鞠，竟是與曹整、曹均等年齡相若的禿小子一起玩大。曹操也暗暗稱奇，又喜她容貌過人，便頗多嬌慣，還讓她讀了不少書。如今一十六歲了，倒是長得花容月貌，卻性格強悍，眾夫人也管她不住，成了幕府上下無人不懼的「女霸王」。

提起這妹妹曹丕就頭疼，今天怎麼跑自己家來了？出了堂口一看──真真驚世駭俗！但見曹節頭梳雙髻，斜插珠翠步搖，身材勻稱，穿一襲青色小褂，外罩蟬衣，下面朱紅長裙；蛾眉微蹙，杏眼圓睜，撅著櫻桃小口；左臂挽著一女，身材窈窕面龐瘦削，又羞又怕抽抽噎噎，乃是阿姐曹憲；右手拉個小丫頭，哭哭啼啼，鬧個不休，乃是小妹曹華。光天化日連丫鬟都沒帶，又哭又鬧跑到五官將府來了。

朱鑠見此情景，跳窗戶也溜了。饒是司馬懿心思縝密，這會兒也沒主意了，一扭身藏箱子後面；夏侯尚倒好說，遠近也算個姻親，硬著頭皮跟著曹丕降階相迎。

曹丕頭都大了：「三位妹妹，到底怎麼了？」

曹節拍拍胸口，凶巴巴問道：「我是不是你妹妹？」

可把曹丕鬧糊塗了，趕緊說好話：「是，當然是！別看咱不是一娘養的，我拿妳當親妹子！」

「那我問你，妹妹求哥哥辦事，哥哥答不答應？」

「我的好妹妹啊！只要妳不胡鬧，什麼事我都答應。」

曹節似是消了消氣，又道：「那好。妹妹不願嫁人，你現在就去跟爹說……」

「有話咱進去說。」不待她說完，曹丕趕緊攔。

「不！就在這兒說清楚。」

曹丕可急壞了──姑娘站當院大嚷大叫，箱子櫃子堆得滿院子都是，掾屬僕僮在垂花門後面躲著。家醜不可外揚，她又這麼大嗓門，這不叫人看笑話嗎？想至此也顧不得許多，一把抓住她手：

「快進來吧，這叫什麼事兒啊！」不由分說拉她上堂。

司馬懿還在箱子後面躲著呢，見此情景暗暗叫苦，也不好意思往外跑了，乾脆蹲著吧！曹憲領著曹華也進來了，這會兒想坐也沒地方坐，只嗚嗚咽咽抹眼淚。

曹節卻很放得開，提起裙擺往門邊一口大櫃上一倚：「哭哭哭！妳們就知道哭！」

「好妹妹，到底出了什麼事？」曹丕尋口箱子也坐下了。

「咱爹叫我們姐妹嫁人，我不願意嫁。」曹節面不改色，說得理直氣壯。夏侯尚卻聽得咋舌——父母之命大如天，哪有當爹的做主，女兒不嫁的？更何況她老子乃是天下第一爹啊！

「虧妳說得出口。」曹丕哭笑不得，「許配哪一家，我怎不知？」

曹節小嘴一撇：「劉協！」

曹丕差點兒從箱子上摔下來，哪有直呼皇帝名諱的？箱子後司馬懿也是一怔——魏公要將女兒獻與天子！難怪昨晚姐妹聚會，原來是遠嫁辭別，莫非魏公有意以其女主宰後宮挾制天子？

驚詫過後，曹丕漸漸想清楚了，他是一心要承繼父業的，反轉愕為喜：「承恩天子乃世間女子之榮耀，傻妹妹，這是好事啊！」

「呸！」曹節手指兩個姐妹，「什麼好事？爹爹要把我們三個都送入皇宮。」

曹丕一怔，三姐妹一起入宮？他仔細端詳——這三個妹妹皆側室所生，曹憲生性溫婉沉默少言，一舉一動頗有大家閨秀風範；不過已逾十八，論年紀早就該出嫁了，只是父親總說此女大氣，當擇名門，當初與荀氏聯姻都沒選她，還要擇多高之門？如今才明白，原來是要進獻天子，看來父親早就籌謀好這件事了！至於曹節，雖性情不佳卻容貌絕俗，倒也罷了；可小妹曹華才十一歲，當今有伏皇后母儀天下，三個妹妹屈於人下，如此安排確實不近人情。

曹憲謹守閨門之德，遵從父意認作是命，倒也沒什麼可說，只是遠嫁離娘難免有些傷懷；曹華年歲尚小，哪明白何為嫁人？倒有一半是讓姐姐嚇哭的。真正反對的只曹節一人，兩姐妹爭不過，硬叫她拉來這裡：「知道他是天子，可我就是不嫁！」

曹丕自然偏向父親：「胡鬧胡鬧，天下女子有誰不願配與至尊？」

「至尊？」曹節冷笑，「這話可欺旁人，騙得了自家人嗎？他果是當今天下至尊？」

曹丕聞此言不寒而慄，趕緊擺手示意她住口，曹節哪肯依？越不讓說越要辯個明白，「他早過而立，我尚未及笄，如何相配？爹爹擅權已久，我等入宮豈能得恩寵？伏皇后誕育龍子不得封王，焉能不恨我等？再者我曹家已裂土建國，劉協的龍位還能安坐幾日？昔日子嬰獻璽不免項羽之誅，平帝幼弱尚遭王莽鴆弒，你和爹爹就忍心叫我們守一輩子活寡？」素來倔強的她說到此處也不禁淚光瑩瑩。

其中道理誰都能參透，但這話卻不能直說，曹丕聽得驚懼不已，強自鎮定道：「住口！妳、妳胡說八道些什麼？快回宮去！」

「不！」曹節當然不依，「你去跟爹說，我們不願嫁也不能嫁。」

曹丕如今唯父親之命是從還來不及，搖頭道：「沒讀過《女誡》嗎？為女子者理當曲從，莫說配與天子這等美事，便叫妳嫁販夫走卒也不得違拗。這點道理都不懂，妳瘋魔了嗎？」

「我瘋魔了？」曹節越發冷笑，「我看是你們瘋魔，瘋得都不知自己是誰了。為女子是當曲從夫父，為臣子更當曲從君王！我即便錯了也是上行下效，咱曹家的門風便是如此！」

曹丕被她嗆得無話可說，跟這妹子講不清道理，況且也無甚道理可講：「我、我……我不跟妳廢話，叫妳嫂子送妳們回去，妳有天大的道理跟爹說去。」說罷令僕人去喚甄氏、郭氏。

曹節忍了多時眼淚，聞聽此言終於簌簌而下，她再倔強又怎爭得過強悍跋扈的父親？這些話早明裡暗裡說過多少回，父親理都不理，昨日又把眾姐妹召集一起求對策，不想大夥都順從父親之意，反過來勸她。實在沒辦法才跑到大哥府裡鬧，又被硬頂回來，她跌坐櫃上放聲哭道：「節兒不願，節兒就是不願，寧可終身不嫁……」她一哭，曹憲也陪著掉眼淚哭，曹華糊裡糊塗也跟著鬧。

夏侯尚這半天都聽傻了，見她終於哭出來，曹丕也不說話了，忙扮笑臉來哄：「妹妹說的都是氣話，豈不聞『人不婚宦，情欲失半』，節兒妹子這麼招人憐愛，豈能一輩子不嫁？」

哪知這丫頭同她講道理還行，勸可勸不得，猛一抹眼淚，斥道：「我們曹家的事幾時輪到你插嘴？管好自己吧！」一句話頂得夏侯尚面紅耳赤，差點兒背過氣。

「妳……唉！」曹丕想說她兩句，又不知如何開口，乾脆把頭扭過去不看她了。

曹節霍然站起：「你不管，我再去找二哥、三哥，他們都比你有良心！」

這句話正觸曹丕霉頭，他怒火中燒便要發作，卻聽身後有個聲音響起：「在下斗膽向小姐進言。」回頭一看，司馬懿從箱子後面站了出來。

曹節一愣，也沒詢問此人是誰，只冷冷道：「你要說什麼？」

司馬懿從公文中抽出一份道：「請小姐過目。」

「有話直說，我不看。」

「此乃魏公所發政令，命征三輔之地寡婦及罪人妻女。」畢竟是與曹操女兒說話，司馬懿不敢抬頭，捧著簡冊的手也微微發抖。

「這與我有何相干？」曹節邁步便走，卻又忍不住好奇，回頭問道：「征這些女子寡婦作何？」

「充為官妓配與士卒。多年征戰兵士不得婚配，魏公把這些女人分給將士，以解人之大欲。」

曹丕還未觀看簡冊，聞聽此言也不免悚然——雖說官妓古已有之，但哪有明發教令強逼民間寡婦作此營生的？

司馬懿乍著膽子說了兩句，也不再那麼顫抖，穩住心神分析道：「魏公宏才大略，謀天下大事，上至朝廷下至黎庶，無不任其調遣，即便世間女流亦如此，無人能忤其意。我勸小姐遵其所遣，入侍君王以盡關雎之德③，莫要再抗拒。這是魏公早籌謀好的，即便五官將、臨淄侯也無能為力，小姐不必徒勞了。」

曹節小巧的身子癱軟般一晃，卻又馬上站定，凝望院落痛心不已——他說得不錯，這世上有誰能更改父親的主意？況且父親真把女兒當回事嗎？大哥看中袁家的寡婦，管他什麼禮法就娶過來了；二哥拿姬妾換了匹馬，父親連問都不問；滿宮的夫人姨娘，有幾個不是父親搶來的？蔡昭姬明明已當了匈奴王妃養下子女，父親為了她所記詩書還要贖回來另嫁他人；三輔寡婦充官妓讓士卒取樂……這便是父親眼中的女人，不過是滿足欲望、謀取天下的工具！

曹丕默然看著妹妹呆立的背影，一股憐意油然而生，剛要軟語安慰，卻見她拉起姐妹毅然向外走去，悵然歎息：「不爭了，這就是命！咱們走吧……」

「妹妹！」曹丕追了出去，「叫妳嫂子送妳們走。」

「不必了！」曹節頭也不回，「我不要你管。你就知道爭權奪利，二哥整日騎馬射獵花天酒地，三哥天天跟那幫酸文人吟詩作賦，你們都沒良心！我恨你們！」三姐妹哭著揚長而去。

曹丕茫然若失半晌無語，夏侯尚打圓場道：「別往心裡去，不過是女兒家犯傻。現在說這等沒由來的話，入宮享了富貴就不鬧了。」

「是是是。」曹丕尷尬點頭，又瞥了一眼司馬懿，「今日之事多虧仲達，若容她再求與子建、子文，他們若是強出頭，倒顯得我不顧手足之情了。」

司馬懿卻恍若未聞，兀自思量：曹氏代漢不假，但魏公獻女又不似急著逼宮。曹憲有母儀之德，曹節強悍正可震懾後廷，卻又獻一個小丫頭作何？這不僅是監視天子，還有討好之意，倆女兒一剛一柔，總有一個合天子心意的吧？將來曹華豆蔻年華，又可接續寵幸。如此推想，魏公倒似有長久打算，漢室國祚還要苟延殘喘下去啊！

比試較量

搬遷府邸忙了兩日，曹丕最後才遷完，直到第二天傍晚還亂糟糟的。他也顧不得安置家什，一應雜務推給朱鑠，先帶著妻子甄氏、姬妾任氏、郭氏入宮拜謁父母，感謝賞賜新居。

原先府邸與幕府一街之隔，如今麻煩了，得繞個圈子才到正門。曹操依舊在東院理事，但現在幕府改稱宮殿，東院也變成東宮，司馬門已改漆紅色，依舊不開，曹丕與妻妾落車自掖門而入。丞相加封魏公，一切禮制都要升格，等虎賁士通報才得入內。原先的二門已加篆字匾額，喚作「顯陽門」，三門叫「宣明門」，正院內門稱「升賢門」，層層通傳此起彼伏，曹丕低頭趨步不禁肅然，哪還有回家的感覺。

甄氏、郭氏、任氏等只在聽政殿外行一禮，就由女官引去後宮。曹丕獨自進殿，卻見曹植早在一旁坐著。先施父子禮，再問兄弟安，曹操賜座才敢坐，曹植拉他衣襟笑道：「原說要幫你搬家，哪知小弟剛安排妥當，二哥就差來一群家丁，不由分說拉了我府裡的牲口便走，小弟也沒辦法。」

曹丕憨笑：「自家兄弟客套什麼？」

「手足和睦原該如此。」曹操開了口，兄弟倆都不說話了，低頭聆訓，「近來派給你們不少屬員，或才德後進，或名門之裔，你們也該多多長進。如今為父晉封公爵，你等更不可自恃家世驕縱胡為，上午子文來見，現在還氣得我頭疼。你們可不要學他……」

---

③ 指《詩經・關雎》，後世比喻君王后妃之德。

曹丕幾度要說曹節之事，但父親不提也不好開口，暗自出了會兒神，卻聽父親說道：「張範病卒，天下又少了個一等一的賢士，惜哉惜哉！以後子桓要加倍尊敬邴長史。」

「是。」曹丕趕緊應聲。

曹操眼神又轉向曹植：「子建府裡文墨之士甚多，卻少個馳名的賢士。我要派邢顒到你府裡任家丞，民間有諺『德行堂堂邢子昂』，你可要格外敬重。」

「邢先生這等高賢能到孩兒府中，是孩兒的福氣。」曹植稽首道謝——邢顒不僅是河北之士公認的高賢，還曾立下功勞。當年他與田疇為曹操領路征討烏丸，自從入仕晉升迅速，如今已是郡將之身，但田疇自烏丸之役以後便不肯受爵，曹操三度加賜全不接受，已於去年病逝。如今張範已死，邴原是曹丕府的道德標榜，曹操卻給曹植添一邢顒，這樣兩府不但人才相持，連道德聲望上也已持平。

曹丕聽他如此安排，不禁想起司馬懿的推斷，果然半分不差。忙堆笑道：「三弟能得邢子昂這等高士輔佐，我這當兄長的也替你高興啊！」他謹遵司馬懿之言，越是這時候越要顯得和睦，但這句話出口又顯得甚是做作。

曹操卻不怎麼介意，倏然改變話題：「唉！自從受封公爵，事務愈加繁多，為父年歲也大了，頗感力不從心，許多事也理不清頭緒。就說修建宗廟之事吧，建成後當前往祭祀，可禮儀之事卻糾纏不清。按照禮法，公侯祭祖理當解履④入拜，可為父受天子恩賜，朝堂議政可劍履上殿。這可就難了，入見天子尚且如此，那拜祭宗廟是該解履還是著履呢？你們怎麼看？」

曹植並未把這事看得多要緊，粲然一笑：「既然古來已有禮法，自當從之，解履便是。」

「不然。」曹丕卻道：「父親應著履。」

曹操眼睛一亮，卻又立刻黯淡下來，漫不經心道：「為何解履？說說道理。」

曹丕低頭道：「皇宮乃天子所居，宗廟乃先祖所在。父親拜天子尚劍履不離，若祭祖解履，則是尊先公而違王命，敬父祖而慢君主。聖賢曰：『雖違眾，吾從下』，此之謂也。」他自得司馬懿提醒便處處加小心，曹操這一問看似隨口提及，未嘗不是故意考較，當然要三思而答。

「嗯，子桓之言甚是，看來為父當著履啊！」曹操手捋鬚髯不住點頭。這一問確實是他早就設想好的，要看看誰更擅長時政，但曹丕獲勝也在意料之中。曹丕從事入仕皆早，處事比曹植老道，再者前番派其監宗廟之工，必定多有留心。想至此又出一題，「祭祀宗廟還在其次，可能還要進京叩謝，如沒有意外，明年開春我打算趁新年朝賀之際入京。說到新年朝覲，為父想起昔年一樁舊事，有一年朝賀，百官隊伍不齊聒噪不休，有一虎賁士看不過去，擲弓箭於殿門，喝曰：『此天子賜之弓，孰敢越之？』百官悚然，隨後禮敬肅穆不敢再語。你們覺得這虎賁士所為如何啊？」

曹植雙挑大指：「有勇有謀實是良士。」

「非也非也。」曹丕連連搖頭，「既是天子之弓，焉能擲之於地？官員囉唣自有御史中丞問之，又干虎賁何事？輕棄天子之賜，無禮；非其鬼而祀之，諂也。此人八成欲圖幸進。」

「哈哈哈……」曹操發自真心笑了，「子桓之言頗近其實！子建，論詩詞文賦你勝一籌，但時政要務就不及子桓了，還需多多用心。」

「孩兒謹命。」曹植臉上一陣羞紅，也感覺出父親是故意考問，不禁想起楊修的話，論處置時事政務之才，他確比兄長差得遠。

昔日銅雀臺吟詩作賦曹丕輸過一次，今日考問卻贏回一局。他滿心歡喜，卻竭力忍耐興奮，謙虛道：「皆父親平日為政，孩兒不過耳濡目染。」

④解履，古代入宮殿、廟堂，若無天子特批要脫掉鞋子以示謙誠畏懼。

曹操大袖一擺，起身道：「你倆各有所長，也各有不及，以後還需多下苦功事事留心。今日也算喬遷之喜，就不留你們了，去後面見見你們娘親就回去吧！」

「諾。」兄弟倆叩首請退。來至殿外曹植鬆口氣：「還是兄長久統諸事，小弟不及。」

「三弟說的哪裡話，你我二人共盡孝道何分彼此？今日我府裡還亂著，明兒得空來坐坐，再叫上二弟，咱們熱鬧熱鬧。」

曹植噗哧一笑：「今早劉楨就說要去拜謁大哥，我府裡可有不少與您知近的人啊！」

「彼此彼此。」曹丕苦笑，「我府中何嘗沒有與三弟交好之人？」曹操的安排並非秦歸秦、楚歸楚，是你中有我、我中有你，這幫文人又素愛來往聚會，故而兩人平日舉止談吐多難隱藏，這也是曹操故意為之。不過曹植的話倒給曹丕提了醒，即將到曹植府上任家丞的邢顒昔日與自己頗有舊交，當年曹操督戰青州，最先在鄴城招待邢顒的就是自己，那時甚有禮遇，不知這份情誼邢顒還記不記得？

說話間二人已轉過溫室（古代宮殿中保暖的小殿）來到鶴鳴殿前，二人妻妾早與卞氏等共處多時，各個含笑而出，想必婆媳和睦相談甚歡。卞氏只隨口囑咐兒子幾句，皆是保重身體、戒驕戒躁之言，眾庶母一旁侍立，又喚曹熊來給哥哥們見禮。曹熊現已七歲，還是面黃肌瘦滿臉病態，曹丕、曹植皆感憂慮，恐這個小弟活不長久。

叔嫂見面難免尷尬，二人辭別母親各領妻妾而退，曹植帶著妻子崔氏、姬妾陳氏說說笑笑行來時之路，曹丕卻帶著甄氏等出旁門走東夾道。那夾道一般是僕役來往之路，平時甚是清靜，今日卻甚為熱鬧——舉目一看，原來曹宇、曹均等小弟兄正蹴鞠，一堆孩子裡竟還有個大高個兒，卻是騎都尉孔桂。

鄴城之人皆知孔桂諂媚，單憑一張好嘴，加之相貌酷似當年郭嘉，近來越發吃得開，曹丕尚不能隨便請見，曹操卻准他來去自由。加之這孔桂雖學而無術，卻知識廣博，平日聽曹操說什麼事，他便回去尋什麼樣的書去讀，暗地裡沒少下工夫，問而有對八面玲瓏，對待群臣也左右逢源，這樣的人能不招人歡喜？便似陪小公子蹴鞠這等事，一般大臣再媚上也不屑扎到孩子堆裡，可他就拉得下臉來！若把這些小祖宗哄美了，他們到老爹面前撇著小嘴一說，還能有虧吃？

曹宇眼最尖，瞧見曹丕忙跑了過來：「大哥，這幾天叡兒兄弟怎不來找我玩了？」曹宇與曹丕之子曹叡同歲，時常一處戲耍。

曹丕哈哈大笑：「傻兄弟說的什麼話？我是你大哥，你卻喚我兒為兄弟，我們父子又怎麼論？墳地改菜畦，豈不是扯平了？」一句話說得眾姬妾無不莞爾，「我府搬遷，叡兒暫時來不了，你若想他就去我府吧！」

曹宇卻撅起小嘴：「唉，也不知為何，父親這幾天不准我們去你和植哥哥府……」

曹丕一怔，隨即領悟——父親欲試我二人高下，恐其他兄弟牽扯其中，故意叫他們疏遠。

孔桂也趕緊湊趣：「喲！瞎了小的狗眼，這不是五官將嗎？聽說您從征江東大顯神威，嚇得孫權淒淒求和。小的給您賀功啦！」說罷跪下就磕頭——女眷在側，他不敢近前。

曹丕暗笑他這馬屁拍得沒邊，卻道：「不敢不敢，父親英明，哪有我什麼功勞？今日搬遷已畢，我與三弟一同聽父親訓教來了。」他故意把「三弟」二字說得響亮。

孔桂諂笑道：「諸夫人在側，小的不敢唐突，改日到府上賀喬遷之喜，少不了討您碗喜酒喝。」說罷趕忙起身，低著頭不敢瞅眾姬妾半眼，摸著牆根退進內院了。

小兄弟們尚未盡興，又上來拉曹丕，他哪有空哄孩子玩？只笑語推辭，說了幾句閒話便帶著妻妾走了。行出甚遠見旁邊再無外人，才問眾女：「方才妳們在後宮聊些什麼？」

甄氏回道：「母親未有訓教之辭，不過說說三位妹妹的婚事，能入侍天子是我曹門榮耀。」

「還說些什麼？」

甄氏面露羞澀：「剩下的都是我們女人家私房話了。」

曹丕一笑，再看其他姬妾，都低頭慢行不敢有違宮廷之禮，唯獨任氏不住發牢騷：「如今咱都搬到城東住了，東夾道就該開個旁門，這以後進進出出的多麻煩！」

曹丕煩她嘮叨，這會兒卻也不便斥責，倏然加快了腳步，把一干女眷拋得老遠，順夾道奔南而去。夾道走到盡頭便是顯陽門側，曹丕卻並不出去，隱在垂花門下偷窺——不多時見曹植領著妻妾而過，隔一段距離跟著孔桂，在後面大發諂諛之言。

曹丕故意把曹植入宮的消息透露給孔桂，且看他如何反應，果不其然，這廝拍完自己馬屁，又向曹植獻媚，左右逢源都不得罪。曹丕更有數了——孔桂是父親肚子裡的蛔蟲，他既「一碗水端平」，在父親心中我與三弟必是不相上下。

想至此曹丕也不出去，等眾妻妾漸漸趕上才一同前行。繞出夾道踱出宮門，曹植的馬車已經走遠，孔桂也不見了蹤影，他這才與妻妾各自登車。剛剛坐定，還沒放下車簾，忽見郭氏湊過來：「妾身有事稟告。」

郭氏心思比甄氏她們縝密得多，曹丕見她溫婉的表情便知有悄悄話說，左右張望見沒旁人，便伸手把她拉上車來。簾子放下，車行了幾步曹丕才問：「什麼事？」

「方才在後殿，我們幾個向母親問安，幾位姨娘都在簾後閒聊。我偶然聽見杜氏、周氏她們談論，近來趙氏勾心鬥角頗有專寵之意，又獻了一個姓陳的美貌丫鬟給老爺子。那陳丫鬟未入宮前是個舞姬，能歌善舞哄得老爺子甚是高興，趙氏也得寵不少。」郭氏說話聲音很低。

「哼！」曹丕沒當回事，「雖說正室未定，誰不知我母之貴？即便沒有我母，環氏、杜氏皆在其上，就是沒生養過的王氏也比她強，輪也輪不到她！」趙氏乃曹操平定河北之後所納，本是袁紹府中歌伎，身分低賤，但前年誕育一子名喚曹茂，身分才逐漸提高。

郭氏卻湊到曹丕耳邊道：「夫君有所不知，我聽王夫人說，趙氏與二兄弟家裡的交情甚好，崔氏幾次進去都與其相談甚歡，私下還有饋贈。」

「嗯？」曹丕漸漸留心，崔氏乃河北高門，怎偏與趙氏那等卑賤女人為伍？趙氏又仗著年輕美貌的陳丫鬟得寵，難道崔氏要借她們之力給父親吹枕邊風？古來多少奪嫡之爭，不光是外朝爭鬥，也有後宮推波助瀾，此事不可不防。

「果真什麼風吹草動都瞞不過妳這女王啊（郭氏，小字女王）。」曹丕抱起郭氏放到腿上，在她鬢邊輕輕吻了一下，又道，「明天妳再進去，找機會跟王夫人說，請她盯住趙氏和那個姓陳的，倒看看她們耍何手段。」

郭氏只「嗯」了一聲，緊緊依偎在丈夫懷裡，露出甜蜜的微笑。

第五章

臨機應變，曹植棋高一著

任命列卿

建安十八年五月曹操晉封魏公，以冀州十郡裂土建國。秋七月，曹魏社稷宗廟建成，貢曹萌、曹騰、曹嵩三代先祖，祭祀乙太牢之禮；同月，天子下詔聘曹操三女為貴人，以大司農王邑、宗正劉艾為使者，持節至鄴城議親，曹操自然欣喜奉詔。不過三女年歲有別，議定曹憲、曹節先行入宮，曹華尚幼，暫以貴人身分留於魏國以待婚齡。九月，金虎臺竣工，曹操與五官中郎將曹丕、臨淄侯曹植登臺閱兵，幕府群僚彈冠相慶，鄴城士民爭相觀瞻，真有些改朝換代的氣象。

閱兵之後，接下來便是大封官職。因為「國中國」一切制度等同漢初諸侯王，所以一應官員皆由其自主任命，甚至可以設立相國和列卿，那些相府掾屬有了更進一步的機會，自然人人興奮。想往上爬的人是多，官職卻有限，何況還有不少名望之士；經曹操再三思考，眾僚屬反覆商議，直至十一月才決定下來。

魏國初次封官，暫任命六卿，及尚書、侍中之職。以袁渙為郎中令，掌魏宮守備之事；國淵為太僕，掌馹駕鹵簿之事；鍾繇為大理，掌司法刑獄之事；王修為大司農，掌倉廩財貨之事；王朗為少府，掌宮廷度支之事；程昱為衛尉，掌防衛宮門之事。此六卿或為經濟之才，或為德高之士，或為曹營功臣，職責雖不甚重要，卻是魏國招賢納士的標榜。至於宗正、大鴻臚、太常三卿，因涉天子特權暫不任命，這也算是給漢室天子留點兒臉面①。

接著又任命荀攸為尚書令，處理朝政；涼茂副之，任尚書僕射；毛玠、崔琰、常林、徐奕、何夔等為尚書，共參政務。這幾位是多年幹吏，資歷出眾經驗豐富，下轄五曹——吏部，管選官；左民，管戶籍；客曹，管典禮；五兵，管軍務；度支，管財政。

繼而以王粲、杜襲、衛覬、和洽四人為侍中，參贊諸事。擔任這職務不但要見識廣博，還需得曹操之寵。例如王粲，建安十三年才跟從劉琮降曹，資歷甚淺，卻以文采過人而得寵，不到四十歲就躋身開國大員之列。除尚書臺官吏之外，又任命議郎、大夫、郎中的散秩官員數十人，皆德才俱佳之士。

此外又正式確立鄴城為魏國國都，分魏郡為東西兩部，各設都尉一名管理治安。非議甚多的鄴城令楊沛卻沒有被撼動半分，王修升任後，換了曹營中脾氣最好、心思最細的趙儼擔任魏郡太守，曹操似乎希望他們剛柔相濟和睦相處。而最值得玩味的是，曹操決定暫不設立相國之職，原本群臣認為董昭為魏國建立出力最大，相國之位非董昭莫屬，結果他連個尚書都沒摸到。孔子曰「過猶不及」，或許正因為董昭出力太多、用力太猛，嘴臉也暴露得最多，反不好給他位置了。

封官之事告於天下，其中最榮耀的莫過鍾繇、衛覬。其他人久在關東任職，功勞為世人所熟知；鍾、衛卻長年在弘農督關中之事，可謂獨當一面。今鍾繇受列卿之封，衛覬得以與王粲、杜襲、和洽三寵臣並駕齊驅，實是對他們多年辛勞的肯定。

① 太常，又稱奉常，掌國家祭祀事務；宗正，掌皇家宗族事務；大鴻臚，掌少數民族和外國接待事務。郎中令，即中尉；大理，即廷尉，因為是諸侯國所置列卿，所以與朝廷的名稱有所區別。

自鍾繇到鄴城那日起，昔年舊友、晚生後進紛紛上門拜謁，整日賓客往來，曹丕也不免湊這個熱鬧。這日午間天氣晴和，他帶著鮑勳、盧毓過府拜訪。說來也巧，撥給鍾繇的那座府邸恰好就是曹丕舊居，眼見一應房舍並無更易，只是匾額由「五官中郎將府」變成了「大理寺」，頗有物是人非之感。

五官將來訪，守門人不敢怠慢，連通稟都未通稟，忙接過他手中韁繩，恭恭敬敬請三人入內。方過二門就聞談笑之聲，府中僕僮故意討曹丕的好，離著八丈遠就高聲喊道：「五官中郎將到……」堂上的說笑立刻停了，呼啦啦擠出一群官員，有長有少，降階相迎。尚書令荀攸、公子曹彪、文士應璩等盡在。相互見禮已畢，眾人左攙右攬把曹丕讓至堂上——原來今日是曹彪做東，送來了不少精緻果品贈與鍾繇，又逢荀攸等人在，便一起享用。

曹丕拍拍兄弟的肩膀：「善財難捨，難得你做東。」

曹彪憨然一笑：「玹哥哥病了，我派人置辦些果子給他吃，餘下的當然要孝敬幾位老臣啦！」

西鄉侯曹玹乃秦氏所生，現已成年，最近得了病。

鍾繇宦場多年很懂得客套，請曹丕坐上座，曹丕哪裡肯依，便在主位之側又添一席，請他坐了；鮑勳、盧毓都很識趣，在挨著門邊的末席落坐。

鍾繇舉酒謝過諸位：「老朽得魏公洪恩，出任列卿已是生平大幸。公文未看上一眼，就先叨擾列位，實在於理不合。今日算是最後一頓酒，明天起老朽便要升衙理事了。」他雖性格溫和卻不失風骨，眼見把曹丕、曹彪都引來了，若再不閉門謝客明日不知又要來多少公子，這交通之罪可不能擔。

曹丕早有算計，之所以帶鮑勳、盧毓這兩個不甚親近的人前來，全為見證席間絕無隱晦之言，即便傳揚出去也於己無損。因而笑道：「鍾公此言不切。您坐鎮風雅便好，升衙理事卻是不妙。您當的是大理，掌刑獄之事，尋常案卷自有三官打理，若勞您親自升堂，豈不是出了驚天大案？」一席話說得眾人盡皆歡笑。

鍾繇也笑，卻暗自思量轉移話題，抿了一小口酒，隨口問道：「應先生自豫州來，未知江東有何動向？不妨給我們講講。」

應璩乃記室應瑒之弟，剛剛二十出頭，雖是白身。但在家鄉汝南也算知名之士，常來鄴城探望兄長，也結交不少達官貴人。他今日在鍾府巧遇曹丕兄弟，同堂共飲已屬萬幸，哪有說話的份兒？聽鍾繇相問甚感榮光，站起身恭恭敬敬道：「倒要給公子與諸位大人賀喜，現今江東正有內亂。乃因屯田都尉謝奇結交豪士，以大義相召，說動豫章豪傑彭材、李玉、王海舉兵反孫，據說聚眾已逾萬人，正與孫權麾下大將賀齊激戰。這也是魏公精誠所至，天下忠義影從。」其實謝奇的差事就是煽動江東內亂，造反的彭材等人絕非忠義豪士，而是山賊草寇。但不論如何，曹操對江東的消耗戰略似乎頗見成效。

鮑勳插口道：「荊州、益州局勢卻不甚分明啊！劉璋引劉備入蜀已久，益州久不遣使，今動向不明。民間倒有不少傳言，有人說二劉內訌相攻，有人說蜀中內亂，劉備助劉璋戡亂，還有說二劉與張魯、馬超串通一氣，有意侵我雍州之地。皆是道聽塗說，不知能否當真。」

曹丕瞥了鮑勳一眼，討厭他這時候潑冷水。鍾繇卻甚為關注：「若劉備真是與張魯、馬超串通，那可大大不妙了。我得魏公徵召，離開弘農之際正逢夏侯將軍發兵去救韋康。算來冀縣已被困半年有餘，韓遂蠢蠢欲動也甚可憂啊！」說罷瞅了荀攸一眼。

荀攸一直沒有開口，聽了這話也毫無反應，只默默低著頭。自從荀彧與曹操有隙，他便極少論說時政軍務了，荀彧死後更不敢多言，這次曹操封他尚書令也未必真心倚賴，而是資歷使然。荀攸早就沒有當年那等進取之心了，如今謹慎自保。所幸尚書臺自有涼茂、毛玠、何夔等人理事，他拿不拿主意無甚分別，拜訪鍾繇不過敘敘同鄉舊情。三十多年前先朝名臣陰修為潁川太守，以鍾繇為功曹、荀彧為主簿、荀攸為孝廉、郭圖為計吏；如今老朋友多已凋零，僅他和鍾繇在世，人生如此怎不感慨？

曹彪也不想談軍國之事，他不及兄長，既無爵位又無官職，身為庶子連幾個真心輔佐他的人都沒有，萬一哪句話說錯招了父親不快，可不好收場，便趁機端酒向應璩敬道：「應兄，在下敬你一盞。」

應璩越發受寵若驚，敢忙避席：「公子折殺在下。」

曹彪卻很親切，戲謔道：「客套什麼？你是白身，我也是白身，能混入列卿府邸騙碗酒喝，乃大大的幸事。與你同席的又是哪一位，不妨引薦。」

應璩是白身之人席位在後，又來得甚早，故而許多人都沒注意他身邊坐的是誰，加之那人自知地位低下半晌未言，及至曹彪問起大家才留心。見那人一襲青衣，攏髮包巾，毫無配飾之物，胖乎乎一張圓臉，五十多歲滿腮短髯，笑迷迷的，倒似一個民間商賈。應璩介紹道：「此位倒與公子是同鄉，乃沛國相士朱建平先生。」

眾人聞聽「相士」二字不禁發笑——官場中常有這等江湖術士，自稱有什麼異能，可預測某人官至某位，口若懸河神乎其神。混好了也就是左右逢源騙吃騙喝，出入高門大戶，包攬些賄賂營私的勾當，從中賺點小錢，根本沒什麼真實本領。

應璩不知他們笑什麼，還誇讚道：「方才進門時朱先生特別留意了鍾公的貌相，偷偷跟我說，鍾公富貴長壽，享壽八十載呢！」

鍾繇不願掃興，躬身而笑：「借您吉言。」

鮑勳憨直，看不慣這類江湖騙子，定要揭出此人老底，冷笑道：「自王莽謀逆以來，讖緯、風角、星相之類的方術比比皆是，雖差強人意總有三分附會；唯相術一道純屬欺詐，多是逢迎阿諛之辭。」

朱建平也不爭辯，只笑而不語。應璩卻替他辯解道：「這位大人所言不假，但朱先生非江湖術士，他家財有餘，與人看相乃是隨緣，從不取分毫財貨，所斷之事十有八九成真。」

「哦？如此說來應兄想必請他看過相了，未知所言如何？」鮑勳一心要尋破綻。

「朱先生斷我壽活六十二秋，仕宦早年不顯，可到將死那年卻有常伯之位。還說我臨終的前一年會瞧見一隻白犬自堂前而過，可除我之外旁人都瞧不見。」

鮑勳一陣皺眉——這也真邪門，世間還有如此相面之人，得高官便死，這不是詛咒人家嗎？但又一想，左不過故作奇語。應璩乃應瑒之弟，日後為官也不難猜，等應璩六十二歲，姓朱的早入土了，算得對與不對又與誰說？

應璩卻深信不疑：「老天待我也算公道，臨死一年以白犬告知，到那時我一定要多多行樂，享盡福分。只是當了侍中馬上便死，實在有些不甘。」說罷又對朱建平耳語，「這鮑叔業生性憨直，又有些書呆子氣，您不要與他置氣。」

朱建平微微一笑，捋髯低聲道：「先生放心，我不與姓鮑的吵。不瞞您說，看此人相貌必將得罪貴人不得善終。」

曹彪年輕氣盛，幾步湊到朱建平席前：「朱先生，也勞你替我看看相吧，看我有多少載陽壽？」

曹丕一旁笑道：「你湊什麼熱鬧？」

曹彪慧敏心細，馬上補充道：「看看也無妨嘛，但問壽長幾何，我無才無德就不用斷官運了。」

曹丕一口酒差點兒笑噴出來——這小子越發長心眼了，知道預測官爵要招父親猜忌，竟故意繞過去，日後也不可小覷啊！

朱建平深深一揖，惶恐道：「在下一介草民，焉敢唐突公子？」

「不必推辭，你但言無妨。今日大家聚會，便當是遊戲。」

「既然如此，在下姑妄言之，公子姑妄聽之。」也沒見朱建平怎麼特意打量曹彪，只隨便看了看他五官，便開言道，「公子據藩國，至五十七歲當有兵禍，當善防之。」

曹彪連自己活多少歲都沒注意，一聽「據藩國」三字心裡便涼了半截。其實他也藏爭位之意，若不然何必往重臣府裡鑽？曹丕、曹彰、曹植仨哥哥在上，而比他略長的庶兄曹玹又身有疾病，毫無競爭力，其他兄弟或年紀尚幼，或才智低微，或體質羸弱，所以他這第四把交椅坐得穩穩當當。可當老四很難出頭，在父親心目中，他比上不足比下有餘，因而輕易不敢表露爭儲之心。唯一可能是曹丕、曹植爭個兩敗俱傷，曹彰又不得寵，那時才輪到他。但朱建平開口就來個「據藩國」，說不斷官爵其實也斷了，若是世子之身，日後能外領藩國嗎？繼承大位想都別想啦！

「有趣有趣。」鍾繇捋髯道：「朱先生既然能斷老朽壽活，也煩勞給荀大人看看吧！」他老人家算想開了，姓朱的真有本領也好，信口胡言也罷，既然僥倖來了就得給面子，假的也當真的聽，若不然傳揚出去，說鍾府混進個江湖騙子，丟臉的是他！

荀攸聽提到自己，想要阻攔，但話到嘴邊一猶豫，又忍了回去。朱建平不敢勞荀攸起身，趨步走到他席前，與他四目相對看了片刻，隨即拱手道：「在下妄言無端，得罪之處還請大人寬恕。」

「但說無妨。」荀攸倒也看得開。

「大人不及鍾公長壽。」朱建平伸出一根手指，「壽祚只剩一旬（十年）。」

眾人不禁沉默，荀攸卻道：「再有十年已過耳順，算不得短壽，我很知足了。」說到此又難免起疑——朱建平直說十年便可，為何要說一旬，又手伸一指？莫非……但想至此又漸漸釋懷，反正已是尷尬之身，再活多久也無分別。他扭頭對鍾繇道：「知近舊友無過你我，我又不及元常兄長壽，身後之事恐怕要勞元常兄費心了。」

鍾繇以為他玩笑，卻道：「這等話隨便聽聽，沒必要掛心。當真讓我為你忙後事，最要緊的就是把你那個小妾阿鶩嫁出去。」一句話說得滿堂莞爾。昔日曹氏父子納袁氏女眷，拉荀攸分謗，把個叫阿鶩的美貌婢女賜予他，現今荀攸仍覺慚愧，連連擺手：「莫要取笑！」

那邊曹丕也正莞爾，忽聽曹彪倡議：「朱先生，請為我家兄長也看一看。」

曹丕欲推辭，可眾人附和之聲甚眾，自己也不免勾起好奇，便也半推半就，只一再叮囑：「但斷壽命即可。」

朱建平依舊主動上前，先施一禮然後看相。說來也怪，別人都是片刻工夫，唯給曹丕看相耗時最長，朱建平垂下眼皮思量半晌，才笑盈盈道：「五官將壽活八十，不過四十歲時當有小厄，多加保養並無大礙。」

曹丕暗笑——終於露了馬腳，知道我身分高便又道壽高八旬，又恐太假編出個四十小厄，人食五穀雜糧小病小災總是有的，若說小病哪年沒有？心裡雖這麼想，嘴上卻不點破，只連聲道謝。

朱建平又道：「天數茫茫難盡知，在下方才又多飲了幾盞，斷得對與不對還望包涵。」

應璩借著酒力也越發膽壯，已忘了自己身分，朗言道：「其實雖有天命，尚需人意，只要列公多加滋養，何愁不得長壽？在下閒聽鄉間老翁俚語，胡亂編了首《長壽歌》，趁此機會獻醜，請大家賞聽。」說罷高聲吟道：

古有行道人，陌上見三叟。
年各百餘歲，相與鋤禾莠。
住車問三叟，何以得長壽？

上叟前致詞：室內嫗粗醜。
中叟前致詞：量腹節所受。
下叟前致詞：夜臥不覆首。
要哉三叟言，所以能長久。

這首歌編得滑稽可笑，娶醜妻竟成了長壽第一要訣，眾人笑得樂不可支。朱建平竟也撚著小鬍子湊趣道：「看來我給應先生斷六十二歲斷少了，您若能按此歌行事，多活一載也未可知。」眾人越發大笑。

正酒酣之際，僕僮急匆匆領進個皂隸，曹丕、荀攸等都識得，乃安定太守毌丘興之子毌丘儉，新近入仕，在中臺當個小小令史。毌丘儉神色焦急，作了個羅圈揖便道：「啟稟鍾大人，西北有緊急軍報，魏公召諸位大人進宮議事……五官將和荀大人也在，再好不過了，請一同入宮。」

三人不敢怠慢立刻起身，其他賓客也不便再留，借著相送也各自離去了。臨行之際曹丕還不忘籠絡人心，打發走鮑勳、盧毓，忙拉住應璩的手笑語道：「令兄乃我府上常客，日後得空你也到我那裡坐坐，咱們不拘身分聊聊詩文也是好極。」感動得應璩連連作揖，大贊五官將賢明。

若即若離

鍾繇席間就對西北戰事頗感憂慮，果然不幸言中。冀縣被困半載有餘，城內糧食消耗將盡，派出求援的使者又遭馬超擒殺，雍州刺史韋康不納別駕楊阜之言，為保性命開城投降。不想馬超翻臉無情，立將韋康處死，自稱征西將軍、領并州牧、督涼州軍事。夏侯淵的援軍也遇挫折，韓遂煽動屯於興國縣一帶的氐族首領楊千萬造反，與馬超串通一氣，又有張魯部將楊昂領兵相助，幾家兵馬聯合起來阻擊曹軍。夏侯淵遠道馳援措手不及，打個大敗仗，折兵數千，只得撤回長安。消息傳至鄴城，曹操這才緊急召見群臣商議對策。

當曹丕三人匆忙入宮來到聽政殿時，毛玠、崔琰、徐奕、賈詡、涼茂、楊修等早已到了，王粲正當眾宣讀軍報：「軍受挫於西疆兮，寇逞凶愈烈，恐其成尾大之勢乎，萌禍三輔漸成流毒之患。魏公舉燭明照，洞察萬里，懇早示下，以除積薪之憂。誠然如此，則天下之幸，萬民之幸，此亦亙古之……」

「夠了！」曹操又好氣又好笑，「妙才這白丁將軍大字不識幾個，哪找來這麼個寫軍報的，都打敗仗了還之乎者也。列位有何高論？」

楊修搶先發言：「馬、韓二賊野心不改，當發大軍速速剿滅。有道是除惡務盡，昔年之征就該斬草除根，只因留有遺患才致今日之事。」

曹丕聽這話甚為不悅——上次西征因河間叛亂半途而廢，這不是翻舊帳讓我難堪嗎？徐奕與曹丕親睦，便開言道：「雖說馬、韓復起，也不能全怪當年除惡不盡。當初馬、韓所仗乃關中諸部，今日所恃多為羌胡氐人，八成還有匈奴屠各，張魯才是背後首惡，這一仗早晚是要來的。」他不動聲色地把楊修的話又圓了回去。

其實曹操這會兒根本沒心思追究過去之事，只喃喃道：「現在發兵是時候嗎？」

崔琰進言：「為安黎庶何辭辛勞。南征歸來已有半載，想必中軍士卒休養已畢，幸而江東無事，此時發兵，不逾經年必能擊潰馬、韓。望明公以天下為重。」他說起話來大義凜然，滿腮虬髯不住顫抖。

但這番話卻不合曹操心意，魏國剛建立不到半年就要大興軍戎，非但影響不好，也不甚吉利。

但戰事如此，若不親往又有什麼辦法呢？

這時劉曄插言道：「崔公所言雖然有理，但夏侯將軍兵馬尚多，馬、韓雖勝也難再做大，發兵不急於一時。或若發兵也無需魏公親往，遣一將代勞便可。」他察言觀色已瞧出曹操心意。

曹操又何嘗不知他見風使舵？雖點了點頭，卻不甚放心，將目光掃向鍾繇。鍾繇畢竟久任關中，更諳於實務，思忖一陣才道：「我料馬超未必能如願。如今他所率之兵多為羌胡，又有漢中米賊。這些人本非涼……雍州之士。」十三州已更易為九州，涼州已是雍州了，但鍾繇習慣已久仍難改口，「自上次征討，關西之士多已歸降，一來懷效忠之心，二來居於本土焉能容羌胡染指？馬超入冀縣又殺韋康，足見其不善收攏人心，涼……雍州之士不肯就範，久之必生內患。」

這個看法倒很有道理，曹操不禁莞爾：「涼州、雍州甚是拗口，如若不便再改回舊稱便是。」當初改九州就是為曹魏建國鋪路，如今得遂心願，魏國疆域已確立，其他漢家地盤叫什麼名又有何要緊？說罷他又望向荀攸、賈詡，兩人皆低頭不語。曹操不喚荀攸卻問賈詡：「文和有甚見地？」

賈詡兀自低著腦袋：「在下庸材，實不知……」

「但言無妨，說錯無怪。身居軍謀豈能推脫不言？」曹操久與他打交道早有經驗，這傢伙就似胡桃，不用力榨是不出油的。

「諾。」賈詡這才坦言，「自潼關之戰韓、馬二賊已生嫌隙，今馬超勾結張魯，韓遂聯結氐人，兩家各自為戰足以為證。兩者遇我軍雖合力抵禦，卻非同舟共濟；況張魯意在保有漢中，實以馬超為後盾，氐人僅欲從中取利爭搶財貨，無逐鹿之心。此乃烏合之眾，豈得長久？在下以為當今之計，攻之愈急促之愈合，暫緩之反而有變。前番戰敗有損，可遣些許人馬補足，再發書信多加叮囑，相機而動必能得勝。」

「文和之言最近我意。」曹操當即命王粲搦管，口述給夏侯淵的回信。曹操也真有辦法，知道這老兄弟肚子裡沒墨水，說的都是大白話，大意是：你救援晚了才會打敗仗，本該治你罪，可我念著老交情再給你次機會。給你補幾千人馬，別忙著洗雪前恥，看準時機再戰，別再給我弄砸了！

安排已畢，曹操不禁牢騷道：「打敗仗我倒不惱，只是那韋康實在辜負於我。早知此人懦弱不該任他為刺史，死於馬超之手實是罪有應得。他擔此職乃荀令君一再保舉，令君誤我啊！」荀彧已經死了，還要把錯用韋康之事冠到他頭上，實在有些刻薄。荀攸只默默忍著。

曹操見他無言便不再提，轉而又道：「邦國新立事務冗雜，職責也多有重疊，還需整改一下。」這倒是實情，由於漢室與魏國並立，而曹操爵封魏公，官職依舊是大漢丞相，所以其屬下就出現了一人兼數職的現象。以鍾繇為例，他在朝廷的職務是守司隸校尉，幕府的職位是前軍師，如今又拜魏國大理；再如程昱，官拜奮武將軍、參丞相軍事，如今又加魏國中尉。似他們這等情況，曹操要讓他們逐步脫離與漢廷的關係，從漢臣過渡為魏臣。再有如毛玠，雖沒有漢官頭銜，但在幕府身兼數職，右軍師兼東曹掾，如今又是魏國尚書之一。這樣的情況就要去掉部分職責，重要的職務委派他人，若職責不重乾脆撤銷合併，畢竟已有魏國朝廷，幕府屬員就不甚重要了，精簡之後可以專門用於培養後進人才。

曹操已有初步籌畫：「凡魏宮諸官，以後幕府兼職不可多於一個。毛孝先，今後你專任右軍師之事，東曹掾就由徐季才兼任，季才原先那個軍謀祭酒就不要當了。祭酒一類屬員能裁撤的儘量裁撤，有才能的歸入中臺充任令史。」

「諾。」徐奕領命。

曹丕很高興，崔琰存長幼之念是支持自己的，毛玠雖公正無私，畢竟不能幫自己什麼忙。現在換了與自己親近的老臣徐奕，以後東西兩曹皆與自己交好，提攜相熟之人可方便多了。可還未高興多久又聽父親道：「昨晚得到消息，丁沖去世了，是喝酒喝死的。他一生貪愛杯中之物，年輕之時曾有狂言，但願此生痛飲醉死。不想還真遂了他心願。唉……」

丁沖與曹操既為同鄉又是至交，尤其在奉迎天子東歸之事上立有大功，雖然始終擔任漢官，實為曹操心腹。「今早丁儀、丁廙兄弟進宮報喪，瞧他們哭得淚人一般，孤很不好受。不過見故人之子長成，孤也感欣慰。丁儀原任幕府令史，我也沒機會多見，今早細細考察了，此子可堪一用。我已允諾提拔其為西曹屬（西曹掾的副職），由其弟丁廙接任舊職，我又囑咐他們不必拘禮守喪，待下葬之後便回來上職，這件事勞你們記下。」曹操說罷又瞟曹丕一眼，「當初丁儀眇一目，不堪為我家之婿，可為父看來倒也不妨，似這等青年俊才，即便雙目失明又有甚不配？」曹丕連連點頭，不敢還嘴。

丁儀升任西曹副長官，丁廙也被辟入幕府，這可不是好消息了。曹丕暗暗苦惱——難怪父親坦然叫崔琰、徐奕分掌二曹，原來早安了顆釘子在裡面。正在出神，又聞耳畔辭駕聲，眾臣議事已畢便要離去，趕忙也隨著道：「孩兒告退。」跟著往外走，卻聽身後賈詡又道：「屬下有事，懇請單獨稟奏。」曹丕頗感詫異，這悶葫蘆從來不多口，今天怎麼了？想偷聽又不敢，只得隨鍾繇、崔琰等人去了。

大殿上只剩曹操與賈詡。曹操端坐大位一動不動，賈詡躬身而立恭恭敬敬，兩人不發一語。直等曹丕等人走遠，再聽不到一絲聲響，賈詡才開言：「屬下不敢稱年邁，然有疾病，今魏國社稷已立，天下安定已見端倪，懇請魏公准我告老，退歸林下讚頌善政。」

曹操嘿嘿笑道：「你患的什麼病？」

賈詡道：「在下也不甚詳，只是時而頭昏眼花、胸悶氣短，一年之中倒有大半年出不了家門。」

「好個出不了家門……是心病吧？」

賈詡立刻跪倒：「聖天子垂拱，魏公良輔在朝，諸公子皆仁孝，將士百官用命，黎民安居於下，餘寇不足為慮。屬下既不憂國事，又不愁富貴，婦賢子孝親眷安分，怎會有心病？」真是能說會道，竟把公私之事全誇一遍，還挑得出什麼毛病？

「真沒有嗎？」曹操笑呵呵地審視著賈詡。

賈詡微微抬起眼皮，也望著曹操：「真沒有，臣空活七十春秋，實是年邁體衰。」

兩人就這麼對視著，誰都不再開口，一切盡在不言中。

賈詡怎會沒心病？昔年他為李傕、郭汜獻計，兵犯長安誅殺王允，至今有人視他為禍亂天下的罪魁；宛城之戰他給張繡獻計大敗曹軍，曹操嫡長子曹昂、姪子曹安民、愛將典韋皆亡於此役。禍國之罪、殺子之仇，哪條都夠要命。隨著曹操年齡增長，戾氣越來越重，今日曹操還不想清算，但難保明天是風是雨。再者曹丕、曹植誰為嗣子尚無定論，倘稍有不慎捲入其中難料禍福，何不急流勇退，閉門自守以保善終？

而曹操對賈詡也頗為矛盾。賈詡實是難得的智士，開國封官本該有他一份，可他偏偏身負禍國之罪。其實若沒有他幫李傕兵犯長安，天子劉協最終也不會落到曹操掌握，但是禍亂漢室不能堂而皇之算為曹魏開國之功，若授以高官必遭世人齒冷。再者亡子之痛刻骨銘心，曹操內心深處尚對賈詡有些芥蒂。但張繡是他說降的，官渡之戰指點迷津，西征潼關出謀劃策，這些功勞又怎能忘懷？本該重用，卻無法重用；本該憎恨，卻恨不起來！

兩人四目相對就知對方想些什麼，這是兩個曾經宦海沉浮、品透世態炎涼的人才懂的交流方式，語言已多餘。

過了良久，曹操淡淡道：「既然有病……那就依你所請吧！」

「謝明公。」賈詡長出一口氣。

「但你不要回鄉，畢竟跟隨我多年，豈能空歸故里？」曹操擠出一絲笑容，「我表奏天子授你太中大夫之職，無須到許都赴任，就在鄴城養病。以後我有難決之事還可問你，你若得閒也可進宮看看。」

太中大夫負責向天子解答疑難，並無固定職責，唯聽詔令所使，既不去許都赴任，見不到天子就無差事可言，坐享一千石俸祿。賈詡以此身分留居鄴城，非魏國之臣、幕府之吏，頂多算曹操私人顧問；這安排不即不離，留住了賈詡，卻不必為以他為臣而煩惱，可謂兩全其美。

「下官深感明公厚恩。」賈詡叩頭拜謝，顫顫巍巍起身，「那我就回家養病了……」

「走吧走吧。」曹操無奈，揚了揚手。

賈詡再次作揖：「卑職告退。」小心翼翼退出殿外。

「唉！」曹操望著賈詡略有駝背的身姿、如履薄冰的神情，不無遺憾地歎了口氣——看舉止，誰能猜出這曾是叱吒風雲的人物？古人常說君臣遇合甚為難得，曹操原先不信，現今看來的確不假。即便有愛才之心、敬賢之意，也得看緣分啊！

再試高下

戰事的發展果如鍾繇、賈詡所料，馬超雖攻下冀縣，卻不能得雍涼士人之心，在別駕楊阜的謀劃下，屯兵曆城的雍州部將姜敘舉旗反馬，緊接著趙昂、尹奉、姚瓊、孔信、王靈等部紛紛響應，合兵萬餘屯於祁山（今甘肅禮縣東）。馬超聞訊大怒，即刻發兵征討，不料在冀縣留守的部將梁寬、趙衢早與楊阜等通謀，待馬超領兵一走，立刻關閉城門，將他妻兒家眷三十餘口殺得乾乾淨淨。馬超又恨又怒，無奈前後受敵進退無路，只得往漢中投靠張魯。

西北局勢有驚無險，建安十九年（西元二一四年）總算在一片祥和中到來了。預定的婚期已到，許都差來黃門侍郎、掖庭令、中常侍，攜束帛駟駕等聘禮來鄴城迎親，在曹魏宗廟授曹憲、曹節貴人印綬。魏國以郎中令袁渙為送親使者，率博士、乘黃廄令（魏宮管理馬匹的官員）、丞相掾屬等一千冗從共赴許都，一路上問安使者絡繹不絕。二貴人入宮，天子又命御史大夫郗慮率二千石官員宴請魏國送親使者。皇宮大殿之上，魏國大臣與漢室公卿對面而坐，儼然似是地位平等的兄弟之邦，實是開漢四百載未有之「盛會」。

曹操志得意滿，又在鄴城舉行了籍田之禮。籍田源自周禮，乃是天子率領三公諸侯親自耕田的典禮，不僅是勸諭百姓重視農耕的儀式，還包括祭祀之事。開漢以來孝文帝、孝明帝、孝章帝都曾舉行，曹操一切按先朝舊制，於孟春之月（春季第一個月）設壇祭祀先農，然後率魏國列卿、列侯及諸公子就位耕田，最後頒下教令，命各郡太守勸諭百姓耕田。《禮記》有云：「天子三推，三公五推，卿諸侯九推。」②曹操「恪守」禮法，沒有從天子之制祭於南郊，而改在東郊，也是依照三公等級五推五返，王修、王朗等列卿及曹丕、曹植諸公子皆九推九返。大家贊曹操有德，身為魏公嚴守漢臣之節，似乎已忘了籍田禮只有天子才能主持，這場儀式本身就已僭越。

籍田禮畢，漸入二月。《呂覽》有云：「是月也，耕者少舍，乃修闔扇，寢廟必備。無作大事，以妨農功。」魏國初立萬物維新，自然沒什麼修繕之事，但求休養生息不擾民耕。曹氏宗廟已立，一應供奉不可缺失，依照禮制，仲春之月當以羔羊、堅冰祭祀。漢家宮中自有冰室專門貯藏，魏宮卻沒有，只能從北郡開採河冰，頗耗人工。曹操自不願年年如此，想起曹植曾提議再築高臺，靈機一動，準備在銅雀臺以北開鑿深井用以貯冰塊，其上築臺建樓，取名冰井臺。

但令人費解的是，曹操先前曾說再有營建之事仍交曹植督辦，可事到臨頭卻把差事交與曹丕，

② 推，犁地。三推、五推，是犁地的壟數。

而叫曹植負責核實各郡墾田。自從曹丕身居五官中郎將，軍國大事不得做主，核實墾田這等一般事務卻代勞過兩次，這差事是與冀州各郡派來的計吏、功曹接洽，詳錄數目督促農耕，將各地春耕情況編成簡冊上交幕府，以備課稅之用。

父親為何如此安排，曹丕初時不解，領了差事回府詳思才悟——三弟長於風雅，而短於政務；我則久於政務，卻在風雅上稍遜一籌。父親故意調換我二人職責，皆事平素所短，這還是變著法考較啊！

想清楚這一層，曹丕越發不敢怠慢，忙召集劉廙、蘇林、徐幹、夏侯尚等商議。五官中郎將府平時並無要緊差事，這幫屬員也不過是出入相隨、督促曹丕學業；靜極思動，接了這任務眾人都躍躍欲試。文學侍從蘇林平日鑽研古籍，極少與人交流，曹丕也不常與他議事，實是拿著俸祿做自己的學問，這回終於有了用武之地，大包大攬道：「井上築臺古已有之，大致規模在下明瞭，就讓在下擬管草圖吧！」

曹丕卻道：「金虎臺樣式乃三弟所定，冰井臺我定要親自來畫，你從旁指點便是。」

鮑勳卻不無憂慮：「魏公素來尚儉，況冰井乃實用之物，萬不可過於奢華。」

曹丕暗笑他不曉事——這是比試才藝，焉能草草敷衍？金虎臺有一百零八間房，冰井臺只能比它多，不能比它少！

眾人各行其是，查閱典籍、核算工料、召集良匠，一連忙了十幾天才把草圖敲定。這臺高有八丈，大小房舍一百四十間，良木為閣，丹漆塗壁，白玉為階，青瓦覆頂，斗拱刻龍蛇獸頭為飾；正中設冰室三間，各開冰井數眼，井深十五丈，分儲糧草、冰塊、食鹽、石墨等物，可逾十萬石——雖集倉廩、樓閣於一體，卻是銅雀三臺中最華麗的一座。草擬已畢，曹丕親自捧圖入宮請父親過目，曹操只不住點頭，並未指摘。

第一關闖過，之後便是營建，曹丕早有分教——夏侯尚曾在中軍任司馬，頗有統籌之能，由其召集匠人負責監工；賊曹（負責府邸防盜、保衛工作的屬官）郭淮乃并州人士，由他往上黨郡採伐上等木料；盧毓曾任令史，又有經濟之才，管度支財算之事；蘇林、劉廙、徐幹等拾遺補闕坐鎮風雅。

眾人各司其職，商量完畢便要開工，新近被任命為議郎的司馬懿卻暗中來制止：「魏國新立與民少恩，況二月農耕，不宜司營建之事，若此時動工與魏公籍田之意相違，必遭斥責！」

曹丕大吃一驚，這才明白父親交他差事是有陷阱的；又一思忖，曹植的差事又何嘗不是？魏國新立，各地官員為顯開國氣象必要浮誇開田數目，曹植一一考察核實，困難自也不小。得此提醒，曹丕趕緊放慢步驟，每日只命工匠丈量劃地，自己帶著夏侯尚一趟趟往卞秉府上跑，請教經驗。曹操多日不聞動工，問起緣由，曹丕忙以不忍奪農時為辭應對，曹操果然另眼相加：「能想到這點，長進不小。」待到三月初曹丕才正式徵調民夫啟動工程。

工欲善其事，必先利其器，既然籌謀在胸，辦起來也就不難了。夏侯尚早從卞秉處討來了良匠名冊，其中魏郡人蘇越最是馳名，就由其統率鋅鋸之士大展其能；郭淮本就是并州太原郡人，其父郭蘊曾任雁門太守，官私兩道皆吃得開，自尋友士相助，採辦來的木料比民夫運來的強之百倍；盧毓乃先朝尚書盧植之子，二兄罹於黃巾之難，他雖長於名門習學經籍，卻頗能務實，曾為令史效力中臺，做這等度支差事駕輕就熟；蘇林、劉廙這倆做學問更是盡心，翻閱書籍，連樓臺各處雕琢的鴟吻、贔屭、貔貅樣式都勾畫出來了；連鮑勳也跟著打點宮禁衛士，長駐院門監理建材。

雖有這般部署，曹丕仍不敢怠慢，每日早晚兩次到西園監工，有時甚至親自跟蘇越商討施工細節；只要得空，便邀請朝中要員來看，說是請他們指點，其實是要借他們之口宣揚自己的用心。

除此之外，曹丕還多方打聽曹植那邊的情況。得到的結果「頗不樂觀」，沒想到劉楨、任嘏這幫耍筆桿子的幹起政事來還真有模有樣，尤其文學侍從鄭袤，不愧為鄭泰之子、鄭渾之弟，腦筋甚是靈便，竟慫恿素來和善的曹植發了一次「虎威」，將各縣計吏罵了個遍，計簿一律打回核查重報。據說鄭袤還私下向曹植提建議，編出兩份田冊，一份虛誇、一份屬實，看準老爺子心氣對症下藥，辦法都想絕了。

這樣怎分得出高下？曹丕決定再接再厲以勤感人，每日從早到晚待在工地，反正這差事比核算之事長得多，乾脆就在西園耗啦！甚至準備把鋪蓋搬到銅雀臺暫住，頗有大禹治水三過家門而不入的勁頭。可能真是誠意感人，工匠的進度還挺快，不過十餘日的工夫，冰井已然挖好，臺基也基本夯實了。

這日掌燈時分，曹丕還在西園監工，有內侍趕來：「魏公請五官將立刻過去。」

曹丕正要在父親面前表表功，趕緊把手頭的事托給夏侯尚，隨著入宮；卻見聽政殿燈火熄著，乃是後殿召見——曹丕自忖，後殿多是家事，想必與立嗣決定有關。

果不其然，剛至後宮門就見段昭、任福二將立於階下，楊修也在一旁站著，笑道：「五官中郎將晚來一步，臨淄侯已先進去了。魏公叫您且候一時。」

什麼事還要一個一個見？曹丕心下不解，卻也不好向他們打聽，背著手在外轉悠。正胡思亂想，就聽腳步聲響，曹植帶著倆內侍疾步而出：「三弟……」

曹植只擺了擺手：「父親差我急務，不得耽誤。興許還有兄長的差事，也快去吧！」說罷急匆匆走了。

曹丕愈加疑惑，趕緊入後宮，幾乎腳不沾塵飛到了鶴鳴殿。哪知曹操更急，連句請安的話都不容他說：「吾兒不必多禮，有一急事。朝廷派中尉邢貞、左中郎將楊宣、謁者僕射裴茂三位大人來鄴城加恩為父，不想半路患了急病……」曹丕暗自詫異，誰病了？總不會仨人全病了吧？曹操根本也不容他問，「一路上吃住又不好，想儘快趕到鄴城，估計今晚就到。欽差黑夜駕臨本沒這規矩，但有病人也顧不了許多。本該為父親自去迎，又有事走不開，你趕緊帶兩人去城外驛亭替我迎一下，少時我叫來人帶兵趕去。」滔滔不絕說完後，還拿出一份手箚。

「是。」曹丕趕緊接過。

曹操似很急切，又咕噥道：「也不知他們是走西門還是走南門，方才我叫子建出西門去迎了，你去南邊吧。快去快去！」曹丕這才知曹植為何慌張，也趕緊辭出，兩名內侍早在外候著。

待出了宮天色已大黑，曹丕不敢怠慢，都沒回自己府邸牽馬，找衛兵借了三匹馬一盞燈，直奔南門而去。鄴城南北五里，這段路宮城就占小一半，天晚了大街也清靜，不過眨眼工夫就到中陽門前——黑漆漆的城門早關了。

曹丕放聲吶喊：「奉魏公手箚出外公幹，快快開門！」呼罷似嫌不太夠體面，又補充道：「我乃五官中郎將！」

「參見大人！」一個守門兵卒從門洞迎過來。

「快快開門。」

那兵卒道：「小的不敢忤逆，不過……不過小的做不了主。」

「我有魏公手箚。」

兵卒跪下了：「啟稟大人，今日楊縣令與城門校尉都傳過令，說不管誰來一律不准開門。」

曹丕瞪了他一眼：「魏公手箚如其親臨，你敢不從？」

「小的做不了主……」

「叫個能做主的來！」曹丕懶得與他廢話。

那兵忙不迭上城，不一會兒就來個兵長，還是那套話，曹丕連連威嚇都不管用。最後那兵長都快哭了：「五官將明鑒，楊縣令與城門校尉也奉了魏公教令，小的若膽敢開門腦袋就沒啦！再者您出去迎候就帶這麼倆人，大晚上也不安全呢！小的勸您快回宮問問明白，哪怕您能把城門校尉領來放個話，我立刻開門。」

軟磨硬泡弄得曹丕沒脾氣，心下暗想——必是父親日間下過不許開門的命令，事情太多就忘了；再說那楊沛也是榆木疙瘩，執法如山毫不通融，士兵害怕才弄成這樣。就此回去必受斥責，不如我去別處試試，若能尋到城門校尉打聲招呼也行啊！

想至此立刻上馬奔西而去，不多時又到鳳陽門下，當兵的卻還是一樣說辭，莫說沒尋到城門校尉，這次連兵長都沒出來一個。曹丕急得滿頭大汗，摸黑又往東去，想再到廣陽門試試；沒行幾步，忽見一騎迎面而來：「對面可是五官將？」

天黑看不清，曹丕卻聽出是任福：「我父差你來傳令開門？」

「唉……」任福歎了口氣，不敢有失禮數，翻身下馬，「主公叫末將告訴您，迎候的差事不必去了，您可以回府了。」

曹丕一聽此言頓覺輕鬆，笑呵呵也下了馬：「正為此事發愁呢，這倒好了。三弟那邊呢？」

任福沒好氣道：「臨淄侯受阻，命內侍殺了西門小卒，自行開門出去了。」

「嘖！」曹丕甚驚，「三弟怎這般火氣？」說罷又覺好笑——父親已傳命不用去，這兵死得真屈，三弟蠻橫行事恐要跟楊沛結怨了。

哪知任福瞥了他一眼，頗有無奈之色，連連搖頭。曹丕借著燈光看得分明：「任兄，究竟怎麼回事？」

「沒什麼。」任福轉身欲去。

曹丕更覺不對，今晚之事甚是蹊蹺，一把扯住：「咱倆之間還不能盡言嗎？」

任福甚有難色，此事曹操囑咐不可透露，畢竟他族妹嫁給了曹丕，攀龍附鳳事關自家富貴，還是模模糊糊說了句：「既奉魏公手箚，怎可半途而廢？」

曹丕聞言一怔，隨即醒悟——此乃父親有意考較！哪有什麼欽差染病半夜入城之事？怎會碰巧日間有令不准開門？分明早就安排好的，這是故意欲試我二人臨機應變之才。一個小卒算得什麼，父親豈在乎些許性命，若這是緊急軍令豈不耽誤了？我怎這般糊塗？竟輸給三弟了……不行！絕對不行！

「我現在就回宮向父親請罪。」

「不必了。」任福愁眉苦臉上了馬，「主公吩咐過，天色已黑，叫你們各自回府休息，他不見你們了。」說罷招呼兩個內侍挑著燈去了。

曹丕手一鬆，青竹手箚「吧嗒」一聲掉在地上，他卻渾然不知，愣愣地站在黑暗之中。

第六章

優劣已分，曹操屬意曹植

優劣已分

莫看曹操表面不動聲色，其實心裡早被立嗣之事攪得一團亂麻。曹丕、曹植各有所長各具聲望，實在難分高下。因而他故意調換二子職責，欲以他們不擅長之事考較他們。哪知曹丕修築樓臺調度有法，曹植考查墾田孜孜不倦，倆人都闖過事先設下的難關。曹操只好另施奇招，考他們臨機決斷之能，故意讓他們持手劄各出一門，暗中吩咐楊沛不准守兵放行。這一招猝不及防，果然立見高下，曹丕遇阻不敢違拗，曹植卻斬殺守兵出城而去。奉命而行豈可半途而廢？曹植勝了一籌，加之曹操本就偏愛，經此一試他心中天平更偏向曹植。

曹丕、曹植固然空勞一趟，但天子賞賜之事也非空穴來風。數日後朝廷中尉邢貞、左中郎將楊宣、謁者僕射裴茂持節至鄴城，賜曹操金璽、赤紱、遠遊冠，並轉述天子詔令——曹操位列諸侯王之上。自此曹操雖無王爵之名，權威卻在宗室王爵之上。

曹操雖然歡喜，卻也在意料之中。魏國官員殷勤款待三位欽差，挽留他們多留幾日，尤其謁者僕射裴茂，其子裴潛原本效力於劉表，後來投身曹營頗得信任，已官拜代郡太守。昔日父子失和各奔東西，不想殊途同歸，如今都成了給曹操辦事的。

接待事宜剛安排妥當，又從雍涼傳來捷報，夏侯淵接連得勝，已大破馬超、韓遂——原來馬超雖投奔張魯，復起之心不死，自漢中借兵一萬捲土重來。楊阜、趙昂、姜敘等鎮守祁山寡不敵眾，奮戰多日死傷慘重，向夏侯淵求援。夏侯淵派張郃分兵急趨祁山，與雍涼各部合兵一處，兩軍交鋒馬超失利，只得退回漢中。隨著馬超撤退，韓遂也開始大倒其霉，他擁兵數萬屯於顯親縣（今甘肅省秦安縣東北），城堅難攻，又有興國一帶的氐族部落策應，本不易落敗。但人受擠對能長本事，夏侯淵這位「白丁將軍」挨了曹操一頓訓斥，這次竟也玩起了計謀，他親自率輕兵突襲長離川①，剿了幾個羌人部落。韓遂麾下大半羌人，老家被襲焉能不救？夏侯淵深溝高壘與其周旋，待大隊人馬趕到一戰而定，韓遂敗走西平郡。繼而曹軍又圍困了興國縣，氐族首領楊千萬獨木難支，只得率軍突圍而走，也奔了漢中。至此雍涼之地又恢復了平靜。

夏侯淵連戰連捷已讓曹操喜出望外，不想還有件莫大喜事從天而降。祁山諸將透露消息——劉備死啦！原來二劉反目之事是實，劉備兼併白水關之兵向成都挺進，剛開始一路順利，在梓潼圍困了縣令王連，在涪縣大破劉璝、泠苞、鄧賢等幾路兵馬，鎮守綿竹的成都令李嚴、參軍費觀更是一箭未發便開城投降。眼看成都已近在咫尺，不想卻被阻於小縣雒城。此城由劉璋之子劉循鎮守，畢竟身繫家國存亡，又有蜀中悍將張任駐防，硬是將劉備死死擋在城外，兩軍僵持半年之久。或許是劉備急於求勝，親自督軍攻城，被流矢射中不治身亡。

曹操初始不信，可又有鎮守襄陽的曹仁傳來軍報，荊州最近頻繁調動人馬，張飛、趙雲、諸葛亮等紛紛提兵入蜀，似有十萬火急之事。兩邊軍報一印證，不由得曹操不信：若非劉備死了，荊州各部焉能如此匆忙入蜀？必是趕去救援滯留蜀中的餘部。看來劉備真死了！

---

① 今葫蘆河，又稱隴水，源於寧夏回族自治區西吉縣，南流至甘肅省天水市注入渭河，是渭河的主要支流。

當今天下能與曹操匹敵者唯孫權、劉備，今劉備已死子嗣尚幼，荊州諸將必生離散之意，孫權失去強援也難與江北對峙，漢中張魯兵微將寡、蜀中劉璋元氣大傷，皆不足為慮，天下一統命歸曹氏似是鐵定的了。

一時間鄴城上下歡騰不息，魏國官員、幕府屬僚齊向曹操稱賀，獨郎中令袁渙不來道賀。曹操派人相請，原來袁渙乃劉備任豫州牧時所舉茂才，念及舊恩不加喜色。曹操也不計較，反讚他有情有義，令他以列卿身分兼領魏國御史大夫，又問之要務。袁渙奏曰：「今天下大難已除，文武並用長久之道也。可大收篇籍明先聖之教，以易民視聽，使海內斐然向風，則遠人不服可以文德來之。」曹操從其言，立刻傳下教令，命各州郡推薦賢才，一者樹文德之風，二來也為充實魏廷官員。

朝賀已畢又議軍務，人人臉上均有喜色。曹操宣布：「雍州刺史韋康開門揖盜死有餘辜，然念其功臣之子又是荀令君生前所舉，宜加撫恤。其弟韋誕現在鄴城，授郎中之職；族兄韋康本幕府中人，加為丞相司直，遣往許都監察百官。當派他人往雍州繼任使君，未知何人可以擔此重任？」

鍾繇出班稟奏：「現任尚書郎張既，馮翊高陵人士，孝廉出身，歷任馮翊郡吏、新豐縣令、京兆尹，昔日平陽之戰曾助我遊說馬騰，德才兼備政績卓著，正堪此任。」

「就依元常之言。」曹操甚喜，當即召張既上殿授以官職，又道：「你本關中之人，如今任雍州刺史，可謂繡衣晝行富貴還鄉！當多多勉力報效朝廷。」當然，這個「朝廷」是魏國朝廷，而非漢室朝廷。

自孝桓帝以來本有「三互法」②，本鄉之人不得擔任本州刺史，雖然戰亂以來已不甚苛求，但回鄉擔任刺史，掌管監察和軍務，實是莫大的榮耀和信任。張既千恩萬謝：「在下絕不辜負明公厚恩，還望多加教誨，在下自當遵從。」

曹操正有要事囑託，聞聽此言不住點頭，猛然見曹丕、曹植垂手立於群臣之列，不禁眼珠一轉——外敵已不足為慮，現今內政莫過於早立嗣子，何不借此機會再考驗考驗這倆小子。想至此咳嗽一聲道：「子桓、子建出列……張使君將赴雍州，問為父有何要務囑託，為父一時倒也想不起，你等以為雍州新定當以何事為重？」

曹丕前番已輸了一陣，這次先聲奪人：「韓遂雖敗，餘孽未除。枹罕縣（今甘肅省臨夏縣東北）尚有逆賊宋建，自稱『河首平漢王』，僭越稱制私設百官，割據邊地三十餘年。張使君當借得勝之勢，助夏侯將軍一併討之，西州乃安。」

「有理。」曹操不禁頷首——若論軍政之事，還是老大有閱歷。

曹植微微拱手道：「兄長所言極是，不過孩兒以為，攻城為下、攻心為上。遠人不降，當修文德以來之……」曹操聽他說出這等文人氣的話，已暗暗搖頭，哪知曹植忽然話鋒一轉，「孝安帝以來，西疆戰事已逾百年，之所以兵戈不休皆因胡漢不睦、羌氐不法，邊將持兵欺壓異族、宵小奸徒挑撥生變。故而治西疆貴在治羌胡，治羌胡貴在用文德，若使異族歸心忠於大統，便如釜底抽薪，何慮西州不安？」

曹操轉而又忖——這話說得極好！相較而言，曹丕所言不過就事論事，曹植乃是闡述大道，豈不更高一籌？但心裡這麼想，臉上卻未露半分喜色，只道：「子建多讀經籍，看來裨益不少。」

曹植笑道：「古人留詩書以傳後人，自然有治國之大道。似治理西州之事，恰孟軻有云：『域民不以封疆之界，固國不以山溪之險，威天下不以兵革之利』，誠哉斯言也。若能化學為用，察為政之要，大道若通何愁小略？」

---

② 漢桓帝朝蔡邕上書倡議，最初條例為：如甲州人士在乙州為官，乙州人士在丙州為官，則丙州人士對甲、乙、丙三州均需回避。進而發展到本鄉人不得在本鄉任官，有姻親關係的人不得在姻親所在州郡為官。意在約束官員發展私人勢力，確保官員清廉，限制地方豪強勢力。

「哈哈哈……」曹操仰面大笑，「吾兒這話有理，不過論及通達談何容易？你既自稱已明治理雍州之道，那我問問你，當務之急又該如何收攬羌胡之心呢？」

曹植不假思索脫口而出：「羌胡之人雖凶悍，但生性淳樸，可以力討之、以恩撫之，然不可以欺之。今張使君若到，與夏侯將軍合兵一處，若不降者當討滅一二以樹聲威，餘者懾於天威必自請歸順。」說到此處他忽然加重了口氣，「然羌胡若要歸順，當待其自遣人來，切勿派人去。若派下吏前往，受命者欲成己功，必將教授羌胡請降之法，那請降便成了表面文章，並非出自真心，貌恭而未心服，久之必然復叛，還望父親察之。」

曹操做夢想不到，這番奏對竟會出自曹植之口——昔日楊秋歸降，收復安定郡，曹操任命毌丘興為安定太守，臨行之際誡之再三：「羌胡欲與中國通，自當遣人來，慎勿遣人往。善人難得，必將教羌胡妄有所請求，因欲以自利。不從便為失異俗意，從之則無益事。」結果毌丘興還是派了一個叫范陵的校尉去羌人部落，那廝為了自己立功，教唆羌人投降朝廷，並執意要求范陵擔任屬國都尉。毌丘興得知內情不允，後來馬超、韓遂復來，這支羌人部落果真也跟著叛變了。曹操前日還與尚書僕射涼茂等人密談此事，商議如何收拾異族之心，不料今日曹植所言竟與他心中所思不謀而合。

曹操簡直不敢相信，莫非有人教與此兒？他偷偷瞥了涼茂一眼，卻見涼茂連連搖頭——當然不是，涼僕射這等謹小慎微之人豈能洩漏軍機？曹操按捺住心緒，轉而又道：「西州之事暫且不論。聽聞江東孫權已定豫章之亂，恐又將擾我江北，當以何策對之？」

曹丕已隱約感覺到今日之事有些不對勁，趕緊搶道：「廬江雖有張遼、樂進等駐守，畢竟兵少，當遣中軍之士增兵馳援。」

「若孫權不來呢？」曹植扭頭問道。

曹丕道：「未雨綢繆，當防萬一。」

「兵無常勢水無常形，彼近我遠，只恐疲憊無功。」曹植朝上拱手道：「以孩兒之意，當在邊郡屯民之外招募鄉勇再設郡國之兵，以作長期準備。這樣戰事若起再行抵禦，續發大軍征討，何愁不勝？」

這次曹操深信曹植的見識了——漢武帝中興以來不設地方軍隊，復設郡國兵之事乃堂陽縣令司馬朗最近才上書提議的，為此曹操特意把司馬朗提拔為兗州刺史，這份奏疏至今還放在後殿，他從未跟人提起過。想那司馬朗乃多年老吏，經驗豐富，曹植竟能與其想到一處，豈同等閒？

「長進了……先前我教導的話沒忘，果然長進了……」曹操手撚鬚髯不住自言自語。

大殿之上還在議事，只有極少數人明白他這番感慨由何而發，大多數人面面相覷不明所指；曹植目不斜視端然站定，曹丕卻已面如死灰。沉默良久曹操忽然起身，踱下丹墀，拍了拍張既的肩膀：「方才臨淄侯的話你都聽見了？戒驕戒躁好自為之，千斤重任交付與你，莫辜負我意……」話是衝著張既說，但眼睛已漸漸掃向曹植。

張既不敢仰視，始終低著頭，哪知其中關節？連忙跪倒，還沒說什麼，卻聽曹操又道：「今日之事就議到這裡，很好……很好！外敵將滅內事無憂，孤甚是喜悅，諸公都散了吧！哈哈哈……」隨著曹操一陣酣暢淋漓的大笑，群臣齊聲告退。曹丕猶自出神，低著頭呆呆立在殿上，良久才覺身邊之人已散去，抬頭再看，父親也已轉入後殿，只得心不在焉也去了。

劉備已死的消息傳遍鄴城大街小巷，不單官吏慶賀，百姓也慶賀——打了將近三十年仗，亂世總算快熬到頭了！男女老少互相道喜，爭以酒肉相慶。素來嚴刑峻法的鄴城令楊沛今天也露了笑臉，街上再吵他也不管了，領著劉慈滿城轉悠，也與百姓同樂。曹丕卻對這一切喧囂充耳不聞，垂頭喪氣回了家，他心裡有數——這輩子的前程美夢算是做到頭啦！

楊柳有心事，清風偏拂之。當晚五官將府又來了一幫客人，素常交好的王粲、劉楨、應璩等文友，還有王忠、段昭、任福等親近將領都到了。這些人近來礙於身分不常走動，但今天全城慶賀如同過節，怎麼來往都不犯忌諱。曹丕哪還有心思招待他們？強飲了兩盞酒，便說身體不適推給夏侯尚、朱鑠照應，自己回房躺著，只是唉聲歎氣。

過了一會兒，朱鑠不聲不響竄了進來：「公子，校事劉肇來訪。」

曹丕躺在榻上動也不動：「父親有差遣？」

「沒有，就是來道賀，他說給您問個安，一會兒還要到其他公子處走動。」

「既然沒事我就不見了，你們替我招待吧，雖然是個校事，畢竟人家來了，留他喝兩杯再走。」

曹丕有氣無力道：「另外叫叡兒和甄氏出去給列位大人見個禮，別顯得無禮……」

朱鑠悄悄湊到榻前：「您有何心事？」

「沒有！」曹丕翻了個身。

朱鑠一屁股坐到了榻邊：「我跟了您十多年，您瞞得過別人，還能瞞得過我嗎？您心裡有事！」

「唉！也不枉我交你這朋友。」曹丕長歎一聲，把日間朝堂之事說了。朱鑠聽罷蹙眉良久，繼而道：「有件事我覺得可疑……劉楨喝過量了，剛才無意間跟我說起，前日晚間楊修曾入臨淄侯府，他半夜如廁正好瞅見，可天亮問別人，竟無旁人知曉。楊修似乎是偷偷而來偷偷而去。」

他話未說完，曹丕已坐了起來——楊修身為丞相主簿，打理父親文書，又時常陪同參議，自然知曉父親日常關心什麼。莫非他將父親可能考較的問題事先透露給三弟？前不久聽人風言，那日父親叫我與三弟各出一門迎接欽差，剛開始三弟遇阻也要折回，有個弘農口音的文士趕到，勸三弟放膽而行不要折返，三弟才斬殺守兵出西門而去。此事聽說是從西門小卒口裡傳出的，也不知可不可信，大晚上的即便真有這麼個人也瞧不清楚。可楊修不就是弘農楊氏之人嗎？難道三弟才幹大長是他背後搗鬼？

「當真如此還有何懼？」曹丕精神又來了，「走！」

「幹什麼去？」朱鑠不解。

「我要入宮，告楊修一狀！」

朱鑠趕忙拉住：「紅口白牙何足為證，有真憑實據嗎？」

一句話把曹丕問住了——不錯，我這樣硬告，楊修可以不認。劉楨不過一不羈文士，說近不近說遠不遠，又是三弟的屬下，事不可解拉他作證，就真能向著我？即便證明楊修去過三弟那裡，說的什麼又無旁人聽見，若這一狀告不下來，父親又如何待我？此事還要從長計議啊……不過三弟已然得寵，若父親任以要職悉心栽培，日後未必不能練就真本領，那時誰還計較以往真假？

急也不成緩也不成，到底如何是好？曹丕愁得直轉磨磨：「司馬仲達怎麼沒來啊，若他在就好了。」

「要不……我過去請？」

「不必了，他不來自有不來的道理，明日再說。你去前頭繼續陪他們，我還歇著，別叫人瞧出假來。」話雖這麼說，曹丕哪睡得著？翻來覆去折騰一宿，天剛亮就更衣備馬，想親自登門與司馬懿商議。

哪知府門剛開，就見一輛官車由西而來，正經過門口。曹丕過去招呼，原來是徐奕，也是素來親近的老臣。

「五官將這麼早出門，要去何處？」

「哦。」曹丕沒說實話，「昨晚各處都在宴慶，想必宮中也一樣，不知父親又多飲了沒有。我恐他身體不適，想入宮看看。」

「五官將真是仁孝。」徐奕掩口打了個哈欠，「倒也不必去了，我剛從宮中出來。主公精神健旺，天不亮就把列卿和我們叫進去了。」說到這兒他左顧右盼，見四下無人又道：「實不相瞞，主公向我等徵詢立嗣之事，命我等密函上奏。您只管放心，論才、論德、論宗法、論私交，老夫都會力挺公子您……」

曹丕霎時呆若木雞，連徐奕後面的話都沒聽清——父親性情他最清楚，只要心意已決，豈是旁人可挽回的？事已至此，當真不妙啊！

事與願違

古來立嗣之事極少有向大臣詢問意見的，一者立嗣雖為國事亦是家務，不宜問計於外；再者這種徵詢也容易勾起臣下幸進之意，導致拉幫結派甚至黨爭。不過曹操這次徵詢目的很明顯，既然曹丕早已是五官中郎將、副丞相，默認的接班人，那就不存在立誰為嗣的問題。既然把這問題擺到桌面上，就是向群臣暗示：曹丕不合我意，當另擇他人。那該推舉誰呢？無須費多少猜疑，連老百姓都知道，臨淄侯是與五官將並駕齊驅的人物；曹操又在殿上公然大加稱讚，明裡暗裡已透露。

但當曹操看了群臣上交的表章之後不禁皺眉——絕大多數臣僚並未改變擁戴曹丕的初衷，尤其六卿和尚書臺的幾位元老重臣，幾乎全部站到曹丕一邊。鍾繇、毛玠、辛毗、徐奕……這些元老大臣盛讚五官將之德，簡直把曹丕誇成人中龍鳳，其中毛玠更危言聳聽：「近者袁紹以嫡庶不分，覆宗滅國。廢立大事，非所宜聞！」即便有幾個不明確表態的，似涼茂、常林，也在表章中反覆提及，立嗣之事關乎國運，望魏公謹守宗法妥當擇之。雖未明說，其實意思已很明確，不過礙於他們曾在五官將府擔任屬官，故意避嫌。

相較而言支持臨淄侯的人很少，也頗寒酸，幾乎都是記室、令史一類人物，對曹植的讚頌也停留在文采斐然、風雅絕倫的層面。也有袁渙、國淵、何夔之流，言辭溫婉不予答覆，全然欲置身事外。這結果曹操自然不滿意，卻無可奈何，他暗中派校事劉肇探察群臣動向，若有串聯之事早反映上來了，既然沒有便是大家出自真心，有什麼毛病可挑？

即便如此曹操仍不死心，群臣中還有尚書令荀攸、衛尉卿程昱、侍中崔琰沒有表態，他們三人的心思曹操也揣測得到，荀攸自荀彧死後愈加謹慎，只思閉門自守遠避禍患；崔琰姪女乃曹植之妻，語言頗有掛礙；程昱年事已高且久有退意，又曾為曹丕平定河間之亂幫過忙，不想再蹚渾水招惹晚年不安。曹操數次派人催促，務必要他們上書表態；這三人都是有分量的大臣，哪怕其中有一人能支援曹植，也可大做文章。

但事情的發展大出曹操意料，三日後崔琰露版上書[3]擁護曹丕，在表章中赫然寫道：「《春秋》之義，立子以長。加五官將仁孝聰明，宜承正統，琰以死守之。」這次徵詢群臣的回書都是祕密上奏的，既避免群臣串通，也是出於保護大家的一片好心——若日後承繼之子得知某些大臣沒有保舉自己，難免心存芥蒂乃至貶斥加害。如今崔琰露版上奏，書至中臺，群僚無不知曉他擁護曹丕，便是把自己的仕宦前途乃至身家性命都拴到了曹丕身上。這還不在緊要，關鍵是他以《春秋》大義為辭，聲言以死捍衛宗法，無異於將曹操的企圖昭示天下！

曹操見此表章怨怒不已：「不聽你言，孤便是有悖《春秋》大義的昏主；若聽你言，你便是捍衛正統的功臣。翻來覆去都是你對，真真狂妄至極！」在他看來，崔家既已與曹植結親，就當全力相挺，可崔琰卻公然站到了曹丕一邊。日後若曹丕上位，他便是佐命功臣；若曹植上位，他憑藉內

---

③ 表章不加封套，公開上奏。

親關係也可保無虞，這不是要做不倒翁嗎？曹操眼中的崔琰素來是慷慨激昂仗義敢言，但這次的事卻使他有了奸猾且無禮的感覺。事已至此立曹植為嗣的嘗試失敗了，可想而知，以後二子擁護者之間的矛盾會更加激烈，五官將府和臨淄侯府的那些屬員也不得不公然開始較量。事情發展到這一步已完全超出曹操預料，就連他自己也無法扼制這場較量了。

此刻曹操心目中曹植實是不二之選，但在大多數重臣看來卻完全不是這樣，也不知他們是真心覺得曹丕優秀，還是僅僅出於維護宗法的一貫理念，或是出於自保的考慮不願干涉。自崔琰上書之後，曹操一連數日沒接見外臣，連和洽、杜襲、王粲、楊修等近臣都被擋駕。他不見外臣是怕有人問起此事不好回答，須想好對策再作計較；可後宮也非清靜處，卞氏乃曹丕、曹植之母，心繫二子之爭，環氏、杜氏、秦氏又與其相厚，這些女人其實比群臣更關心最後結果。曹操心中愈加煩躁，也不願多見這幫姬妾，每日只與新納的陳氏在一處溫存，觀她唱歌跳舞倒也解悶；尤其令曹操欣慰的是，陳氏足不出宮竟也聞曹植賢名，隔三差五還能唱上兩首曹植寫的詩歌。

孔桂倒沒受不見外臣的限制，還是每天一早必要進宮問安，或陪小公子戲耍，或到曹操眼前天南地北逑說一通，都是些沒用的笑話。有一次曹操不經意間感歎立嗣之事難以抉擇，孔桂滿臉堆笑，為他揉著肩膀道：「自古臣遵君命、子從父言，再說立誰為嗣乃家事，您說立誰就立誰，何必再問外臣？」孔桂油滑透頂，從來只賺不賠，摸不準風向豈能隨便說話？

曹操聽了倒挺痛快，惜乎只能過過耳癮——事情若真這麼容易就好了，魏國新建民心未附，他若一意孤行立曹植為嗣，無異於與眾多元老大臣相悖，以後這小朝廷還能穩固嗎？昔日孝武帝強悍一世，到晚來不免巫蠱之禍、輪臺罪己；光武帝英名蓋世，改易嫡子險生波瀾。那些一統六合的真命天子尚且栽跟頭，何況曹操外敵未除，只是個國中之國的「天子」？魏國還禁不起折騰啊！

立曹植下不了決心，立曹丕又不免有些窩心，曹操思來想去久久不能決斷。這日他正在楸梓坊閒看陳氏歌舞，內侍來奏，校事盧洪、趙達自許都趕來求見。這二人是幹機密差事的，曹操自然要聽聽他們的消息，卻又不願升殿見其他大臣，便把他們叫到溫室小殿相見。

趙、盧二人聲名狼藉，卻是曹操親信，在許都監視百官誰敢招惹？趙達倚仗曹操這座靠山巧取豪奪大享富貴，近兩年愈加發胖，一張紅撲撲的圓臉油亮，掛著俗氣的笑容。盧洪卻越發精瘦了，狗舌頭般一張長臉，布滿刀刻般的皺紋，其實他也是敲詐勒索無所不為，無奈天生沒有發福的命，珍饈美味都填進狗肚子了，光長心眼不長肉。

「自我大魏開國，許都群臣無不俯首，未敢多言。天子也是由衷榮寵，並無怨憤之處……」盧洪將朝廷君臣之態細細道來，甚有得意之色。

曹操聽罷卻只是冷笑：「是他們真沒有不忿之意，還是你們吃飽了賄賂替他們遮掩啊？」一句話嚇得盧、趙二人跪倒在地，連稱不敢。曹操倒也不深究，沉吟道：「世人皆有兩張面皮，陽奉陰違誰不會？許都君臣雖口上不說，心中只怕早已把我比作王莽、董卓，罵上千萬遍了！服人之心難啊……我女兒入宮可得天子寵幸？」

不待盧洪答覆，趙達搶著道：「漢天子豈能薄待我大魏公主？大貴人所居宮廷皆由長樂五官史護衛，待遇堪比皇后；二貴人更是時常伴駕，陪天子讀書對弈，聽說前幾日投壺還贏了皇上呢！」

「哦？」這倒令曹操喜出望外，他以二女奉君不過是轄治後宮，豈敢奢望真受寵？劉協投鼠忌器不加遷怒便已萬幸，若真能君妃和睦稍解仇怨未嘗不是好事。尤其令曹操詫異的是，他原以為憲兒性格溫順或許能得劉協之寵，沒想到受寵的卻是性格強悍的節兒，世間男女之事果真難料，「吾女有幸侍奉天子讀書，這倒難得。他們都讀些什麼書？」

盧洪道：「近來天子常召黃門侍郎董遇入宮侍講，所講皆是道家老子之學……」話未說完趙達不甘示弱補充道：「昔日侍中荀悅侍講，說的大半是他編的《漢紀》，前朝恩怨是是非非，說得皇上五迷三道，才會跟王子服、董承那幫亂臣賊子辦糊塗事。這董遇是個老老實實的書生，又是關西人士無甚親友，講《老子》可比講史書穩妥多了，大道無形清靜無為，多好啊！」

「無為？無為亦是無所不為，以後外臣侍講就免了吧！天子年過而立，大可自己習學，不必聽別人教諭。那個董遇若真是學問不錯，乾脆調到幕府為我效力。」曹操仍不敢掉以輕心，劉協絕非前代外戚扶立的那些泛泛小兒可比，玉帶詔之事何其凶險，荀彧這等股肱親信竟也被他感化，這樣的天子若生在清平之世豈是尋常之輩？可笑老賊董卓，當初竟以為這小子好控制，還因此廢掉了庸庸碌碌的少帝劉辯；現在想來，即便董卓不死於王允、呂布之手，以他那點兒微末心計玩得過劉協嗎？越是天長日久體會越清楚，曹操並非從無能之君手中接江山，而是從一個雖有才能卻生不逢時的人手裡搶天下，焉能不慎？他永遠都忘不了玉帶詔，忘不了董承等人，忘不了那句「誅此狂悖之臣耳」！多少個噩夢裡那紙詔書在眼前晃來晃去，那「耳」字一豎拉來很長，凝聚了劉協畢生之恨，彷彿還在往下滴血……

趙達全沒注意到曹操的神情，只顧大唱讚歌：「主公所言極是，有我大魏公爵、大漢丞相在，天子只需垂拱，何必召外臣侍講研修？這規矩廢得好！」

曹操緩過神來又問：「我女既受天子寵幸，那皇后又態度如何？」

盧洪道：「伏皇后也對二位貴人也是青睞有加，聽說不敢為尊，私下還與貴人以姐妹相稱。」

「哦？」曹操白了盧洪一眼，「難道她就沒什麼不滿？」

趙達回奏：「皇后不過一女子，其父又已亡故，自保不暇焉敢造次？」

曹操見他們還不明白自己的意思，心中頗不耐煩，加重口氣道：「真的沒有絲毫失德之處？」

盧洪瞧他變了臉色，腦子裡這才繞過彎來，趕緊話風一變：「哦哦哦……當然有失德之處啦！昔日她與其父伏完頻繁通信干涉外政，董、王偽造密詔謀叛之事也未必沒有參與，全賴主公寬仁不加追究忝居后位。近年又因二皇子不得封王頗多怨詞，貴人受寵她雖不加顏色，但腹謗總還是免不了的。」所謂「腹謗」乃心中懷怨詛咒，無據可查全憑臆斷，實是欲加之罪何患無辭。盧洪總算體會了曹操的心思——魏公之女入侍天子豈能屈居貴人之位？從一開始就注定要當皇后的，何況曹節已有受寵跡象，皇后就該換換了，哪管伏后有沒有失德？

趙達也領會到他的意思了，乾脆開門見山：「伏氏乃賊臣董卓為天子所聘，本就疏少懿德，不堪為后，又干涉朝政，屢有妒怨之失。以臣下愚見不如早日廢黜，以貴人早正中宮！」

曹操心中暗笑，嘴上卻道：「話雖如此，畢竟她也當了二十多年的皇后，況且伏完尚孝桓帝之女安陽長公主，到底還算皇親，不宜擅加處置……我看這樣吧，暫且不予廢黜，先將她兄弟族人在朝為官者罷免，一律就國，以此稍作懲戒。」伏完共有六個兒子，長子伏德已在伏完死後繼承不其侯（不其，古縣名，屬東萊郡，在今山東省青島市）的爵位，其他子姪在朝為官者也不少，雖都是有職無權的散官，聲望卻不小。曹操久蓄換后之意，豈能善罷甘休？此舉不過是翦除伏氏羽翼，為日後廢立之事清障，皇后的位置早晚要歸曹家。

兩人明知他用意，卻不敢點破，反而誠惶誠恐大加讚頌：「主公仁德寬宏，這是他伏氏的僥倖。」

曹操掃視兩條走狗，沉默片刻忽然問：「你二人素來謹慎，以往都是一人來向我匯報、一人留在許都以防疏漏，這次為何同來？」

盧、趙二人對望一眼，盧洪強笑道，「我等久在京師，與主公道路遠隔，心中時常掛念。此番同到鄴城既為稟報諸事，也是向主公問安，以表拳拳之心。」

曹操豈會看不出他倆思忖什麼？算來盧洪、趙達效力幕府也有十多年了，資歷不可謂不深，如今曹魏開國大封官員，他倆這時跑來，一口一個「大魏」，分明是來討官的。曹操雖頗多僭越，卻不糊塗，魏國朝廷閒職有的是，議郎、郎中之類一抓一大把，難道還安排不下這倆人？可他早拿定主意，有空缺要授予賢才高士，用以邀買人心，絕不能讓臭名昭著之人玷汙自己朝堂。董昭尚不能入選，何況兩條狗？想至此曹操假裝糊塗，喬模喬樣歎了口氣：「唉！也難得你二人這片心意。」

趙達信以為真，忙收起素常那張笑臉，扮作愁苦道：「我二人受主公之恩，委以心腹之任。雖然十餘年來恪盡職守，不敢有負囑託，但身在許都也常惦念主公，若能回您身邊任職，日日相伴該多好啊！」

曹操連連點頭：「誰說不是啊……既然如此，你們回來吧！」盧、趙二人狂喜，剛要磕頭謝恩，卻聽他緊接著又道：「近來未有戰事，只恐文恬武嬉臣下懈怠。你二人回來後仍領校事，不過改為監督鄴城官員。這樣既可督促臣僚盡職盡責，又成全了你們的忠心，可謂兩全其美。」

二人暗暗叫苦——什麼兩全其美，既然不授魏廷之官，鄴城又與許都有何分別？在許都尚能勒索官員撈些實惠，在曹操眼皮底下這等勾當也做不得了，這官還不如不調呢！但剛才那些思念主公的肉麻話又怎能往回收？盧洪眼珠一轉，又道：「這辦法甚好，不過我等離開許都，又有何人能接我們的差事？」他只盼曹操還能回心轉意，收回決定。

哪知曹操已有安排：「這就無須你們掛心了，近來劉肇在我身邊辦事甚是妥當，我打算派他到許都，也好歷練歷練。你們年歲也都不輕了，終不能在這位置上幹一輩子，再過兩年升了官，留下的差事總得有人接啊！」

二人聞聽此言又頓生希望，思忖曹操終不會棄他們於門牆之外，愈加恭順道：「我等一定盡犬馬之勞。」他二人雖精於爪牙之術，卻不甚通人情。在許都監視百官，名聲再臭畢竟是為曹操效力，可在鄴城辦差監察的卻都是曹魏官員，把同僚都得罪盡了，還升什麼官、發什麼財？

打完巴掌自然要餵幾個甜棗，曹操敷衍道：「你們也不必這般著急，功勞苦勞孤心裡自然有數。

乘黃廏新進了不少幽州良馬，一會兒你們去牽幾匹，隨便挑，孤賞你們的……」

話未說完忽聽殿外有侍衛稟奏：「啟稟主公，虎賁中郎將桓大人求見。」他所言桓大人乃桓階，自荊州歸曹以來頗受重用，歷任丞相主簿、趙郡太守，如今被任命為魏國虎賁中郎將，掌管魏宮朝會等事。

曹操不禁蹙眉，朝外嚷道：「我已傳令，非有特准，外臣一概不見。」

侍臣又道：「桓大人說宮門外出了點兒事，需立刻向您稟奏。」

曹操略有遲疑：「那就……就叫他過來吧！」虎賁中郎將畢竟也算外臣，沒有批准不得過聽政殿半步。

這半日他們說的都是見不得人的話，溫室殿門一直關著，這會兒才敞開。趙達、盧洪來不及辭去，就見桓階匆匆忙忙趕來，未至殿門便先施禮：「臣參見主公……」不等曹操叫他免禮就直接秉道：「宮外起了爭執，許都使者中尉卿邢貞有意入宮拜謁，不想車駕在宮門外與衛尉程昱相遇。程昱的車隊不肯給許都官員讓路，雙方爭道，程大人的兵打了邢大人的車夫，還奪了朝廷使者的儀仗。」

「什麼？」曹操「騰！」地站了起來，「程仲德真是老糊塗了，竟辦出這等無法無天之事。昏聵！」這場爭執看似不大，影響卻惡劣至極。邢貞是漢室朝廷的列卿，程昱是魏國的列卿，如今魏國的列卿在光天化日之下敢與朝廷命官爭道，不但動手打人，連朝廷儀仗都搶了，這豈是等閒之事？曹操把「三讓而後受之」的戲做得那麼足，竭力粉飾漢魏一體君臣和諧，卻被程昱的舉動完全戳破。誰都知道朝廷僅是擺設，卻只能這麼想，表面上還得尊敬這副空架子，公然藐視就有罪啦！

「主公息怒，保重貴體。」桓階連忙勸慰。

可曹操的怒氣哪息得了？背著手在殿中踱來踱去：「昏聵！這不是老糊塗了嘛！年輕時就愛

爭，白鬍子一大把還是這臭脾氣！原以為眾將之中就他還算個有腦子的，看來也是朽木不可雕！行出這等事，叫人如何議論？豈不把我這大魏朝廷看成一窩強盜？我曹某人的臉都叫他丟盡了……」

盧洪聞聽程昱得咎，也是習慣使然，便要向曹操提議重責，還沒開口就被趙達拉住，狠狠瞪了他一眼——別亂摻和，程昱何許人也？當初人家跟曹操在兗州玩命的時候咱還喝西北風呢，落井下石也得瞧清楚是誰，別害人不成砸了自己腳！

盧洪會意趕緊低頭，默默無言與趙達一起退了出去。曹操氣哼哼繞了十幾圈，終於罵夠了，這才氣喘吁吁停下腳步，瞥了一眼桓階：「有誰目睹此事？」

「不過片刻間的事，也沒多少人看見。邢大人只是受了點兒驚，已被楊縣令護送回館驛，程大人也回府了，看熱鬧的人早就趕散了。」桓階的口風很明顯，希望大事化小。

曹操怒氣稍解：「這樣吧，你去趟館驛，替我向邢貞致歉，請他今晚入宮，我備酒為他壓驚，給他的隨員多贈禮物，多說好話，切莫再往外聲張。」

「臣明白，可程大人那邊……」

「哼！惹出這麼大的麻煩不處置是不成了。」曹操揮舞著拳頭，「把他……把他……把他……」連說了三個「把他」卻不知如何處置才好——論功勞、論資歷、論關係程昱都沒的說，當年兗州之叛若非他保下兩個縣，曹操的屍首還不知哪埋著呢！他又不似荀彧那般反對代漢，不過是意氣用事，一起打江山的老哥們兒，同甘共苦二十餘載，刀尖上滾過來的，該拿他怎麼辦？如今他兒子程武都當令史了，孫子程曉也老大不小，滿門富貴繫於曹家。按律應該是死罪，可怎麼下得去手？

曹操攥著拳頭空比劃了幾下，一屁股坐在榻上：「把程昱的官給我罷了，趕回家去，老老實實閉門反省……你去告訴程武，叫他把他老子看住了，不准再出來給我丟人！再有過失，我讓他替他老子挨板子！千刀萬剮替他老子頂罪！」

「諾。」桓階聽他如此處置，忍著笑領命而去。

曹操本來就因立嗣之事心煩，被崔琰一激、程昱一氣，更覺煩悶了。所幸頭風未發作，叫李璫之開了副開胸順氣的藥強灌下去，晚間還得向邢貞陪笑臉；酒宴散去也沒心思再與陳氏嬌娘溫存了，獨自安臥回想日間的事，忽然醒悟——不對，我叫程昱給騙啦！固然他年輕時好勇爭功，近些年已穩重不少；即便秉性難改，這麼幼稚的錯豈是他會犯的？八成是有意為之吧！他早就念叨著告老，近日又被我催問立嗣之事，必是故意捅出個婁子叫我罷他的官。這下好了，官也不用當了，擇嗣之事也不必操心了，日後若漢魏易代也輪不到他跟著忙活了，子孫全安排好了，富貴鐵定，他撂挑子回家享清福去啦！

曹操猛地坐起來，有意立刻召程昱入宮談話，可又一思忖——算了吧，何必強人所難？強扭的瓜不甜，既然一心想退就由他去吧！也難為他一番苦心，竟想出這樣的隱退之策，反正子孫都已為我效力，日後多加提拔也是了。他不負我我不虧他，這未嘗不是個好結局……想至此曹操又躺下了，忍不住傻笑：「老傢伙，這主意都想得出來，可真有你的……」

但笑過之後又是一陣沉默——程昱躲了，可立嗣之事還未解決，這場徵詢如何收場？怎樣才能保植兒上位呢？

第七章
再征江東，徒勞無功

拒諫遠征

劉備已死、雍涼得勝，天下之事似乎驟然變得簡單。但人無遠慮必有近憂，立嗣成了困擾曹操的最大難題。魏國基業創之不易，必要將社稷託於優秀的繼任者。如今在他看來，曹植才學兼備臨機不亂，正該承繼大統，關乎子孫禍福的大事絕不能聽外人的，哪怕罷黜一批大臣也要保曹植順利上位。曹操心如鐵石，欲以強硬手段壓制群臣，哪知還未行動，又被一件意外之事打亂了計畫——孫權突襲江北！

雖然曹操兩度南征不能得勝，但孫權的日子也不安穩。長江固然是天險，卻也限制了江東的發展，以東南一隅敵對泱泱中原終究占不到便宜，若積蓄實力長期對峙，孫權與曹操的差距只會越拉越大。而且自上次媾和之後，曹操開始以煽動叛亂之策消磨江東實力：豫章叛亂動輒萬人、鄱陽水寇剿之不盡，這些都令孫權頭疼不已，他深刻意識到，即便出於自保也得繼續擴充實力。孫權一開始仍著眼荊州，畢竟荊南之地算是「借」給劉備的，但魯肅幾次索討未果，最可氣的是劉備又興兵奪蜀。

孫權曾派周瑜、孫瑜兩度交涉伐蜀，均被劉備拒絕，劉備甚至發下豪語「汝若取蜀，吾當披髮入山，不失信於天下也」，結果他自己倒堂而皇之去了。可孫權還不能翻臉，更不便背後下刀子，若劉備在蜀中失手，豈不為曹操幫了忙？孫權只能忍下這口氣，又把目光投向江北。淮南是江北前沿陣地，上次罷兵以來廬江太守朱光在皖城大開稻田，毫無疑問是為日後南征囤積糧草。東吳大將呂蒙向孫權進言：「皖田肥美，倘若收熟，彼眾必增，宜早除之！」

經過周密籌劃，建安十九年五月，孫權親自率軍奇襲皖城。朱光本就兵少，突遭暗算不戰而潰，本想堅守城池以待援軍，可孫權根本不給他喘息之機，立刻任命猛將甘寧為升城督，精銳在前大軍列後，只半天工夫就攻克了皖城，擒獲朱光及士兵百姓數萬口，皖城剛囤積的那點兒糧食也歸了東吳。等張遼救兵從合肥趕到時，孫權早押著他的俘虜和戰利品回轉江東了。

消息傳至鄴城，曹操憤恨不已。他早預感孫權會有行動，卻沒料到來得這麼快，丟城丟糧尚在其次，大魏國方興豈不折了銳氣？反正劉備已死並無他患，定要爭回這口氣。又逢立嗣之事多有愁煩，曹操決定立刻發兵再征江東。此議一出群臣皆不贊同，孫權既敢造次必有準備，況且正值夏秋之交，枯水之際尚不能打過長江，雨水淋漓更加不利於北軍。參軍傅幹率先上書勸諫：

治天下之大具有二，文與武也；用武則先威，用文則先德，威德足以相濟，而後王道備矣。往者天下大亂，上下失序，明公用武攘之，十平其九。今未承王命者，吳與蜀也，吳有長江之險，蜀有崇山之阻，難以威服，易以德懷。愚以為可且按甲寢兵，息軍養士，分土定封，論功行賞，若此則內外之心固，有功者勸，而天下知制矣。然後漸興學校，以導其善性而長其義節。公神武震於四海，若修文以濟之，則普天之下，無思不服矣。今舉十萬之眾，頓之長江之濱，若賊負固深藏，則士馬不能逞其能，奇變無所用其權，則大威有屈而敵心未能服矣。唯明公思虞舜舞干戚之義，全威養德，以道制勝。

曹操覽罷一笑置之：「此書生迂腐之論，何足為鑒？」群臣兀自勸諫不休，曹操震怒，發下狠話：「有諫者死！」

建安十九年七月，在曹操一再堅持下，第三次南征拉開了序幕。這次南征曹操發中軍、豫州、青州、揚州水旱各路兵馬總計十萬，以尚書令荀攸為參謀、蕩寇將軍樂進為先鋒，調任南陽太守楊俊為征南軍師；又命臨淄侯曹植負責留守，曹丕、曹彰隨軍出征。

起兵之日留守群臣出城相送，曹植作賦一首，當眾朗誦以助軍威：

登城隅之飛觀兮，望六師之所營。
幡旗轉而心異兮，舟楫動而傷情。
顧身微而任顯兮，愧任重而命輕。
嗟我愁其何為兮，心遙思而懸旌。
師旅憑皇穹之靈佑兮，亮元勳之必舉。
揮朱旗以東指兮，橫大江而莫禦。
循戈櫓於清流兮，氾雲梯而容與。
禽元帥於中舟兮，振靈威於東野。

（曹植《東征賦》）

曹操仰天大笑，對群臣盛讚曹植文采，但緊接著又宣布一件駭人聽聞之事——丞相記室劉楨，秉性狂妄無禮，日前五官中郎將府宴慶，五官將之妻甄氏出見，群僚無不禮敬，唯劉楨大膽直視，品頭論足毫無臣下之禮數。當即將劉楨拿下，送交大理寺論罪。

曹丕倒不以這等事為恥，卻又恨又懼：恨的是那日校事劉肇過府拜賀，此事必定是其告發，尖刻小人無孔不入；懼的是為何偏偏劉楨蒙罪？莫非他身為臨淄侯文學與自己來往過密？倘若如此嚴苛，以後誰還敢再來五官將府？

曹丕有心相救，卻怕引火焚身；此事又有悖禮教風化，群臣也不便求情。劉楨畢竟是曹植的屬官，曹植也覺詫異，見眾人不發一言，只好親自張口懇求父親開恩。但曹操笑而不允，又囑咐道：「你今年二十三，吾昔年為頓丘令也是年二十三歲，當年所作所為至今無悔。你也要勤修政務，多多用心。」這種話簡直是公然勉勵繼承者，實在令人浮想聯翩。

雖然曹植詩作得吉利，但群臣擔心的秋雨還是來了。大軍自渡過黃河就接連遭遇暴雨，人馬眾多輜重冗雜，折騰了半個月還沒出兗州地界。青州諸部情況更糟，半路遭遇山洪，會合日期延誤，曹操中軍只好在泰山郡暫駐。泰山太守呂虔自不必說，連剛剛上任的兗州刺史司馬朗也不敢怠慢，忙趕到奉高縣（泰山郡治所，今山東省泰安市，泰山所在地）伺候。高祖開疆之際泰山郡本無奉高縣，皆因孝武帝封禪泰山，分博縣（現也屬泰安市）、嬴縣（今山東省萊蕪市）之地設立了這個縣，城西南四里尚存孝武帝修建的明堂。呂虔、司馬朗有接駕之責、地主之誼，安排篷車雨具，忙中偷閒伴曹操前往遊覽。

漢家天下唯孝武帝曾行封禪之事，明堂修建三百餘載，加之戰亂多年未有修繕，已有破敗之相，然昔日規模猶存。曹操摸著漆皮斑駁的殿柱不免歎息——封禪者，告成功於天地，乃帝王至高榮耀，然而非國泰民安五穀豐登不可冒瀆。曹操六十歲了，魏國才剛建立，即便有生之年能統一天下、漢魏易代，也來不及開一代盛世了，封禪更是想都不敢想。他心中夢想不得不打一半折扣，千古帝王不是光有雄心才智就夠，還要看自身運道，生於亂世豈能多求？那些豐功偉業只能留待後人了……

想到這裡曹操不禁苦笑，莫說豐功偉業，要交付哪位後人還未敲定呢！

這趟遊覽反給曹操添了更多愁煩，回去路上他不發一言，想立嗣之難、想篡漢之策、想眼下戰事。司馬朗知他有心事，故意說些好聽的：「舍弟仲達在朝中任議郎，來信常說主公和五官將待他不薄，我司馬氏何德何能，得您如此厚恩？在下也常回書教導他，要心存感激忠於主公。」他在外任官，對鄴城的事不清楚，這話裡「和五官將」四字實在畫蛇添足。

幸而曹操沒太往心裡去，只敷衍道：「你三弟也年過而立了吧？如今正是用人之際，叫他到鄴城去吧！」

這番好意反把司馬朗嚇一大跳──他二弟司馬懿是謹慎人，歷練多年也深諳仕途之道了；三弟司馬孚不一樣，三十多歲沒入仕，在家閉門讀書，若把他弄到鄴城去，直來直去給家裡惹禍啊！

司馬朗正琢磨如何辭謝，卻見呂虔手指前方道：「快到連營了，主公進去看看，還是直接回城？」

「回城。」其實曹操心裡也清楚，陰雨連天征途泥濘，士兵不願南征，若見了他不免哀懇。但他拿定主意死活要打，不想多費唇舌，這些天索性把大營交給將領，自己帶著重要臣僚遷入呂虔郡府，只等雨水稍減便拔營起寨。

「接連陰雨，士卒很苦啊……」呂虔也有意阻止南征，但只把話說一半，後面的讓曹操自己琢磨。

曹操根本不理呂虔，只凝望著外面淅淅瀝瀝的秋雨。呂虔想把話挑明，思量再三又忍了回去──他乃曹營元老，曹操在兗州時便為其效命，征戰疆場功勳卓著，即便有「諫者死」的命令，也不至於把他如何。但呂虔有個心結，自建都許縣以來，其他將領都東征西討功勞赫赫，唯獨他轉任地方官，而且二十年不離兗、徐之地，征河北、戰赤壁沒他份兒，開相府、建公國也不給他加官。

呂虔一直在揣測原因，莫非曹操顧忌他是兗州豪強不肯重用？不會的，若是如此曹操不可能還把他留在兗州，自李典主動解除私人部曲之後，他也隨之效仿，應該獲得信任了。不過雖不再從軍，但曹操表奏他為亭侯、舉他為茂才，又在朝廷給他掛了騎都尉之職，雖比不上于禁、張遼有假節之貴，卻也不輸與李典、徐晃之流。可為什麼曹操置他於泰山，不讓他打仗呢？呂虔百思不得其解，故而許多事不敢盡言。

三人各想心事不再說話，不多時車入奉高城，未到郡府門前就見盧洪、趙達在大街上站著，淋得跟落湯雞一樣——郡府與幕府不一樣，相較而言規模甚小，雖說曹操已帶了荀攸等人入住，也不能把呂虔的部屬攆出去啊！一者人滿為患，二者魏公所在之地需加強保護，故而沒有通稟不得入內。其實大家都知道盧、趙是幕府中人，即便進去避雨也不算什麼，可他倆平日不行善，如今行軍在外糾察將士不法，得罪人更多。衛兵可算逮住個報復機會：「魏公不在，呂郡將也不在……沒准許就是不能進，這是規矩……耽誤差事？放你們進去我們還耽誤差事呢！回頭你再告我們個怠忽職守，咱丁是丁卯是卯吧……」噎得倆人沒脾氣，進是進不去了，回營又怕耽誤事，那就門口等吧！可歎奉高縣城貫通東西二里地的大街，竟連一座帶簷的宅牆都沒有，想在門樓下避雨，當兵的抬腳往外踹。人緣能混成這樣也不容易啦！

這會兒見了馬車，盧、趙二人哭的心都有，趕緊跑過去要攙曹操。趕車的兵也知這倆是何貨色，揚鞭就打：「靠邊站！髒乎乎的手還敢碰主公？」抽得盧洪嗷嗷直叫。

曹操被司馬朗、呂虔一左一右攙下來：「你等何事稟奏？」

盧洪憋一肚子火，可有發洩的機會了：「啟稟主公，城外將士這幾日實在不成話，趁您不在大發牢騷。可得好好整治！」

趙達更細緻，從懷裡掏出個冊子，淋半天雨早濕透了，上面字跡模模糊糊，虧他還認得出：「昨晚奮威鄧展麾下有個姓孫的軍候說：『你們都盼雨停，我卻盼連下一個月，興許主公就收兵了。』

今早中護軍韓浩的馬夫說：『主公數次南征，沒一次打贏的，瞎折騰什麼？』還有平難將軍殷署的親兵……」

「住口！」曹操把眼一瞪，「這等瑣碎之事還用向我報告？」

盧洪諾諾連聲：「您教訓得是，在下馬上去找法曹掾，馬上把這幾人處置了……」

「混帳！」曹操更生氣了，「你們想把士卒逼反嗎？」

「不敢。」盧、趙暗暗叫苦──受累不討好，這雨淋得才冤呢！

其實曹操聽了也惱火，但法不責眾。他壓壓怒氣道：「回營告訴眾將，叫他們約束士卒不得妄言。先前說過的話就算了，以後若還有人動搖軍心，嚴懲不貸！」他雖這麼說，八成也不會真嚴懲。

「諾。」二鷹犬低眉耷眼應了一聲，轉身欲去。

「且慢。」曹操叫住趙達，「你去跟東曹令史徐邈打招呼，孤要征辟溫縣司馬孚為吏，讓他起草辟令。」司馬朗萬沒想到他說辦就辦，倒不好再推辭了。其實他並沒品透曹操的心思，當年他父司馬防怠慢曹操，沒讓其當洛陽令，此事天下皆知，曹操越重視司馬氏不越是顯得寬宏大度不計前嫌嗎？反正閒職有的是，拿來邀買人心唄！

州郡二將陪曹操入府，淨面洗手換了乾淨衣衫，商量著要去看看生病的荀攸。還沒出門，度遼將軍鮮于輔告見。

「啟稟丞相，青州臧霸、孫觀、吳敦等將率步兵六千已入郡界，明早便可抵達，不過河水暴漲輜重受損，水軍恐怕還要再等兩三天。」鮮于輔奉命督促青、徐諸軍，剛從鄴縣回來。

「知道了。」天公不作美，曹操無可奈何。

鮮于輔稟報完卻不走：「聽說不光北方陰雨，南邊雨更大，李典正組織士兵加固合肥城牆呢！

營中士卒患病者不少，荀尚書不是也病了嗎？可別再鬧什麼瘟疫……」

「嘿嘿嘿。」曹操又好氣又好笑，「別拿話引我，孤心意已定。現今國事略定又無後患，此番南征不勝不歸，即便耗一年我也認了。」

鮮于輔畢竟是個武夫，心眼兒哪玩得過曹操，聞聽此言不禁洩氣。正說話間，見趙達吵吵嚷嚷奔上堂來：「主公！主公！那徐邈太不像話了，一定要重重處罰。」

曹操瞥了趙達一眼，心中也感厭惡：「把話說清楚，大呼小叫成何體統？」

趙達抹抹臉上雨水：「方才我奉主公之命去找徐邈，哪知他正與這府裡幾位功曹聚飲。出征飲酒違反軍令，我說：『主公有差事交你。』他竟理也不理，呼之再三，他只衝我傻笑。我急了，問他是不是中了瘋病，他說：『我沒中病，我中聖人啦！』這等狂妄之徒豈能輕饒？」

「中聖人？好大口氣！」曹操正無處撒火，「把他給我綁來！」

鮮于輔與徐邈同為幽燕人士，未投曹營便已相識，焉能不救？忙勸道：「這也不算什麼大不了的事，世間酒徒好把清酒呼為『聖人』，濁酒呼為『賢人』，徐景山平素謹慎，今天不過是喝多了，主公何必跟醉鬼計較？」

呂虔也與徐邈相識，樂得賣人情：「主公不記得了？徐景山入仕當的第一個官就是奉高縣令，我這府裡幾位功曹與他是老相識，正因為他官當得好，時隔多年大夥還念著他，才與他一起飲酒。況且又不是在營裡，何不網開一面？」

「哼！」曹操一甩衣袖，「若不瞧你二人顏面，定要治他個死罪。也罷，便宜了他！」文掾說情也罷了，兩員大將的面子卻不能不給。曹操縱橫天下全憑這幫武夫，三十年來恨他的文官數不勝數，恨他的武將一個也沒有，重槍桿而輕筆桿，不啻為一種統治智慧。

「多謝主公。」鮮于輔臉上堆笑，「等他酒醒我叫他過來請罪。」心下卻甚發愁——本是勸他罷兵的，反賣我個人情，更沒法開口了。

鮮于輔不能再勸，卻有人敢勸。恰在此時，有四名皂吏冒雨從軍營趕來求見，為首一人四十歲上下身材矮胖，方面海口滿腮長髯，兩隻圓眼爍爍放光，手捧書簡步履端正，顯得甚是精悍。曹操當然識得，乃行軍主簿賈逵賈梁道，後面跟的是前中後三軍主簿。

四人往堂上一跪，書簡一捧。別說曹操，連鮮于輔都猜個八九不離十——還真有膽大的，正趕上主公心氣不順，這麼硬來豈不是火上澆油？

曹操怒火已頂到嗓子眼兒，卻冷笑著明知故問：「何故告見？」

「時氣不佳兵士多怨，懇請主公罷兵！」也不知賈逵是天生的，還是有意為之，嗓音特別亮，「此乃諫書一份，請主……」

「誰寫的？」

「請主公過目。」賈逵執意要把話說完。

曹操劈手奪過：「這諫書誰寫的？」

賈逵把牙一咬：「正是在下所書。」

曹操看也不看，惡狠狠把諫書往堂上一摔：「來人啊！」

「諾。」許褚、段昭領著侍衛在堂下伺候，聞聽召喚一擁而上。

「把賈逵給我打入大牢，明日軍前典刑！」

呂虔、司馬朗怎能不管？伸手欲攔，曹操卻道：「再一再二，不能再三。孤已有教令『諫者死』，難道說過的話全不算數？我已饒了徐邈，再要多管，休怪我不給你們臉面！」

賈逵雖被兩個士兵扯住，兀自高嚷：「主昏臣諂，主明臣直！商紂王拒諫，遂有牧野之難；魏文侯重諫，方能國富兵強。在下可殺，但請主公以三軍禍福為念，立刻收……」

「拉下去！拉下去！」曹操連連擺手，又喝問剩下的三主簿，「你等如何？」

仨人臉都綠了——賈逵可不是泛泛之輩，當年抵禦高幹屢建奇功；後任弘農太守，曹操西征關中時親口讚譽「設使天下二千石（太守俸祿二千石）悉如賈逵，吾復何憂？」連他都說囚就囚、說殺就殺，我們就別跟著這榜樣學啦！三主簿體似篩糠連連叩首：「我等不敢了……」

「滾！」曹操眉頭凝成個大疙瘩，「趙達！你速到營中再申軍令，不論幕府掾屬、軍中部將，再有敢諫者，就地處決！」

「諾。」趙達這半日光受氣了，總算得了個痛快差事，得意洋洋而去。呂虔、司馬朗、鮮于輔你看看我、我看看你，誰也不知該說什麼了。

賈逵被士兵押下大堂，轉過兩道院，段昭就命士兵鬆開了：「賈大人，您是好樣的！但上支下派我也沒辦法，您別見怪。」他可是辦老了事的人，油滑得很。

賈逵苦笑：「沒的說！文死諫武死戰，情理之中。」

「我看也不至於。您是交朋友的人，興許一會兒就有說情的。」

這倒給賈逵提了醒：「煩勞將軍幫個忙，若有求情者千萬擋駕，今日主公神色不對，若要求情必受牽連。」

「唉！」段昭一挑大指，「您是大好人啊！不過主公既然有令，您還是得到牢裡委屈委屈。」

「別耽誤，走走走。」不用士兵押，賈逵自己就去了。

這裡不是許都、鄴城，沒有天牢大獄，只能關在郡府牢房。賈逵一進門，牢頭嚇得直哆嗦——這是什麼地方？關些作奸犯科的小人，偶爾有殺人放火的就到頭了，今天竟送來個幕府主簿，還當過太守，小小郡府牢房哪押過這麼大官？牢頭也不知說什麼好了，連犯人帶送犯人的全都喊「大人」。

段昭瞧這架勢也用不著囑咐優待了，恐曹操生疑，忙回去覆命。牢頭立刻騰房，監室是不敢讓賈逵住了，乾脆把自己住的屋讓出來，自己蹲號子去吧！

賈逵忙阻攔：「這位兄弟，你我何怨何仇？為何置賈某於死地？」

「不敢不敢。」牢頭說話都不利索了。

「聽我的！快給我上枷，越重的枷越好！哪間牢房髒把我送哪間。」

牢頭也不知這位說的正話反話，一個勁陪禮：「您老別見怪，我這兒就這間房最好了。您犯的什麼罪我們不敢問，反正只要您在這兒住著，我們一定像伺候親爹一樣伺候您，將就將就吧！」

「嗐！你對我好其實是害我呀！」賈逵一把攥住他手，「魏公生性多疑，近日又負氣，必要治我以洩憤；又知我官高，恐你等不敢加縲絏之具，定要遣人來察。若見我受苦，其憤可解，還有生機；倘見我安然無恙，我這條命就斷送了。」

「啊？」牢頭聽了個一知半解，不明其理。

賈逵真急了，揪住他脖領子喝道：「你不給我上枷就害死我了！不單害死我，連你也活不成！」

「諾！」這句他明白。

牢頭一招手，過來一幫獄卒。這些人還真利索，先把冠戴摘去，簪子一拔，滿頭長髮披散，死囚用的頭號大枷給賈逵戴上了，又是繩子又是腳鐐，捆了個五花三層，連人帶傢伙二百多斤，走都走不動，仨人扛著賈逵進牢房。這間房又黑又髒，一股子尿騷味，牢門一關、鎖頭一上，連牢頭帶獄卒全跪下了：「不賴小的們，這可是您自己出的主意。」

「請起請起，列位自便。」賈逵稍覺踏實，「我之吉凶尚不可測，不過你們的命算是保住了。」

說來也真險，鎖上牢門不過轉眼之功，趙達就到了，大搖大擺來到賈逵房前，見他這等模樣也不禁一愣；又覺臭氣熏天，只捂著鼻子站了片刻，衝眾獄卒沒來由發作一通，便走了。

世上之人誰不貪生？賈逵雖觸怒直諫，也不想就此喪了性命，更為南征之事犯愁。雖見趙達離去，心中仍不免惴惴，滿身枷鎖也躺不下，倚著牆根不言不語坐著，牢頭送飯也不想吃。這一坐直坐到掌燈時分，但覺天昏地暗周身酸痛，想睡又睡不著，愈覺生還無望之際，忽聽一陣急切的腳步聲——段昭又來了。

「魏公有令，主簿賈逵諫無惡意，原復其職，立即開釋！」段昭對獄卒宣完教令，立刻換了笑臉，「賈大人，恭喜恭喜……」

牢頭也湊趣：「牢裡道『恭喜』犯忌諱，您可別這麼講。」說著話打開牢門，一幫人圍著賈逵卸枷鎖。

枷是卸下來了，扛著幾十斤的東西坐了半日，賈逵站都站不起來了，一邁步就跌了個跟頭，段昭笑呵呵攙住：「小心小心！好不容易赦了您，可別在我這兒出婁子。主公還真疼您，也不用人勸，自己坐在那兒想來想去就想通了。」

「同意收兵了？」賈逵更關心這個。

「能饒您就不易了，撤兵不可能。」

賈逵兀自咬牙：「煩勞將軍先行一步告知主公，我這就去謝罪，還要再上諫言……」

「您可真是硬骨頭！」段昭由衷敬佩，「別去了，依我說就在這兒歇一晚，天亮趕緊回營。主公歲數大了脾氣難料，又有趙達那等小人作梗，搭上性命也無濟於事。您好自為之吧！」說罷揚長而去。

賈逵還欲再言，牢頭也勸：「這位大人，見好就收吧！別看您官大，可牢裡的事您沒我明白。您打的什麼官司我們不清楚，我們也不敢問，但我幹這行十幾年了，冤死的、屈死的、枉死的、不該死的，見得太多啦！這還多虧我們呂郡將武將掛文職，是個直來直去的好官，換了別的衙門您敢想嗎？不是人人都似您這般幸運啊！」

「唉……」賈逵苦笑著搖了搖頭。

三曹同心

賈逵下獄險喪性命，曹操連下兩令拒絕納諫，再無人敢公然反對南征。中軍與青州軍會合後繼續南下，一路上暴雨不息，將士們也只能咬牙忍耐。直至建安十九年十月，大軍總算到達合肥，許都、南陽等地兵馬也陸續趕到，曹軍兵鋒又指濡須口，孫權也已在南岸調集好部隊，一場大戰似乎在所難免。

但相較以往任何一次戰事，此番南征軍心尤其不穩。其實陰雨連連道路難行不過是個託辭，當年北征烏丸、西征關中都比這難走得多，將士不願南征的真實原因是心裡沒底。赤壁之戰大敗虧輸、濡須之戰無功而返，北方兵越打膽越怯，一聽「南征」就頭疼，而廬江屢次遭襲、南陽嚴防荊州，長期以來精於水戰的部隊就是培養不起來，這又有什麼辦法？大戰在即士兵暗自揪心——倒是活著來到合肥了，可誰知道還能不能活著回去啊！

憂心忡忡的何止將士，曹丕更是惶惶不可終日，這次南征對他太不利了。父親用意很清楚，眼下正是選立世子的關鍵時刻，父親把他帶出鄴城等於讓魚脫了水，所有倒向他的元老大臣、府邸屬員都見不到了；反之，曹植倒可趁他不在大施手段收攏人心。冰井臺的工程也已轉到曹植手中，所有功勞好處全歸人家。這場仗拖得時間越長對他越不利，倘若打個一年半載，鄴城還能剩下幾個支持他的人？

好幾次曹丕都想把楊修之事向父親挑明，怎奈無憑無據，反倒有詆毀之嫌，每每欲言又止。歲月不饒人，曹操畢竟已至花甲之年，一路奔波頗覺勞苦，又住進了城裡，連見他面的機會都少了，開仗還不知怎麼樣呢！

曹操移至城中，召開會議參謀商議破敵之策，營中事務反落到曹丕、曹彰兄弟頭上。不過他們也只是名義上代理，並無實際軍權，中護軍韓浩、右護軍薛悌早就包攬了一切，只是遇事向他倆打個招呼罷了。而且曹操不知出於何種目的，又派軍謀掾趙戩給曹丕擔任司馬，囑咐曹丕凡事都要與趙戩商議，弄得他非但大營的事做不了主，就連自己手下的兵都管不了，只能整天在連營裡轉來轉去。士兵還以為他親自巡營是為了監察軍紀，愈加提心吊膽，哪知他這是愁得瞎轉悠！

這日清晨正行到後營門前，忽見一員身形胖大、披散髮髻的將軍拎著好幾尾鮮魚迎出來：「五官將又親自巡營了，真是恪盡職守啊！」來者乃幽州舊將閻柔。不過十年光景，昔日幽燕小將已是人高馬大，一臉絡腮鬍，肚子圓得快流出油來了。當年出塞遠征，曹操曾讚他一句「我視卿如子，亦欲卿視我如父」。這句話放出去不要緊，閻柔享福了，諸將拿他當丞相乾兒子，誰也不敢招惹，好吃好喝能不長肉？

但閻柔也頗會做人，對上有禮馭下有恩，尤其待諸位公子們格外親厚。公子們府裡的寶馬良駒都是他從烏丸部落弄來的，三年前河間叛亂也是他幫曹丕平定，因而與曹丕的關係更近於他人。

「末將正要去中軍帳拜見，不想這兒遇到您了。營裡幾個兵方才捕魚，釣上來幾條這玩意兒，有認識的說是鯿魚，好東西哩！這麼好的魚末將可消受不起，您拿去叫庖人處置了吧！」

曹丕低頭一看，繩上拴著十條魚。這玩意豈能輕易捕來？八成是託當地漁人捉的，故意來獻殷勤。想至此不禁苦笑——我落魄至此，明眼人都瞧得出來，他還來向我示好，倒也算個朋友！卻也不便說破：「多謝你一片好意，這些魚我可消受不起。」

閻柔早算計好了：「您若是嫌多，自己留兩條，給主公送兩條，給三公子送兩條，送荀尚書送兩條，曹真、曹休兩位將軍一人一條，這不就成了？」

親兵們咯咯直笑——這位太會巴結了！他讓曹丕送人情，自己也跟著落人情，曹丕能不提是他獻的？

「也好。」曹丕心事重重沒心思與他閒話，叫親兵收了，又敷衍兩句帶兵走了，卻沒有急著回中軍大帳，而是遠離連營，信馬由韁在曠野上閒逛。直至正午時分炊煙升起，親兵終於忍不住勸道：「五官將，咱們回去吧，該用飯了。」

「我不想吃東西，你們把那魚按閻將軍說的送去……我那兩條也給曹真、曹休分了吧！」

幾個小兵依令而去，餘者又勸：「出來半日了，請回吧！」

曹丕兀自不理，迎風北望——合肥沒有下雨，但天空依舊陰沉沉的，初冬的涼風拂過，吹得荒草簌簌抖動。遙遠北方朦朦朧朧，豐收後空曠的田野似乎與天幕相接，混沌一片。他抬起頭仰視蒼穹，偶見西北方緩緩飄來一團浮雲，孤孤零零形單影隻，更觸胸中愁煩，不禁吟道：

西北有浮雲，亭亭如車蓋。
惜哉時不遇，適與飄風會。
吹我東南行，行行至吳會。
吳會非我鄉，安得久留滯？
棄置勿復陳，客子常畏人。

曹丕《雜詩》二首之一

吟罷良久無言，只望著那片雲呆呆出神，等它慢慢飄過頭頂才發出一聲長歎。回頭再看——

六七個親兵都瞪著大眼睛莫名其妙瞅著他，這幫粗鄙之人怎懂他這首詩？曹丕默然，卻聽一個年紀甚小的兵丁說：「將軍唱得真好。」

「你懂我這首詩？」曹丕不信。

「自然曉得。」那小兵道：「吳會非我鄉，安得久留滯？是說江南之地不是咱的地盤，三番兩次去打得不了好處。想必將軍您也不贊成主公南征吧……」話說一半才覺失口，直打自己嘴巴，「小的錯了，小的胡言亂語！」

曹丕歎的那片雲就是自己，卻不能說破，微微苦笑道：「這樣解也並非無道理，無罪無罪。」

那小兵順桿兒爬，笑道：「既然你說小的解得對，那就賞賞小的吧！」

曹丕懶得與這等小兵理論，只道：「貪心不足……你要什麼？」

小兵憨笑道：「求您趕緊回營用飯休息，實不相瞞，趙司馬叮囑我們照顧好您飲食起居，若您不吃不喝弄壞了身子，我們這些人都活不成了。小的莫看家貧不濟，還是獨生子，家裡爺娘老子寵愛得緊，小的活不成了，爺娘老子也得活活疼死啊！」

「唉！」曹丕心下淒然——窮人家尚且疼愛子嗣，我堂堂公侯之家怎會變成這樣呢？都說生於權門乃是莫大幸運，其實權門有權門的苦楚，非是此中之人誰又看得透？

「五官將保重貴體。」其他兵也跟著起鬨。

「聽你們的，回營。」曹丕喃喃兩句，調轉馬頭。

眾親兵無不慶幸，走到連營炊火早就熄了。曹丕來至中軍帳前剛下了馬，就聽背後有人道：「子桓，你又發愁呢？」

曹丕回頭一看，來的是曹真，強笑道：「仗不好打，能不愁嗎？」說罷努努嘴，打發走親兵。

曹真湊過來：「你心中思慮何事我都知道，別急，慢慢來。」

「不急，仗要慢慢打。」曹丕回頭瞅瞅帳內——空無一人，曹彰一逢打仗就來精神，天不亮就帶親兵走了，連曹操都沒稟報，說是要探察敵情，也不知跑哪兒去了。

曹真很是尷尬：「近兩年哥哥不常往你府上走動，你可也要體諒哥哥難處。」

「我懂！」曹丕見帳內無人、親兵走遠，終於衝口而出，「論起來都是兄弟，豈能有親有疏？我都明白。」

「可五個指頭伸出來不一樣齊。昔日咱在一處掏鳥窩、玩蹴鞠，子建他們還不會走呢！宛城之戰何等凶險，咱倆騎一匹馬逃出來的，那時子建在哪兒？」曹真這算是徹底交心了。

「我知道，我都知道。可我不敢說啊，盧洪、趙達、劉肇那樣的人滿營都是，我分不清誰能信誰不能信，現在連睡覺都不敢說夢話，不知道哪句就能招來禍啊！」曹丕拉住他手，眼圈已有些泛紅。

曹丕、曹植的性格都不像父親，曹操固然善用譎詐之術，但若非留心之事，平素待人也是嘻笑怒罵直來直去；曹植是直而不譎，極少兩面待人；曹丕又不一樣，性情內斂，喜怒不形於色，莫說日常舉止，連詩文中都透著幾分含蓄矜持。這會兒曹真見他如此模樣，知是真觸動傷懷了，忙道：「莫悲莫悲……咱進去說。」

曹丕連連搖頭，把曹真拉到中軍帳側面拴馬的所在。這地方視野開闊，過往兵士都看得見，這會兒馬夫也用飯去了，周匝沒一個人，曹丕才把楊修暗助曹植之事詳詳細細說了。曹真也咋舌：「不好辦，沒憑沒據解釋不清，若有書信表記之物……」

「沒有！過去好幾個月，有也燒了。再說這等樣事豈是兒戲，倆人私下的話誰聽得見？」

話音未落，馬廄後面有人搭言：「你們倆的話我就聽得見。」

二人嚇得險些癱軟在地，曹真自然而然就把劍抽出來了，卻見廄後鑽出一人，三十歲上下，滿臉微笑——曹休！

「收起來，收起來。」曹休指指佩劍，「子丹啊，可真有你的，得了兩條魚，說是來向子桓道謝。我越想越不對，偷著跟來看看，原來是跑這兒說悄悄話來了。」

「文烈，你都聽見了……」曹丕又驚又懼，不知說什麼好。

曹休笑臉一收反倒先急了：「你們拿我當外人嗎？子丹，誰不知這營裡只要有你的，必有我的？好歹我本就姓曹，論親戚比你還近著一層呢。我的五官將，您也把我忘了，當初跟著您擅闖袁府，您得了夫人，我可險些挨頓板子啊！」

這話說得可真透亮，曹丕忙作揖：「你若肯相助，求之不得。」

曹休道：「我都聽見了，不就是這點兒事嘛。好辦，找邢顒啊！」

曹丕一愣——對啊，我怎沒想到？邢顒是臨淄侯家丞，名義上主管曹植府裡一切事務，包括來往待客。楊修夜入侯府祕言，這叫什麼行為？家丞不該管管？他是曹植府裡的人，說話父親更信，不管楊修說了什麼，身為近臣夜訪侯府就有罪。再者父親千叮嚀萬囑咐要三弟尊重邢顒，若邢顒出頭告一狀，那是何等效力？

曹真也道：「此言有理。當年邢顒出山獻平烏丸之策，主公不在鄴城，是子桓接待的。那時三日一請、五日一宴，對他何等恭敬？不該忘了這份厚意啊！」

曹丕有幾分把握，卻不敢把弓拉滿：「他多年在外任職，剛回到鄴城，況且當的又是三弟府裡的官，未必肯幫忙。」

「我料他一定會幫忙。」曹休信心十足，「一者他是個名士，必循宗法之禮，立子建就是廢長立幼，從道義上他不會贊同。再者他也是想往上攀的，若不然當初好好在山裡待著，跑出來做什麼？田疇功成身退，他怎麼就當官了？若助你繼承大位，他日後也是佐命功臣，此良機焉能錯過？」

「好。不過……」曹真點一下頭，可馬上又皺起眉，「這件事可不能讓子桓親自出頭，咱倆身為親族也不合適，夏侯尚也不行。」

曹休道：「寫信交朱鑠去辦。」

曹真直撇嘴：「不好，朱鑠現在的身分只是子桓府裡一個管家，邢子昂何等身分，豈有讓一家僕去拜會名士的道理？況且都知他是子桓的人……」

曹休冥思苦想：「府裡那幫侍從掾屬也不可靠，他們大多與子建府裡人相熟，況且其中未必沒有叔父的眼線。有誰既夠身分又可靠，還精明能幹行事隱祕呢？唉！若吳質還在鄴城就好了……」

二人計議半晌，曹丕沒插話，其實他心裡已想到一合適人選，只是不想明說，畢竟這件事真做起來知道的人越少越好。

「五官將！二公子！」忽然一個親兵呼喊著跑了過來。

二人立刻住口，曹丕不動聲色，抬手摸著身後一匹馬的脖鬃，假惺惺道：「你們說這馬好，我看未必及得上閻柔送我的……你有何事稟報？」

親兵慌慌張張：「荀大人……荀大人他……」

「怎麼了？」

「荀大人嘔血，嘔了好多血，恐怕……」

忽明又晦

尚書令荀攸出征前就已身體不適，但還是跟著來了，這一路道路顛簸又連遭大雨，終於病入膏肓。其實他來不來又有何不同？阻諫南征他不參與，徵求立嗣他不答覆，出謀劃策如今也沒他的份。

自平定鄴城之後他就極少獻策，荀彧死後更是如履薄冰，早不是當年那個深得信賴、運籌帷幄的軍師了。

他消瘦羸弱的身軀臥於軍帳中，蒼白的面孔既無哀容又無喜色，雙目迷離呆滯地看著帳頂，彷彿要透過帳頂望向那悠遠無際的蒼穹。而在臥榻邊放著一只銅盆，裡面盛著他方才吐的血——將近半盆！

荀攸不及那個比他小六歲的族叔激昂憤慨、愛恨分明，他的個性謹慎和沉默。哪怕此時此刻，他也沒有將要離世之人的悲傷留戀，只是默默忍受著痛苦。其實他一生都在忍受——當年他與何顒策劃謀殺董卓，事情敗露被捕下獄，何顒不堪憂憤自縊而死，荀攸卻一直在獄中忍受，直到董卓被呂布刺殺他才重見天日。後來西京朝廷更亂，李傕、郭汜亂國，他繼續苦熬，直到受任蜀郡太守逃離長安。可蜀中早被劉焉父子割據，道路斷絕無法通行，他又落腳荊州繼續忍受，直至接到曹操邀請他到許都任職的信。從那時起直到曹操平定河北是荀攸一生中最暢快的時光，他大展奇謀效力曹營；當然也要忍，忍的是時局不利、行軍艱苦、戰事危險以及曹操時而發作的小脾氣，但對於胸懷壯志之人這些算得了什麼？直到曹操罷免三公，當上丞相，既而當魏公，荀攸又開始忍受；但他很清楚，這次的忍受再不會有盡頭了，唯一的結束方式就是死亡。

軍中諸掾屬都守在他身邊，眾人皆知不妙，卻都沉默不言。辛毗與荀氏有姻親，坐在榻前，拉著荀攸手輕聲撫慰：「會好的，放寬心。」親兵在角落裡熬著藥，大家都輕手輕腳唯恐有礙清靜。

帳簾一挑曹丕走了進來，大夥見他紛紛施禮，辛毗卻沒起身，偷偷向他擺手示意低聲。曹丕躡手躡腳湊到榻前：「荀公，好些了嗎？」

荀攸呆滯的眼光移到他身上，嘶啞著嗓子道：「不行了……」

辛毗不禁皺眉：「別說喪氣話。」

之壽。」

「我心裡有數……」荀攸毫不避諱。

曹丕也勸道：「荀公莫要胡思亂想，安心養病才是。您還記得朱建平先生嗎？他斷您還有一句

荀攸擠出一絲笑紋，勉強搖了搖頭：「朱建平果真奇人……他口稱一句卻伸出一指……那時我就明白……只剩一年……我早將後事託與鍾元常了……」只斷斷續續說了這兩句，便開始大口喘息。

曹丕看著他這副痛苦的模樣，心中淒然——荀攸膝下甚是疏落，只兩個兒子，長子荀緝多年前已亡故，次子荀適年紀小又是個病秧子，他這一走，荀氏這一脈就沒落了。曹丕心中本有幽怨，越想越覺悲痛，竟忍不住抽噎起來。

荀攸見他落淚，喘息著道：「人皆有死……公子不必如此……」

曹丕撲通跪倒：「荀叔父，您要保重啊！」他身分已不比從前，既是五官中郎將又是魏公之子，執弟子禮跪拜當真非比尋常。

荀攸感覺胸臆顫動，想嘔卻再也嘔不出來，扭頭望著曹丕，掙扎著道：「公子勉力……好自……」後面的話竟怎麼也說不出來。

曹丕拉住他手，哽咽道：「荀叔父運籌帷幄，使我曹軍威震四方，得有今日之勢，我父子永不忘您老功勳。小姪……小姪我……」話說一半頓住了——曹操向群臣徵詢誰當為世子，至今荀攸還未表態呢！現在軍中群僚在場不少，若他老人家能在臨終之際說兩句對曹丕有利的話，可是分量非小。但眼瞅著他已到油盡燈枯之際，曹丕又怎忍心明言，只有低頭抽泣。

辛毗素與曹丕親睦，見此情形已明其意，撫著荀攸微微起伏的胸脯道：「公達兄，你看五官將多麼仁義啊！魏公英雄一世，有此佳兒可趁心願？」

哪用辛毗一旁啟發，荀攸雖已彌留腦子卻不亂，只與曹丕對了下眼神就知他心中所想。但他什麼也沒說，也無甚力氣說，甚至連點頭都沒有——誰是世子？就這麼簡單？誰坐了他們老子那位子誰就是日後的九五之尊，誰就有天下。可天下是誰的？是漢天子的，不該是別人的。

他不再看任何人，輕輕合上眼睛。不知為何，在這個最後時刻他開始厭惡自己這一生——明明是漢臣為什麼不抗拒曹操？既然已保曹操為何不全心全意支持他當皇帝？我和文若的抉擇真的對嗎？到最後說漢不漢、說魏不魏，騎兩頭馬、踩兩腳船，這世上真有名與利可兼得的事嗎？效忠漢室是發自肺腑還是為了那點微不足道的名節呢？太累了……說曹操奸詐欺人，我不也在欺人嗎？不但欺別人，也欺了自己。唉！認了吧，不知世間多少人天天都活在自欺欺人的虛幻之中啊！

荀攸再沒說一個字，一動不動思索著、忍耐著，直到一切想到的和來不及想到的皆歸於幽冥，帳內響起一片哭聲……

帳中匆匆忙忙準備喪儀，大家七手八腳在帳口掛起白布，親兵都服了孝，各部將領陸續過來行禮。曹丕磕了三個頭，擦乾眼淚踱出軍帳，心情格外沉重，也不知是因為逝者還是因為自己。他茫然與曹真、曹休出了大營，趕赴城中向父親報喪。

軍營離合肥城並不遠，不多時便到了。曹丕如今既想見父親又怕見父親，下了馬站在縣寺門外喘了口大氣，定定心神這才進去。哪知剛邁進大堂門檻，就見碎碗摔在地上，魚湯灑得滿地都是；抬頭再看——曹操蹙眉而坐，似是剛剛發過脾氣，左右陳矯、劉曄、蔣濟等人也皺著眉頭默然不語，好似一群泥胎偶像。

曹丕知父親這會兒氣不順，更加倍小心，湊上前低聲道：「荀公病逝了……」他唯恐動輒得咎，既不能過於激動，又不敢顯得無情，這分寸太難把握了。

怎料曹操竟無動容之色，卻捶著大腿苦笑道：「又來個報喪的，竟無一件好事！」

曹丕聽話裡有話，不敢問父親，轉而詢問旁人出了何事，劉曄臊眉耷眼說了，曹丕聽罷也驚愕不已——劉備竟沒死！

原來雍州諸將消息有誤，確實有人在雒城中箭身亡，但死的不是劉備，而是代他指揮作戰的軍師中郎將龐統。劉備不但沒死，還奪下雒城、擒殺了蜀將張任。雒城是成都的最後一道防禦，此城一破，劉璋父子便只能坐困成都了；而荊州的張飛、趙雲、諸葛亮等部也已提兵而進，幾路大軍齊向成都挺進，奪取蜀地已指日可待。

世上的事就是這樣，若沒有先前那個錯誤軍報，曹營之人也能夠坦然面對，正因為有那個虛幻的喜訊，現實的落差也就難以接受了。曹操煩惱的還不止於此，他原以為劉備既亡孫權不能獨存，天下不久將定，除了立嗣和篡漢沒有什麼值得特別用心的了，可現在看來掃平天下的目標還差得遠呢！而且劉備一旦消滅劉璋奪得蜀地，將成為身跨荊、益兩州的大割據，東有長江之險、西有蜀道之難，再與孫權攜手，真不知什麼時候天下才能統一，什麼時候他才能身披龍衣駕登九五！

眾人正歎息之際，一位年約四旬、相貌不俗的官員開了口：「事已至此，還望主公三思南征之事。」

曹丕瞥了說話之人一眼——此人姓楊名俊，字季才，河內獲嘉（今河南省獲嘉縣）人，乃是當年被曹操殺死的陳留名士邊讓的門生。昔日因殺邊讓等人造成張邈、陳宮兗州之叛，或許也是曹操有意補過，征其門生楊俊為官，又舉茂才。他歷任多地縣令，後升任南陽太守，宣德教立學校，政績不菲；此番南征曹操特意任命他為征南軍師，隨軍參謀。

軍師這名頭現在越來越不值錢了，當初只有荀攸一個軍師，後來變為中前左右四名（中軍師荀攸、前軍師鍾繇、左軍師涼茂、右軍師毛玠），如今征南都有軍師了。曹丕與楊俊雖沒見過幾次面，但對他頗有惡感，倒不是反對此人性情作風，只因他乃文士出身，每次見到曹操總要提及曹植的詩賦，往往頗加讚歎，搞得曹丕尷尬。尤其最近幾日他整日陪在曹操身邊，聽說曹操還要把他調回鄴城參與尚書之事，曹丕就更厭煩了。不過這會兒他主動提及罷兵之事，能速速回歸鄴城固然是好事，因而曹丕也沒吭聲。

從未出鄴城傅幹就上書反對南征，這一路反對之聲更不絕於耳，賈逵為此差點兒賠上老命，都沒有撼動曹操，但楊俊這句含含糊糊的話卻叫他動心了。並非楊俊有何不同，而是形勢變了——若劉備已亡，他大可放開手腳與孫權周旋，即便打個一年半載都沒問題；可如今確定劉備未亡，而且即將定蜀地，那就不同了。

曹操沒有直接回答楊俊的話，而是朝劉曄招招手：「把今早那份軍報拿來。」

「諾。」劉曄心思縝密，在案前三找兩找便尋了出來——原來自夏侯淵擊破馬超、韓遂，與雍州各部合兵以來，西州境況還算不錯；張既赴任刺史後招降了幾個羌、氐部落，又引領夏侯淵等西入金城郡，消滅了割據枹罕的土匪宋建。那宋建勢力不大，卻自孝靈帝中平元年（西元一八四年）舉事，割據枹罕三十年之久，自稱河首平漢王，甚至改年號、置百官，儼然土皇帝。能除掉這個狂徒也算大快人心。

曹操又仔仔細細看了一遍這份軍報，自言自語思忖著：「今妙才已入金城，雍涼北部已無大礙，唯韓遂尚在西平苟延殘喘，武都氐王竇茂也與之串通……」

雖然他是自忖，但在場之人都明白他怎麼想——東南之攻現在已不重要，目前重在西北之守。劉備若定蜀地必要北圖，他若與張魯、韓遂等串通一氣，再有氐族部落從中舉事，好不容易平定的雍州非再亂了不可。當務之急是要搶在劉備坐大之前掃平西北內患，最好還能拿下漢中，扼制劉備勢頭。南征恐怕要變西征了！

思量片刻曹操才道：「妙才在西面打得不錯，我要親自傳令，在全軍嘉獎。」說罷立刻就寫：

宋建造為亂逆三十餘年，淵一舉滅之，虎步關右，所向無前。仲尼有言：吾與爾不如也。

宋建固然猖獗，也不過坐擁一縣的土匪，曹操如此誇讚夏侯淵，還引用孔子稱讚顏回之語，明顯言過其實。但他現在需要過譽，南征飽受非議，如今又獲訊劉備未死，這消息傳揚開勢必影響軍心，他要拿這些激勵之言鼓舞士氣，更要不動聲色把將士的目光引向西北。

眾人看罷無不點頭，劉曄處事圓滑，自知當給曹操尋個臺階下，便道：「宋建已除，西州所慮者不過馬、韓。馬超投靠張魯鞭長莫及，韓遂仍在西平，雖兵勢甚衰卻與羌、氐素睦。武都郡氐酋竇茂又與張魯互通聲息，雖是烏合之眾卻動輒數萬，不動大軍恐怕難以徹底平息。」

「當然要大軍征討。」曹操順著他的話便拐到西征，「不過出征前我還要再削削韓老賊的實力。他麾下最能征慣戰者當屬閻行，此人當初便對叛亂多有異議。前年孤處置關中諸將在京人質特意留個心眼，閻行的家眷沒殺，至今尚在獄中。不妨通過降氐致書與他，若能使其歸降，可大減韓遂之實力；即便不降與韓遂生出嫌隙，也是好事。」

「主公妙算。」劉曄不忘奉承。

諸事安排已畢，曹操突然歎了口氣。

楊俊還以為他幽怨未消，勸道：「天下事多有舛逆，我等盡皆效命便是，主公又何必多歎。」

曹操卻道：「我非歎蜀中之事，乃是悲荀公達之喪。」

眾人盡皆訝異——被眼下之事攪得腦子都亂了，竟忘了五官中郎將來報喪。無不又悲又慚。

曹操頗有動情之態，感歎道：「吾與荀公達周遊二十餘年，其人無毫毛可非者，而今亡故實在可惜。」人都死了好話總不能吝於說，雖然近些年他對荀攸有些芥蒂，畢竟早年立過那麼多功勞，再者荀攸並沒公然反對他篡取漢室社稷之事，名義上還是魏國尚書令。對曹操而言荀攸確實是無可非議的。

曹丕趕緊躬身稟奏：「軍中已擺下靈棚，父親是不是去……」

「自然要去弔唁。」曹操不待他說完便道：「你等也都換上素衣隨我同去。荀公達一門人丁不旺，但喪事不可簡慢，且在此祭弔三日，三日後孤親自率軍扶柩歸葬。」十萬大軍扶柩？其實就是撤軍，他為此彈壓將士一路了，這會兒不好意思說出來，借著扶柩為名就撤了。

「諾。」眾人施禮而退，可鬆了口氣，人算不如天算，將士本就不願南征，總算能回去了。不過他們這口氣沒鬆太久，因為又要籌劃西征了，想到遠涉雍涼也甚頭疼。

真正滿心喜悅的只曹丕一人，終於可以回鄴城施行他的計畫了。正心下籌謀，卻聽父親又道：「子桓，你去把盧洪、趙達叫來，我有差事吩咐。」

「呃？」曹丕一愣，不知又有誰要倒霉了。

曹操微合二目心下思忖——趙達、盧洪一路彈壓將士結怨太多，絕不能再叫這兩條狗參與軍中之事了，正好差往許都辦件差事。他兩個女兒入宮快一年了，該叫伏皇后騰位置了。

第八章

廢殺伏皇后，威逼天子

皇后末日

建安十九年十一月，已是嚴冬時節，狂暴的北風吹拂著許都皇宮，那些並不巍峨的樓臺殿宇發出嗚嗚響聲，似在為國都的沉浮而悲鳴。十九年前許都初建之時，何等欣欣向榮？風華正茂萬物維新，百官竭誠人才濟濟，誰都不曾質疑大漢王朝將走上新一輪復興，可這樣的美夢未持續多久，曹操便圖窮匕見。十九年後許都依舊是那座許都，依舊是大漢王朝的核心，但它的靈魂卻早已被蛀空。

連守衛宮廷的虎賁士都記不清多長時間沒正式舉行朝會了，一年還是兩年？自荀彧離開後，朝廷就真的只是一具空殼了。可能不舉行朝會倒是好事，那些擔當要職的官員要麼風燭殘年，要麼被曹氏權勢所迫，要麼本就是曹操親信，魏國建立後不少人自願和被迫兼職了魏官，更有甚者乾脆捲鋪蓋去了鄴城，上至侍中、大夫，下至尚書、令史都缺員，堂堂大漢朝廷淪落到有職無員的尷尬境地，竟不及自己統治下的一個公國，還舉行什麼朝會？傀儡天子與有名無實的列卿、沒兵可帶的將軍、行將就木的貴戚，又有何天下大事可議？

尚書臺似乎已與朝廷沒有關係，倒像是魏國設在許都的一個辦事機構，每當曹操有什麼要求，華歆、董昭這幫人就開始忙，刷刷寫寫弄份詔書，然後把天子大印往上一蓋，就算了事——於是一個治國的機構演變為賣國的衙門，把數不清的權力、名號、爵祿理直氣壯地轉移到魏國名下。對大漢尚有感情的官員當然心中不忿，但他們或是閉門不出或是告老還鄉，這情勢下能獨善其身保住性命就不錯了；留下的大半是無名下僚，純粹養家糊口混碗飯，可謂「小車不倒只管推」；還有些名聲不顯、才幹不佳的也恨，想投曹操卻沒個門路，閒在家裡大罵——怎麼想賣國都這麼難呢！

拱衛京師的北軍根本不存在，五校尉[①]倒是有，不過是給萬潛那類的曹營元老當的，立過功勞年紀又大了，曹操給他們殊榮養老。南軍倒還有，七署官員[②]一個不少，兵士也不缺員，但只要張口說話，一水兒的沛國譙縣口音，全是曹氏的老鄉！城外是伏波將軍夏侯惇麾下部隊，城內有丞相長史王必管轄的兵，校事爪牙分布大街小巷窺視監察，幾無隱私可言。

許都像曹魏的分支機構、像養老院、像軍營、像監獄——就是不像國都。

天子劉協似乎已習慣這一切，屈指算來自他九歲被董卓抱上龍位就是傀儡，如今三十五歲了，依舊是傀儡，盤古開天以來，皇帝當成這樣也算古今第一人了！

但劉協既不糊塗也不昏庸，相反他也曾雄心勃勃、仁懷天下，但很快意識到一切都是徒勞，除了皇帝虛名他什麼都沒有，甚至連虛名都隨時會被搶走。從董卓到李傕，再到曹操，天下烏鴉一般黑，抗拒毫無意義，只能讓自己處境更糟。所以他得過且過，熬一天算一天，治國的道理也不用去探究了，讀讀《老子》聊以慰藉吧！於是整日裡誦讀「上善若水，水善利萬物而不爭」、「淵兮似萬物之宗，挫其銳，解其紛，和其光，同其塵」、「太上，下知有之。其次，親而譽之」。他的人生只能寄託在虛幻思想裡。好在有伏皇后和為數極少的宮娥陪伴，也不至於如行屍走肉，可曹氏姊

① 北軍五校尉，步兵校尉、屯騎校尉、越騎校尉、長水校尉、射聲校尉，是守備京城的軍隊。
② 南軍七署，五官中郎將、左中郎將、右中郎將、虎賁中郎將、羽林中郎將、羽林左監、羽林右監，是守備皇宮的衛士。

妹的入宮改變了一切。

當兩個如花似玉的曹貴人出現在劉協面前時，他真的恐懼了——昔日王莽把女兒許配給孝平帝當皇后，沒幾年孝平帝就被王莽鴆弒，又迎立孺子劉嬰，皇后成了皇太后。曹操是不是覺得他這個成年皇帝太縛手縛腳，想除掉他另立一孺子？還是曹魏篡漢大限將至，再不用他這傀儡了？劉協與伏后惶惶不可終日，對曹氏姐妹既不敢親近，又不敢慢待疏遠，整日如履薄冰，似乎她們才是皇宮真正的主人，皇帝與皇后只是被她們監管的囚犯。

大貴人曹憲倒還本分，早晚問安恭敬有禮，安於宮室深居簡出，而且生性內斂極少言語。二貴人曹節可不守規矩，整日跟屁蟲一樣黏在皇帝身邊，劉協讀書她要跟著讀，劉協寫字她要一旁研墨，劉協有時被迫審閱些詔書她也一旁看著。劉協越發認定她是曹操派來監視自己的，卻更不敢招惹，就連偶爾對弈、投壺也故意相讓，即便她笑顏相迎也拒之千里，更別提肌膚之親、枕席之歡了。倘若與她生下皇子，曹操與王莽一樣成了堂堂正正的國之外戚，還有他的活命嗎？轉眼間兩位貴人入宮將近一年，劉協渾渾噩噩如履薄冰，這樣痛苦的生活何時終了？

直到這一天清晨，有份詔書送進了前殿，身為天子的劉協不得不在虎賁士的催促下到前殿予以批示。尚書令華歆已在殿上等了很久，施禮已畢，一言不發地退到一邊；而大殿外還候著御史大夫郗慮，他形容枯槁呆滯無神，手裡緊緊攥著符節；郗慮身後是校事盧洪、趙達以及一隊士兵。

這類情形劉協見多了，只要曹操想要篡奪什麼重大權力，總會派人起草一份詔書叫他親自簽署，然後當殿派遣使者持節宣詔。次數太多劉協已經麻木，也輕車熟路了；走到御座，翻開龍書案上早已起草好的詔書，看也不看就在上面蓋了皇帝行璽③——審閱也沒用，曹操要辦的事沒人能阻攔，看了也只能徒增煩惱，索性聽之任之。

哪知剛剛署完詔書，就聽外面一聲斷喝：「奉詔入宮！」那隊士兵簇擁著郗慮衝上殿來。劉協大吃一驚，這才細看這份詔書：

皇后壽，得由卑賤，登顯尊極，自處椒房，二紀於茲。既無任、姒徽音之美，又乏謹身養己之福，而陰懷妒害，苞藏禍心，弗可以承天命，奉祖宗。今使御史大夫郗慮持節策詔，其上皇后璽綬，退避中宮，遷於它館。嗚呼傷哉！自壽取之，未致於理，為幸多焉。

「廢后？」詔書從劉協顫抖的手中飄然落地，「皇后何罪？」

郗慮二目無神呆若木雞，華歆無言以對低著腦袋，二人實不知該如何作答。趙達卻厲聲道：「昔日伏后涉董承、王子服二賊之叛，又屢發書信與其父伏完毀謗丞相、妄議朝政，陛下難道不知？」玉帶詔乃十五年前舊事，伏完也去世四年多了，這些所謂的罪都是陳芝麻爛穀子！

欲加之罪何患無辭？雖然眼前只一小小校事，劉協卻不敢反駁，只得放下自尊哀求：「皇后廢立關乎家國榮辱，況伏氏已誕育皇子，國本倚仗不可輕廢。請愛卿向魏公求情，赦免其罪。」

趙達毫無臣下之禮，嘿嘿冷笑道：「此乃帝王家事，魏公出征在外與他何干？詔書不是陛下您恩准的嗎？」

劉協氣滿胸膛，乍著膽子痛斥：「亂臣賊子！難道朕不簽詔書，你們就能放過皇后？」

趙達自知理虧不與辯解，喝令士兵：「速往後宮擒拿廢后伏氏！」根本不理皇帝，領著兵吵吵嚷嚷而去。

---

③ 天子簽署詔書有六枚印璽，皇帝行璽、皇帝之璽、皇帝信璽、天子行璽、天子之璽、天子信璽，其用途各不相同，皇帝行璽是處理一般政務時使用的。這六枚印璽外加象徵身分的傳國玉璽，合稱「七璽」。

盧洪左看看郗慮、右看看華歆，訕笑道：「二位大人，奉詔辦事不容耽誤，別愣著啊！」招呼親兵恭請二位大臣也去了後宮。

「亂臣賊子！」劉協不住痛斥著，卻根本沒人理睬，沒人把他這皇帝當回事；見他們擅闖宮闈，只得踉踉蹌蹌在後面跟著，口中不住喃喃：「擅闖宮闈戕害皇后，天下怎有這等事……怎有這等事……」

宮女的尖叫聲此起彼伏，寺人嚇得抱頭鼠竄，皇宮被士兵攪了個天翻地覆，偏偏尋不到皇后蹤跡。折騰半個多時辰，終於有人稟報，皇后躲在長樂宮偏殿夾壁後面。士兵立刻如烏雲般包圍長樂宮，夾壁牆太窄，只能擠進一人，趙達高喝：「虎賁士聽令，破壁捉拿賤人！」虎賁士所持斧鉞是象徵天子權威的儀仗，用它殺人都少，更別說拆房。但今天顧不了許多，兩柄大斧在牆上咚咚撞擊，不多時就鑿出個大窟窿，伏后早嚇得披頭散髮癱軟在地，身上落滿灰塵。趙達越發冷笑：「我聽人言，昔日秦始皇焚書，博士伏勝藏匿《尚書》於夾壁之中，故而《尚書》得以傳後世，伏氏一門也因此顯貴。您是琅琊伏氏第十六世孫，沒想到老祖宗鑽牆縫的伎倆還沒忘！哈哈哈……」

盧洪高叫：「擒拿賤人！」

「且慢，」趙達陰笑著攔住，「忘了魏公的囑託嗎？華令君，擒拿廢后可是魏公點名叫您辦的差事。」

華歆面部輕輕顫抖幾下——擒拿伏后是曹操千叮嚀萬囑咐叫他親自做的，但身為漢臣欺凌主上豈不永受唾棄？今日碰伏后一指頭，半世清名一掃而盡！

華歆享譽士林，絕非無恥之徒，但他性格柔弱屈辱自保，當年在豫章向孫策開城投降就飽受非議，入主尚書臺以來對曹操逆來順受無半分違拗。想不失名節，又要保宗族富貴，不作出點犧牲可能嗎？改易九州、冊封魏公不都是在他的配合下完成的嗎？這張臉早就保不住，不想當貳臣也是貳臣了！他和他家族的前途命運已毫無選擇地攀附在曹氏身上了！

「怎麼磨磨蹭蹭的，還不動手？」盧洪催促道。

華歆把牙一咬，心一橫，跨上兩步，哆哆嗦嗦揪住伏皇后髮髻——這豈能制住一個大活人？但只要有姿態就夠了，盧洪朝爪牙之士使個眼色，兩名虎賁士立刻撲上，一左一右拖拖拉拉往外帶。

劉協匆匆趕到殿門，卻被士兵阻在殿外——天子竟驅使不動幾個虎賁士！見郗慮也默默站在階下，手裡舉著白旄之節，忙上前懇求：「郗公，可否向魏公進言？」

郗慮充耳不聞，宛若泥胎偶像，只低聲喃喃：「莫問我……不關我事……不關我事……」

人群閃開，失魂落魄的伏后被士兵推出來，一見天子放聲大呼：「陛下救我！陛下救我活命……」

劉協望著哀哀乞活的皇后，望著活死人一般的郗慮，望著手牽髮髻滿臉羞赧的華歆，望著凶惡叫囂的曹氏爪牙……這情景何等熟悉？十五年前董承之女、懷有身孕的董貴人就是這麼被抓去的，現在又輪到皇后了。天啊！這場噩夢還在延續，何時才是盡頭？

伏后兀自痛哭哀求：「陛下救我活命……」

「救妳活命？」劉協回天乏術連連搖頭，「朕亦不知命在何時，如何救得了妳？」

華歆早羞得無地自容，彷彿自己被扒光了棄於鬧市之上。他鬆開伏后髮梢，顫巍巍道：「走吧……走吧……」

趙達不冷不熱道了句：「臣等辭駕！」便催促士兵押著伏后離去。劉協心如刀絞，卻不忍再望皇后一眼。相濡以沫二十餘年，伏后沒跟他享過一天帝王之家的榮耀，反受盡千辛萬苦，到頭來竟還這等下場。

他低著腦袋渾身顫抖，聽著皇后漸漸遠去的慘號聲，扭臉間又見郗慮還蔫呆呆愣在原地，不禁怒滿胸膛，厲聲喝問：「青天白日朗朗乾坤，天下豈有這等事？」

問他又有何用？郗慮就像這朝廷一樣，似乎已變成一具沒有靈魂的空殼，他木然地看看劉協，緊緊攥著符節，一瘸一拐也走了。行出甚遠，忽然一陣嗚咽：「世上再沒有鄭氏高足郗鴻豫了，也再沒有德高之士華子魚了……嗚嗚……再沒有了……」行屍走肉般緩緩踱去——是啊，誰不知他郗慮是鄭玄高徒，誰不知華歆是平原名士？正因如此曹操才更要逼他們出頭。如果連郗慮、華歆都能做這等事，天下名士誰不可拋棄名節投效篡逆？誰不可捨棄廉恥當曹氏走狗？曹操一石二鳥，既廢了皇后，又樹立兩個深明大義投效新朝的表率，道德權威被砸個稀爛！

劉協欲哭無淚，捫心自問——莫說作為皇帝，哪怕作為一個普通男人、尋常丈夫，朕又何等失敗！可這一切是朕能左右的嗎？誰能幫朕？荀彧不在了，皇后也被廢了，連個能推心置腹的人都沒有，活著還有什麼意義？

「老天爺，你睜眼看看吧！朕是天子，受命於你統治天下的人，可朕現在不想再做九五之尊了……朕不求復興漢室國祚長遠，但求做個不受擺布的普通人，難道連這都不行嗎……」他撕心裂肺地吶喊著，一邊捶打自己，一邊撕扯著黃袍，狀若瘋癲，周匝宮人宦官雖多，卻無一人敢勸慰——倒不是沒良心，對天子說兩句體貼話簡單，可若叫魏公耳目看見，滿門性命就不保了！

「爾等都是聾子、瞎子嗎？」一聲尖銳的斷喝驚住眾人——貴人曹節聞訊而來。

宮女宦官嚇得魂兒都沒了，寧得罪天子不得罪曹家，全跪下了。曹貴人杏眼圓睜滿面嬌嗔：「身為天子近人，不能為君分憂，要爾等何用？滾！都給我滾！」

「諾。」宮人哪見過這般跋扈的妃子？大夥哆哆嗦嗦答應一聲，腿都不利索了，當真滾的滾、爬的爬。

劉協也不吶喊了，望著這個仇敵的女兒，幾個時辰前他還對她畏如刀俎，現在不怕了，反正到頭來不免國破家亡，豁出去啦！他兩步搶上，對準曹節臉頰狠狠一巴掌。

「陛下……」曹節直挺挺跪在地，「賤妾自知有罪，我曹家世受國恩，卻行此欺主之事。罄南山之竹難書僭越之罪，傾北海之波難洗狂悖之汙。臣妾在此，陛下打也打得、罵也罵得，只求陛下不要苦了自己……」

劉協的手再度高高揚起，卻遲遲沒有落下——曹節白皙的臉上映著那道通紅掌印，兩隻眼睛卻直勾勾望著他。看得出來，她不似與其父串通一心，雖然她生性張揚不諳禮數，卻未嘗不是個體貼人。

劉協畢竟久讀詩書，更被這半生淒苦培養出一顆悲天憫人之心，他默默提醒著自己：劉協啊劉協，你這是怎麼了？莫說她並無惡意，即便真是曹賊派來監視自己的，一個還不到二十的女子，你怎下得去手？堂堂七尺男兒，又有皇帝之名，海納百川懷德天下，就算與曹賊結恨又豈能遷怒於她女兒？朕若揚手即打、破口便罵，豈不與那卑鄙無恥的贅閹遺醜成了一路歹人？朕恥之矣！

慢慢地，他把手撂了下來：「妳起來……」

「既奉身入宮，便是劉氏之婦。臣妾有罪！」曹節重重磕頭。

「唉！罪不在妳。」劉協伸出一手輕輕攙她起來；不知為何，抓著她綿軟的手，望著她明亮的眼睛，心中又添了幾分信任，「妳……能懇求妳父饒恕皇后？」開口向偏妃告求，實在難以啟齒。

曹節挨打都沒哭，一聞此言淚水簌簌而下：「臣妾有心無力……妾若真能勸動父親，也不會入宮侍奉陛下了。」

天下豈有這樣的妃子，膽敢直言不願嫁天子？若乾綱獨斷之朝，就憑這一句話便打入冷宮終生不得面君了，可劉協非但不怒反而大笑——是啊，她年紀都能做朕女兒了，又生於公侯之家從小富貴嬌寵，怎會心甘情願侍奉朕？若侍奉一個太平天子也罷了，侍奉朕這等末世之君有什麼好處？天意啊天意！朕畢生被無道父皇所累，這女子卻也被凶惡父親所逼，倒真是對苦命鴛鴦！

曹節越哭劉協越笑，竟大有幸災樂禍之感，笑著笑著突然也悲從中來，一把抱住曹節，伏在她肩頭唏噓不已，彷彿倏然找到知己。

曹節的淚水漸漸止住──罷了，這輩子就這樣啦！託生一張女人皮，在這世道又能怎樣？就跟這年近不惑的傀儡天子做個伴吧……正思忖間忽聽遠處又響起盧洪嘶啞的叫嚷聲：「除惡務盡，皇后已廢，其子焉能再居宮中？把她養活的兩個小孽子也抓起來！」

父子連心啊！劉協又氣又恨無可奈何，死死掐著曹節的肩膀。曹節一樣無奈，但除了更緊地抱著這個與自己一樣苦命的男人，又能如何呢？

回師鄴城

建安十九年十一月皇后伏壽被廢，幽禁冷宮數日後被祕密處死，所生二皇子也被鴆殺。皇后兄弟宗族自不其侯伏隆以下全部以謀反罪論處，死者百餘人。皇后之母劉盈乃漢順帝之女、安陽長公主，雖僥倖保全性命，卻被迫遷徙涿郡在監視下苦度餘生。素以經學傳家與世無爭的東州望族「伏不鬥」竟落個滅門的下場，怎不叫人唏噓！

曹操撤軍途中又得到天子詔書，宣布他可以選拔旄頭，魏宮可以設置鐘虡。這兩樣都是天子專有的配飾，至此曹操在儀仗方面已與天子相差無多。十二月，大軍終於抵達延津，只要渡過黃河就踏上魏國的土地了。

第三次南征從出發到歸來總共四個多月，剛到長江邊，連敵人的面還未見著就匆匆收兵，不但空勞一場，還白白浪費許多輜重軍糧，重臣荀攸又崩於營中。加之此番出征，文武群臣乃至三軍士卒皆有異議，校事趙達等又執法苛刻，因而曹操頒下教令：

夫刑，百姓之命也，軍中典獄者或非其人，而任以三軍死生之事，吾甚懼之。其選明達法理者，使持典刑。

當即宣布在幕府設立理曹掾，從今以後軍法懲罪歸理曹掾管轄，校事不得干預。三軍將士早恨透了趙達、盧洪那兩個奸詐小人，無不歡呼雀躍，曹操也算挽回了點兒面子。

大軍備下船隻，還未渡河就見北岸旌旗招展——原來曹植聞父親歸來，派官員前來迎接。太僕王修、少府王朗、侍中和洽帶隊，率領郎中、議郎、虎賁百餘名前來接駕；幕府方面也來了長史陳矯、西曹掾徐奕、門下督陳琳等人。時值嚴冬，黃河結了一層薄冰，魏郡太守趙儼召集百姓破冰縴船，幫士兵搬運軍輜。曹操頗覺欣慰，領曹丕、曹彰、曹真、曹休等率先渡河與群臣相見。

「恭迎魏公得勝回朝……」大家齊聲道賀，其實誰都明白這場仗怎麼回事，嘴上還得這麼說。

曹操不禁苦笑——出師時還以為天下將定，哪知劉備非但未死還得了蜀地，成敗之事實未可測，看來真不該拒絕納諫一意孤行啊！想至此未免有些羞赧，對群臣多加撫慰。

西曹掾徐奕奏道：「主公發下求賢令，各地推薦的才德之士都已到了，今日也同來迎候主公，可否先見見？」

「甚好。」開國立恩自要招賢納士，何況現在又得知敵國未滅，曹操更不敢怠慢，當即請諸人近前——有崔琰推舉的鉅鹿文士楊訓、安平文士李覃、南陽之士張固、已故太醫令繆斐之子繆襲、新鄭士人東里袞等三十餘人。曹操向天下求賢不止一次，每次至少也百餘人應辟；可曹魏建國伊始，應辟之人卻不增反減，這可不是好兆頭。

所有人都心知肚明，曹操晉位開國又受封九錫，已是僭越之舉，何況皇后一族血染屠刀，天下賢士憤者憤、懼者懼，這個節骨眼上有幾人肯來捧場？雖這麼想卻不便說，都掛著一副笑臉。

曹操何嘗不知？早拿定主意，要將這幫人全部予以重用。燕昭王為求賢不吝千金買骨，只要厚待這幫人，何愁天下岩穴之士不眼熱？他擺足了折節下士的架勢，與眾人一一相見敘談；眾人見魏公竟如此器重，無不感恩戴德。曹丕遠遠望見司馬懿站在和洽身後，滿腹機謀欲與他說，苦於耳目眾多不便過去，只好默默盤算。

突然間，曹操把目光鎖定在人群後排一個布衣之士身上——此人瘦小枯乾，一張瓜條臉，三綹焦黃鬍鬚，滿臉皺紋，水蛇腰大羅鍋，其實才四十出頭，不知道的還以為六七十呢，比曹操都顯老。他身著一件洗得發白的粗布衫，這衣服不知穿多少年，衣襟下擺都起毛了，袖子上還有塊補丁。即便不拘衣著，見當朝丞相、封國之主豈能這般寒酸？

曹操不但不惱，反而甚喜：「哎呀！這不是吉先生嗎？」

吉茂，字叔暢，馮翊池陽人，莫看此人寒酸得緊，卻是響噹噹的人物。郭氏、田氏、吉氏皆馮翊大族，吉茂曾家財豪富，他族兄吉本是兩朝老臣，今在許都擔任太醫令；吉茂日子卻越過越窮。只因他有收集圖書的癖好，為此廣求天下書籍簡冊，什麼天文地理、經史子集、文韜武略，乃至讖緯、醫卜、曆書統統來者不拒，結果偌大一份家產都叫他換了竹片。他倒不挑吃、不挑穿，只是坐吃山空家裡房子越來越小，最後書都堆滿了臥房，窗戶都堵死了，為此妻子天天指著鼻子數落他。

「慚愧慚愧。」吉茂見到曹操很是羞赧——當初曹操征關中時曾與他相見，甚有起用之意，吉茂再三推辭不肯為官，如今卻厚著臉皮主動上門了。

徐奕怕他面子過不去，忙打圓場：「吉先生此來可與當初不同，當年不過是經籍之士，如今卻是孝廉。」

「這就對了。」曹操笑道：「看來張既不但通曉治戎之策，也慧眼識人，似吉先生這樣的高士，不舉他為孝廉還舉誰？關中戰亂二十餘年，民生尚且難保，何況書籍簡冊？若非吉先生這等愛書成癖之人，只怕有更多典籍毀於戰火。理亂之功造福一時，治國之功造福一代，文教之功造福千古，這是莫大的功勞！」

「不錯，不錯……」眾人不禁點頭。

吉茂眼淚差點兒掉下來，為保護書籍吃多少苦只有他自己知道，不過能得世人這評價，也算無怨無悔了，索性把心裡話向曹操挑明：「在下不敢欺瞞丞相，我讀書成癖不願為官，但蝸居已久無可生計，求親告友終非長久之計，實是想求份俸祿養家糊口。即便不為自己，也為那滿屋的書籍啊！」

此言一出在場之人無不揪心：哪有這麼直白的？若都似你這樣，魏國朝廷豈不成了混飯的地方？名氣大的多數不肯出山，好不容易來一個還為糊口，魏公豈能痛快？

哪知曹操仰天大笑：「這有何難？天下之大財貨充盈，難道就養不了一個為國貯書之人？先生既然張口，孤就當饋贈。但無功不受祿，傳揚出去對先生名譽也有損。我看這樣吧，我表奏您回鄉當個縣令，您拿六百石的官俸守家在田，既當了官，又沒離開您那些書，兩全其美，您看如何？」

「這、這……」吉茂不知說什麼好。

「不必推辭。」曹操不讓他為難，「回頭我囑咐張既，叫他選幾個精明的功曹皂隸派到你縣，先生實在撥冗不開，就叫他們代為理事，出了亂子我問他們的罪。您若願意辦事就到大堂坐坐，不願意就拍屁股回家歇著，他們還敢攔您？」

吉茂再不滿足也說不過去了：「多謝明公。」

曹操也滿意，其實重吉茂之名遠勝其才，這樣的人想盡辦法也要讓他掛個官職，好向天下人展示自己多受名士愛戴。客套兩句又見數人，不過拱手寒暄，直到徐奕介紹：「這位乃弘農董遇董季直，在朝任黃門侍郎，受丞相之命調職鄴城。」

「哦？閣下就是為天子講解《老子》之人？」曹操加了小心，從上到下仔細打量，唯恐此人接近天子有不軌之心。見董遇四十左右，身材敦實貌不驚人，莫說不及想像中那般出類拔萃，甚至有些迂腐之態，當真是個老實的讀書人。

不過曹操依舊沒掉以輕心——昔日孝靈帝師劉寬、楊賜，先前給劉協講學的也是荀悅、謝該之流；此人這等年紀便有侍講之榮，恐非泛泛之輩。因而問道：「董大人精何典籍？」

董遇嗓音低沉語言謙虛：「在下腹笥不廣，唯治《老子》、《左傳》，不敢言精，勉力為之。」

「可有人從您受學？」曹操這話似漫不經心，卻緊要至極。若有門生學子就不單純是做學問人，很有可能主持著一個以經學為基礎的士人集團，為防不測當另加詳察。

董遇道：「並無門生。」

「仕宦之友可曾教授？」

「閉門自守，並無知近之人。」

「宗族子弟呢？」

「也沒有。」

曹操卻不信：「似大人這等學識，豈會無人登門求教？」

「求教之人倒是為數不少，盡被下官推辭。」說到這裡董遇眼中似有得意之色，卻只一閃而過。

「為何？」曹操一句接一句，不容他思考。

「先賢博士讀書所為治學，著書立說施恩後世。自先朝黨錮之禍誅戮太學士以來，正教毀敗經學不振，戰亂多年人心大異，如今十個經學之士倒有八個為謀仕途，名為治學實為投機。似這等人登門求教，即便下官用心去教，有何裨益？我便叫他們把書讀一百遍再來。」

「哦？哈哈哈……」曹操聞聽此言不那麼反感了，「讀書百遍，倒是敷衍他們的好辦法。」心下另想，也未嘗不是關門閉戶得保平安的好主意。

董遇卻道：「倒也不是故意搪塞。讀書百遍，其義自見。倘若能全心誦讀，自會明其要理，何必再去求人授學？」

「讀書百遍，其義自見？」眾人甚覺可笑。

曹丕望了司馬懿半晌，才剛緩過神來，聞聽此話略覺有趣，不禁插言：「一卷書讀百遍得耗多少光陰，人活世間衣食住行、婚喪嫁娶、財貨生計是免不了的，誰有這麼多工夫？」

董遇捋捋鬍鬚，露出幾分笑意：「在下以為讀書當擇三餘。」

「何為三餘？」

「冬者歲之餘，夜者日之餘，陰雨者時之餘也。」董遇這說法乃是鼓勵士人當在每年、每日、每時珍惜讀書勤學的機會。

曹操趁機白了曹丕一眼：「聽見沒有？讀書勤學理當孜孜不倦，現在正值冬日，歲之餘也。你回去後閉門讀書，不要有任何雜務。」

曹丕被父親潑盆涼水，閉門讀書說得好聽，其實是不叫他做事，也不允許與任何人來往。當真如此，豈不愈加落於曹植之後？

曹休瞧曹丕面露怏怏，忙過來解圍：「冬日讀書自然妙，不過最妙的無過於冬日下雨，又是夜晚。此乃冬之雨夜讀書，三餘俱全！」一番話逗得眾人無不歡笑，連董遇都不免莞爾。

曹操終於認清了董遇的面目，果然只是個心無旁騖的白面書生，心裡放寬了不少。徐奕又拉過一人道：「主公，此人便是您點名征辟的司馬叔達。」

曹操、曹丕都留上神了——司馬孚個子不高、面貌倒是挺英俊，但缺了幾分靈氣，舉手投足格外拘謹，他大哥司馬朗端正儒雅、二哥司馬懿瀟灑俊逸，他完全沒有兩位兄長的風範，甚至還有些膽怯，垂手而立中規中矩，倒與董遇有幾分相像。

「知道我為何征辟你嗎？」曹操單刀直入。

司馬孚倒是坦誠，低聲道：「在下不知。」

「因為你閉門讀書小有賢名，更因為司馬氏與孤有些淵源。」曹操手撚鬚髯，「你兩位兄長皆在朝堂，你也該為國效力。聽聞司馬建公有八子，今後若無意外，孤還會征辟你家兄弟。國之良輔求之不易，你司馬氏久有名望，當盡忠魏廷，給天下士人做表率。記下了嗎？」

司馬孚諾諾連聲。

「好。孤現在就任命你為臨淄侯文學，以後伴吾兒讀書習學，他若有不當之處要竭盡所能勸諫指教……」

曹丕陡然一驚，不禁扭頭看司馬懿——他似是尷尬，早把頭壓得低低的，瞧不見神情。

曹操卻環顧眾人侃侃而論：「昔周公求賢，一飯三吐脯、一沐三握髮，孤雖不敢比古之聖賢，然亦有伯樂之意。世間俗人多好純譽之士，豈不知純譽者乃詐，非真賢也！伯夷隘、柳下惠不恭，古之良士尚遭非議，況乎今人？」說到這兒他話鋒一轉，「開漢功臣陳平有盜嫂之汙，興燕之士蘇秦好為搖舌，此亦功業有成者，故賢無益於國不加賞，不肖無害於治不加罰。對孤而言，非但不罰，倘有一技之長還可予以重用。所以今後州郡舉士不必拘泥於名聲門第、平素形狀，『命貴，從賤地自達』！務必要使野無遺賢、社稷昌盛。」

群臣齊聲稱是。曹操毫不耽擱，立刻口宣敕令命陳琳筆錄，下達天下各州郡。其辭曰：

夫有行之士，未必能進取；進取之士，未必能有行也。陳平豈篤行，蘇秦豈守信邪？而陳平定漢業，蘇秦濟弱燕。由此言之，士有偏短，庸可廢乎？有司明思此義，則士無遺滯，官無廢業矣。

曹操《敕有司取士毋廢偏短令》

四年前曹操就曾頒布過《求賢令》，其中一句「唯才是舉」惹得天下熱議。而今又下此令，似是對先前人才政策的進一步闡釋，不過在場不少有識之士都能品味到，這道敕令與先前相比大有弦外之音。《求賢令》是在赤壁戰敗人心不穩的情況下頒布的，一者是為與孫、劉等對手爭奪人才，再者也是提拔寒微之士扼制豪族。而這道敕令則把重點落在人格汙點上，大言有才乏德亦可予以重用，恰與華歆、郗慮逼宮廢後之舉互相印證。這是鑒於曹魏人氣不旺，向天下人大開仕途之路，簡而言之一句話——只要肯為曹某效力，也不管你名聲多差、犯過何錯，我絕對虧待不了你！

群臣遵令，齊呼聖明，各部將領也陸續過河，這才列開隊伍同往鄴城。曹操也不叫虎賁護衛，左邊吉茂、鄭稱，右有董遇、繆襲，與新募的士人並轡而行。這就是人敬人高互相吹捧，曹操給他們榮耀，更為成就自己愛才之名。此番南征雖然空勞無功，但能擺出這樣喜慶的架勢回轉鄴城，面子也夠了。

可隊伍後面的曹丕卻不那麼愜意，他沒想到父親會把司馬孚派到三弟府裡——司馬氏已入了曹植府門，今後還能不能信任？隨軍四個多月，曹植把鄴城整治成什麼樣了？崔琰、毛玠有沒有變心呢？

曹丕沒心思與人搭訕，緩緩落在後面，眺望河灘不禁黯然——冬季水枯，為協助大軍運輜重，附近縣令徵調大量百姓在運河兩岸拉縴，不僅有男子，也有婦女孩童，百姓喊著號子蹚水拉縴，隆冬時節卻累得滿頭大汗。天下事就這麼不公平，有人騎馬乘車優哉游哉，有人卻辛苦勞頓；見不遠處有艘運糧船，一對男女拉著縴繩苦苦前拽；還有個孩子，也就與他兒曹叡年紀彷彿，個子太小拉不了繩索，在船後死勁地推，踩著冰涼齊腰的河水，一步一喘，腦袋都快扎到水裡了！

猛然間曹丕感覺自己就像這勞苦的一家子，雖非生於貧賤，卻也時運不濟，終無出頭之日。隨口吟道：

> 鬱鬱河邊樹，青青野田草。
> 舍我故鄉客，將適萬里道。
> 妻子牽衣袂，抆淚沾懷抱。
> 還附幼童子，顧托兄與嫂。
> 辭訣未及終，嚴駕一何早。
> 負笮引文舟，飢渴常不飽。
> 誰令爾貧賤，咨嗟何所道。
>
> 曹丕《見挽船士兄弟辭別詩》

誰讓你時運不濟，誰讓你命不好，又有什麼辦法？

「五官將悲天憫人，乃天下蒼生之福。」不知何時，司馬懿已悄悄湊到他身後。

曹丕扭頭看看他，一個字都沒說。

司馬懿一眼就看穿了他心思，情知這位大公子心胸不寬，趕緊說好話：「五官將這詩作得極好。臨淄侯雖出口成誦、下筆成文，但所作詩賦可有一篇愛憐民生疾苦？天將降大任於斯人也，必先苦其心志，勞其筋骨，餓其體膚。享天下之福不那麼簡單，須心懷黎庶德被蒼生。受國之垢，是為社稷主；受國不祥，是為天下王！」言下之意很明顯——曹植不行，還得是你。

曹丕略覺寬慰，但仍不能釋然：「你素與我相厚，令尊與我父曾同殿共事，如今令弟又成我三弟的侍從，咱們也算是世交了。」

司馬懿自然聽出這是試探，左顧右盼，見四下沒人注意，便湊到他耳邊：「在下自然全力輔助五官將，但兵無常勢，水無常形，唯有知己知彼方為上策。難道叔達在那邊做事不好嗎？」

曹丕心裡懸著的大石頭總算落了地，長出一口氣，臉上卻未露出絲毫喜色，只隨口道：「分別多日，若有空就來我府上喝兩杯吧！」但與他並轡行了幾步，還是掩飾不住內心的急切，又補充道：「還有件事跟你談，今晚就來吧！」

第九章

曹植作弊事發，曹操大失所望

憂心忡忡

建安二十年（西元二一五年）正月，距伏皇后一族受戮還不滿兩個月，曹操就迫不及待威逼天子立他女兒曹節為皇后。一場熱鬧而荒唐的婚禮在許都舉行，這對長夫少妻在同樣身為傀儡的許都百官的祝賀聲中結合，雖非心甘情願，倒也彼此同情，悲中有喜、喜中有悲，五味雜陳糾結難言。曹操借此機會大做文章，以朝政名義賜天下男子民爵、賜王侯公卿各級官員糧穀，大肆收買人心。至此，曹操已擁有權臣、公爵、國丈三重身分，與王莽別無二致。

不過曹操雖能操縱天子女婿，卻不能使天下人盡數俯首帖耳，劉備一黨在蜀中攻城掠地他無計可施，孫權戰和不定他無可奈何，而最令他氣惱的是鄴城百官也不肯教他如願以償。

前番南征，曹操帶曹丕而留曹植，用意很明顯，就是讓曹植趁機拉攏人心。但不知是時日尚短，還是元老大臣頑固不化，竟沒幾個人改變立場，崔琰、毛玠、徐奕等依舊公開放言當立長子。對待反對曹魏代漢的人，曹操可以毫不猶豫使用屠刀，但對於這些倚重的元老大臣，加以戕害無異於自失信義、自毀長城，只能以春風化雨之心去啟發。

無奈之下曹操在剛完工的銅雀三臺大宴百官，名為慶賀曹節為后，卻趁機當眾誇耀曹植德才兼備，命他給群臣敬酒，又當場作賦一首：

覽宮宇之顯麗，實大人之攸居。
建三臺於前處，飄飛陛以凌虛。
連雲閣以遠徑，營觀榭於城隅。
亢高軒以回眺，緣雲霓而結疏。
仰西嶽之崧岑，臨漳滏之清渠。
觀靡靡而無終，何眇眇而難殊。
亮靈后之所處，非吾人之所廬……

曹植《節遊賦》

酒也喝了詩也讚了，元老大臣當時都很賞光，卻沒人主動迎合他，曹操也急不得惱不得。眼看蜀中局勢不容樂觀，想在西征之前解決立嗣問題已不可能，曹操只得把五官將文學劉廙轉任為黃門侍郎，又以籌備西北軍務為由，把五官將門下賊曹郭淮轉任為兵曹令史，進一步削弱曹丕實力。

又逢正月歲初，不少任滿的郡縣官員至鄴城拜謁。若是尋常計吏交與諸尚書接待也罷了，可這幫官員在外任職頗久，一者要當面述職，二來也趁機向魏公賀喜，升遷去留全指望這次拜謁；曹操也不願輕易處置，命他們排好次序分批入見，從早到晚傾聽各地政事。如此連忙三日，到四天清晨，曹操往聽政殿上一坐，他喘了幾口大氣，剛喝了口參湯，還沒來得及宣群臣入見，先被侍臣遞來的一份奏疏嚇出身冷汗。

為解決校事監察嚴苛的問題，曹操設立了理曹掾分管軍法事務，並讓有多年司法經驗的高柔全權負責。為鼓勵高柔認真工作，曹操還親筆寫了委任狀：

夫治定之化，以禮為首。撥亂之政，以刑為先。是以舜流四凶族，皋陶作士；漢祖除秦苛法，蕭何定律。掾清識平當，明於憲典，勉恤之哉！

高柔本就是實心任事之人，得丞相勉力幹勁更足，但有些過於認真了，上任不到一個月就核出冤假錯案十餘起，將先前校事作出的判決全部推翻。這次又上書曹操：提議廢除校事，取消對官員不公正監督，嚴懲趙達、盧洪這幫小人；並要求撤換鄴城令楊沛，將其手下劉慈等殘暴小吏逐出衙門，杜絕酷吏為政。

曹操看完這份奏疏如坐針氈——他何嘗不知趙達是小人、楊沛執法過苛，可現在正處在漢魏易代的過渡期，他要依靠小人去監督、威逼那些不滿他的異見分子，還要靠酷吏壓制日漸抬頭的豪族勢力。可如今群臣已經對他們不滿，這樣的提議等於往油鍋裡澆了一瓢冷水，一旦公開必招來群臣附和，事情鬧大就沒法收場了。

曹操十萬火急把高柔召入宮中，掰開揉碎解釋：「你說趙達他們是無恥小人，孤無異議，但你恐怕還沒參透我用人之道。似刺探不法、窺人隱私這類事，賢人君子根本不屑為之，不用小人又用誰？校事早晚要取消的，可眼下還不行，這些話千萬別宣揚出去。」費盡唇舌才把高柔穩住，叫他把奏疏拿走悄悄燒掉，總算將這把剛著起來的火撲滅了。

忙完這件事，曹操一點兒接見外臣的心情都沒了，對著空蕩蕩的大殿，心下漸漸冒出幾許不安——自幼讀書便知「治大國若烹小鮮」的道理，可真正切身體會還是在最近兩年，昔日他領兵在外，一應政務都不用操心，因為荀彧都會替他搞定。現在不一樣了，他有了自己的龐大封國，纖毫之事關乎長遠，躊躇的事也越來越多。許都華歆、潘勖等不過唯命是從之徒，袁渙、涼茂雖老成謀國，終不及當年荀彧的聲望人脈。曹操覺得自己改變了許多，雖然沒有了荀彧，但換作是當年的他，必定敢想敢撞，現在不行了——古人云「如切如磋，如琢如磨」，難道為政越久就越膽小？有了自己的國家，放不開手的東西就越多？還是僅僅因為……我老了……

「衰老」這想法一出現，曹操閉上眼睛猛然搖頭，彷彿要把這念頭從腦袋裡甩出去。正當此時侍臣稟奏：「騎都尉孔桂告見。」

「快叫他進來。」曹操彷彿抓到一根能驅趕雜念的稻草。的確，只要有孔桂在他身邊說笑逢迎，他就不覺得自己蒼老，即便他只是個阿諛討巧之徒，不禍國又何傷大雅？

幾乎是侍臣剛出去孔桂就進來了，懷裡還抱著一大摞竹簡，都快把臉擋上了；這般模樣就別顧禮節啦，他還偏要下跪，剛一彎腰，竹簡灑了一地。他又手忙腳亂收斂，逗得曹操捧腹而笑，心頭陰鬱一掃而光：「這個無賴之徒今天怎也擺弄起書來了，莫非這都是你寫的？」

孔桂自然是故作窘態博曹操一樂，這才碼好竹簡，奏道：「小的哪有這般學問，這是徐幹徐偉長的大作，托我呈獻主公。」

「哦。」曹操早有耳聞，「聽說他這兩年身體越發不好，在丕兒府中也不大做事，常恐沉屙不癒，時日不久，在養病之餘修一部政論，莫非已全部寫成？」

「正是。此書名喚《中論》，共二十篇，請主公過目。」孔桂看似信手拿了一卷放到書案上。

曹操懷疑地瞟了他一眼：「徐幹在五官將府為屬，與你毫不相干，為何托你來獻書？」

孔桂道：「徐先生知道您這幾日忙，恐不得見，知道小的受主公器重，才托我代轉。」

曹操半信半疑，展卷便閱：「民心莫不有道治，至乎用之則異矣。或用乎己，或用乎人。用乎己者，謂之務本；用乎人者，謂之近末。君子之治也，先務其本，故德建而怨寡；小人之治也，先近其末，故功廢而仇多……」只看了這麼兩句，曹操便沒興趣了。徐幹所論畢竟還是修德重德那一套，雖放之四海皆準，卻有些陳腔濫調，遠不及仲長統的《昌言》務實，而且似乎與當下取士不拘形跡的原則還有些相悖。不過人家疲病之軀寫下這麼一部東西，欲使後人傳頌，曹操也不能潑冷水，只是點著頭，粗略瀏覽著。

「嗯？這是什麼？」曹操發現簡冊中還捲著一紙帛書。

孔桂伸著脖子道：「這徐偉長，粗心大意的，定是把詩文夾在裡面了。您看看寫的什麼啊？」

徐幹也稱得上起詩壇高手，曹操自然要觀，見是一首五言詩，題著「答劉楨」三個字，下面是：

與子別無幾，所經未一旬。
我思一何篤，其愁如三春。
雖路在咫尺，難涉如九關。
陶陶朱夏德，草木昌且繁。

曹操反覆默念：「我思一何篤，其愁如三春。徐幹倒與劉楨情誼頗厚嘛！」

孔桂笑道：「他們這幫文人，閒著無事就聚酒論詩，若不是喝酒喝多了，劉楨何至於獲罪？」

這倒給曹操提了醒，前番劉楨在曹丕的酒宴上直視甄氏有悖禮法被鎖拿問罪，曹操竟被這樁事忘了，隨口問道：「劉楨送交大理寺，最後定了什麼罪？」

「聽說鍾公判他個輸作左校，打發到城外採石場罰做苦力了。」

原來監押充工，難怪「雖路在咫尺，難涉如九關」？曹操不動聲色放下那詩，緩緩起身，「『陶陶朱夏德，草木昌且繁』。春來草木轉盛，天氣也晴和，接連幾日接見外官，孤真的厭煩了。」說罷踱至殿門，抬頭仰望著天空。

孔桂亦步亦趨緊跟在後面，見他半晌不再說話，乍著膽子道：「劉楨不過一癲狂文人，不拘小節，主公何必計較？讓他那握筆桿子的手去幹苦力，想必罪也沒少受，不如就……就饒了他吧。」說到最後幾乎細不可聞。

「嘿嘿嘿。」曹操立刻冷笑著扭過頭來，「你小子實話實說，徐幹給了你多少好處？」

「呃？」孔桂故作錯愕，「在下不敢……」

「哼！他獻這卷書，故意夾首詩，不就是想叫你趁機為劉楨說情嗎？二十卷書擺在那裡，你怎就偏巧拿了夾著詩的給我瞧？得了徐幹什麼好處，老實說吧！」曹操點破了窗紗。

「主公真乃神人也，就跟親眼瞧見一樣！」孔桂撲通跪倒，從懷裡掏出個小匣子，雙手捧上，「在下是受了賄賂。」

曹操打開盒蓋仔細觀瞧——他不在乎孔桂受賄，卻在忖度孔桂受了誰的賄，劉楨獲罪之事因曹丕而起，曹丕未嘗不想解救，孔桂說是徐幹的主意也未必可信。但見盒中是幾塊寶石，雖晶瑩剔透卻很碎，實在稱不上珍寶，曹操輕輕舒了口氣：「就這點兒東西？」

「確實只這些，小的不敢欺瞞，可與徐幹對證。」

曹丕好歹是五官中郎將，若其出手絕不至於這麼寒酸，看來此舉是徐幹自己所為，與曹丕無干。想至此曹操已放心了，卻故作嗔怪：「你小子真不成器，此等蠅頭小利都不放過！」

孔桂早料到這點兒小伎倆蒙不了曹操，但也知道曹操絕不會因為收了這點東西就發落自己，假裝戰戰兢兢給了自己一個嘴巴：「小的一時糊塗，怎料主公洞察秋毫？請主公責罰。」

「念你坦白自首，罰就免了，下不為例。」曹操把小盒丟給他，「不過這東西你得退還徐幹。他官職不高俸祿不厚，又有病在身，取他錢財你於心何忍？」

孔桂素來大小通吃，明明不捨，卻違心道：「是是是，在下原也不想收，可他怕我不肯幫忙硬塞，叫我千萬要設法給劉楨說情。」

曹操心頭一陣悵然——劉楨之事他原本心裡有數，不過是想做個姿態，適當時候自會赦免，可出征一趟竟忘了。他處置大事小情幾十年，拿定主意從沒忘過，這次卻忘得一乾二淨，看來真是老了……過了好久才道：「徐幹誠心救友，又以疲病之身修成《中論》，念他這些可取之處，我也不會為難劉楨。不過他既與劉楨相厚，今後就不要在五官將府了，也調到植兒府裡吧！」早不調晚不調，偏偏在徐幹寫成政論功成名就之際轉任臨淄侯府，這不明擺著是往老三臉上貼金嗎？

孔桂心明眼亮，當然早看出曹操想立曹植，但崔琰、毛玠等人的反對也不可忽視，結局尚不能測。可今日身在咫尺之近，親耳聽到這偏袒的安排，又聯想去年出征時對曹植的囑託，前幾日銅雀臺之會，還有劉廙、孫禮等紛紛轉職，孔桂有些耐不住性子了——曹操老了，這位主子再好也注定伺候不了多久；而他還年輕，平日溜鬚拍馬為人不恥，得為日後前程多想想啊！固然要見風使舵早滂保收，可總有個限度，不冒險就沒收穫，真等到瓜熟蒂落，再跑去錦上添花就沒意思了。要想當佐命功臣，日後在新朝吃得開，可得把握好機會啊……正胡思亂想之際，又聽曹操吩咐道：「你去告訴宣明門外候著的官員，今日不見他們了。」

「諾。」孔桂趕緊回過神來，轉身便去。

「慢著，順便叫許褚備輛小車，找幾個心腹衛士，你們陪我出去散散心。我想圖個清靜，千萬別張揚。」

孔桂眼珠一轉立刻提議：「不如去城東北轉轉，觀觀山景，順便還能到採石場瞧瞧劉楨。」

曹操不禁莞爾：「你倒是受人之託忠人之事，看來徐幹這點兒錢沒白花啊！快去吧！」

孔桂歡歡喜喜去了，曹操回轉後宮，換了身外出的衣裳，也不叫侍臣相隨，自己溜溜達達出了東夾道——自曹丕兄弟遷居城東戚里，為方便他們進出，曹操命人在東夾道開了個旁門；平日堂堂魏公當然不能走窄道旁門，今日微服出遊為圖清靜，還是第一次從這裡出宮。

孔桂辦事伶俐，早把一切安排妥當，一輛兩匹馬拉的小車已停在門外，相隨保駕的八名虎豹士也換作尋常兵丁裝扮，毫不惹人注意。但趕車的不是許褚，而是個三十出頭的長鬚武官——曹操自然識得，是典韋之子典滿。

典滿身為軍中烈士之子，頗受曹操照顧，自幼徵召為郎，又轉為軍職，仕途順遂。不過他雖相貌似父親三分，性情卻截然不同，謹小慎微寡言少語，見了曹操跪地施禮格外恭敬。

「許仲康呢？」

典滿未開口，孔桂搶著道：「清早營裡傳訊，虎豹營司馬文稷病死了。許將軍與段昭他們去都弔祭了。」文稷也是沛國譙縣人，跟隨曹氏多年，雖為人低調戰功不顯，畢竟是老鄉，頗有些人緣。

「唉……」曹操不免歎息，「派人給彰兒送個信，讓他替我弔祭一下。我記得文稷還有個兒子在營裡當差，叫……什麼來著？」

「文欽。」典滿低低提醒了一聲。

「對。念其父之功，把他官職也提一提。」曹操唯恐這次又忘，囑咐孔桂，「此事你替我記著，等文欽葬父歸來就辦。」說罷正由典滿攙扶著跨上車沿，可剛登上一隻腳忽然頓住了，扭頭凝望著大門。

「主公有何吩咐？」眾兵士不解。

「方才沒多留心，這扇側門是誰負責開的？」

孔桂記得清爽：「臨淄侯督建冰井臺，順便派人開的。您瞧瞧，這門修得多體面、多周到啊！」

既然已存抓住時機之念，他自然凡事多說曹植幾句好話，尤其有典滿在旁見證，更加大說特說。

曹操把腳撤了回來，慢步走到門前細觀——見此門約有丈餘，與魏宮正門一樣，都是雙扇朱漆大門華麗軒昂；不禁皺皺眉，想說什麼卻欲言又止，回頭問孔桂：「你身上可帶著筆了？」

孔桂伺候人再周到，哪能預備那麼齊，頗有愧色；身後典滿卻道：「屬下有。」說罷解開肋下懸著的兜囊，取出筆墨雙手捧過來。曹操詫異地瞟了他一眼——典韋大字不認得一筐，這小子卻頗於文墨一道下工夫，行伍之身卻隨時帶著筆墨，真一點兒都不似他爹。不過世道變了，當年打天下拿得起刀槍就能謀富貴，如今肚子裡沒點兒墨水，即便能打仗也難往上爬，這小子倒看得通透。

曹操接過筆來，稍稍蘸了點兒墨，抬臂提袖，在新上油的朱漆大門上寫了斗大的一個「活」字。

孔桂看不明白：「主公這是何意？」

「你小子不是機靈嗎？猜猜看啊。」曹操故作神秘。

孔桂橫三眼、豎三眼打量半天，還是不明就裡，嘻皮笑臉道：「主公高深莫測，小的哪裡揣摩得到？」

曹操臉有得意之色：「我量你這點微末之才也不懂，就待高明之士來解我這謎吧……咱們走！」

劉楨磨石

鄴城東北五六里有座遠近馳名的山，雖然這山不高，連名字都沒有，但河北百姓談起無不面露恐懼——因為這座山谷就是關押勞役犯人的地方。

秦漢以來改革刑律，除死刑、肉刑、流刑之外，又多了輸作左校。左校署是將作大匠屬下機構，將作大匠負責國家土木工程，而左校署則分管刑徒，「輸作左校」其實就是叫犯人服徭役，以無償勞動贖罪，一般施用於官員及其家屬。然而戰亂多年，天下不少城池需要修繕，鄴城又接連有工程，頻征傜役會喪失民心，故而輸作左校成了儲備勞動力的捷徑，這種判決也不局限於官員了。無論你是什麼身分，一旦犯了罪，只要不是謀反，有司都樂於判為輸作左校。加之鄴城令楊沛執法苛刻，校事趙達等時時瞪大眼睛挑人毛病，近年左校署越發「人丁興旺」，曹魏建國後曹操更設立了材官校尉，專門負責管理左右校，犯人幾乎成了魏國的常備勞工。

這座山距離鄴城不遠，又出產石料，因而很快成了材官校尉治下的採石場，在鄴城判罪的犯人大多都被送到這裡勞作。當然，犯人傜役與百姓不同，有士兵隨時監管，稍微偷懶就挨一頓皮鞭，重犯下了工還得戴上鐐銬，這座山的谷口就有軍營，長年駐紮三百士兵，防備犯人逃跑甚至謀叛。統率這支隊伍的頭目叫嚴才，僅僅是材官校尉屬下一個軍候，但山中無老虎猴子稱大王，只要校尉大人和左校令不來，他就是這山裡的土皇帝，大事小情皆由他做主。其實犯人也分上中下等，不過不是按所犯罪行而分，而是按罪犯的身分而論——如果犯人是貧苦百姓，那就是最下等，打也打得、罵也罵得；如果犯人原本是小官或者是個小財主，那就算中等，只要銀錢拿來也可放寬刑罰；倘若犯罪是高官，那可就是上等了，非但不能讓他幹活，還得留神伺候著，萬一把人家得罪了，人家的親戚朋友在外面一活動，可就吃不了兜著走啦！

嚴才本就是老兵油子，又領這份差事多年，早練就一雙「慧眼」，犯人何等身分無須打聽，察言觀色就猜到八九，分清等級對症下藥，故而肥吃肥喝，撈了不少好處卻從未出過婁子，對待平民罪犯更人盡其才、物盡其用，莫說營裡修繕、做飯、鍘草、餵馬這些差事，就連他本人鋪床疊被、洗衣服、倒夜壺都分派給犯人，日子過得那叫滋潤！智者千慮終有一失，曹操和他麾下酷吏懲治不法這般嚴格，但治的畢竟是監牢外，從未想過監牢裡還有這麼多門道——這便是「燈下黑」！

這日嚴才酒足飯飽正躺在帳內歇著，身旁四個犯人捶腿的捶腿、揉肩的揉肩，忽有兵士來報：

「有位都尉大人前來。」

「哦？」嚴才坐了起來，「意欲何為？」

「說是要見一名犯人。」

「哼！」嚴才又躺下了，「這年頭都尉一把能抓十幾個，不就是想走門子見個犯人嗎？請他進來。」

「甭請了，我自己進來就行。」隨著聲音帳簾掀起，走進了三十出頭的官員。

嚴才用目一瞥，見此人身穿皂衣、頭戴武弁，雖是個武官卻眉清目秀唇紅齒白。不禁心頭一顫——這般年輕就是都尉，文生掛武職，這人可得罪不起啊！

他趕緊起身想客氣客氣，那人卻搶先施禮道：「小可拜見大人，我遠道而來不懂貴處的規矩，給您添麻煩了。」

嚴才眼珠一轉，料想如此低聲下氣也不會是有勢力之人，便拱手試探道：「大人多禮，未知您高姓大名，在哪部軍中高就？」

「嗐！」那人笑道：「賤姓孔，原先不過關中雜部一個小頭目，是朝廷垂恩給了個都尉的銜，其實一個兵沒有，在鄴城人生地不熟的也沒幾個朋友，有事還得多求人呢！」

嚴才不知這是當今紅得發紫的孔桂，反而心中暗笑——這廝真是乖角，全抖出來了，想必是投降雜部沒個靠山，這等人莫說是都尉，將軍又有何懼？想至此圓臉拉成長臉了：「孔大人，我這可是管犯人的地方，您來此有何貴幹呢？」

孔桂也壞，故意要戲耍此人，裝出一副慚愧模樣，未說話先歎氣：「唉……老弟我有個知近的朋友關在您這兒，也不知受委屈沒有，想求您行個方便，讓我見上一面。」

「原來如此。」嚴才像模像樣捋了捋鬍鬚，故作為難之色，「要說見上一面也不難，不過……」

孔桂一聽這話茬兒就樂了——小子，撈錢我是祖宗，想占我便宜？等著瞧，我今天若不反過來掏你錢，我就隨你姓！拿定主意趕緊順著道：「大人有何難處但言無妨。」

嚴才哪知他何等心思，打著官腔道：「這左校署不比地方縣寺的監牢，重犯要犯居多，可不能隨便見啊！」

孔桂就等他這句，馬上堆笑道：「大人就不能通融通融？」

「通融？」嚴才歎口氣，「不好辦啊……這營裡上上下下多少兄弟擔著呢，通融豈是一句話的事？您這事兒叫我為難哪！」

孔桂差點兒笑出聲了，強忍著伸手入囊——有金子有銀子不拿，偏抓出一把五銖小錢來。樂呵呵道：「您看這點兒意思……」

嚴才一看，還不夠買倆胡餅的，立刻把眼一瞪：「你這是何意？堂堂左校署的採石場難道是吃賄賂的地方？」說著一揚手，將一把小錢推撒在地——什麼樣的將帶什麼樣的兵，旁邊站著倆親兵，嚴才嫌少他們不嫌少，見銅錢滾過來，趕緊撿起來揣懷裡。

「喲喲喲！您別生氣。」孔桂笑道：「老弟是小地方的人，也不知您這裡的規矩。」

嚴才也不理他，卻申斥身邊四個犯人：「你們愣著作甚？接著給老子揉腿啊！不長眼睛……呸！」

「唉！」孔桂假作為難之色，在帳裡繞了兩圈，欲言又止。

嚴才斜眼瞅著他，見他磨蹭半天連個屁都不放，笑道：「這位孔大人，我這兒是管犯人的地方，您要是沒事別在我這兒溜達，哪來回哪去。」

孔桂扮作一副無奈表情：「您、您明說了吧，怎麼才能讓我見上一面？」

嚴才笑而不答，一旁親兵瞧著他怪好笑的，搭言道：「這位大人，您白長一副精明樣，可真夠呆的。一把銅錢夠什麼？乾脆直說了吧，最少也得掏塊銀子啊！」
孔桂也壞，咧嘴道：「太多了！大人您看能否減些？」
嚴才聽他討價還價氣不打一處來，乾脆斥道：「放屁！今兒不掏塊銀子就別打算見人！」
「什麼？」孔桂假裝沒聽清楚，「多少？」
嚴才嚷道：「沒塊銀子就別打算見人！」
「哦。」孔桂倏然收起笑容，轉身把帳簾一扯，「主公，您都聽見了嗎？」
嚴才一怔，這才看見帳外站個身材不高的老者，身穿錦繡滿腮銀髯，已氣得面色鐵青，兩隻鷹眼直勾勾瞪著他；身後滿營的士兵都在地上跪著，頭都不敢抬。嚴才雖不認識，但聽「主公」二字還不知道是誰嗎？霎時嚇得動不了，倆親兵嚇得都趴地下了。那四個犯人也損，恨他不死，這會兒更玩命給他揉肩捶背。
「好大的官威啊！」曹操從牙縫裡擠出這幾個字，「孤想見個人，也要掏銀子嗎？」
嚴才都快尿了，一翻身跪倒在地：「主公饒命！主公饒命！」
曹操冷笑道：「孤不忙要你的命。來人哪！先把枷鎖給他戴上，吃吃犯人的苦頭，待會兒再收拾！」說罷領著典滿先去尋劉楨了。
其實眾兵丁都是嚴才營裡的，但這會兒不管老交情了，拿過枷鎖桎梏就給他戴。孔桂不忙著去，揣手笑道：「你要大喜！」
嚴才忙抱住他腿：「大人救命！」
孔桂連連咋舌：「要說救你也不難，不過……」
「大人開恩……」嚴才鼻涕眼淚淌了滿臉。
孔桂提拉他耳朵道：「小子，我也不跟你繞彎子，你敢找老子要塊銀子，要活命也容易，拿十塊金子給我。」

「小的沒有那麼多……」

「呸！你這般會撈，豈能連十塊金子都沒有？那就叫兄弟們等著收屍吧！」

「大人，」嚴才活命要緊，「小的砸鍋賣鐵給您湊還不行嗎？」十塊金子可非小數目，置塊宅地都有富餘，嚴才絞盡腦汁撈這麼多年全歸孔桂了。

「唉，還是命要緊，是不是？那我就幫你一把。」孔桂站起身，「不過你記著，倘敢走漏半點兒風聲，我好歹要你狗命！」

「不敢不敢。」嚴才連連叩頭。

「放寬心，我要你活，你死不了，頂多受點兒皮肉之苦。」孔桂笑吟吟去了。

曹操一進營就把嚴才辦了，其他兵士噤若寒蟬，更得留心伺候，趕緊取來犯人冊簿，曹操也不觀看，直接進了採石場。可把典滿嚇一跳，趕緊領親兵周身護衛。

獄兵也不知這會兒劉楨在哪兒，只指明大致方向。曹操放眼望去，雖說幹活的犯人不少，還是一眼就發現了劉楨——他是大理卿鍾繇送來的犯人，又是臨淄侯文學從事，還是五官中郎將府中常客，這等人嚴才莫說得罪，沒當祖宗供著就不錯。

只見西面亂石堆間，劉楨披頭散髮坐在一塊大石上，雖說衣衫破爛卻沒戴腳鐐，只手腕上掛條細鎖鏈，正專心致志把玩一件小東西。曹操頗覺有趣：「鍾公倒是疼他。」笑吟吟踱了過去。

眾罪犯雖不知來者是曹操，卻明白來的是大官，所過之處皆拜伏於地。按理說劉楨早該察覺到了，卻連頭都不抬，繼續在大石頭上磨那件東西。一旁典滿要斥責，曹操卻抬手攔住，悄悄湊到近前，這才看清，他磨的不過是一塊雞卵大小普普通通的石頭。

曹操知他素來詼諧，不拘小節，八成又要弄什麼玄虛，便笑道：「喲！這不是劉公幹麼？你在做什麼？」

劉楨早看見他來，卻故作才發現的樣子：「是主公，失禮啊失禮。」只說了這一句，又開始磨石頭。

曹操甚是好奇：「你磨這塊破石頭作甚？」

劉楨道：「主公，這可不是一塊普通的石頭啊！」他把它舉起來，左看右看彷彿在珍視一顆夜明珠似的。

「哦？這石頭有何異處？」

劉楨笑道：「主公有所不知，此石出荊山玄岩之下，外炳五色之章，內秉堅貞之志，雕之不增紋，磨之不加瑩。稟性自然，我磨之數日竟不可挫其銳也！」哪裡是說石頭，明明是說他自己——我劉楨就這狂放不羈的性格，您就關我一輩子也改不了。

「哈哈哈！」曹操仰面大笑——劉楨之所以得曹家父子欣賞，就因為他既有文采又詼諧不羈，曹操從沒拿正統文人的標準衡量他，沒把他看做孔融、荀悅、仲長統，甚至連王粲、徐幹之流都不是，他只是陪著吟詩弄賦說笑話的幫閒文人。當初下獄不過借他敲打曹丕，何必與他當真呢？

「主公見笑。」劉楨把戲做足，這才規規矩矩見禮。

「好一塊雕不增紋的奇石！」曹操拍著他肩膀，「奇思妙想豈是空負虛名？接著當你的臨淄侯文學吧！」

「謝主公。屬下日後必定慎行。」劉楨就這麼一說，裝三天老實也就變回原形了。

曹操覺他這話實在是妙，竟把半日的愁悶一掃而光，笑呵呵回頭吩咐：「一會兒看看冊簿，若還有什麼可憫之人，一併赦了就是。」

孔桂早知他要赦劉楨，趁著高興湊趣道：「主公若高興，連方才那軍候也赦了吧？」

曹操白他一眼：「如此貪財惡吏，焉能饒恕？」

孔桂卻道：「這等無恥之人理當嚴懲，主公若殺豈不便宜了他？」

「依你之見呢？」

「依我罷了他官，然後讓他在這裡幹三個月苦工，讓新任的軍候看，以儆效尤！然後再將他貶為軍卒，和他手底下那幫勢利眼的兵一塊打發到一個無用的破城門守著去，讓所有人都看看，這樣的人什麼下場！」

曹操豈真拿嚴才那條小命當回事？聽他說得有理，便道：「行，你看著辦就是了。」回頭又對劉楨笑道，「過幾日孤還要出征，你可得寫幾首好詩預祝我馬到功成！」

「諾。」劉楨微笑施禮。

曹操笑呵呵看冊簿去了，孔桂卻沒走，壞笑著湊過來：「公幹兄，得脫囹圄可喜可賀！」

「畢竟主公還是寵我。」劉禎頗有得意之色。

「寵你？越寵你越壞！」孔桂危言聳聽，「你這罪說小便小，說大也大。你在裡面不知道，不少人惦記嚴懲你呢！都是你平日逢人玩笑不得人緣。」說著拍拍胸脯，「若非我在主公面前力保，你焉能脫罪？你還不得好好謝謝我？」他有小算計，徐幹的禮曹操叫退回去，嚴才那筆是白來了，劉楨這邊多少也得敲點兒，哪怕一文錢也要，總不枉白忙一場。

劉禎眨巴眨巴眼，回敬道：「成！日後你家死人，寫碑文就包在我身上。」

「嘿！你個鐵公雞，半根毛都不拔。」

劉禎晃悠著腕上的鐵鍊，發出叮叮噹噹響聲：「孔叔林，敲竹槓也得找對人，似我這般舞文弄墨的虧你開得了口。」

孔桂揣手道：「山不轉水轉，既在官場上混，沒有不求人的，咱走著瞧。」

「喲喲喲。」劉禎取笑道：「你別嚇唬我，難道你還能進我讒言？告訴你，劉某人一支禿筆嘻笑怒罵，主公尚不能把我如何，你又有甚本領？」

「哼！我治不了你？」孔桂越發壞笑，「你過來，我跟你說兩句悄悄話……」

劉禎還真把臉湊了過去：「說什麼？」

「你是以何為託辭使主公開恩的？」

劉禎搖頭晃腦：「我說我所磨乃荊山之石。」

「何為荊山之石？」

「這你都不懂？必是和氏璧。」

「我聽說那和氏璧乃卞和所獻，又稱卞氏之玉，可有這說法？」

「倒也不錯。」劉楨點點頭。

「哦。」孔桂假模假式點點頭，「劉兄是因何獲罪？」

「不就是窺視甄氏嘛，你何必明知故問？」

「哦。」孔桂一副恍然的樣子，繼而一把抓住他手腕，「劉公幹，你好大膽子！你因窺甄氏獲罪而磨卞氏之玉，甄氏是五官將之妻，那卞氏又是何人之妻？」

「啊！」劉禎嚇得差點兒癱在地下。

「分明有意訕謗，譏笑主公！」孔桂喬模喬樣扯著他，「走走走！咱到主公面前說個清楚！」

「別！別！」劉楨趕緊陪笑臉，「叔林賢弟，我成天胡言亂語的，你還能跟我一般見識？我不過隨便尋個說辭，何必咬文嚼字？」

「嘿嘿！」孔桂鬆開他手，冷笑道：「我能不能握你之生死？」

「能能能。」劉楨再不敢小覷這傢伙，「我服你了。明日愚兄就到貴府，必有好物相獻！」

「這還差不多。」孔桂總算把錢訛到手，見左右並無其他獄卒，又低聲道：「看在你這份好心，我告訴你一句話。」

「孔大人但講。」劉楨唯唯諾諾。

孔桂神神祕祕一笑：「你獲罪不是因你偷看了誰，而是因為你跟五官將來往太勤。今後老實當你的臨淄侯從事，不該去的地方少去！」說罷拿起那塊破石頭塞到他手裡，譏嘲道：「雕之不增紋，磨之不加瑩？老弟倒盼你收收鋒芒，好好把這塊石頭磨圓了，若不然哪天真把主公惹怒了，留神玉石俱焚！」說罷揚長而去。

閻王好鬥，小鬼難纏。劉楨攥著這塊破石頭，重重歎口氣，方才他還洋洋得意，這會兒卻越想越後怕……

搖擺不定

建安二十年二月，剛回到鄴城不久的曹操獲得準確消息——蜀地已經易主。

龐統戰死，劉備大軍在雒城受阻一年之久，幾經籌畫終於擒殺了蜀將張任，突破了保護成都的最後一道防線。與此同時，諸葛亮率部攻德陽，趙雲取下江陽、犍為，霍峻也在葭萌關逼退了欲得漁人之利的漢中軍隊。尤其張飛所部推進迅速，不但擊敗抵擋他的益州司馬張裔，而且在攻克江州城時俘獲了巴郡太守嚴顏。那嚴顏乃蜀中老臣，素有威望，張飛屈身折節以禮相待，終於使其甘心歸順；此後凡遇不克之城，嚴顏出來現身說法，守城將領見老長官都投敵了，紛紛不戰而降。

劉備雖然接連得勝，但成都尚有精兵三萬，糧草足以支持一年，卻也不敢怠慢；更恐漢中張魯趁機作亂於後，聽聞馬超寄居張魯麾下頗不得志，便派謀士李恢前往遊說。馬超與劉備一樣是曹操的死敵，雙方一拍即合，馬超率所部兵馬叛離張魯，南下投靠劉備。這時幾路荊州軍連戰連捷，盡皆挺進益州腹地，成都已是孤城。馬超所部羌兵屯於城北，日日叫囂勸降，城內人心惶惶，就連輾轉半生寄居蜀地的名士許靖都沉不住氣了，當先逾城投降。劉璋心灰意冷，歎曰：「我父子在蜀中二十餘年，無恩德加以百姓。百姓攻戰三年，死傷無數屍橫遍野，皆因璋之故耳，何能忍心再戰？」下令敞開城門向劉備投降。至此，蜀地終於落入劉備之手。

對於曹操而言，這是個極壞的消息。蜀中易主，劉備已成為跨有荊、益的一大割據勢力；而且馬超與西北羌胡關係密切，又曾在張魯麾下，有這些條件，劉備很快就會向漢中下手。而漢中一旦失守，劉備不但掌握進出蜀地的要塞，還打通與西北羌胡勢力的聯繫，若他們聯合起來作亂，只怕關西之地再非曹操所能掌握。而且那時劉備大可自荊、益兩路發兵侵犯，曹操東西受敵不能兼顧，若孫權再兵犯淮南，好不容易統一的北方將成瓦解之勢，莫說許都難保，連魏土也岌岌可危。

要防止這不利局面出現，唯一辦法就是搶先安定西北，最好還能把漢中奪到手，扼制劉備擴張的勢頭。曹操原本想處理完官員覲見之事，不料突然傳來噩耗：秦氏之子曹玹病重身亡。曹玹已成年婚配，受封西鄉侯，盛年而卒實在可歎，又令曹家人難過一場。但形勢大於人，曹操也只能放下悲痛，著手部署新的戰事。將士修繕兵戈、整備糧草，幕府群僚收集戰報、打理公文，一時間鄴城內外都忙起來。

這會兒早過了定更天，魏國中臺依舊熙攘，進進出出的令史捧著各地送來的文書、卷冊，忙得腳不沾塵：

「雍州糧草不足，還得供給夏侯將軍，大軍一動耗費無數，至少有幾萬石虧空。」

「征南將軍上書，宛城侯音、衛開二部乃襄陽後援，不能徵調。」

「烏丸只供良馬五百匹，沒有閻柔、田豫出面，還真不行！」

「揚州屯田復開，只張遼他們那點兒兵防守，實在堪憂啊……」

嘈雜人聲中，袁渙、涼茂、楊俊正圍坐在角落裡，對著一份敕令愁眉不展——這是路粹從聽政殿遞來的，是關於郡縣改易問題。曹操有意將原并州轄下的雲中、定襄、五原、朔方四郡合併為一郡，定名新興郡，再增設郡兵護衛。表面上看這等郡縣改易之事再尋常不過，細細品味卻大有文章。并州乃匈奴散布之地，前番馬超、韓遂作亂，單于呼廚泉表面沒有參與，但依附於匈奴的屠各部卻在暗中推波助瀾，氐族首領楊千萬也與匈奴互通聲氣。而這些都是無法挑明之事，畢竟匈奴歸附大漢多年，沒有確鑿證據不好問罪。曹操的這個改易策略明顯是衝著呼廚泉來的，政令頒布矛盾，會不會有何不測？

思慮半晌，涼茂搔著滿頭白髮開了口：「西征在即，不宜橫生枝節；倘若這道令頒下，匈奴反了怎麼辦？雍州剛安穩幾日，那幫羌氐之人又素以匈奴為尊，若呼廚泉狗急跳牆，難免他們不跟著鬧。非但夏侯淵前功盡棄，連征張魯都耽誤了，得不償失。還是退回去請主公考慮考慮吧！」

「若匈奴不反呢？」楊俊只輕輕說了一句，便把涼茂問住了。但老人家抿著嘴連連搖頭，似乎很不樂觀。

袁渙斜倚在案邊，臉色蒼白形容憔悴。他雖是郎中令，自從荀攸死後也參與中臺諸務，而且兼領御史大夫之事，萬千重擔集於一身，這幾日白天黑夜連軸轉，早有些吃不消，說話有氣無力：「依我說……事不宜遲馬上頒行。」

「草率了吧？」涼茂不無顧慮。

袁渙話聲雖弱，道理卻不弱：「丞相豈不知匈奴有私心，乃故意所為。今十萬大軍即將西去，又有夏侯淵與雍涼諸部，我料呼廚泉那點兒人馬也沒膽子妄開釁端。他唯一希冀是我軍困於秦川不得入蜀，疲亂之際謀亂於後。若丞相一路得勝，挫羌、氐之銳氣，呼廚泉無能為也。畢竟他王廷還在咱大漢領土上。」

涼茂暗想：大魏公國都有了，大漢領土不過一句空話。倒是匈奴有理有據，人家是大漢附屬，非魏國之臣，真作起亂來連名頭都有！但這些話能想卻不能說。

莫看袁渙病歪歪倚在那裡，只一對眼神就瞧透了涼茂的顧慮，又補充道：「是福不是禍，是禍躲不過。明知有個毒瘤，藏著掖著也無濟於事。聖人尚曰『時乎命乎』，有時就得碰碰運氣。反正老朽是相信丞相能打贏的，你們呢？」

他如此發問，涼茂當然不敢說喪氣話：「既然如此，就按曜卿兄說的辦吧！」楊俊初入機樞資歷尚欠，也無異議。

「好。」袁渙手扶桌案哆哆嗦嗦站起來，「咱現在就去見主公，敲定細則，也好睡個安穩覺。」楊俊提醒道：「路文蔚還在隔壁歇著，敕令是他送來的，是不是叫他一起去，從旁做個見證？」

「還是季才細心，甚好甚好。」袁渙連連點頭。

楊俊把睡得迷迷糊糊的路粹叫醒，四人緊緊衣衫，準備往聽政殿覆命。出了中臺閣門，外面比裡面還熱鬧。曹操是不見地方官了，可崔琰、毛玠還得見，臺閣本來就夠忙的，也不方便讓這些外官進去，他倆索性一人披件皮氅，在院裡與官員談話；一旁丁儀、徐邈筆錄，徐奕守著一堆簡冊，隨著接見就把調令發了，倒也條理清晰。

袁渙不願與那些外官寒暄，低聲道：「咱繞牆根走吧！」話音未落忽聞一陣訕笑——孔桂溜溜達達走進院來。

路粹朝楊俊耳語道：「神憎鬼厭之徒又來了。」隨即提高嗓門，換了番口氣道：「孔老弟，今晚刮的什麼風，竟把你吹來了？怎麼不在魏公身邊伺候啊？」

孔桂知他揶揄，卻也不當回事，笑道：「臨淄侯家丞邢顒告見，說有機密之事上奏，旁人不得與聞。主公把我攆出來啦！」

一句話倒叫四人犯難，剛說去回奏，看來邢顒不退他們是見不成魏公了。楊俊對袁渙、涼茂道：「邢德昂方入見，一時半刻出不來。兩位都是有年紀的了，國事多多倚重，還是早些休息；我與文蔚兄候著，主公若另有吩咐明早再轉告二位。」

袁、涼二老也實在累了，客套幾句就進去了。其實歇也歇不踏實，這日子回不了家，頂多在偏閣忍一覺。楊、路二人倚著門框，看著毛玠等人辦公，有一搭無一搭跟孔桂聊著閒話。

沒過多久，滿院的官員差不多打發光了，徐奕翻翻簡冊，高聲唱道：「朝歌縣令吳質。」

「在。」吳質上前施禮——他三年前因暗助曹丕謀位，被曹操外放縣令，自那之後還是第一次回到鄴城，不過滯留半個月，一趟五官將府都沒去過，唯恐教人說三道四。

徐奕客套還禮：「吳賢弟在任政績頗佳，不過這次丞相並無調任之令，你還留任原職。多多勉力吧！」其實他倆都是「曹丕黨」，眼神交流已心照不宣，不調任就還是曹操信不過他，留任實是無奈。

不想話音剛落，一旁搦管的丁儀搭了腔：「考吳兄三年政績，也不弱於司馬芝、王淩之流。今王淩晉升中山太守，司馬芝提為大理佐官，獨吳兄不晉，是何緣故回去多多自省。」

能走進這院裡的都不是糊塗人，誰都聽得出來，丁儀這話裡帶刺——不升遷因何緣故，還不是保曹丕沒保曹植？一層窗紗罷了，可誰也不能戳破！

眾人也不知丁儀是想拉攏吳質，還是純粹諷刺，都愣住了。徐奕臉上甚是難看，他是西曹掾，丁儀是西曹屬，長官說話副官在旁潑冷水，面子往哪擱？但他心裡清楚，曹操知他是擁護曹丕的，不過是用他之才，丁儀這個副手與其說協助，不如說是監督他，維持兩派人物的平衡。這時候只要他對曹丕親信稍有偏袒，立時禍不旋踵。怎麼辦？徐奕只能忍而不發。

但徐奕能忍，崔琰卻忍不下，當即怒斥：「丁正禮，徐西曹講話豈有你插嘴之禮？別以為仗著臨淄侯的庇護，就可以為所欲為！別人不敢管你，崔某敢管你。羞辱縣令、無視上司就是有罪！你若不服咱到魏公面前評理！」崔大鬍子直來直去，兩句話挑明了，一旁看熱鬧的令史唯恐蕭牆之爭扯進自己，紛紛退避。

「唉……崔公息怒，此等小事何必叨擾主公。」毛玠勸了一句，隨即轉過他那張毫無表情的臉，逼視著丁儀：「還不給吳縣令陪禮？」他話音雖不大，卻透著一股不容抗拒的威嚴。

丁儀惹得起徐奕，卻惹不起崔、毛二老。一個是虯髯獅虎，動不動就瞪眼；一個是鐵面判官，半輩子沒笑過。幕府元勳豈能不懼？可當著這麼多人的面向一介縣令的吳質陪禮，豈不羞辱？望著眾人注視的目光，丁儀一陣陣委屈——想當初曹丕一黨得勢時阻我為曹氏之婿，置我於令史之職，壓了我多少年？如今時來運轉，出出當年惡氣有何不可？吳質受窘你們看不過眼，我當初受屈你們誰管過？憑什麼天下的道理都是別人的……想至此他把脖子一梗，硬是不睬。

崔琰怒不可遏，就要上前抓袍攜帶，眾人趕緊拉住：「崔西曹，息怒息怒！」吳質更不願事情鬧大，演變成兩派之爭，也跟著勸：「丁賢弟無心之言，大人何必認真？若因在下起爭執，今後我還有何臉面來中臺辦事？且看在下薄面……」徐邈也跟著勸，總算把崔琰摁下。

楊俊趁亂拉住呆立的丁儀，埋怨道：「愣著作甚？還不快走！」

「哦。」丁儀這才回過神來，快步而避，臨出院門又回頭望了望崔、毛二老，心下暗罵——老而不死是為賊，什麼忠正老臣，分明都是曹丕一黨，冥頑不化之人！咱走著瞧，終有一日我要扳倒你們這倆老傢伙！

丁儀走了，崔琰卻還在吹鬍子瞪眼，嚷著要彈劾丁儀，眾人怎麼勸也勸不好。這時路粹樂呵呵擠入人群，笑道：「大夥別鬧了，你們順著我的手瞧。」

大夥順著路粹手指的方向望去——見孔桂倒在一塊青石上，四仰八叉打起了呼嚕。這位真累壞了，那旁吵得沸反盈天，他那邊睡得跟死狗一樣，口水都流下來了。

這景象與聲嘶力竭的爭吵格格不入，眾人一怔，隨即齊聲大笑，連一肚子火的崔琰也憋不住了。毛玠捋髯歎道：「咱們累，其實這廝比咱還累，主公一刻不休息，他就得在旁伺候。咱受累為家國社稷，他受累為逢迎取巧，道雖不同，其術相近。設使能將此媚上之心用於正道，未嘗不能有所作為，可惜呀！」毛玠久典選官之事，頗能見人之長處。

崔琰收起笑容：「這等不顧廉恥幸進之徒，活活累死他也不冤！」話雖這麼說，卻解下自己的皮袍，讓小吏給孔桂蓋上，還道，「我倒不在乎他凍著，卻怕他凍死在這兒，髒了中樞之地。」刀子嘴豆腐心，他就這脾氣，彈劾之事也不提了。

楊俊捅了捅路粹臂腕，耳語道：「咱有正事回奏主公，待會兒若這小子醒了，必要跟進去囉唣。不如趁他睡著先去見駕，也省了許多麻煩。」路粹連連稱是。

二人手捧敕令出中臺院落，左轉，過顯陽門，至宣明門下就不能隨便進了。剛想跟守門兵丁打聽打聽邢顒辭駕沒有，就見前面黑黢黢的宮苑裡飄過一團火光，凝視半晌，才見兩人徐徐行來——前面挑著燈的是虎賁中郎將桓階，後面跟著一人，五十開外，面沉似水，正是臨淄侯家丞邢顒。

楊俊寒暄道：「原來是邢公，方才還想打聽您出來沒有，我等要面見主公。桓大人，您也沒歇著啊！」

桓階笑道：「主公沒休息，我哪敢偷閒？」

邢顒卻好像滿腹心事，強笑道：「這麼晚你們還要入見？」

楊俊拍拍懷裡的敕令：「主公命我等議政，還等著回奏呢！」

「哦。」邢顒木訥地點點頭，卻道：「只怕主公心緒不佳，你等要多加小心……」扔下這麼句沒頭沒尾的話就走了。

楊俊、路粹頗感詫異，桓階倒是熱心腸：「我陪你們一同過去，若有差失也好從旁周旋。」

「有勞有勞。」二人隨著他進了宣明門，又過聽政門，卻見正殿上一片漆黑。桓階道：「方才主公與邢公在溫室談話，你們是覆命，但去無妨。」

「邢公到底跟主公說些什麼？」路粹不禁堪憂。

「我也不知，邢公出來才遇見的，我也不便問。」其實桓階心裡也沒底，也想看個究竟。

三人都不再說話，按捺著忐忑的心緒，瞅著腳下漆黑的路。直等轉入後宮才見幾絲亮光——溫室殿內只點著一盞昏暗的小燈，瞧不見一絲人影晃動，殿旁的桐樹在夜風吹拂下沙沙作響，彷彿鬼魅張牙舞爪，此情此景不禁使人膽怯。三人的心都提到嗓子眼了，穩住心神越走越近，卻見曹操披著件錦衣獨自坐於几案之後，二目無神地注視著前方。

到底看見我們沒有？三人面面相覷，乍著膽子來到殿階前跪倒，桓階率先開言：「啟稟主公，楊、路二位大人覆命。」因為緊張，聲音竟略有些發顫。

哪知曹操竟充耳不聞，吭也不吭一聲。桓階略抬眼皮，見他還是那樣坐著，又不敢多看，提高嗓門又道：「我等覆命。」依舊沒動靜。

桓階、楊俊、路粹心頭不約而同生出天塌地陷般的恐懼——莫非死了？

三人幾乎同時從地上躍起來：「主公！」

「我聽見了……」

三人又同時矮了半截——全癱倒了，嚇的！真真虛驚一場。天下未寧，嗣子未定，不君不臣，大戰在即；這節骨眼上若曹操真死了，這爛攤子怎麼辦？想想都害怕！

「你們進來吧！」曹操的聲音陰沉無力。

三人這才擦去冷汗、連滾帶爬進殿：「主公身體不適？」

「沒有……就是有點兒心事……」

有點兒心事？仨人一看就知這事小不了。自赤壁戰敗以來還沒見曹操這般憔悴——他弓腰駝背，雙臂支在几案上，彷彿只要稍稍一碰就會栽倒；臉色蒼白、掛著冷汗，連眼角都耷拉著，素來炯炯有神的一雙眼黯淡空洞，依舊凝視著黢黑的殿外，鬢邊銀髮蓬鬆散亂；昏暗燈光下顯得他臉上皺紋越發多了，條條陰霾如千溝萬壑一般。其實平日未嘗不是這副尊容，但人活的是精氣神，精神一洩立刻就老！

三人方才嚇糊塗了，這會兒都明白過來，邢顒是曹植的家丞，所奏之事能給曹操這麼大打擊，必然與公子相爭有關，可究竟何事誰也不敢問。君臣相對片刻，反倒是曹操先打破沉默：「你等何事？」

「哦。」楊俊忐忑道：「合併州郡之事屬下和袁公、涼公商議過，至於派何人……」

「你們商量著辦吧。」曹操這會兒根本沒心思處置政務。

又一陣尷尬的沉默，三人搜腸刮肚實不知該說些什麼，最後還是桓階支支吾吾道：「無論發生何事……還請主公放寬心。」

這句模棱兩可的話還真管用，曹操緩緩抬起頭，黯淡的目光逐個掃過三人面龐：「有句話問你們，務必明白回奏，不得搪塞欺瞞。」

「諾。」三人實不知他要問什麼，心裡直發毛。

曹操突然站起身來：「依你等所見，五官將與臨淄侯孰優孰劣？誰當為嗣？」

一句話出口，嚇得三人體似篩糠——這些話私下都不敢多言，何況當面問？三人同時跪倒：

「我等實不敢……」

「我不是說了嘛，明白回奏不得搪塞！」

三人兀自顫抖不言。

曹操乾脆把話挑明：「孤意欲立子建為嗣，你等以為如何？」

再也不能不回答了，楊俊前爬兩步道：「臣歷任外職到鄴不久，不敢言立嗣之事。然據外間相聞，臨淄侯之才天下皆知，人品端方瀟灑靈秀，甚得主公之教。昔隨軍至譙，睹物知名出口成誦，中原之士無不欽佩其才，爭相以為友，至今傳為美談。」他的話點到為止，雖不明說支持，實際也是贊同。

桓階一怔，瞪大眼睛望著楊俊，彷彿不認識這個人——其實楊俊雖入仕多年，但本質上仍是個文人。他乃昔年被曹操冤殺了的名士邊讓的門生，歷任官職以來，在各地最大政績就是立學校、宣德教。他重文才，自然也欣賞這樣的人，推薦提拔的也都是王象、荀緯那等文人，所以在他看來曹植堪稱最合適的主子，故而他雖非丁儀、楊修那等死黨，卻也真心擁護曹植。

這番話似乎讓曹操的心情舒服了一些，剛要開口再問另二人，卻見桓階連爬兩步到他眼前，高聲朗言：「五官將仁冠群子，名昭海內，仁聖達節，天下莫不聞。而主公復以臨淄侯而問臣，臣誠惑之！」

「你、你……」曹操蹙眉注視著桓階，桓階這會兒卻不退縮，也懇求地凝望著他。

曹操似乎被他的摯誠打動了，對視良久竟先移開了目光，倏然又轉向路粹：「你又以為如何？」這會兒路粹實在不敢再說什麼了，一個支援曹植、一個力保曹丕，他偏袒任一方日後都不免落埋怨。況且路粹實有前車之鑒，當年他承曹操之意與郗慮上書彈劾孔融，終致孔融滿門遇害，自此士林之中對他頗有非議，如今當真半點兒渾水也不敢蹚。面對質問他連連叩首：「五官將居長居仁，臨淄侯有才有名，主公慧眼聰辨智冠天下，想必自有定見……」

「放屁！」話未說完曹操勃然大怒，「什麼慧眼聰辨智冠天下？我是傻子、是呆子！我什麼都不知道！所有事都問我！我不知道……」他聲嘶了幾聲，繼而聲音越來越弱，晃晃悠悠地坐下喘著粗氣。

三人顫顫巍巍不敢抬頭，隔了半晌才乍著膽子低聲勸道：「主公息怒……保重身體……」

曹操撫著隱隱作痛的腦袋，漸漸平靜下來——真是急糊塗了，我的國家、我的兒子，當然要我自己做主，發作他們做什麼？

「你們都起來吧！」曹操似乎全身精力都耗盡了，頹然坐著，像一位孤獨的老人傾訴著內心的苦悶，「孤生平做事快意恩仇，素無不決之時，唯此立嗣之事實是難以決斷……子桓居長，然外仁內忌，智謀亦不甚出眾，獨勤懇一道尚合我心；子建性情揮灑，兼有文才，頗類我，唯軍政方面似有欠缺，但可造就……前番吾以諸事相試二子，想必你們也知；本以為子建已有長進，足以繼承我位，哪料……」說到這兒他突然苦笑，不知是笑這事，還是笑自己糊塗，「方才邢子昂入見，言主簿楊修在我相試之日屢次夜訪子建，洩之以軍務，那些奏對……都是事先做好的！」

桓階三人聞聽此言既吃驚又不安。

「先前就有傳言，說持手笏出城那晚，楊修暗中相助子建，我只當訛傳，現在看來……別人的話孤不信，邢子昂乃其家丞……三番兩次囑咐子建禮敬邢顒，檢點行為，全當耳旁風……」曹操越發苦笑，「老天作弄人，若我那好兒子沒死在宛城，怎有今日之憂……這兩個不成器的東西！你們說我難不難？曹某英雄一世，難道就把基業交給他們？」曹操的痛苦恰恰在此，他太強勢了，所以在他眼中他自己永遠是正確的，兒子都太渺小了，要他把基業交給並不十分優秀的兒子，太不甘心啦！再加上曹昂、曹沖兩個因死亡而完美的形象刻在他腦海裡，其他兒子就更不堪了。所以當他發現曹植性格方面有些像他時他會那麼關注，進而其軍政之才有所長進時竟會那麼高興，然而期望越大失望也越大。

桓階等三臣皆感今晚這番話實在駭人聽聞，緊張得一個字不敢說。曹操慢慢傾訴完了，似乎感到一絲慰藉，但望著眼前這三個大臣，又轉而後悔起來——糟糕！我當真老了，怎管不住嘴了？這事萬不該對他們提起，他們有向著老大的，也有偏向老三的，倘若傳揚出去非但我曹家顏面受損，恐怕兩派相爭更要越演越烈了！

楊俊搜腸刮肚，剛想到幾句勸慰的話，未及開口卻見曹操倏然站起來，彷彿剎那間又變回平日那個威嚴有度的魏公。

「孤有些失態，叫你等笑話了。」

「不敢……」

「天色不早，你們都退下吧！」曹操背著手似是自嘲道：「孤今天可真家醜外揚了。君不密則失臣，臣不密則失身，這些話你們可不要往外傳啊！」

他雖是玩笑口氣，三人卻聽得脊梁骨發涼——早知邢顒密奏如此駭人，今晚就不該入見，心中裝下這般大事，若不慎傳出一二，他豈能輕饒？趕緊施禮：「主公保重身體，我等告退……」出離禁地三人都鬆口氣，路粹還好說，桓階、楊俊目光相接不免尷尬。原來都是大面上過得去的同僚，現在彼此明白了，一個保曹丕、一個保曹植，以後關係還真不好處了，兩人不禁苦笑，對揖而別。

他們走了，曹操的愁煩卻並未解除，他仍為立嗣之事躊躇不已。平心而論，直至此時他還是傾向曹植，這就是當父親的偏心，沒辦法的事。他緊鎖眉頭在殿內轉了一圈又一圈，恨不得楊修能馬上出現在自己面前，把一切解釋清楚，哪怕是磕頭請罪他也會原諒。可他全然不知事情敗露，怎麼會來？

如此繞了半個時辰，曹操實在按捺不住，他要去找曹植，父子倆推心置腹把話說明白。想至此他心中迫切再顧不得許多，急匆匆出了溫室，直往東而去。宮中侍衛不少，見魏公大晚上獨自出來，焉能不保護？不多時就聚起二十多人，有個不知輕重的軍候過來勸：「天色太晚，主公這是去哪兒……」

話未說完曹操左手一揚，順勢抽他一耳光：「孤之事豈由你管！」這會兒氣不順，誰都不能惹。其他侍衛不敢近前了，職責所在又不能不護衛，便手持燈燭在身後十餘步跟著，曹操到哪兒他們跟到哪兒，唯恐有意外。

曹操恍惚間只想與曹植把話挑明，徑直奔了東夾道側門——只要從此門而出，再穿一趟街就是臨淄侯府，其實方便得很。哪知走到這側門前，曹操不禁停下來。

這道門不一樣了，十幾天前還寬有丈餘、朱漆明亮，不知何時改小了，變成只能供兩人並排而過的窄門，重新補砌的牆，三層石階也砸了，只留一道門檻，若不是有士兵舉著火把守在那裡，曹操簡直尋不到這地方了。

守門兵士沒想到深更半夜魏公親臨，全跪下了：「參見主公。」

曹操質問：「這道門何時改的？」

有個小兵放膽答道：「昨天方修整完畢。」

「誰傳令改建的？」

「是臨淄侯督造。」小兵答道：「前幾日臨淄侯與主簿楊修經過，見主公在門上所留之字。楊大人說，『門』內加一『活』乃『闊』字，主公必是嫌側門寬闊太過張揚，臨淄侯聞聽此言就調匠人把這門改成現在這樣了。」

側門乃出入家眷及僕婢之用，怎能太過張揚？這門改得正合曹操心意，但他卻甚感不悅——又是楊修！

曹操固然怨恨楊修為曹植出謀劃策乃至幫忙作弊，但更恨曹植對楊修言聽計從。須知為帝王者萬不可專信於人，長此以往必受蒙蔽。如今曹植事事賴其所謀，處置實務到底有幾分真本事？他固然身負才華，但那種不羈的性情真的適合為君王嗎？

這些事曹操先前沒多考慮，但面對這道門，他立曹植為嗣的決心逐漸動搖，曹植在他心目中的種種優勢也逐漸消失。立嗣之事關乎國家興亡，不能如此草率，老三自有其長處，但老大也不遑多讓，要分出高下不這麼容易……想到這些，曹操變了主意，他不打算立曹植了，還要再慎重比較二子的優劣，這次必須設法拋開父子之情，單純看他們誰更適合為領袖之材。

眾侍衛在後面遠遠望著不敢近前，忽見南面摸黑跑來一人，正是孔桂。他在中臺睡得正香卻被侍衛叫起，說主公大晚上在宮苑裡瞎轉悠，也不知與誰置氣，大夥勸不了，請他快過去。孔桂不敢怠慢，忙一溜小跑趕了來，離著老遠就衝兵丁斥責道：「你們都瞎了麼？沒看主公穿得薄？才剛二月夜裡寒著呢！」說著話解下自己袍子披在曹操肩上，「您別嫌小的髒，先穿上暖和暖和。主公乃是一國之尊、三軍之主，後日便要領軍出征，凍著可不是鬧著玩的。」

「嗯，回殿。」曹操這會兒實已拿定主意，聽孔桂這麼一說，竟也覺得寒風料峭，確實是冷，方才心中火急竟沒在意──殊不知這晚種禍不淺！

「主公何事煩躁？」孔桂跟在一旁訕道。

「沒什麼，方才頭疼得厲害，出來走走。」曹操雖寵信孔桂，但也知其諂佞，不願把二子之事相告。孔桂也不敢多問，只說些笑話。

回到溫室曹操落坐，暖和了一陣，卻覺左手竟有麻痹之感，想來方才打了侍衛一下，也未上心。孔桂頗識趣，覺出他身有不適，過來親自為他揉肩捶腿。曹操蹙眉道：「你好歹是堂堂騎都尉，怎做這等奴僕之事？」

「小的文不成、武不就，唯一所長就是對主公這顆忠心，力所能及竭力為之吧！」孔桂把自己說得慘兮兮的。

當初他就是靠這點兒手段服侍楊秋的，曹操叫他推拿幾下，竟感覺挺舒服，便沒再阻攔，只歎道：「孤平生未嘗畏老懼死，不過近來真感覺精力不濟了。」

孔桂笑道：「主公一點兒也不老。」

「你諂媚忒過，年逾順耳豈言不老？」

「六十歲不算年高，我在楊秋麾下時，在安定郡見過一位退職的老郡將，都年逾百歲了，好像叫……叫皇甫隆。」

「嗯？」曹操眼睛一亮，「先朝敦煌太守皇甫隆，此人還在世？」

「在！小的親眼所見，精神矍鑠鶴髮童顏，都成老神仙了。百歲之人尚在，您六十歲何必言老？」

曹操一張一握活動著略感麻木的左手，忽然坐直身體，一本正經道：「你能幫孤尋到此人嗎？孤要向他請教養生之法。」

孔桂一怔，暗怪自己話多招事，得見皇甫隆乃數年前之事，現今這老頭在不在世他也說不準，不過說來哄曹操寬心，哪料竟認真了。孔桂含糊道：「小的久不在那邊，皇甫隆居於何處我也不清楚。」

曹操兀自不放：「你不清楚，可托楊秋去尋。」

孔桂眼珠一轉：「老人家年逾百歲，主公若招他來鄴城，恐怕消受不起。」

「那倒不妨。」曹操信手從帥案抽了塊手箚，「我寫封書信給他，你交與楊秋叫他設法送去，再者過幾日便要發兵西征，到涼州說不定能見上一面。」他說著便提筆寫起來。

孔桂暗暗叫苦，也不敢推脫了，在旁看著：

聞卿年出百歲，而體力不衰，耳目聰明，顏色和悅，此盛事也。所服食施行導引，可得聞乎？若有可傳，想可密示封內。

曹操自掌政以來行文無數，從來是命令口吻，幾時這般謙和求教？這會兒他真的期望自己健康長壽，倒不是怕死，而是眼下他不能病、不能死。為了統一天下，更為降服兩個不成器的兒子，無論如何他都要硬硬朗朗活下去！

第十章

出征漢中壓制劉備

出征漢中

無論發生何事，策劃好的戰爭還得進行。建安二十年三月，曹操不得不壓抑下憂鬱心情，開始第二次西征，這次的目標是久不順服的馬韓餘黨、羌氏部落以及「米賊」張魯。

依舊是曹操親率中軍從鄴城出發，在弘農郡與夏侯惇會合，繼而出潼關與夏侯淵及雍州諸部會師，然後再大舉推進。所不同的是此番用兵所帶隨員甚多，陳矯為隨軍長史、劉曄為行軍主簿，這是素常就有的差事；可侍中王粲、杜襲也得隨軍，辛毗、楊修、路粹、司馬懿、韋康、應瑒、丁儀、董遇等一眾掾吏都充了謀士，連孔桂也被帶上了，幕府供職的文苑之士幾乎抽走一半。最莫名其妙的是，曹操僅命二子曹彰相伴，曹丕、曹植雙雙留於鄴城，而且直至他離城之日也沒指明誰負責留守諸事，實際上他把家託給了袁渙、涼茂、鍾繇等大臣，倆兒子誰都無權！

按照慣例出征之日臣僚要送行，但這次送得格外遠，而且送行的人也比往常多，眾公子自不必說，連卞氏、環氏、王氏等幾位夫人都乘車來了，更熱鬧的是還有一些地方官羈留在鄴城，也融入送行隊伍，加上隨主伺候的車夫、僕役，浩浩蕩蕩好幾千人。

也不知曹操在琢磨什麼，始終沒說句「大家回去吧」之類的客套話，曹丕、曹植正巴望著多討好父親，豈敢拍板說不送了？群臣更不敢抱怨，只能硬著頭皮跟著。飢餐渴飲曉行夜宿，送了一程又一程，出魏郡、入河內，一直送到黃河沿岸孟津渡，曹操還是一句辭行的話都沒有。遙望對岸邙山，大夥心裡直嘀咕——西征路都快走一半了，乾脆咱都跟著打仗去吧！

關鍵時刻倒是孔桂起了作用，嘻皮笑臉對曹操道：「主公，渡河可就到河南了，文武群臣還都跟著呢，鄴城都沒人管了，索性咱遷都洛陽吧！」一席話逗得曹操大笑，這才傳命令，一面搭設便橋，一面與眾人作別。

其實曹操也知道自己的固執給大家添了麻煩，耽誤了許多事，但他偏偏不想叫群臣回去。之所以要他們跟隨，並非出於何種考慮，僅僅是留戀這種熱鬧。他以往的歲月中從沒似今天這般熱鬧，如果可以的話，他甚至想把全天下人都帶在身邊，就為了讓他那顆日漸孤獨的心多感受一些溫暖。時至今日他不得不承認，他已經老了，開始犯病了，開始耍小性了，開始怕冷清了……他自己都清楚，可就是把持不住。

曹宇、曹據、曹峻等小弟兄難得離開鄴城這麼久，與其說送父出征，還不如說遊山逛景來的，幾日下來都玩瘋了，這會兒才想起依依惜別，都來抱著大腿甜言蜜語。曹操也樂得他們如此，摟著幾個小兒有說有笑，以往也是不多見的。有人把卞氏夫人的車驅到曹操馬前，夫妻隔著簾子說話。

老夫老妻本沒多少話囑咐，可這次卞氏卻依依不捨，流著淚幽幽咽咽：「我們女人不該問軍國之事，不過戰事若順儘量早回來。玹兒沒了，咱們熊兒也不好，當年華佗在世時說他十歲有小恙，這倆月他喘病越發厲害，你千萬早去早歸，回來晚了只怕……」話說一半卞氏感覺自己多口了，大戰在即不該給他添愁煩。但曹操已揣摩到，曹熊可能快不行了，回來晚了恐怕連最後一面都見不上了。

「我把李璫之給妳留下，儘量給熊兒治，若實在不行……」曹操望向遠處曹丕、曹植兄弟，「妳也別難過，胳膊再長拉不住短命鬼，由著他去，可能還少受點兒罪，死了的倒比活著的叫咱省心。」

不僅魏公一家道別，大臣們也各道珍重。最後曹丕、曹植、曹彪捧上一盞盞餞行酒，讓隨軍之士暢飲。這酒一捧，曹操察覺到了異樣——曹丕大體上一視同仁，不論親疏遠近挨個遞酒；曹植本來豪放不羈，跟誰親厚就敬誰酒，今天卻也中庸起來；唯有曹彪大大咧咧，只給曹真、曹休他們遞酒，哥幾個旁若無人聊起沒完。

眼見此景曹操突然意識到——那晚邢顒密奏以及詢問桓階三人之事洩漏了！若不然，曹植何以留心這些瑣碎之舉？他立刻轉臉在人群中搜尋，果見楊修扎在角落裡低頭不語，根本不往曹植面前湊，似是特意疏遠避嫌。

曹操陡然生出一陣被欺騙的惱怒，但眼下他得忍著，這話不能挑明。是誰說出去的呢？他又把目光掃過桓階、路粹、楊俊，每個與那晚之事有關的人，看誰都有嫌疑，可又都很自然。而當他眼光與邢顒相接時，但見邢顒滿臉陰沉，衝著他微微搖了搖頭——很明顯，他也察覺到洩密了，身為告密者自然不會那麼做，他現在處境尷尬，也沒搞清是怎麼回事。

「你倆過來！」曹操點手喚過校事趙達、盧洪，「有件機密之事要你們查……」

盧、趙二人許多日子沒得差事，這會兒恨不得有點兒事，忙跑過去踮起腳尖聽著，最後深深一揖：「主公放心，一定查個水落石出。」

「切記要隱祕，不得叫其他人知道。」曹操再三告誡。

這時只聽一陣爽朗的笑聲，曹植敬酒正敬到王粲，他倆之間倒沒什麼私意，純屬文苑之友，不免說笑幾句。丁儀卻過來湊趣：「以往出征臨淄侯必有詩歌送行，今日不免也要吟上幾句吧？」

「正該如此。」曹植微笑點頭。

「且慢！」王粲狡黠一笑，「歌功頌德之詞我都聽膩了，公子提前在府裡下些工夫，事到臨頭喬模喬樣唱一番，算得什麼本事？誰知道有沒有人替您背後捉刀？」

曹植知他故意玩笑，也戲謔道：「非是我自誇，有資格為我捉刀的這世上恐沒幾個，必定得仲宣兄這等造詣之人。難道仲宣兄這常伯之位不要了，想到我府中謀一小吏？」此言逗得大夥無不莞爾。

王粲是聰明人，眼下除了孔桂再沒人比他更得寵了，而他的固寵之道就是循東方曼倩之遺風，大獻文才、大說大笑，一副無所在意的樣子，所作詩賦一概迎合上意，至於曹氏家事更是能躲多遠就躲多遠。此刻他漸感這玩笑越開越深，馬上陡然一轉：「莫道那些沒用的，既然您說無人代勞，那我出個題目請公子立刻作來。」

丁儀自要為曹植敲邊鼓：「甚好，公子就給他作一首，免得這廝不服！」

曹植道：「我若作得出，仲宣罰酒一盞，作不出我自罰三盞。」

「你道三盞，我也是三盞！」王粲信口而來，「就請只為我與丁儀作首詩，權當友人送別，而且不准有留戀惜別之意。若能脫俗我便認輸，若庸庸碌碌，即便作出來我也不認。」

「噫……」眾人不免失望，既然不准寫惜別之意，無外乎祝前程光明之言；可轉念一想，似乎也不簡單，這題目忒難寫出新意，既要脫俗可就更難了。哪知曹植招呼僕從捧酒近前，一邊抱起酒甕倒酒，一邊脫口而誦：

從軍度函谷，驅馬過西京。
山岑高無極，涇渭揚濁清。
壯哉帝王居，佳麗殊百城。
員闕出浮雲，承露概泰清。

皇佐揚天惠，四海無交兵。
權家雖愛勝，全國為令名。
君子在末位，不能歌德聲。
丁生怨在朝，王子歡自營。
歡怨非貞則，中和誠可經。

曹植《贈丁儀王粲詩》

一首詩作罷，三盞酒剛好斟滿，眾人齊挑大指——這詩作得真別致。說是贈王粲、丁儀的，其實卻大贊父親用兵如神，直到最後兩句切入正題，且頗有戲弄之態。「丁生怨在朝，王子歡自營」，想要建功立業的你們都憋不住了，巴望著有機會出去；「歡怨非貞則，中和誠可經」，這次隨軍你們可別美壞了，喜憂得當才益身心！

王粲早斷定曹植能贏，身為臣子就要哄人家高興，真難做的題目他也不會出。但他以為曹植將以辭藻取勝，沒料到能賦予滑稽之感，不禁咋舌：「心服口服，願飲三盞。」

曹植卻也拿起了酒，朗言道：「小可這首詩，不但祝王、丁二君，也祝父親與三軍之士，願各位馬到成功！」他表面落落大方，其實心裡也打鼓——邢顒奏事他已知道，如今解釋亦無用，只有竭力展示才華，彌補父親對他的惡劣印象。

「謝臨淄侯。」群臣紛紛還禮，一飲而盡。

孔桂不明其中奧妙，見曹操毫無表情，往前湊湊，似乎自言自語道：「這麼有才有德的兒子，天底下哪找去？好事都讓主公趕上了。」哪知曹操卻置若罔聞。

曹丕緩緩走了過來，深深一揖：「父親……」

「你有事啟奏？」曹操故作陰冷——如今楊修之事敗露，也不知老大清不清楚，這時絕不能給他好臉色，免得助長他氣焰。

曹丕垂著頭低聲道：「孩兒才少德薄，此番不堪隨軍，籌畫亦無裨益。但近來父親愈加清瘦了，想來成敗順逆乃一時之事，那些宵小之敵也難成氣候，莫要因此過度操勞傷了身體……孩兒每每想起父親一把年紀還要親赴戰場為國驅馳、為我等兒孫謀前程，就……」曹丕說到這兒聲音沙啞起來，「現今叡兒漸漸長大，孩兒才知父親之難，當真不養兒……不知……不知父母之恩……」斷斷續續幾不能言。

雖然曹丕把頭壓得很低，但曹操依舊看見他眼角掛了一絲淚花，不禁心頭一顫——二十多年了，哪個兒子跟我說過這樣的話？老大真是懂事了……但他馬上意識到這可能只是表演，按捺悸動的心低沉道：「你這是做什麼？快三十歲的人了，怎還哭哭啼啼？」

曹丕趕緊壓抑住情緒，輕輕拭去淚珠：「是孩兒的錯，出征在即不該如此。」

孔桂察言觀色插了一句：「時辰不早了，請主公出發吧！」

「是該上路了，你帶大夥回去吧！」曹操囑咐了曹丕一句，不禁低頭看看自己有些麻木的左手，自那晚突覺麻木至今未好，也不知是何徵兆？想至此終忍不住動情道：「為父會保重，你也要多多用心，你身為長子可是我曹氏的頂梁柱啊！」

「諾。」曹丕重重應了一聲。

「傳令三軍，即刻出發。」曹操不想旁人看見自己激動的神情，催馬離開了人群——他畢竟是個父親，真心希望兒子們愛他、讚美他、牽掛他，即便知道是表演也心甘情願上這個當。天下父母哪個又不是這樣呢？

將士陸續過了便橋，漸漸遠去。送行之人也終於可以鬆口氣了，三三兩兩各覓知己。曹丕一猛子扎到吳質面前，抱拳拱手，輕輕道：「多謝賜教。」

方才曹丕那番坦露胸臆其實是他的主意。曹植出口成章占盡風頭，論這方面曹丕匹敵不了，況且即便鬥個半斤八兩也沒意思。所以吳質趁著熱鬧偷偷走到曹丕身後，耳語道：「公子與魏王作別，勿論政務、勿贈詩文，但言保重康體之辭，若能流涕陳詞以情動之則是最妙。」於是才有了曹丕那番真情流露！

吳質左顧右盼，見無人注意，直言道：「楊修之事雖敗，然五官將與三公子也不過重歸不相上下之局。今日之事略占上風，還望保此優勢一以貫之，方能撼令尊之心。」

「明白明白。」曹丕喜不自勝，「還望季重在鄴城多留幾日。」

吳質歎道：「不可，在下這便要重歸朝歌赴任了。」

「現在就走？」

「不錯。」吳質面色凝重，「主公在須小心，主公不在更要小心，不但我要避，其他人也得留神。您注意沒有，三公子與楊修似乎已知邢顒奏事，這必是我方洩密。目下能在兩府遊走的只有司馬懿兄弟，十有八九就是司馬孚多的嘴！此事可大可小，您得留神處置。」

曹丕的喜色全然不見，眼中流露出恐懼——倘若真是司馬懿透露給司馬孚，司馬孚又告知曹植、楊修，這件事還真麻煩了。趙達一旦查實，父親必要責難司馬兄弟，可與邢顒串通接洽的偏偏也是司馬懿，倘若把這些內幕都抖出來就糟了！無論如何得保司馬兄弟，可司馬懿又隨軍而去，這個節骨眼上究竟該怎麼辦？說是要留神處置，可究竟怎麼處置呢？

吳質似難啟齒，掉轉馬頭輕輕道了句：「錢壓奴輩手，黃白之物可以通神！」說罷一抖韁繩馳騁而去。

戰前疑雲

洩密之事關乎曹丕、曹植利害，兩人不免各自揪心，而曹操對此更是關注。渡過孟津一路西行，曹操一直在琢磨這件事，不過他當然想不到司馬兄弟，懷疑的只是桓階、楊俊和路粹。他大可向楊修把話挑明，但這已不重要，相對曹植作弊，他更關注的是誰背叛了自己，對於手握重權之人，這才是真正不能容忍的！如此胡思想亂走了半日，將近申時右護軍薛悌稟報：「伏波將軍所部已過洛陽，少時便可會合。」

「嗯。」曹操心不在焉隨口答應，「此地是何處？」

薛悌又仔細問了斥候兵，這才答覆：「此乃函谷關以北、弘農與河南交界，前行一里就是弘農懷王陵墓。」

弘農懷王正是當年被董卓廢殺的少帝劉辯，因被貶為弘農王，故沒有葬於邙山歷代帝陵左近。董卓肆虐京畿，富家王公尚要掘墳取寶，自然也不會給劉辯體面的墳墓，不過薄棺一口、土丘一座；後來天子劉協脫離西京魔爪，遷都許縣後才提議重修，並給兄長加諡號為「懷」（慈仁短折曰「懷」）。但曹操當時正被袁紹、呂布纏得焦頭爛額，哪有心思管前朝廢帝，不過應付應付。故而劉辯的墳非但不能與其他王陵相比，即便跟富家墳圈相比也顯得寒酸，風水也甚不佳，竟在弘農與河南交界一處的沿河荒地，形同孤墳野塚。

前番關中諸將之亂，曹操出兵乃為戡亂，故取道洛陽直赴潼關；這次西征卻大不一樣，乃為征討涼州殘兵、漢中張魯，兼有震懾匈奴之意，所以大軍沿河而進，無意中路過此處。曹操滿腦子皆是旁務，聞聽此言不禁一愣，隨即撥馬吩咐：「既是弘農王墳塋，孤當親往祭之……」

話未說完忽聽遠處有人高聲打斷：「屬下有事稟奏。」何人此時作仗馬之鳴？曹操頗感詫異，舉目瞧了半天，才見隨員隊伍後排擠出一騎，乃是曾為天子侍講的文士董遇。這人頗識禮儀，來至近前翻身下馬，先恭恭敬敬作了一揖，才道：「《春秋》之義，國君即位未逾年而卒，未成為君。弘農王即阼既淺，又為暴臣所制，降在藩國，不應謁之。」

「言之有理。」曹操暗笑自己糊塗——弘農王本當今天子之兄長，董卓廢而立之，今若拜祭豈不是重古而非今？我若連自己捧著的皇帝都非了，我這丞相又談何名正言順？

想至此曹操頓覺自己牽掛的雜念太多了，大戰在即不該再想無干之事，隨即傳令：「連日多有勞苦，在此紮營提早安歇，待伏波將軍到來明日同行。」

天色尚早，眾軍士從容下寨，打點戰飯；曹操倚在一張胡床上，與陳矯、劉曄等分析戰局。不到一個時辰，許都方面的部隊就趕來會合了，劉若、王圖、嚴匡等部各自落寨，夏侯惇即刻過營來見曹操。如今夏侯惇也已年近六旬，黑黝黝一張老臉，滿頭灰髮、一部銀髯，兩鬢白毛蓬鬆打著捲，加之瞎了左眼，斜戴著黑眼罩，大模大樣往營中一闖，膽小的瞅見他能嚇個跟頭。而恰恰是這副尊容和無人可及的資歷成就了他，雖說早就不親臨戰陣了，但不少將官是其親手提拔。許都內外數不清的人對曹氏心懷怨恨，諸將有時也因故爭執，但只要夏侯惇往旁邊一站，無論是誰都矮三分！

這可是曹操倚重之人，視為左膀右臂，既是族弟又是親家，劉曄等人也不敢怠慢，避出大帳讓他倆單獨談話。夏侯惇還未落坐便問：「孟德何故使妙才督率一方獨自領兵？」

曹操笑了：「妙才在涼州大敗韓遂、剿滅宋建，不是頗有戰功嗎？前兩天我還得到消息，韓遂聽說我給閻行寫了信，唯恐其叛亂，欲將女兒許配給他。哪料反倒促其生疑，韓、閻反目內訌，閻行落敗已投奔了妙才，聽說他倆相見恨晚，相處得還不錯呢！」閻行是韓遂帳下最能征慣戰之將，他歸降曹操，韓遂實力基本瓦解。

夏侯惇畢竟是夏侯淵族兄，不無憂慮：「妙才雖勇卻乏韜略，況為人粗疏性情急躁，使之驅馳攻殺則可，統方面之任恐非所能。雍涼胡虜皆無謀之輩，故妙才稍可揚威。孟德未加訓教，反彰其功廣示三軍，只怕更增其驕縱之心，日後若遇狡黠之敵，恐為禍自身啊！」

「這倒無妨，等見了面我多多訓誡也就是了。」曹操倒沒把這事看得多嚴重，「而今你我皆耳順之年，難復往昔之勇，子姪之輩雖有可造之材，畢竟資歷尚淺。唯妙才、子孝年富力強又有威望，理當多多倚重，今後我還要授以更高之職，這也是為大局考慮啊！」

提到曹仁，夏侯惇一怔，隨即從甲內掏出份奏報：「這是子孝從襄陽發的，本欲送往鄴城，傳至許都被我截了，順路給你帶來了。」

「哦。」曹操甚是關注，仔細觀看，原來孫權憤劉備取蜀，又占荊州四郡不還，遣諸葛瑾為使入蜀索要荊州。劉備虛與委蛇，朗言待取涼州再還荊州，諸葛瑾多次交涉均遭拒絕，無奈空手而回。孫權聞訊大怒，即派五百士卒潛往公安，將其妹孫夫人接回江東。孫、劉的姻親關係就此破裂，開始反目成仇了。

夏侯惇道：「以利相交者，利盡則散，大耳賊與孫權小兒終有這一天。倘兩家因此動武，可是咱坐收漁利的好機會。」

曹操卻不覺樂觀，沉吟道：「孫權明晰利害絕非痴兒，絕不會叫咱有機可乘。大耳賊雖無信義，畢竟乃是同仇，兩家共禦我等。孫權倘若攻之，我軍既定關西必南趨之，則劉備不保。劉備覆滅，則我得蜀地，積威之師順江漢而下，又結荊襄、青徐之眾，那時孫權即便奪四郡又豈能獨抗？以孫仲謀之見識絕不會與劉備結死仇，就算真動武也必適可而止，再說大耳賊刁猾得很，見勢不妙妥協退讓也未可知。」

夏侯惇不禁蹙眉：「以你之見，這不是咱的機會？」

「非但不是機會，還可能是禍事。」曹操把軍報一拋，捋髯道：「嚴冬既至，陽春豈遠？孫、劉皆精明之人，既已把這恩怨挑破，化解之期恐也不遠，形勢逼人啊！以我所見，兩家媾和之日，無論孫權得不得荊州必將轉而伐我。今西征路遠，聽聞漢中有四固之險，張魯又善蠱惑人心，恐非須臾可破，倘淮南之地又起兵戈，我軍何能援之？防患於未然，當早作準備。」

「向合肥增兵？」夏侯惇自以為悟到了。

曹操卻搖了搖頭，信手抽過道空白手箚，提起筆來寫了道軍令。夏侯惇側目觀瞧，見簌簌落落只一行半，且無增兵舉措，不免猶豫：「這樣草率安排行嗎？」

「兵在精，不在多；將貴謀，不貴勇。我素知張遼、李典可用，即便不勝當保無礙。」曹操邊說邊將手箚用皂套封好，又用朱筆在套上批了四個大字「賊至乃發」，抬首衝外嚷道：「仲康！速把護軍薛悌給我叫來！」

不多時薛悌就來了，曹操吩咐：「江東孫權不可不防，此有密教一封，我命你收之，帶二百輕騎速往合肥，與張遼等共保淮南。」

薛悌本酷吏起家，素以剛毅著稱，兗州之叛時曾與程昱共保東阿。他一副面無表情的樣子，冷冷道了聲「遵令」。接過手箚，見寫著「賊至乃發」四字，問也不問就揣到懷裡，又略施一禮，出帳而去。

「這等要緊事你還不細細囑咐他？」夏侯惇頗感不足，「李典、張遼素來不睦，爭爭吵吵十幾年，要他倆通力合作談何容易？」

「不睦就一定是壞事？」曹操神神祕祕一笑，「張遼英勇果敢，李典老成持重，樂進堅毅，若能協調好，可抵十萬大軍。薛孝威乃我信重之人，剛毅不折心思縝密，他自會處理好。我之用人乃在洞悉心性，焉能有誤？」

夏侯惇知他近年頗好吹嘘，默然不語，心下卻想——用張遼、薛悌他們固然有理，但委妙才以方面之任就真合適嗎？

五斗米道

盛夏的傍晚氣候和暖，夕陽的最後一縷光輝把西邊的天空染得殷紅；而在東邊，淡淡的一彎月牙早已升起，在煙雲間若隱若現，似乎已經等得有些不耐煩了。日月雙懸的天幕下是一片山林，其間有座平緩的小山頭，光禿禿的，架著一堆大柴禾，四周圍滿了各色衣飾的百姓；他們手中都攥著一片竹簡，密密麻麻寫滿了字，但所有人皆默不作聲，好像在等待某個神聖時刻的到來。

山頭的北側搭著一座帳篷，帳前兩個漢子正用木燧取火，兩旁還整整齊齊站著十幾人。這些人裝束與普通百姓不同，個個披頭散髮，身披漆黑長袍，足蹬朱履。他們雙眼緊閉，手中掐訣，口中念念有詞：「正一守道，修往延洪，鼎元時兆，秉法欽崇……光大恒啟，廣運會通，乾坤清泰，萬事成功……」

過了片刻火引著了，取火之人用它點了一只炭盆，然後恭恭敬敬退入人群。這時帳中款款走出一位長者。此人年逾六旬，身高七尺，方面大耳，相貌偉岸；頭戴赤金冠，身披黑色錦袍，上繡伏羲八卦，肋下懸劍、兜囊，右手擎著一支蘸過松油的火炬。

頃刻間，百姓盡皆跪倒，那些黑衣人也不再作聲，大家都以崇敬的目光注視這位長者。但見他引燃火炬，既而腳下步罡、口中念咒，左手掐訣，右手緊握火炬不住晃動……如此過了好一陣，他終於停下腳步，踱至柴山邊，仰望蒼穹，以高亢的嗓音呼喚著：「蒼天在上，神明可鑒，吾等黎庶，誠心祈禳。乞三官九府廣開洪恩，消業化愆，保吾漢中之民永無災禍！」一呼罷手臂一揮，將火炬拋入柴堆。

他身後那十幾個黑衣人也相繼點燃火把，列著隊伍，一個個都將火把拋入柴山。他們每拋一次，四周百姓就跟著念一聲：「消業化愆，永避災禍。」十幾支火把拋完，柴山已燃起熊熊火焰，那股紅的火光彷彿與晚霞連成一片。

老者點點頭，忽然張開雙臂向百姓道：「燔柴祈禳，自首其過，天官化業，必降恩澤。還不解脫爾等罪孽，更待何時？」霎時間人聲嘈雜，跪拜的百姓一併而起，都把手中書簡拋入火中。

這個儀式叫「燔柴」，源自上古，是祭天的禮儀。然而現在這場祭祀卻與周禮源流下來的儀式有所不同，每個參加祭祀的人都準備了一張竹簡，寫下自己平生的過錯，通過焚燒懺悔滅輕罪業，乞求上天消災賜福。之所以會演變成這樣是因為祭祀的組織者並非朝廷禮官，而是天師道的祭酒；那位主持儀式的長者便是天師道教主、鎮民中郎將、領漢寧太守張魯。

張魯字公祺，沛國豐縣人，開漢功臣張良後裔。他祖父張陵原本是太學生，學識廣博人品端方，不但通曉儒家經籍，乃至諸子百家、天文地理、醫卜星象、河洛圖讖無所不精無所不長。只因宦官、外戚當道，張陵不願為官，至蜀中鵠鳴山（今四川省崇慶縣西北）隱居，著道書二十餘卷，又以儒、道兩家之學注釋《道德經》，名曰《老子想爾注》，在蜀中廣為流傳。此後教授弟子，又為百姓醫治疾病，民間譽為「天師」，從之者甚眾，逐漸成為宗教，號為「天師道」。因從之學道者需供五斗米，所以又被民間俗稱為「五斗米道」，朝廷呼為「米賊」。

張陵去世，其子張衡秉承教義，又有巴郡巫人張修參與推行，在蜀中形成了一支不可忽視的宗教勢力。張魯即張衡之子，在父親死後繼續傳教。適逢劉焉入蜀，大殺豪強圖謀割據，便任命張魯為督義司馬、張修為別部司馬，並派他們掩襲漢中太守蘇固。張魯一戰成功，誅殺蘇固，斷絕褒斜穀道（秦嶺山脈中連接關中平原與漢中盆地的山谷），卻沒有回成都向劉焉覆命，反而襲殺張修兼併教眾，自己占據了漢中。劉焉一門心思在蜀中當閉門皇帝，張魯割據阻斷褒斜道，正好為他斷絕朝貢提供藉口，索性聽之任之。劉焉死後，劉璋繼承蜀地，怨恨張魯不順，殺了他留在成都的家眷，兩家因而反目。惜乎張魯勢力已成，劉璋屢戰不勝；西京朝廷也無力征討，只得授以張魯鎮民中郎將、領漢寧太守，默認了他的割據。

張魯名為太守，實際上卻廢除漢家法令，改用教義統治。初學道者皆名「鬼卒」，受道已深者號為「祭酒」。祭酒各領教民部眾，部眾多者稱為「治頭大祭酒」，張魯依靠他們管理百姓。天師道教義講求誠信，諸祭酒皆築義舍，置米肉於其中，行路者量腹而取；凡有病者，自書生平之過，祭祀三官①；有犯法者，原諒三次而後用刑，而刑罰也多為修橋補路造福他人。這些教義雖有些異想天開，但樸實公正，頗受亂世中窮苦百姓的擁護，故而張魯雄踞漢中近三十載，雖沒有達到路不拾遺、夜不閉戶的程度，倒也民心穩固太平無事。

不過，現在這場以道治民的美夢似乎快到頭了，漢中正面臨一場空前的危機。曹操來犯是張魯早就預見到的，為此他一再支援馬超、韓遂及羌、氐勢力騷擾關隴，把他們當作緩衝。可如今這一道道擋箭牌都被擊潰了，關西之地還是落入曹操之手，他只能與強大的敵人面對面抗爭了。

可張魯又有多少本錢呢？老實說他只有半個漢中郡，雖然郡治南鄭縣及西部諸城在他統治下，但中部上庸、西城兩縣實際卻被當地豪強申耽、申儀把持，是割據之中的小割據；至於東部地區更是早在二十年前就被劉表占據，另設了一個房陵郡，由荊州豪族蒯祺任太守，隨著劉表覆滅也變成曹操地盤。與強敵相較，這半個漢中郡不過彈丸之地，雖有秦嶺天險為屏障，又能抗拒多久呢？

曹操大軍三月初自鄴城出發，西進雍州與夏侯淵等部會合。四月兵至陳倉（今陝西寶雞市東），老謀深算的曹操沒有選擇褒斜道，而是西出散關（今寶雞市西南），進入武都郡境內。占據河池（今甘肅徽縣西北）一帶的氐族首領竇茂恃險不服，派兵阻路，被曹軍先鋒張郃、朱靈擊潰；又經過一個多月的抵抗，最終失敗，竇茂以下部眾萬人皆被曹軍屠殺。

河池的殺戮猶如驚雷震撼了西疆，那些久不順服的羌、氐勢力親眼目睹了曹操的凶惡，再不敢從中作梗了，紛紛遣使歸順，自此武都全郡皆入曹操之手——而河池與漢中不過咫尺相隔，只要曹軍打破祁山東南的陽平關（今陝西甯強縣西北），漢中就完啦！

而南面劉璋剛剛投降劉備，各地權力還在交接，尚未穩固；韓遂衰敗至極逃往西平，馬超已轉投劉備，這個時候即便張魯想臨時結盟都無人可尋。強敵不久將至，漢中人心惶惶，莫說尋常百姓，就連最忠實的教眾也坐立不安，倘若曹軍殺來將會何等下場？該不會與竇茂一樣吧？無奈之下張魯只得一面增兵陽平關，一面召集各部大祭酒在南鄭漢山舉行燔柴禮，祈求保佑，安定人心。

現在，這場莊嚴的祭禮結束了。騰騰火焰似乎驅走了人們心中的憂慮，那些忠誠的教眾圍著火堆手舞足蹈，有的高聲歌唱，有的念咒禱告。他們早已習慣天師道的統治，深信只要遵守教義誠心禱告，無所不能的神明就會降下福澤庇護他們。但是望著紅彤彤的烈火和載歌載舞的教徒，身為教主兼漢中之主的張魯依舊心緒不寧。祭祀天官能不能解除兵禍，他心裡最清楚！

「師尊……」一聲呼喚打破了張魯的沉思，回頭觀看，不知何時三個黑衣祭酒已悄悄湊到他身後，乃是功曹閻圃、從事李休以及他的三弟張愧。「你們有話要說？」

張愧、李休皆不作聲，也不敢與張魯對視，而是把目光轉向閻圃——閻氏乃巴西郡大族，閻圃雖年齡不甚長，卻是家族首領，當初隨張魯取漢中有功，被任命為功曹，而且他在教中也擁有祭酒的身分，是張魯的絕對心腹。

不過今天這位閻功曹也頗有些顧慮，躊躇一陣才道：「請師尊至帳中敘話。」

① 三官：天官、地官、水官，道教早期供奉的神明。燔柴祭天，掩埋祭地，沉江祭水。

張魯久修大道自然也是聰明人，聽這話風就揣摩到了八九，欣然點頭領三人進帳，還特意囑咐其他祭酒：「我等行祈禳祕法，任何人不得入內！」

打發走旁人，閻圃、李休親自放下帳簾，確認拉得嚴嚴實實，這才轉身屈膝，意欲下跪；哪知張魯把手一擺：「不必這麼戰戰兢兢，有話直說，你們想勸我投降曹操吧？」

這倒打了閻、李一個措手不及，二人屈膝呆立在那裡，好半天不知該說什麼。張魯信步走到帳口，將拉得甚嚴的帳簾扒開一道縫，向外窺去，見百姓仍在圍著柴山祈福，其他祭酒遵照指令也離帳篷甚遠；這才轉過身歎了口氣，苦笑道：「若大家知道他們神聖的教主要獻土於人，心裡該是何等滋味？」

李休聽教主親口說出「獻土於人」，更鬆了口氣，附和道：「太上老君（道教稱老子為太上老君）有訓：『曲則全，枉則直，窪則盈，敝則新』。師尊心慕聖道兼濟蒼生，不忍假兵戈之災於民，此亦大德。」恭維之辭自然要說，不過被逼投降實是迫於無奈，李休實不知此時是該欣喜還是悲慟，只好低下頭故作深沉之態。

張魯卻搖頭道：「咱們皆修道之人，何必說這種話？上德不德，是以有德；下德不失德，是以無德。事已至此順其自然，不過是保全性命，又何談什麼德不德的？」

閻圃稽首道：「恭喜師尊。清靜無為心如止水，不為榮辱所惑，您的境界又深了一層。」李休見他倆如此對答，不禁自慚形穢。

張魯凝望著閻圃，沉吟道：「當年您對我說的話，如今恐怕是要兌現了。」閻圃無奈點頭，不禁也回想起十多年前之事——當時張魯被朝廷「任命」為鎮民中郎將，龐羲幾次派兵攻打皆被擊退，連上庸的申氏豪強都發誓效忠，一時間聲威大震，每天都有難民跋山涉水來歸附。恰巧又有人在田裡掘出塊晶瑩剔透的寶玉，眾教徒都說是祥瑞吉兆，於是就有人勸他自立為王，開弘道之樂土，連張魯本人都動了心。閻圃卻勸諫道：「漢川之民戶出十萬，財富土沃四面險固。若能上匡天子，則可成齊桓、晉文之霸；事不能成，可效竇融保守一方，終不失富貴。今屬官賢能、教徒忠順，足以供驅馳，何必稱王？倘若稱制自立，不單為大漢之僭臣，亦天下之仇讎，勿為此禍。」張魯納其忠言，這才打消了稱王之念。

回想起這些，張魯摸了摸胸口：「多虧你進言，我才沒重蹈袁術之覆轍，這幾年得以進修深悟，也知足了。三弟，你說呢？」其實近幾年張魯潛心修道，又對家傳的《老子想爾注》頗加增補，已不大管軍政之事；郡中事務其實是由他弟弟張衛、張愧主持，這倆兄弟雖小有才幹，與雍涼勢力縱橫聯手，畢竟不是曹操對手。事已至此張愧無言以對，只是點頭默認。

「既然如此……」張魯從肋下兜囊裡取出漢寧太守之印，「能者多勞，麻煩閻功曹到武都辛苦一趟。不過此事先不要讓教眾知道，待我借法事慢慢開導。」

「謹遵法旨。」閻圃伸手接印信，忽然帳簾一挑，從外面急匆匆闖進二人——前面一人黑衣披髮，神色凝重，乃張魯二弟張衛；他要進帳別人自不敢阻攔，而他身後還跟著個全身鎧甲的將領，虎目虬髯，人高馬大，乃涼州舊將龐德。

張魯深知二弟與三弟不同，性情剛戾，八成不贊成投降，趕忙用衣袖一遮，將印揣了回去：「二弟不在陽平關戍守，來此作何？」

張衛冷冰冰道：「有事急告兄長。」

「何事？」

「韓遂死了。」張衛咬牙切齒，道出情節——原來韓遂自與閻行反目，兵少難以立足，逃往西平依附故友郭憲。後來夏侯淵發兵討伐宋建，韓遂欲救有心無力，憂鬱成疾，又聞曹操大軍將至，驚怒交加抱恨而亡。他死後，部下鞠演、蔣石、田樂、陽逵等人唯恐曹軍征剿難以自存，便割下其首級到武都向曹操投降，自此韓遂一派勢力徹底終結。

張魯聞此噩耗初覺驚愕，繼而又歸平靜——該來的來了，該去的也去了，反正大勢所趨。沉了沉道：「我已知情，請三弟速歸陽平，謹守疆域。」

張衛卻道：「小弟兵少，還請兄長發南征所有兵馬及涼州舊部齊赴陽平關聽用。」

張魯當然不允：「陽平天險，萬兵足矣，曹軍必不能入。」

「哼！」張衛瞥向閻圃，「小弟不怕曹軍過來，就怕有人出去！」剛才二人接印早被他瞧見了。

張魯知道瞞不過了，歎道：「太上老君言：『上善若水，利萬物而不爭，處眾人之所惡，故幾於道。』我等皆潛心修道之人，當以此間教眾安危為念，何必非要拚個魚死網破呢！」

張衛憤憤不平：「既然如此，當年就該回鵠鳴山隱居，何必來此傳道，空勞這二十年？」

張魯淡然道：「你教訓的是，愚兄當年確未參透功利。既知今是而昨非，日後咱們歸隱山林全心修道就是了。」

「你……」張衛氣得口不擇言，「還真以為自己是什麼天師？」此言一出，閻圃大驚失色，忙把帳簾拉緊。

張魯的臉頰輕輕抽動兩下，似是心靈遭到劇烈煎熬，可還是沉住氣道：「真也罷假也罷。高山仰止，雖不能至，心嚮往之。太上有訓：『勇於敢則殺，勇於不敢則活。』以我等之資，抵禦不住曹操的。」

「那也要試試！」張衛攥緊了拳頭，「大丈夫縱橫於世，豈可不戰而降，稽顙他人？」

李休插言：「太上有訓……」

「夠了，我不聽你們這一套！」張衛一指龐德，「即便小弟肯降，你問問他們答不答應？」

龐德雖是一介莽夫，倒還知道禮數，抱拳道：「我等涼州舊部窮途末路投奔師尊，原該唯命是從。但我等昔與曹操結怨，恐難見容。況馬、韓本有宿怨，今韓遂餘眾投曹，必進譎辭以陷我等，再要歸曹性命難保，存亡之際必須捨命一戰！」說罷連退兩步，推開守在帳口的閻圃，把帳簾一扯——但見程銀、侯選等關中舊將跪於帳外，哀哀請戰。

其實這幫人也是倒霉，當初被楊阜、趙昂趕出隴西，已經沒千百把人了，跟著馬超投至漢中。馬超剛開始張魯還挺重用馬超，甚至想把女兒許配給他，但教中元老多加阻攔，終於還是泡了湯。馬超心有芥蒂，加之劉備又派手下說客李恢拉攏，他便趁著出屯武都的機會，繞道巴中投奔劉備。可他臨機而變走得太倉促，身邊只帶了族弟馬岱和龐德之兄龐柔，南鄭的小妾兒子尚顧不得，更別說他們這幫人了。

張魯瞅著這些與自己拴在一根繩上的螞蚱，實在哭笑不得，又見自己麾下最得力的部將楊昂、楊任也跪在其中：「怎麼你們也……」

楊昂叩首道：「陽平峻崖深谷，憑險禦之，不啻十萬神兵，豈可一朝而棄？懇發大兵駐守，末將調遣布置，必保無虞！」他嗓音高亢底氣十足，似乎全不把曹軍放在眼裡。許多教徒和百姓不明就裡，這會兒紛紛圍過來看熱鬧。

李休見狀，連忙與他爭辯：「彈丸之地能守一時，豈能守一世？昔并州高幹有太行壺關之險，最終還不是被……」

「罷了！」張魯抬手止住李休，「既然眾將執意要戰，你們就領兵去吧！不過戰亂一起，百姓疾苦，爾等需審時度勢，能戰則戰，不能戰當以保全蒼生為重。」

「謹遵法旨！」眾將齊呼一聲，簇擁著張衛、楊昂而去。

待諸將走遠，李休實在忍不住問道：「師尊心意已決，豈可又聽這幫莽夫之言自取其禍？」

張魯充耳不聞，只道：「天色不早了，帶各部教眾回城吧！」說罷當先出帳，領著眾祭酒下山而去。

李休還欲追上再問，卻被閻圃緊緊拉住：「太上有訓：『善者不辯，辯者不善。』何必與匹夫爭口舌高下呢？」

「可……」

閻圃捂住他口：「律令急急，不可變更。咱們順應天道見機而行也就是了。」

「唉！」李休無可奈何，歎息而去。

莫看閻圃表面高深莫測，其實暗自捏把冷汗——方才圍了這麼多教徒，倘若他們兄弟起了爭執，大夥如何思忖？李休還是悟道忒淺，這種事焉能當眾問師尊？難道要張魯當著信徒承認不敵曹操？神明是不可褻瀆的，一旦揭開面紗，信仰就將崩塌，教眾也會離散！漢中已難保住，但天師道還要傳承下去，如果連這個都沒有了，張氏三代之心血豈不付之流水？箭在弦上不得不發，只能走一步看一步啦！

受阻陽平

晨上散關山，此道當何難！
牛頓不起，車墮谷間。
坐磐石之上，彈五弦之琴。
作為清角韻，意中迷煩。
歌以言志，晨上散關山……
願登泰華山，神人共遠遊。

經歷昆侖山，到蓬萊。
飄遙八極，與神人俱。
思得神藥，萬歲為期。
歌以言志，願登泰華山……

曹操《秋胡行》，全詩見附錄

蒼涼高亢的歌聲在山巒中迴盪，驚得谷底的一群棲鳥振翅而起。不過它們繞了好幾圈都沒能飛出這牢籠般的山谷，在東西峭壁間左撞右撞，最後還是無可奈何落在山麓的密林間，發出悲鳴，驚恐地梳理著羽毛。

或許張魯的抵抗姿態只是迫於無奈，但事實上卻給曹操造成了大麻煩。正如張衛、楊昂所言，陽平關之險果真天下罕見，北邊自是綿亙不絕的秦嶺；但從武都郡來攻，也只祁山東南有一條像樣的道，而且這條路盤山過壑越走越窄，逶迤來至陽平關前，幾乎鑽進了口袋陣，巴山、雞公山把左右封了個嚴嚴實實。

曹軍自四月出散關，翻山越嶺攻破竇茂，雖一路得勝也吃了不少苦頭，再面對這座崇山險關實有些力不從心。尤其令曹操懊惱的是，與夏侯淵會合時，雍州舊將姜敘、梁寬等異口同聲說陽平關好打，因為南北兩山相距甚遠，足可令大軍布陣。可到了這裡親眼所見才知根本不是那麼回事，陽平關位於山坳之間，南北相距不足半里，拒馬重重壕溝密布，城上積滿滾木檑石，一夫當關萬夫莫開，根本無從下手，唯一辦法就是突破兩邊山麓三面夾攻。

張衛、楊昂早預料到曹操的圖謀，已調來漢中所有兵馬，連同涼州餘部，在陽平關兩側的山上修築長達十里的防禦工事。放眼望去，強弓硬弩鹿角丫杈，滿山都是旌旗，沒有絲毫破綻。曹軍雖然在西面山上紮營，但這樣對峙毫無意義，無奈之下曹操只得把張郃、朱靈、徐晃、殷署、路昭等部分做數隊，日以繼夜輪番進攻。更艱難的是軍糧不濟，自關中運糧至此需過重重山隘，耗費人力不說，每天僅墜谷損毀的糧車就數不勝數；幸虧氐族各部投誠獻了不少牛羊，否則曹軍連糧草都接濟不上。而相對整個形勢，曹操的心態也起了負面作用。固然戰事艱難，但比起昔日壺關戰高幹、塞外征烏丸的情形還算好。只是昔日他不懼艱險親臨指揮，如今卻不復當年之勇了。

自鄴城起兵之日，曹操就心事重重，加之鞍馬勞頓水土不服，炎熱酷暑一天天加劇，他心緒愈加煩悶。以往他身在軍旅，即便有天大難事也不耽誤飲食睡眠；現在不同了，或許年逾六旬精力不濟，只要一合眼煩心事自然而然充盈腦海，常常一失眠就是半宿。若非夏侯兄弟分勞，孔桂、王粲、杜襲這幫寵信之人時常相伴，他真不知道這種日子該怎麼打發。

車輪戰連打了兩天兩夜，死傷兵士已逾五千，敵人防禦工事卻沒撼動半分。第三日清晨曹操臨崖觀陣，卻不由自主吟一首《秋胡吟》；詩絕對是好詩，可上闋大歎行軍之苦、下闋高歌神仙之事，悲涼之音縈繞山谷，對軍心士氣的影響未必是好。

魏公有詩，大家還是得捧。王粲絞盡腦汁琢磨半晌，才贊道：「詩中所云『願登泰華山，神人共遠遊』，這幾句實是神來之筆。主公念及天下蒼生、黎民疾苦，終不慕神仙遨遊之事，可親可敬。」嘴上雖這麼說，心下卻暗暗忐忑——曹孟德自詡不信天命，如今卻歌神仙之事，豈不自相矛盾？人老了果真變脾氣啊！

曹操卻沒想那麼多，只搪塞了兩句，便扭頭瞧著孔桂：「還沒有皇甫隆的回信？究竟怎麼回事？」

孔桂當初不過信口一提哄他寬心，誰知皇甫隆如今還在不在世？即便在世，戰亂紛紛遷居何處都不知道，楊秋把信往哪兒送？可曹操偏就當真了，三天兩頭問這事，擠對得孔桂胡說八道：「再等等，昔日周文王為聘呂望親自牽馬，您雖不敢比周文王，比周公總有富餘，再耐心等等吧！」說著話偷偷向王粲擠眉弄眼。

王粲早料到其中奧妙，也頗不喜孔桂媚上太過，故意裝看不見，硬是不插一言，急得孔桂齜牙咧嘴。曹操厲聲訓斥：「你這小子就知揀好聽的說，信口雌黃全無半分實情。若再敢欺瞞孤，看我不把你剝皮抽筋！」其實也無怪他氣大，自那晚之後他左手麻木的毛病一直沒好。不過曹操腦子很清楚，這樣的隱疾絕不能對任何人說，倘若傳揚出去，不但有礙軍心，只怕鄴城文武各尋出路，二子之爭更抑制不住啦！

曹操正斥責孔桂，杜襲忽然手指前方：「主公請看，我軍又開始進攻了。」曹軍車輪進攻日以繼夜，頂多間歇半個時辰又再上陣，這就是人多的好處，十幾萬軍隊與兩萬敵人交戰，早晚把張衛累垮。

殺聲陣陣旌旗搖擺，一支五千人部隊奔陽平關以北的山麓而去。曹操依稀看見一面「趙」字戰旗，料想必是趙昂出戰了——韋康死後雍州部屬對抗馬、韓的戰鬥中趙昂、楊阜立功最大，尤其趙昂，他兒子被馬超擄去為人質，他依然不為所動，與妻子王氏一同上陣，在冀城鏖戰馬超三十餘日，終於等來夏侯淵的援軍。當然，他們付出的代價也很大，只因雍州諸將屠戮馬超滿門，反之自己家眷也被屠殺。趙昂之子最終遇害，姜敘之母也被馬超殺了，尹奉一門家眷死得乾乾淨淨，楊阜率同族兄弟八人一齊上陣，結果七個命喪沙場。也正因為如此，他們與馬超既是公敵又有私仇，也恨慫恿馬超作亂的張魯，故而不惜誇大優勢，千方百計引曹操到此。曹操深知趙昂必盡全力，伸著脖子拭目以待。

幽深山坳間吶喊聲嗡嗡震耳，趙昂親率士兵似瘋子般衝上山岡。但敵人居高臨下，箭如驟雨飛蝗般傾瀉而下，士兵衝上去已耗費不少體力，箭雨襲來只有挨打的份，剛掀開兩道拒馬就已死傷一片。趙昂倒是英勇，撥打箭支毫無懼意，可惜身邊的將士越傷越多，最後跟他衝上去的也就百餘人。這點兒兵根本不起作用，敵人列成一排，隔著鹿角用長矛一刺，就把他們逼退了。趙昂似乎還中了一箭，捂著肩膀不情不願敗回山下。隊伍都散了，少說折損了三成。

不等趙昂散兵撤淨，統帥前軍的夏侯淵早差出第二路人馬——河北驍將朱蓋。還是五千人，依舊攻趙昂打出的缺口。曹營嫡系士氣雖不甚旺，陣勢卻整齊得多，前布盾牌、中架長矛、後有弓弩，穩紮穩打列隊而進。可還沒到半山腰，就聽連聲巨響——磨盤大的石頭從上面滾落。這玩意甭管砸得著砸不著，光看它迎面過來就夠嚇人的，剛才還沉得住氣的曹兵立時慌了手腳。有的經過這陣勢，知道躲避之法，趕緊找棵大樹隱身其後；有的東躲西竄全無章法；還有的掉頭就跑，石頭沒到，自己先一個跟頭滾下山坡。兵刃丟得遍地都是，這還怎麼打？

朱蓋的部隊連滾帶爬剛下來，又一陣吶喊，路昭統領的第三隊又攻上了。可敵人早趁曹兵躲石頭的時機搬來鹿角、拒馬，把稍有缺口的地方補好，再攻的結果不問可知。

「回營！」曹操實在看不下去了，緊緊握住麻木的左手，由許褚攙扶著上馬；回去的路上無論孔桂、王粲說什麼都不理不睬，直至中軍帳前才道，「把領軍嚮導蘇則給我請來。」

蘇則，字文師，關中人士，起家為酒泉太守，又歷任安定、武都等郡，這幾處皆朝廷薄弱之處，但蘇則心向朝廷任事恭忠，曹操念他熟悉此間地形又頗有才幹，特意調為嚮導，日後還要委以重用。故而蘇則很受禮遇，旁人也自尊敬，王粲笑道：「不勞親兵，我去走一趟吧！」可一轉身，卻見路粹牽了匹怪模怪樣的牲口走進營來。

王粲甚奇：「這是何物？」

「驢。」

「驢哪有這樣的？」

路粹笑道：「這是此間獨有的野驢，比中原之驢稍大，其耳短、其尾長，周身黃毛四蹄有力，在此處運輜重勝於牛馬。姜敘營中有好幾匹，都是馴好了的。我瞧著有趣，拿自己坐騎換來一匹。」

王粲聞聽此言兩眼放光，順手從地上薅了把野草，假惺惺舉到驢嘴邊，又拿鞭子輕捅驢鼻子。三逗兩逗，那驢實在惱了，伸著脖子、放開嗓門「嗯啊……嗯啊……」叫了起來，它一叫王粲也跟著叫，那驢叫得更歡了。

杜襲笑道：「不喜琴瑟八音，單單愛聽驢叫，王仲宣真是怪人！領下差事一聽驢叫就全忘了，還是我去請蘇先生吧！」

曹操也不禁皺眉，但這點兒小癖好又挑不出什麼毛病，連連搖頭進了中軍帳。還未來得及坐下，主簿劉曄就急匆匆跟了進來：「曹仁將軍自荊州發來急報，孫、劉兩家動武了！」

孫權在接回妹妹之後果然開始向荊州下手，他命呂蒙督率鮮于丹、徐忠、孫規等勁旅二萬，奇襲長沙、零陵、桂陽三郡。劉備麾下長沙太守廖立兵少不敵，棄城而走；桂陽本趙雲所轄，將在蜀中留兵甚薄，即被呂蒙攻克；唯獨零陵太守郝普堅守城池，被江東軍圍困。關羽留鎮荊州，聞此急變立刻提三萬人馬兵臨益陽，孫權卻早派魯肅率軍一萬屯駐巴丘，孫、劉之間一場大仗似乎在所難免。

曹操覽罷卻甚焦心：「我軍兵過武都，孫權便奪三郡。劉備北懼我奪漢中，一旦開戰東西不能兼顧，八成會與孫權言和，失掉的地盤恐也難以奪回。孤頭頂酷熱親蒞邊塞，卻讓孫權小兒趁機得便宜，實在可惱！」

劉曄道：「孫權已得兩郡，劉備不能不救，往返荊州必耗時日，我軍若能趁此時機拿下漢中、直逼蜀地，劉備可破。」

「唉……這戰報曲折而來，少說已過半月，現在何等情勢誰說得準？再者陽平關是這麼好打嗎？即便此刻拿下漢中，情勢一轉孫權又該謀我淮南了，三家角力盤根錯節，豈能這般容易？」曹操越想越覺心煩，歎息而坐，指指自己左肩；孔桂毫不怠慢，趕緊又捶又揉。

正這時杜襲帶蘇則來了，後面遠遠地還跟著楊修，低垂著頭不敢近前。蘇則拱手道：「主公喚屬下有何吩咐？」

曹操只顧凝視楊修，半晌才緩過神來：「陽平關已連攻兩日，我軍死傷甚多不見成效。你可知有沒有別的路可繞到敵後直搗南鄭？哪怕冒些風險也勝過羈絆於此。」

蘇則無奈道：「若有他途在下早說了，確實僅此一道。漢中之地多山，尤其陽平至南鄭一路最險，北面群嶺自不必說。東面上庸乃是曲折谷地，山林未開，即便從房陵發兵也不易進取。西面就是這陽平關，以雞公山為依託，艱險四顧，再往南還有米倉山、天蕩山、定軍山、巴山……」

「好了好了！」曹操連連擺手，現在只要聽到「山」字就頭疼，「這幫雍涼之將信口雌黃，大言不慚說漢中好取，看來憑他人的揣度，往往不盡如人意。」

劉曄獻策：「我軍近十萬之眾，張魯兄弟畢竟人少，何不起大軍南北盡突，激戰時久此隘必破。」

「強攻硬取代價甚大，殺敵一千我軍倍之，即便拿下此關，傷損過重必傷元氣，再攻沔陽、南鄭恐也不易。況氐人初降心未安順，倘遷延日久難免再生事端……難啊……難！」曹操愁眉緊鎖。

劉曄頗會察言觀色，見此情形忙道：「主公這幾日多有勞頓，當保重身體，我與眾將商量商量，看他們有何辦法。」說著話朝杜襲、蘇則使個顏色，示意都出去，讓他獨自靜靜；三人一起作揖欲退。

「慢！」曹操用手一指，「德祖留一下。」

「諾。」楊修嚥了口唾沫，低著頭怵怵地往前蹭了兩步。

曹操憤然注視著他，胸中火氣陣陣上湧；孔桂正給他按摩肩膀，也覺氣氛不對，不敢插話。帳內一時寂靜無聲，只聽見外面「嗯啊、嗯啊」陣陣驢叫。

隔了片刻，曹操突然一把推開孔桂：「你也出去！」

孔桂摔了個結實，爬起來也不搭話，兔子一般躥了出去。

大帳中就剩下曹操與楊修二人，楊修再不敢怠慢，立刻撩衣跪倒，重重磕了個頭：「臣有罪！」這一聲喊出不易，他自知「罪孽深重」，一路上幾次想向曹操請罪，實在沒有把握；這幾日徹夜無眠反覆窺測曹操心意，終於下定決心來闖這一關。

「哼！」曹操望著趴在地上的楊修，心頭怒火漸漸上湧，真恨不得把他推出轅門立刻問斬——但他還不能這麼做，一來要問明他從何得知邢顒密奏之事，更重要的是選誰為嗣尚無定論，人人皆知楊修與曹植親厚，這時若把楊修殺了，其他臣僚聞風而動，就都要擠上曹丕那條船啦！

「嗯啊……嗯啊……嗯啊……嗯啊……」

帳外的驢叫聲一陣接一陣，曹操憤然而起，繞過帥案來至帳口，怒吼道：「再逗牠叫喚，我把你倆連這驢一併亂棍打死！」王粲、路粹嚇得直吐舌頭，趕緊牽著驢一溜煙跑了；連站在帳邊的許褚都驚得一哆嗦。

曹操輕輕拉上帳簾，緊緊盯著楊修的後腦勺，壓抑半晌才咬牙道：「你可知身犯何罪？」

「擅議軍機，交通諸侯。」楊修倒是毫不避諱。

「其罪若何？」

「其罪當死……但死前請准在下說幾句真心話。」

「講！」

「謝主公。」楊修並不起身，就趴在地上道：「屬下懇請主公早作決斷，立臨淄侯為嗣！」

「嗯？」曹操倒吃了一驚，「事到如今你還敢說此等話？」

楊修早揣摩透了，這時越下軟蛋越得死，反之壯膽為曹植一呼，不但正大光明，還能博一個忠烈之名，說不定壞事變好事呢！想至此越發穩住心神，口若懸河：「臣不懼受戮，但求我大魏得一賢能之主，主公有一後繼良人！臨淄侯公忠體國，才思敏捷，德澤士林，寬厚雅量。詩賦風雅不啻古今文魁，暢舒大義，咸蓄盛藻；品行高潔可比三代賢良，才智兼備，倜儻俊逸。倘能為天下推一明主，臣死何足惜？」

曹操冷冰冰道：「豈不聞『事君數，斯辱矣；朋友數，斯疏矣』？你如此扶他意欲何為？」

楊修一怔，隨即道：「臣不敢欺瞞主上，坦誠而言臣確與臨淄侯相厚，但臣非幸進之徒，不計榮祿不求官爵，乃是被臨淄侯品德才華所感。每與其論天下之事，無不甚有心得，越親其人越覺心思良善，實乃玉在璞中。臣可殺，然主公若因臣之舞弊遷怒臨淄侯，則臣釀千古之罪也！」

曹操呆呆地跌坐帥位，暗想這楊修不問自身禍福一門心思忠於曹植，倒也算個敢作敢當之人——世間掌權者最在意的便是一個「忠」字，只要不違這個「忠」字，其他過失大可寬宥。楊修這席話正擊在軟肋上，曹操的口氣立時不那麼強烈了：「你說你不敢欺瞞我，洩漏軍機代為作答，還不算欺瞞？」

楊修料到必有這一問，答道：「原不該如此，然臨淄侯得主公之餘禎，談吐揮灑直抒胸臆，對上無以媚欺，馭下無以私德，不善矯情偽飾之道，更不會鑽營取巧，特意對主公專注之務下工夫。故臣心有不忍，唯恐主公因此見疏，才冒瀆為之。」這話假中卻有三分實情，相較而言曹植確實不善鑽營偽飾。

這番話滴水不漏，曹操卻也無言可對，尤其聽到「矯情偽飾」四字心頭甚是疑惑——莫非老大那日送行真是惺惺作態？

楊修趴在地上雖看不到他臉色，但半晌無言情知他心思活了，便猛然跪起，以膝當步往前爬了爬，又道：「臣雖弘農楊氏一方望族，然動亂以來少有功勳。家父蒙天子不棄，以抱病之身尸位素餐，又與主公有隙，臣本無望仕宦。然主公不計前嫌納我於麾下，又委以近侍之任，臣當竭力以報洪恩。」

曹操眼珠一轉——幾乎忘卻，楊修乃弘農楊氏之後，楊震、楊秉、楊賜、楊彪四世三公享譽天下，用他為吏本是往自己臉上貼金，今若殺之自己臉上也不好看。

楊修也估摸著差不多無礙了，但千穿萬穿馬屁不穿，曹操本是順毛驢，上了歲數更愛聽好話，還得恭維幾句：「魏公之明天下盡知，秉日月之光普照四海，臣這等微末伎倆豈能逃主公法眼？實在是自作聰明貽笑大方……」

「好了好了。」曹操的氣早消了大半，「我只問你一句，邢顒密奏之事何人告知於你？」

「乃司……」楊修聰明一世糊塗一時，也是事不關己操心甚疏，說出二字猛然想到事關他人生死，再住口已然不及。

「誰？」曹操厲聲逼問。

楊修難再遮掩：「乃司馬叔達所言。」

「司馬孚？」曹操更覺驚詫，「怎與他相干？」

「司馬孚為人耿直屢上諫言，提及此事也是好心，乃為勸諫臨淄侯不可一錯再錯，我正在場從旁聽見的。」

「那司馬孚又是聽誰說的呢？」曹操火往上撞，在他看來邢顒是不會自找麻煩的，反正脫不開桓階、楊俊、路粹三人。

「這臣就不得而知了。」

「當真不知？」

「臣確實不知。」

曹操直勾勾盯著楊修雙眼，見他一臉焦急之色，想必所言是實，緩了口氣轉而道：「你之罪過本不可恕，然忠於吾兒尚可寬憫，念你這一身才學，也看在你父面子上，便饒你這一遭。」

「謝主公！」楊修泣涕橫流，這可是真哭——鬼門關前走一圈，容易嗎？

「別在我面前哭哭啼啼。」曹操疲憊地揚揚手，「回去幹你的差事，不過要細心留神，今日之言絕不可告知第三個人。你若與吾兒是文苑之友，似王仲宣、劉公幹之類我不加干預。但俗語有云：『蓬生麻中，不扶自直；白沙在涅，與之俱黑。』要往好的一面引導吾兒，若再有欺矇取巧之事，好歹取你性命！」

楊修信誓旦旦千恩萬謝，這才告出；退出大帳長出一口氣，卻又有些得意之感——如今這年頭能在曹操刀下遊走的舍我其誰？的確，楊修實在太聰明了，但聰明之人往往為聰明所誤……

楊修的事問清了，但曹操卻並未感到輕鬆，反而更覺迷惑。楊修提到矯情偽飾，曹丕那日哭泣難道也是虛情假意？他無法確定……楊修說曹植才智兼備，而除去那些舞弊奏對，植兒真有軍政之才嗎？他也無法肯定……曹操陣陣頭疼，他甚至不能肯定自己是否真的瞭解兒子們。都說父子一體、父子同心，但果真如此嗎？

路粹的驢牽走了，但山林間滿是知了，這些可惡的夏蟲彷彿鑽進了曹操腦袋，「唧唧」叫個沒完，似是要把他頭顱脹破，而左手也一陣陣酸麻；他用右臂支持著身體，硬撐著坐在那裡。

也不知過了多久，帳外又有人請見。曹操強自掙扎著直起身子：「進來！」

哪知夏侯惇、辛毗、劉曄、杜襲等人一股腦兒擠了進來：「雍州部孔信、王靈二將不聽軍令強突敵陣，被亂箭射死。梁寬、趙衢等將憤恨，吵嚷著要大舉攻山。」

曹操未及開言，曹彰一猛子從外面躥進來，吼道：「早該如此！孩兒願討一隊人馬，跟他們一塊兒上！」

「住口！」曹操叱道：「小小年紀曉得什麼？」

曹彰不服，拍著胸口叫嚷：「公孫起少年從戎，霍去病十九歲封驃騎將軍，咱營裡二十出頭統帶千人的還少嗎？我都二十六了，怎還小小年……」

話未說完，許褚、孔桂趕緊扯住：「二公子喲，求求您，就別跟著添亂了！」不由分說把這愣頭青推了出去。

曹操揉著隱隱作痛的腦袋：「元讓，你和許褚辛苦一趟，到前軍喝止諸將，再有違令者軍法處置。」夏侯惇威望最重，許褚人稱虎侯，他倆出馬誰敢不服？

吩咐完畢時值正午，庖人獻上戰飯，曹操哪還吃得下？一會兒想鄴城之事、一會兒想眼下戰局，頭痛手麻渾渾噩噩，整整一個下午，又煩又躁坐臥不寧，連孔桂在一旁都懶得理了。

如坐針氈耗到掌燈時分，劉曄、杜襲又來奏事：「軍糧不濟，請主公傳令宰殺牛羊。」

「收兵吧……」曹操實在熬不住了。

杜襲阻道：「不可不可。今雖不濟，河東太守杜畿已發五千民夫日夜兼程運送後續糧草，不過道路艱險一時不至，只需再熬兩日便不成問題了。」

「並非只是糧草難運，這仗實在沒法再打了。」曹操絕望地搖著頭，「川蜀之地實在太難攻克，再攻下去不知要耗費多少時日……」他說的確實在理，但更是心事和病魔在作祟。

昔日官渡之戰耗時一年，如今陽平關不過三日怎就不能打了呢？杜襲是直性人，便要與之爭辯，劉曄卻笑嘻嘻攔住：「我看主公說得有理，不如……不如我去前軍看看，倘若我軍士氣旺盛、將不疲乏，再戰又有何妨？倘傷亡甚重怨聲載道，咱就……回來再商量！」

了。

「去吧去吧。」曹操隨手收拾帥案上的令箭文書，似是想起身就走，「元讓與仲康過去半天都沒回奏，你順便催催他們。咱趁夜拔營截山而退，也免得受敵追擊……」他已經迫不及待籌劃退策了。

二人無奈而出，杜襲焦急萬分：「主公這就要退，怎麼辦呢？」

劉曄直嘬牙花子：「依我說——耗！反正我也請下差事了，出去轉悠半宿再回來，能拖過今夜就拖著，拖不住咱再找人來勸唄！」

「只好如此了。」杜襲歎息一聲，忽覺身上發冷，「唉！此真反常之地，這兩日如此炎熱，今夜又涼了。」

劉曄點了十幾名小校，隨他下山巡營。這一趟本是不抱什麼希望的，卻不知眼下將有驚喜等著他。不知是不是曹操帶病出征感動了老天爺，就在曹營君臣各自憂心之際，任何人預料不到的意外變故竟出現了。

第十一章
誤打誤撞平定漢中

有如神助

就在曹操準備撤軍那一晚，兩件機緣巧合之事意外發生，竟然扭轉了戰局。

陽平關乃蜀中門戶所在，地勢之險如鬼斧神工，四面群山陡峭各有殊異。有的地方亂石嶙峋，起伏逶迤；有的地方壁立千仞，無可攀援；有的地方荊棘叢生，野草荒蔓；還有的地方高聳天際，終日雲霧繚繞。整個關城幽谷一帶樹林茂密、老樹參天，千年古藤盤根錯節，一到夜晚氤氳之氣籠罩，奇石古樹有如魑魅魍魎，頗有陰氣森森之感。

張魯之弟張衛既非驍勇之將，也難稱奇謀之士，但跟隨兄長割據此間三十載，山川地貌了然於胸，故而布置得當。他親率五千兵駐紮關城，卻把一萬多人洋洋灑灑散布在南北兩側山岡，北面由漢中大將楊昂、楊任鎮守，南面是程銀、李堪、龐德這幫涼州餘叛，整個防禦工事長達十餘里，拒馬重重營盤緊密，強弓硬弩滾木檑石，借著原有的山勢，真似銅牆鐵壁。

但漢中軍畢竟兵力有限，攻防戰連打三日，曹軍突擊了無數次，雖然啃不動防禦工事，也使他們左封右堵忙於招架。尤其北側山岡，相較南面稍顯平緩，曹軍十次攻擊倒有八次從這邊下手，搞得守軍疲於應對，片刻不得安歇。好在楊昂、楊任乃漢寧宿將，頗具人望，所率部眾又多為忠實教眾，將士雖疲意志不墮。可能就是在這種頑強意志抗拒下，曹軍漸漸畏縮了。特別是射死兩員雍州小將之後，攻勢明顯減弱，耗到黃昏時分已不再來犯。

楊昂親自操戈指揮一天，早疲憊不堪，拄著兵刃撐到日落西山，終於熬到換班時刻——他與副將楊任有約定，一個負責白天、一個管夜戰，士兵也分為兩撥，每日掌燈時分替換。

這會兒楊任已睡得精神足滿，有說有笑，雖然天色黢黑瞧不清他的神色，卻能瞅見一口白牙總是咧著：「今夜似乎特別涼，不過也好，精神清爽更易禦敵……」說話間已走到楊昂近前，「將軍辛苦，曹兵不像前兩天那麼吵，小弟這覺睡得很香甜，照這樣下去，過不了幾日他們就該撤了吧？」

楊昂倒很穩重：「也不見得。人言曹賊狡詐，需多加小心。」

楊任笑道：「咱憑此狹隘堅守不出，他又有何能為？」

「當防敵人狗急跳牆大舉來犯，守三日容易，守仨月就難了。」楊昂先前竭力主戰，事到臨頭才感不易，地形絕對是有利的，但眾寡懸殊實在太大了。

楊任年輕力壯，遠比他樂觀得多：「我聽聞張衛將軍已修下文書催南鄭再發兵馬，打算從教眾中再選拔些士兵，不出半月當有援軍到來。而且今夜可能還有糧草運到，足可支應數月，有兵有糧何懼曹賊？」

「但願如此吧……」這話楊昂不敢深信，漢寧不過彈丸之地，能調集的精壯之士全在這兒，張衛不過一廂情願，天師愛惜名節德濟蒼生，豈會讓老弱婦孺上陣？如今除了求天、求地、求鬼神，還能靠誰？想至此他閉上雙眼虔誠祈禱，「願天官降福，保佑我天師道渡此劫波。」

「嗯？」楊任手扶土壘往下觀看，「起霧了。」

森林裡有些濕氣在所難免，加之陽平谷地群山環抱容易起霧，可現在畢竟是七月天。或許是驟熱驟冷影響，這一晚霧格外濃，即便天色已黑，也能感覺到白氣如煙瘴般從谷中升騰而起，不多時就把整個陽平關籠罩住了。楊昂望望這朦朧的景象，抬頭又見陰雲流轉遮住新月，不禁狂喜：「好一場大霧，好一場陰天！曹軍地勢不熟，如此天氣焉能用武？」說罷跪倒在地叩謝天地，心下暗想——我誠心禱告感動上蒼啦！

楊任更寬心了：「有大霧相助，小弟這一夜必定無妨。」

「什麼大霧相助？」楊昂誠惶誠恐，「乃我天師道注定興旺，不為邪魔所敗。這霧是天師妙法所致！」

「天師法力無處不在，我輩凡夫俗子何能仰望？」楊任又道：「將軍，有一事我憋在心裡許久了，想問問您。倘若當今天師羽化，該由哪位祭酒繼承道統呢？」

世間權門多相似，即便通天之家也不免染些「凡塵」。張魯兒女也不少，七個兒子五個已長成，在教裡皆有祭酒職分。其中三子張盛德貌俱佳，講法論道感人至深，最合張魯心意；長子張富正在盛年，雖悟道不及兄弟，治民之才卻有過之；又有四子張溢也欲有所作為，有不少相厚黨羽。張魯年事已高，教中之人雖口不明言，心中甚是憂慮，有一日天師羽化，誰能傳其道統？唯恐鬧出三個天師並存的笑話來，真斯文掃地、玷汙大道！

「咳、咳……」楊昂重重咳嗽兩聲，「咱們忠心護教也就是了，那些奧妙玄通之事少操心為妙。」

「是。」楊任不敢再提。

楊昂起身掐訣：「正一守道，修往延洪，鼎元時兆，秉法欽崇。」

楊任也稽首：「光大恒啟，廣運會通，乾坤清泰，萬事成功……將軍請休息。」

送走楊昂，楊任又草草布置一番，見霧氣越來越濃，舉起火把竟照不清丈許，料想這天氣曹兵不敢來了，便盤坐在大石上念咒養神。約莫二更時分，忽聽山後吶喊驟起，楊任一驚：「糟糕！莫非曹賊有邪術襲我之後?」

起身觀看,無奈大霧瀰漫,只聞寨牆、帳篷倒塌之聲不絕於耳!隨著聲音漸近,喊的話也清楚了:「妖術邪法!山怪老魅來啦!」既通道必也信鬼,教徒變顏變色丟盔棄甲;不少人慌亂中失了火把,形勢愈加不明。

得知不是曹軍,楊任心下反而更懼——莫非我問了不該問的話,老天降下懲戒?事到臨頭需放膽,他拔出佩劍招呼親兵,欲與「老魅」一搏,哪知還沒走出兩步,又聞呦呦之聲大作,繼而一道道黑影迎面躥來。

楊任只道是老魅麾下山怪,舉起佩劍左揮右斬,親兵亦甚驍勇,不料這些「山怪」法力不夠紛紛怯戰,被斬了數頭便東躲西竄,又是一陣亂響,撞壞崖邊的拒馬、土壘,昏昏沉沉奔谷中而去,一場降魔大戰戛然而止。

有人好奇心起,想看看這些「山怪」究竟何等模樣,乍著膽子點起火把,扳起屍身觀瞧:蹄至背高五尺、頭至尾末一丈,其膘肥、其體壯、其毛黃、其腹白,頭似馬、角似鹿、頸似駝、尾似驢——原來是麋鹿!

「嗐……疑神疑鬼!」楊任自嘲著甩了把冷汗。

山間野物出沒很尋常,尤其張魯封鎖山道,許多山林十餘年杳無人煙,百鳥雲集群獸遊走。這群麋鹿自東北方來,少說有四五百,大霧中失了路途,胡亂撞進連營。士兵害怕,其實牠們更怕!成群麋鹿穿營而過撞壞了多處工事,撞塌了不少帳篷,也弄傷幾十個士兵,搞得漢中軍確實有點兒自亂陣腳。

楊任趕緊派人搬運拒馬,修補寨牆。有士兵提議:不能便宜這群「敵人」,大道之師也敢褻瀆,當食其肉、寢其皮!方才慌亂中殺了幾十頭,必有受傷失群者,當覓來一併處決——大夥想吃肉啦！

「甚好甚好。」楊任笑而應允，「雖說修道之人節欲守神，但此乃上天所賜，助我軍糧以衛大道。可以四處看看，但切莫走遠，留心職責所在。」說罷也迫不及待生火烤肉去了。

在楊任和他麾下士兵看來，如此大的一場霧，曹軍絕不會來了，他們大可放心吃肉，養足精神來日奮戰。不過事後證明，陽平關金湯之勢、天師道百年修真，全毀在這群麋鹿身上。

誤打誤撞

朦朧迷霧掩蓋了複雜局面，就在漢中軍大快朵頤之際，對面曹軍正緊張調度。雍州諸將與馬超有仇，繼而遷怒張魯，加之孔信、王靈戰死沙場，眾將吵著大舉強攻一決勝負。直接負責統領他們的是征西護軍夏侯淵，本就是暴躁脾氣，莫說壓制諸將，沒跟著一塊鬧就萬幸。曹操派夏侯惇、許褚前去約束，他倆與西部諸將也不熟悉，好在威名素著，商量了一個時辰，總算是把大家情緒控制住了。夏侯惇在軍中有便宜之權，代行軍令不必請示，索性決意趁夜換防，調劉若、王圖、殷署等部居前，把姜敘、趙昂、尹奉替到後面去，省得再起事端。

其實這會兒曹操已差劉曄觀看陣容，並準備拔營撤軍，夏侯惇還不知情；曹營嫡系與西軍將士非但籍貫不同，軍輜裝備也差異甚多，換防移動的不止兵將，輜重也要搬，於是一場倉促調軍開始了。

且說夏侯淵帳下有一假司馬，名喚高祚，士卒不足千人，乃一撮偏師，駐於前軍連營最北，出兵以來未曾接戰。高祚一門心思立功晉升，本不願就此移防，無奈令出如山。大軍調度本甚密集，他位置最偏，西行一里再上山坡就是中軍連營。他聞訊後並不匆忙，反正不用與別人擠，欲待各部遷完他再去尋空落營，因而傳令開炊，打算吃完再動。

可他想得挺好，哪知飯沒吃完就起了霧，高祚情知不好——此間地形不熟，在霧中迷路就危險了；於是催促大家快快進餐，饒是士兵倉促果腹，待收好軍帳，四下已灰濛濛一片。

高祚穩住心神，領兵向西而行，可恨谷地亂石起伏、古樹突兀，三拐兩繞就辨不清方向了。好在曹軍眾而敵軍寡，兩軍各占山坡，但曹軍燈火比敵方密集，朝著光亮較強的方向去總是沒錯的。啟程不久左側斥候來報：「似有敵軍向此移動！」高祚反倒笑了——早憋著尋個上進機會，若擊退此敵豈不大功一件？反正霧氣迷茫，就算打不過，逃總是能逃的。

於是傳下命令：「全軍左轉，嚴陣以待，不可玩忽退縮！」士兵都卯足了勁兒舉起兵刃，要給敵人個迎頭痛擊。怎料頃刻間地顫塵起，越發混沌不清，只聽奔蹄聲隆隆震耳。高祚大驚——莫非來的騎兵？山谷之內非騎士用武之地，至少曹軍無大隊騎兵開至此間，來的必是敵人。正思忖間，那隊「騎兵」已至，卻不交鋒，徑從右側奔馳而過。

「氣殺我也！」高祚破口大罵，「敵知我兵少，竟視我等如無物？老子非打他不可，放箭！」有愣頭青的將軍就有愣頭青的兵，大夥一通狂射，數陣箭雨飛去敵人依舊不戰，逶迤而避；不聞人喊馬嘶，卻有陣陣呦呦之聲。片刻工夫敵眾已遠去，曹兵斗膽追了幾步，卻見滿地屍身甚為怪異，拔去弓鏑細看，似是獐鹿，方知謬誤。不過誤後又喜，軍中正缺糧，多取此物可充饑，況且鹿肉多鮮美啊！

高祚命人收起死鹿，士兵歡悅一哄而上，不想對面來了搶鹿的。深更半夜霧氣迷濛，兩隊人馬都是為肉，走著走著就亂了。漸漸有人覺得不對，質問起來：「爾等是誰？」

事有湊巧，兩邊人口音很相近，敵友不明被對方這麼一問，還真不敢說了。有人腦子快，立刻反問：「你們又是誰？」

「我……我取我的鹿，你管得著嗎？」這一句就露出怯意了。
「打他打他！」
「他媽的敢動手，兄弟們，上！」
雖說動武誰也沒動傢伙，因為搞不清敵友，這種狀態混在一起，彼此皆懷懼意，也不敢真搞清，揮揮老拳也就罷了，兩邊俱一般心思——若自家誤鬥，不傷人命就好辦；若是敵人，好歹也算「作戰」了，對上司也好交代。你一拳、我一腿，使絆子、背口袋，糊裡糊塗打一陣，畢竟高祚貪功，按捺不住衝到前面自報家門；「敵人」連呼僥倖，原來也是曹兵，忙呼將領相見。
這支部隊首領叫解剽，乃夏侯惇麾下一軍候，只管五百人，並非前鋒陣仗之師，是負責運送輜重、分發糧草的幾路部屬之一。他本來奉命將中軍輜重運到前軍，哪知剛剛到達就有傳令官追到，說魏公已準備撤軍，要他把輜重運回去。解剽領命就該回歸，卻見日間交戰，谷中尚有不少丟棄的鎧甲兵刃。管理輜重者最知裝備不易，思量這些東西拾回去稍加修繕還可再用，漢中兵少想必也不敢出擊，他便繞道往北，一邊撿便宜一邊撤退。不想天色轉黑大霧瀰漫，本是撿軍械的卻撿到幾頭死鹿，抬頭一看，似乎還不少！解剽大喜，這等便宜多多益善，一路撿拾而來，於是「兩軍回師」了。
二將各報名姓歸屬，竟都是關中人，當即握手言歡。高祚暗忖——我乃征西偏將，他是伏波將軍麾下，當多多逢迎，若結下善緣，日後借他美言，轉軍晉升也未可知。既拿定這主意，高祚甚為殷勤：「小弟兵雖不多尚可禦敵，既然上差奉命轉運，小弟願護送。」
解剽是個沒心眼的，高祚好歹是個假司馬，他不過一軍候，對方一口一個「小弟」，反叫自己「上差」，心裡滋潤得緊：「有勞有勞。」
「不敢當。」高祚環顧道：「你我皆往中軍，既能迎面撞上必定有一方錯了。」其實也可能都不對，一邊是半路轉向放箭「禦敵」，一邊是繞道撿便宜，再撞到一起亂鬥一通，早辨不清東南西北。

解剽自信滿滿，拍著胸脯道：「莫看賢弟職位比我高，論帶兵還是有所不及。」說著往右一指，「你看，雖道路不明，但那邊高遠處光亮甚大，必是主公所駐山岡。」

高祚欲結好於他，也不計較言辭：「有理有理，薑是老的辣啊！」於是兵和一處，齊往遠處光亮而去——解剽道理沒錯，但若生上幾十堆火烤肉，一樣可以很亮。

二將有說有笑，不多時已混得爛熟，你一句「解大哥」，我一聲「高賢弟」地聊著，士兵們也放鬆了警惕。約摸三更時分來至山坡下——西面山坡下！

高祚渾然不覺：「大哥輜重甚多，我叫弟兄們幫您搬！」說罷差了不少人相助，先扛起一頭頭死鹿往上運。

這山勢雖不十分陡峭，可一頭鹿百斤有餘，背在身上不易攀爬，眾士兵剛要放聲叫人；不想上面主動下來人接應：「怎這般時候才回？」

「嘿！你們倒機靈，早知道有好東西。」

「我們都吃上了，就你們慢！」

「霧大，差點兒迷路。」

「你們這些關西佬不行，還得本鄉人。我們來，你們上去吃吧！」兩軍口音本不相同，但馬超帶來不少關西籍貫的士卒至漢中，眼下共禦曹軍，竟無人起疑。

高祚全心結交，解剽大吹特吹，兩人皆有相見恨晚之意，也沒在意「援軍」下來搬東西，互相攙扶著也上了山。不多時麋鹿搬完了，又搬糧草輜重——漢中軍得訊，南鄭後續軍輜不日將至，仍未起疑；這邊先上山的曹兵已湊到火邊跟著吃上了，兩軍竟相安無事！關鍵是霧氣太大，能見不過丈許，兩軍心思全在肉上，天賜美味取之不及，誰還在意給自己遞肉的是誰？

高、解二將見部下散亂也不好再耽擱，正要拱手道別各自覆命，又自霧中踱過一人，似乎也是中下級將官，攥著一支箭搭訕道：「二位辛苦，不過小弟有一言奉勸。」

連營將官數不勝數，軍候部曲之流車載鬥量，豈能全認識？解剽還跟著瞎客套：「職責所在何言辛苦？但講無妨。」

那人拋下箭支，比劃著詭異手勢：「此肉雖好，畢竟天官所賜，不宜恣意而取。若失群帶傷者，捕來殺之也罷，豈可大放弓箭，殺生以壞天和？倘上天降罪我教，豈不牽累大家？」

高祚聽得稀裡糊塗：「你到底想說什麼？」

隱約見那人搖頭：「兄弟不納我言也不強求。不過咱弓箭有限，守備關山格外不易，楊將軍知道必要責罵。天亮曹軍再至……」

解剽實在愚鈍，懵懵懂懂還往下聽。高祚渾身寒毛都立起來了，當即拔出佩劍，抓住那人膀臂一把拉過，對準心窩狠狠刺下去！

「賢弟為何殺人？」解剽大駭。

高祚一腳把冤死鬼踢開，怨毒地瞪了他一眼：「你弄錯了！」

解剽兀自不悟，卻聽四下廝殺聲起——殺人還瞞得住嗎？一開始大家還以為是怨憤私鬥，既而察覺不對。天師道之人皆會偈語，一問就露破綻，霎時間勇者廝殺怯者逃避，兩邊胡亂幹起來！

高祚揮劍又宰一敵，喊道：「誤入敵營，快走快走！」

解剽腿都軟了——加一塊兒才千餘兵，有一半管輜重的不善作戰，撞入敵營豈非自尋死路？這會兒腦子都亂了，再加上霧氣茫茫，已經辨不清方向。

「曹軍入營了……快殺敵……」

高、解二將舉目四顧，別說下山之路，連自己的兵都沒瞅見幾個，但聞喊殺聲起，也不見幾個敵人過來——全迷失在大霧中了！

高祚有心趁亂突圍，卻不辨方向，揮劍亂砍，也不知殺的是敵人還是自己人，越發生怯：「倘若誤入敵營深處，我等死無葬身之地。姓解的，你引的瞎道，倒是想想辦法啊！」

解剽本非戰將，舉著佩劍顫抖不已，嘴裡亂念叨著什麼甲乙丙丁子丑卯酉，裝作是教徒；聞聽問話，不留神絆個跟頭，劍也弄丟了，爬在地上東摸西摸，卻抓到一面戰鼓，猛然想起自己運的輜重，慌亂之際胡出主意：「擂鼓！」

他說擂鼓不過是助長軍威，高祚還以為是霧中聚兵之法，也跟著大呼：「擂鼓！快擂鼓！」真有百餘名雜兵手把手跟得緊，東抓西抓，不管自己的還是敵人的，找了六七面戰鼓，死命一通敲。

卻不料誤打誤撞，反驚了漢中軍之心。那邊楊任聞聽敵人上山，還以為是大舉來犯，提起兵刃東砍西刺，殺的卻都是自己人；楊昂也從夢中驚醒，問明情勢心下大駭，料想大霧之中難辨敵我，需設法將敵我分開，於是傳令：「敵既擂鼓，咱們鳴金！」

軍令傳下，尖銳的敲鉦聲也起來，楊昂又命士兵呼喊：「鳴金是自己人！」

高祚越發大駭：「敵若聞聲集結，我等將無遺類也！還怎麼辦？」

解剽這會兒倒穩住了，把牙一咬：「他們鳴金，咱也鳴金。」

這下真亂啦！

山嶺間鼓聲、鉦聲響成一片，分不清誰是誰。整個陽平關以北成了一團亂麻，軍兵匆忙之中踢飛了柴火，煙塵與霧氣交雜一處，更辨不清敵我了。膽大的瞧誰都是自己人，一下也不打；膽小的瞧誰都像敵人，亂砍亂殺；也有奸猾的，帳中一鑽，外面塌了天都不管！大霧比黑暗更可怕，黑天舉火尚可明辨，大霧天越舉火越壞，照出來都是灰白的，眼花撩亂更不清楚。有人擂鼓有人鳴金，慌亂中還有人亂出主意，摸了只號角也跟著吹起來——山上都亂成一鍋粥了。

你砍我殺自相踐踏，十成倒有九成傷的是漢中兵。高祚、解剽算是想開了，反正在敵人營裡，乾脆以亂就亂，鬧得越亂越好，身邊就那百餘人，敵人過來一個殺一個。將將過了半個時辰，又聞喊殺聲震天動地——大隊曹軍真來了！

曹操派人傳令收兵，霧氣瀰漫倒成了掩護，前軍各營都在整備，猛然間聽對面金鼓齊鳴，還以為敵人偷襲呢！曹兵弓上弦、刀出鞘，摸黑列陣架起槍矛，著實亂了一場，可半天不見敵人過來，又聽聲音雖大卻很遠，實在摸不透敵人是何用意。派出斥候打探，也探不出個究竟。

雍州韋康舊部姜敘、尹奉、趙昂等與敵有仇，早憋著打場大仗，當初也是他們向曹操誇下海口說陽平關好打，這時能不出力？涼州的閻行、鞠演、蔣石等剛率韓遂殘兵歸順，也盼著立功贖罪邀功新主。這些西北之士都特能打，再攤上個粗獷好鬥的夏侯淵，霧氣瀰漫也搞不清敵人來沒來，走到一半也不換防了，乾脆後隊變前軍，西北降兵領路，張郃、徐晃、朱靈等部居後，奔著西邊就衝。這回順著聲音跑直線，絕對錯不了。

曹兵自谷東一口氣衝到西邊，根本沒遇敵，北路趁亂就衝上去了；南山守軍畢竟沒亂，但北邊一亂他們也慌神。上面瞧不清下面，只管往下扔石頭；下面更看不見上面，好在曹軍箭多，敞開射吧——兩軍在霧裡打起了糊塗仗，人沒死幾個，響動卻不小！

劉曄奉命巡營，剛下一半山就覺情形不對，看也看不清，找人打聽才知又交上仗了，而且有人已經攻上去了。忙不迭又跑回中軍帳，激動地都喊破嗓子了：「主公萬不可收兵！破敵制勝就在今夜！」

曹操原本病歪歪的，鋪蓋都叫孔桂收拾好了，聞聽此言又來精神了，立刻下令全軍出動。曹彰就等這句了，別人還沒動，他先帶一隊虎豹騎去了，曹真、曹休沒辦法也跟著去了，別的將官也在後面追，六七萬曹軍大舉進攻。

張衛鎮守平陽關，這一夜就沒做好夢。先是金鼓齊鳴，後又來了奏報，說敵人大舉來犯；登上城樓卻只見濛濛白霧，但聞喊殺聲驚天動地撲面而來——看不見比看得見更嚇人，大峽谷回音繚繞，把曹軍氣勢擴大了好幾倍！開始他還沉得住，漸漸北面亂了，南面也亂了，嘈雜之音似從四面八方而來。

張衛急得滿頭大汗：「敵人何以入我連營，莫非從天而降？曹操真妖人也！」曹操若親聞此言只怕要笑，這輩子罵他的人不少，所罵之言卻甚是有限，無外乎「贅閹遺醜」、「篡國老賊」之類，如今花樣翻新，竟多出句「妖人」的評語。

但光罵有何用？城內守軍只五千，憑關守險尚可，出去應戰不過杯水車薪，只得打發斥候探聽情況，希望熬到天亮霧散再想對策。可派去的人久久不歸，喊殺聲卻越來越近。張衛愈加不安，在城上踱來踱去，他本不似兄長那般通道，平日極少修行，今日卻也忍不住念起《太平經》：「守一明之法，萬神可祖，出光明之門……守一精明之時，若火始生時，急守之勿失！」這會兒念什麼咒也沒用，魂魄都飛了，談何抱元守一？

苦苦挨到四更，斥候兵終於回來了，渾身是血倉皇稟奏：「北山陷落，南山苦戰，楊任已死於亂軍之中。」

「天亡我教！」張衛大叫一聲癱倒在地，臉上已沒有一絲血色，「棄、棄關逃命吧……」

兵進南鄭

建安二十年七月，曹軍打破陽平關，爭得蜀地門戶。在曹操一生征戰中，這次勝利是最僥倖的，鹿群襲營、部隊迷路、大霧茫茫，諸多因素成就了這場勝仗，或許當真是老天幫忙吧！

可對於張魯而言就是「天官降罪」了。陽平關集結了漢中最精銳的部隊，這一戰死傷逃亡散佚殆盡，本錢賠個精光；張衛雖連夜逃回南鄭，卻已無力再組織抵抗。無奈之下張魯只得放棄南鄭逃往巴中，投靠蠻夷部落。他一走等於把漢中拱手讓給了曹操，不到半個月時間南鄭、沔陽、成固、褒中、錫縣、安陽六城相繼被曹軍占領；盤踞在上庸、西城的申氏土豪也迫於無奈獻城歸順；再加上本已在手中的房陵，整個漢中九縣完全落入曹操掌握，一條連接荊州與益州的交通線打通了。

當曹操率群僚踏入南鄭的那一刻，眼前的一切無不使他們驚訝，這簡直是來到了另一個國度。這裡的百姓已在張魯統治下生活了三十載，漢家法令喪失殆盡，所有人遵循的都是天師道教義。年少之人自生下來就在這片土地，漢中又艱險四固，不啻為國中之國，有些人竟不知漢家天子為誰，也不清楚天下是何等局勢。

沒有律令、沒有徭役、沒有錢幣、沒有商賈，百姓卻生活得有條不紊。路上義舍裡的米肉可以任意拿，卻沒人貪心多取；犯罪之人竟以修橋補路的方式贖罪；教中祭酒、鬼卒與普通百姓並肩而行，沒有等級差異……最令曹操震驚的是府庫，張魯逃走竟沒帶走一絲財貨，庫內金銀布帛堆積如山，甚至有不少還是蘇固當太守時的東西，封存了三十年。更難得的是南鄭在無人統馭的狀態下維持了半個月，其間竟沒人打這些財寶的主意！

「張魯如今在哪兒，打聽清楚了嗎？」目睹了這些，曹操已迫不及待要見見這位天師。

辛毗稟奏：「他從米倉山遁往巴中，投靠了夷王朴胡、賨邑侯杜濩。」巴郡山嶺眾多，聚集大量蠻夷。其中板楯蠻[①]是勢力較大的一支，其首領朴胡統轄羅、樸、督、鄂、度、夕、龔七個姓氏的

① 古代巴族人分支，分布在今四川閬中一帶，已漢化。

部落，自稱「七姓夷王」。賨人②也是一個不可忽視的族群，乃殷商時期賨國後裔，其首領被漢廷冊封為賨邑侯，世襲罔替，免繳租賦，如今的賨邑侯杜濩與張魯甚是交好。

這些部落原本成不了氣候，只因天下大亂，他們趁勢而起，雖然沒多少兵，卻頗具地方人望，故而劉璋、張魯皆欲收南蠻為己用，多年與之共處。曹操嘻嘻而笑：「孔丘有言：『沽之哉，沽之哉！我待賈者也。』我看張魯也是待價而沽，你看看這些教民和蠻夷，沒有他張魯能得這地方的民心嗎？」

孔桂就在一旁聽著，忙道：「天下之民皆感主公之恩，他張魯又算什麼？我看這妖人是惺惺作態，自知罪孽深重，留府庫以媚主公。」

「非也非也。」曹操凝望著豐厚的倉廩陷入遐想，好半天才感歎道：「漢中被他治理成這樣，他還要錢財何用？一個人要是活到不靠錢就能生存的地步，就不是惺惺作態所能達到的了……」這話中竟有一絲欽羨嫉妒之感。

孔桂見他並無恨意，話鋒一轉又改成了讚譽：「主公說得是，既稱天師多少也得有點兒道行，可能這些米賊也會些修養長壽的秘法，主公何不招來問問。」

曹操反而道：「不提這個我倒忘了，皇甫隆至今還沒回信吧？」嚇得孔桂連連退步，再不敢往前湊，回頭瞅了身後的趙達、盧洪——拿下漢中老頭子本來挺高興，也不喊頭疼了，可自昨晚這倆人來到，密談之後脾氣又開始陰晴不定，他們到底說了什麼？

「陳季弼、辛佐治，你們清點府庫之物登記造冊，然後派人搬到軍中。傳令所有將士一律城外駐紮，不可侵擾百姓，召集遺留的教眾祭酒到咱營中敘話。」只傳了這兩道命令，曹操便轉身而去，「走吧，這地方不是咱們待得了的。」

一行人剛出郡府大門，就見曹真、曹休親自押著一老叟走過來。曹操剛要喝止，仔細打量那老者，不禁笑了：「劉老將軍，你我甚是有緣，又見面了。」那被俘之人正是當年參與關中叛亂的老將劉雄，聞曹操譏笑，實無言可對，唯有嘆息。

曹操也知此人詼諧，一把揪住他白鬍子，笑道：「你這老傢伙，終究被我找到了，還往哪裡跑？」

劉雄忍著羞，訕笑道：「我都快七十的人了，黃土埋到脖子，還跑什麼？任由您處……哎喲！」

曹操用力一扯他鬍子：「其罪已懲，鬆綁吧！」

綁繩鬆開，劉雄捂著被扯得生疼的下巴，支支吾吾：「謝明公。」

曹操質問：「當年我兵入潼關你本已歸順，部曲不降挾你為惡，倒也可寬恕。但既然軍敗就該復歸於我，為何還隨之逃竄，一錯再錯跑到漢中？」

劉雄低聲細語：「辦事不成何顏再見明公。我這老臉怕羞……」

「嘿嘿，」曹操信手往身後一指，「你見了我便羞，可見了你羞的還大有人在呢！」

劉雄順著手指看去，見閻行與成公英也在隨員之中，當年這一文一武乃韓遂膀臂，如今都降曹了，閻行以反韓之功受封列侯，成公英竟做了征西軍師。二人見了劉雄甚是尷尬，把頭壓得低低的；再仔細打量才發現，楊秋、鞠演、蔣石、田樂、陽逵之流皆在，一邊還站個嘻皮笑臉的孔桂，全是老熟人。劉雄弓著的腰立刻直起來，袒胸疊肚破口大罵：「你們這幫兔崽子，當初老子勸你們降你們不聽，如今反把我撂旱地上了。可惡！」

蔣石也覺自己這幫人辦事有點兒不地道，嘻嘻強笑：「老將軍，這個、這個……良禽擇木而……」這事該怎麼解釋呢？

---

② 古代巴族人分支，又稱賨人，主要生活在今四川渠縣一代，已漢化。

陽逵本劉雄部下，更是羞得無地自容，恨不得找個地縫鑽進去。楊秋臉皮厚實，憨笑道：「老將軍，您是養兒養女的人，我們見了您誰不叫兩聲好聽的？您在西州德高望重，豈能跟我們這幫小孩子一般見識？」其實他也四十多了，真張得開嘴。

「是是是。」涼州眾將無不附和。

劉雄還欲再罵，曹操卻攬住他脖子道：「他們說得也是，你一把年紀該歇歇了。我復你騎都尉之職，但西州初定戰事未息，不適合養老，我替你在東州擇一山清水秀之地，你去安享餘生豈不甚美？」曹操這不單是好心，只因劉雄在關西資歷甚老，即便他自己不想鬧，難保別人不再像馬超那樣借他名氣挾持作亂，前車之鑒不可不察。

劉雄也知曹操怎麼想，順水推舟道：「全憑您發落。」

「聽說程銀、龐德也跟著張魯跑了，老將軍能否聯繫上？」

「主公意欲作何？」劉雄提高警惕。

「幫我捎句話……」曹操拍拍他肩膀，「以往之事一筆勾銷！」

「遵命。」劉雄弓著腰深深一揖，「丞相實在寬宏，老朽替崽子們謝您大恩大德。」抬起頭卻見曹操早帶著人走遠了。

出離南鄭還沒到轅門，就見大群士兵手持利刃簇擁著十幾個黑衣人，留守大營的許褚、王粲、路粹、司馬懿也在旁候著。這些黑衣人多半是天師道中下級祭酒鬼卒，沒資格隨張魯一起逃走，見曹軍進城早嚇得膽戰心驚，這會兒叫他們來，他們敢不來嗎？

曹操揚揚手：「孤傳令請他們來，不是抓他們，把兵撤走。」

許褚拱手道：「唯恐左道之人不利於主公。」

「他們若真有邪術，早在陽平關用上啦！」

「諾。」許褚撤走士兵。

孔桂料曹操必要抖抖威風，忙不迭尋了張杌凳讓他坐下說，可他卻沒坐，一邊溜達著一邊道：「昔張角以妖法惑眾，美其名曰『太平道』，幾壞大漢天下。但上天不容此狂徒，終究殄滅，孤也曾參與征剿。天下至德不過聖王之法，其餘皆旁門左道，或騙取錢財，或煽動作亂。西門豹治鄴，沉殺群巫；王仲任撰《論衡》，盡破邪說。歷代對這些巫妖術士都是要禁絕的……」

那幫黑衣人越聽心越寒，膽小的直顫抖——看來難逃一死啦！

不過曹操話鋒一轉，輕描淡寫道：「天師道卻有所不同，張輔漢本太學出身，惡於朝政幽居傳道。你們在漢中三十年，也算與民秋毫無犯，雖非正當教化，畢竟使此間安定一時，百姓也念你們的好，可見張公祺還不算是巫妖……」

聞聽此言大夥懸著的心又放下了，曹操沒有直呼張陵、張魯的大名，而言其字，可見還是尊重的。

但曹操口氣又一變：「但興兵割據也是重罪，何況助馬超、韓遂等賊禍亂關中？你們這些脅從之輩也應處決！」

眾祭酒又驚——還是活不成。

「好在……」曹操頓了頓，又緩和下來，「陽平關既失，張公祺尚知就此隱遁少傷黎庶，郡縣府庫也一律封存，念在他這點仁義之處我就不追究什麼了……」

簡直冰火兩重天，這幫人聽得忽冷忽熱，實不知還會不會再變。

曹操見他們皆有敬畏之色，便不再嚇唬了，坦言道：「離亂以來百姓甚苦，以道法治之雖非正理但亦可鑒。」說著從懷裡掏出卷書，竟是張氏祖孫批註的《老子想爾注》，「張氏言『治國之君務修道德，忠臣輔佐在行道，道普德溢，太平至矣』，還有什麼『忠孝至誠感天』，這些與朝廷之教化並不相悖嘛，甚至相輔相成。孤坦言相告，只要解除兵杖、繳賦服役、遵守法度，天師道可繼續存在下去，甚至可以繼續傳道……」

這番話非但使眾祭酒吃驚，連曹營之人都感意外，眾人交頭接耳了一陣，漸漸又安靜下來。

曹操臉上掛著親切的微笑：「你們這些修道之人還不懂得順天應人嗎？孤已據漢中，你們就該誠心歸附，這便是順應天意安排。反過來，我又豈能違背人意，取締你們的教義呢？你們有功我會賞，你們有過我就罰，你們與我手下這幫人沒什麼不同。」換言之，曹操的意思就是天師道存在的前提是要依附於他，一切活動必須在他允許的範疇內。

眾祭酒都聽明白了，見曹操不再言，有人斗膽回應：「魏公所論我等歎服，但教主尚在……」

「去找他。」曹操終於拋出目的，「你們都去找他，把這些話帶給他。並且替我轉告，他仍然是所謂『天師』，而且只要回來，我還給他加官封侯。」當然了，前提是他必須聽話。

「諾。」眾祭酒齊聲應允，恨不得馬上去找張魯。

「慢著！」曹操突然叫住，「你等治漢中多年，百姓感恩，但我軍也非虎狼之眾，非遇冥頑之徒不以屠戮之法，若輕害百姓必遭嚴懲。校事何在？」

「在！」趙達、盧洪出列。

「近來我軍可有欺壓漢中百姓之事？」

趙達猛然抬手指向路粹：「軍謀掾路粹，昨晚他僅以一匹絹強買南鄭父老一匹驢，分明是欺壓百姓！」

路粹又好氣又好笑，此等事至於這麼較真嗎？剛想出班認個錯，忽聽曹操一聲斷喝：「來人哪！將路粹就地正法！」

「什麼？」路粹腦袋裡「嗡」的一聲，他甚至以為自己聽錯了，還沒明白怎麼回事，已被兩名虎豹士拖至轅門按倒在地。

王粲趕忙出班跪倒：「主公息怒，懇請饒路文蔚不死。」這件事他心裡有愧，其實最早是他喜歡驢，路粹與他久在幕府漸受薰陶，竟也喜歡起了驢叫。若因這件事將路粹處決，王粲心中豈忍？

眾人見狀也隨之附和：「念路粹追隨甚久，恕其不死。」

卻聽曹操厲聲道：「不處死此人何以整飭軍紀？定斬不饒！」

王粲苦苦諍諫：「路粹雖無大功，蒙刀筆之任，追隨主公近二十載，今何以小過誅之？」

曹操連眼皮都沒抬一下：「我意已決，不可更易，再有諫者與之同罪。」此言一出眾人大駭——此等小過何以必置於死地？一雙雙驚恐、詫異、困惑、憐憫的眼睛掃向路粹，卻也有人淡然漠視。

王粲畢竟不忍，再三叩首：「屬下不敢為一罪人請命。然軍法貴於適度，路粹僅因賤買一驢便治死罪，那犯不赦之惡又該處以何刑？這也忒重了，請主公收回成命。」

他這是講理，不是單純求情，曹操也不便蠻橫無視，悉心解釋道：「我軍新定漢中，與民無恩，而天師道又素得人心。彼道術之徒尚結善緣，我王師之眾焉能為惡？其惡雖小，張揚則壞，豈能不殺之而定民怨？」其實這道理也未必光明正大，他恐王粲再辯，狠狠把眼一瞪，「你雖孤所偏愛，也要適可而止！」

王粲嚇得一激靈，不禁坐倒在地，五內俱焚——屈啊！堂堂七尺人命竟不如一頭驢！

路粹被按倒在地，他想高聲吶喊，卻如鯁在喉，哀淒地望著在場眾人。他們雖然都求了情，但除了一文友王仲宣，竟再無一人力爭，路粹也明白了——他們希望我死，在他們眼中我絲毫都不可憐！陳矯東州名士、劉曄享譽淮南、司馬氏乃河內郡望，你們嘴上不說，心裡都看不起我，還不就是因為當初我一道彈章治死孔融，你們都視我為惡人……但我也是被主公所逼，不得不做，換了你們又如何？你們都知道孔融冤，可誰又替他說過一句話？殺孔融你們是看客，殺我你們也是看客，你們什麼也不做，當然永遠都對，永遠堂而皇之站在道義頂峰上。這世道怎麼了？人怎麼都變成這樣了……

行刑的刀斧手可不管那麼多，揪起髮髻，大刀一舉。路粹突然一陣狂笑：「罷罷罷，世道如此。二十年勞苦反不如一頭……」最後一「驢」字未出唇已人頭落地！

曹營之人無不扭身閉目，不忍觀看；眾祭酒更嚇得體似篩糠——這哪是處置犯法之人，這分明是給我們看的，違背他曹某人就是這等下場，快勸天師投降吧！

「你們這些人……」曹操突然抬手指向眾祭酒。

眾人嚇得腿都軟了：「魏公有、有、有何吩咐？」

「剛才我說的話都記住了？」

「銘記於心、銘記於心。」眾人唯唯諾諾。

「那還不去？」

「是！」眾祭酒似遇見獵戶的兔子一般都跑了。

曹操看都不看屍身一眼，冷冷道：「首級掛於轅門，警示三軍。」說罷拂袖入營。

路粹當然不是僅僅因為一頭驢而死。其實昨晚盧洪、趙達從鄴城趕來，向曹操報告了洩密之事的調查。那日在場的桓階、楊俊都沒問題，唯獨路粹回家透露給了兒子；路粹之子乃曹丕府中常客，閒談間向曹丕言及此事，正逢司馬懿也在場，又告知其弟司馬孚；那司馬孚乃一憨直之人，又以此事為辭勸曹植遵禮守法。歸根結柢洩密之源是路粹，餘者或為無意、或為好心、或不知是機密，當治路粹之罪——這就是盧洪、趙達得出的最後結論。

君不密則失臣，臣不密則失身，曹操當然要治路粹一死，但事關家醜不能明彰其罪，只得借題發揮。正好要對天師道恩威並施，大可誅之以立威！況且昔日路粹受命彈劾孔融，群僚皆嘉其才而畀其筆，借故除之亦可籠絡清流之心。如此一石三鳥之計曹操怎能不用？

眾文武有的哀戚、有的驚懼、有的蔑視、有的無奈，嗟歎了一陣，紛紛跟著曹操進了大營。司馬懿攙起坐地痛哭的王粲：「仲宣節哀，保重身體才是。」扶著他一瘸一拐也入了轅門。

趙達望著那血淋淋的人頭掛上高杆，又詭祕地瞥了司馬懿一眼，也要入營，卻被盧洪攔住：「趙兄且駐一步，小弟有事請教。」

趙達大大咧咧：「咱倆何時不能聊？只恐主公還有吩咐。」

「兄長有事瞞我。」盧洪神色凝重壓低聲音，「聽說您在鄴城以南置了好大一片田產，哪來的錢啊？」

趙達左顧右盼，見眾人皆已入營，也笑嘻嘻道：「聽說賢弟你也發財了，光好馬就買了十多匹，還納了一房小妾。」

「嗐！」盧洪一拍大腿，「既然彼此都知道，那就明說吧！臨淄侯給您送錢了是不是？實不相瞞，他也給我送了。」

「臨淄侯？」趙達面龐抽動，甚有驚懼之色，「可是給我送錢的是五官中郎將啊！」

盧洪也覺詫異：「這是怎麼回事？」

「你保的是誰？」

「臨淄侯府的文學從事司馬孚。兄長你呢？」

「五官將託我保的是司馬懿……」說罷趙達愣了半晌，漸漸露出笑容，「難怪你昨晚口口聲聲說洩密的是路粹，原來是找個替死鬼。」

盧洪雙手加額，甚是後怕：「路粹之子確與臨淄侯關係不錯，我也不是全然說假話。哪知主公已從楊修口中問出司馬孚，當時小弟嚇得魂飛魄散，以為事情敗露。幸好你及時補了句『路粹之子遊走兩府，必是司馬懿在五官將府上聽去，轉告司馬孚的。』我才逃過一劫！可當時我就想，你必定也受了賄賂，否則怎肯圓這謊話？」

「幹咱們這差事的，誰知明天是風是雨？百官可以監察，眾將也能得罪，若得罪了日後的主子，豈有好下場？不為那點兒錢，也得為身家性命啊！真要揭開二府醜惡之事，非但小祖宗們惹不起，就是老祖宗覺得丟臉，也得除了咱們啊！能結善緣儘量結善緣吧！」趙達話說至此竟流露出一絲苦澀。

「誰說不是啊……」盧洪也神情黯然，「升官已不指望了，能保善終就不錯了。」

趙達又道：「我得了賄賂要保司馬懿，可司馬孚是司馬懿之弟，若害他兄弟一死，也恐五官將不饒，這才幫你把謊圓上。不過也幸虧你尋出個路粹，我絞盡腦汁還真想不出個替死鬼呢！」

「兄長高明，見風使舵不露痕跡。若小弟沒猜錯，邢顒密奏之事可是司馬懿從中穿針引線？」

趙達不作聲——算是默認了。

盧洪譏笑道：「司馬昆仲也忒荒謬，哥哥幫著五官將告密，弟弟卻助臨淄侯洩密，若非二府力保，兄弟倆險些雙雙栽進去。你說荒不荒唐？」

「荒唐？我看是高明！」

盧洪畢竟比趙達遜一籌，並未領悟：「何言高明？」

「司馬懿揭露舞弊，得五官將信任；司馬孚洩漏邢顒上奏之事，得臨淄侯之心。最後兩位公子都花錢保他們，難道不高明？他們兄弟一邊站一個，還有個老大司馬朗，官居刺史只效忠魏公。」

趙達手撚鬍鬚不住冷笑，「既然猜不到哪棵樹結果子，就每棵樹下都站一人。這還不高明嗎？」

盧洪也算閱人無數，仍不免心驚：「其心可畏！但那司馬孚的的確確是個老實人。」

「他老實，他兄長可未必老實，龍生九子還各不相同呢！」趙達搭住盧洪肩膀，滿臉堆笑，「人家皁潝保收，咱也得想想法子。主公老了，日後誰能繼大統尚未可知，賢弟這次給臨淄侯幫了忙，我也跟五官將拉上了關係，咱倆共事十餘年，雖非兄弟勝似兄弟。這樣吧，咱倆各助一人，將來若五官將得勢，哥哥保你無恙；若臨淄侯繼統，你就幫哥哥一把，如何啊？」

「甚妙，甚妙。」盧洪口上雖這麼說，卻不禁抬頭望瞭望轅門上的首級——路粹不過害死孔融，到頭來竟沒幾人為他求情。我們倆戕害了多少性命？說是互保，豈能那麼容易？他如今算五官將一黨，我卻幫了臨淄侯，那我倆豈非仇敵？這話可千萬不能當真……想至此低頭再看，見趙達貌似和藹微笑，眼神中卻隱隱藏著歹意。

趙達也瞧出盧洪不信，但兩人兀自虛情假意，你叫我一聲「兄長」，我喚你一聲「賢弟」。

第十二章

大破孫權，張遼威震逍遙津

合肥密教

建安二十年八月，就在曹操兵進南鄭之際，淮南又燃起了戰火。

二次西征之前，天下的局勢是曹操、孫權抗衡於江淮，劉備趁機取西蜀，但隨著曹操戰略的改變，天下形勢也變了。劉備忙於儘快安定蜀中以抵制北方，曹操則意圖奪取漢中扼制劉備，曹、劉兩家角力之勢漸成，反倒給孫權提供了千載難逢的機會。

長期以來孫權有兩大圖謀：一是奪取荊州全據長江之險，二是在淮南立足進而經略北伐。兩者相較而言，前者乃自固之需，後者則是日後的發展方向，故而謀取荊州尤為重要。前番曹操南征不戰而退，孫權就預感到機會來了；果不其然，曹操開始了第二次西征，孫權也開始向荊州下手。先派諸葛瑾入蜀索要荊南之地，在遭到拒絕後派兵至公安接回妹妹，結束了這段政治聯姻；繼而在摸清曹操兵過散關無暇東顧的情報後，派呂蒙率兵二萬搶奪長沙、桂陽、零陵三郡。

荊州方面猝不及防，鎮守長沙的趙雲已入蜀，桂陽太守廖立棄城而逃，二郡立時落入孫權之手，唯零陵太守郝普堅守城池，情勢甚是堪憂。關羽聞訊立即向蜀中告急，繼而提兵三萬進軍益陽，欲以武力奪回；孫權卻早派魯肅率軍一萬進入巴丘以防其變，自己則統率諸部屯於陸口以為後援，大戰一觸即發。

不過兩家皆知曹操才是最大敵人，為防止事態進一步惡化，以關羽、魯肅為首的孫、劉兩家將領在益陽單刀相會，商討解決的辦法。但會談中雙方各說各理，無法達成一致，最終不歡而散。時至六月，劉備率兵從城都趕回荊州，大軍屯於公安，擺出一副必以武力解決的架勢，魯肅兵少陷入險境。

孫權料知情勢不妙，急發文書調包圍零陵的呂蒙回援魯肅。如今之呂蒙非昔日可比，自受孫權訓教，廣讀詩書研修兵法，再不是僅有一夫之勇的「吳下阿蒙」。他接到告急文書，既不敢不從，又不忍放棄三郡優勢，於是略施小計，尋來郝普的舊友鄧玄之，假造關羽遭孫權奇襲而敗的軍報給鄧玄之看，並使其入城勸郝普投降。結果郝普中計獻出零陵，呂蒙安排好守軍速至益陽與魯肅併勢——兩家還是對峙之勢，但三郡已易其主。

此時的劉備如坐針氈：長沙、桂陽、零陵已入孫權之手，魯肅與呂蒙併勢難以速勝，蜀中劉璋舊僚尚未歸心，更要命的是曹操已兵至武都越逼越近！

無奈之下劉備只得遣使與孫權媾和，央求索回零陵；孫權這會兒已盡握談判籌碼，討價還價，要求以江夏郡江北之地置換零陵。最終兩家達成協議，雙方以湘水為界，其東的南郡、零陵、武陵歸劉備，其西江夏、長沙、桂陽歸孫權，兩家仍為盟友聯合抗曹。

劉備草草劃地，贖回郝普，一天都不敢多耽擱就回了蜀中。孫權終於如願以償，順利從「鐵公雞」身上拔了三根毛，也優哉游哉回了建業。討回借地的目標基本達到，而劉、孫關係也未搞得太壞，這溫柔一刀切得恰到好處，孫權從劉備那裡占了便宜，又開始籌劃向曹操的地盤下手了。

半月之後得到明確消息，曹軍已至陽平關；孫權喜不自勝，此刻曹孟德就算肋生雙翅也來不及飛到淮南了，這時不取更待何時？為了打好這一仗，孫權幾乎調集帳下所有能征慣戰之士，虎威將軍呂蒙、奮武將軍賀齊、折衝將軍甘寧、平南將軍呂範、偏將軍陳武、承烈校尉凌統、武猛校尉潘璋、討越中郎將蔣欽、平賊中郎將徐盛等各率所部盡皆從軍，號稱十萬之眾，由孫權親自統領，水陸並進浩浩蕩蕩向合肥進發。

「十萬大軍？呸！」張遼把帥案拍得山響，「當年烏林之敗，孫權來擾合肥就號稱十萬大軍，其實不過兩三萬。如今又稱十萬大軍，張某人就不信區區江東能有這麼多兵！孫仲謀乾脆改名叫『孫十萬』吧！」

「哼！」坐在一旁的李典面沉似水，只輕輕哼了一聲，沒說話。樂進卻面有憂色。他近來發福，耐不住暑熱，把裡外衣服都敞開了，白胖矮小的身子在帳角一攤，活像個大肉球；手裡晃著一把蒲扇，慢悠悠道：「沒有十萬，總有六七萬吧？可咱們才六七千兵，一人收拾十個嗎？」

張遼明知問得有理，卻偏抬杠：「我不在乎，就怕有人不行。」

其實他是說士兵參差不齊，非人人都能以一敵十；不想旁邊還坐著李典，聞聽此言還以為張遼譏自己不夠驍勇，火氣直沖腦門，「騰」地站了起來：「張文遠，你狂什麼？我李家軍人人奮勇，兄弟子姪同生共死，豈任你說三道四？」

他二人本有嫌隙，無事還要生非，張遼見他聲色俱厲，也火了：「我狂你不狂？動不動就拿家族勢力壓人！平日裡也沒見你出來顯顯身手，就會耍心眼籠絡人心。假清高！」

「你本是呂布走狗，一介降將也配說我？」

「如今我有假節之權。」

「笑話，你動老子一下試試？」李典拍拍胸口，「你敢殺我的頭，還是敢奪我的營？你以為你是于禁啊？」

「氣殺我也！你、你這尖酸的土匪頭子……」

「呸！并州匹夫……」二將互不相讓，吵得不可開交。

「你們歇歇吧。」樂進有氣無力勸道：「吵吵嚷嚷十幾年了，有意思嗎？你們不煩我還煩呢！」說了兩句卻見二人不理，兀自爭個不休，無奈歎口氣，繼續搧蒲扇——昔日張遼在呂布帳下，兗州之叛多殺李氏宗族，李典憤於舊仇終不肯釋懷，而張遼也不省事，連個笑臉都不會陪。若能痛痛快快打一架也罷，畢竟一個鍋裡舀湯，說穿了都看曹操臉色。朱靈被奪軍權乃前車之鑒，械鬥是不可能的，嘴仗卻免不了；兩人同在合肥駐軍，一個在東、一在個西，平常見面不打招呼，遇上事商量不了兩句準吵起來，時間一長樂進也習慣了。反正勸不好，看熱鬧唄！

「都住口！」一聲斷喝將三人驚住，「大敵當前不思抵禦，還自相爭吵，合肥若失你等如何交代？」護軍薛悌陰沉沉走進帳來。

李典、張遼立時安靜下來——薛悌雖近乎文吏，卻居護軍之職，曹操既把他派到此，就有節度諸軍之權。二將再不省事，也得給他個薄面。李典氣呼呼退至一旁，張遼也讓出了自己的帥案，樂進也裹好了衣衫。

其實三將也對曹操這安排也有意見——合肥重鎮兵戈不休，派個手裡無兵的文人添什麼亂？而且這薛悌天生一張嚴厲面孔，隼鼻鷹眼不苟言笑，誰瞧著都不痛快。

但薛悌也有自知之明，不敢在三員大將面前擺統帥的架子，沒有坐帥位，而是走到帥案前，自懷裡取出份密封的手箚放到桌上：「此乃魏公親手所封，關乎孫權來犯之事，我與三位一同觀看。」

三人不禁大駭——這傢伙來此個把月了，既早攜有主公密教為何現在才拿出來？真沉得住氣啊！

張遼有心責問，卻見皂套上有朱筆所寫「賊至乃發」四字，嚥了口唾沫，沒敢耍性子。薛悌撕開封套拿出手箚，三將立時圍住，伸著脖子一看，但見僅輕描淡寫一句話：

若孫權至者，張、李將軍出戰；樂將軍守，護軍勿得與戰。

霎時間，三將盡皆沉默，連薛悌都不吭聲了——拿到密教之時還以為主公有何妙計，或在某處伏有奇兵，現在看來什麼也沒有，單單是這個出陣的安排。說得倒容易，這仗可怎麼打啊？

寂靜半晌，還是張遼先開了口：「主公遠征在外，待其救兵來時，我軍已破也，故而教我等趁敵立足未穩先發制人，折其銳氣，若能先聲奪人，士卒之心可安，然後就不難守了。」

不用他解釋，誰都明白曹操用意，但孫權號稱十萬，合肥守軍只七千，眾寡懸殊，主動挑釁不是以卵擊石嗎？李典也不說戰，也不說不戰，轉而問道：「溫刺史、倉都尉還有多少兵？」

樂進心道這傢伙明知故問，卻還是回答：「溫恢所部不過千人，倉慈麾下皆屯田者，非驍勇之士，不足為倚仗。除非……除非溫刺史馬上開倉募兵，或許還能湊個兩三千人。」

李典撇嘴搖頭：「即便能徵兵只怕也來不及了，等他把那點兒人湊齊，再從壽春趕來，孫權早就圍城了，到時候別再給敵人送了禮。堅守告援的話，溫刺史指望不上，征南將軍那裡呢？」

樂進原本甚是憨直，可近些年與李典一處也長了心眼兒，聽他一再裝傻便明其意，趕緊道：「征南將軍在襄陽，統帥呂常、牛金、侯音、衛開等部，又有滿寵相助，雖說防禦關羽責任不輕，但臨時調度一下似乎也……青徐之地臧霸他們也還有些人馬吧……」說著話眼神瞟向薛悌。

薛悌多年老吏，能不知他們耍什麼滑頭？這倆人一唱一和無外乎暗示兵少，叫他想辦法向曹仁告援。可一來曹仁的兵也不甚多，二來道路遙遠，三來襄樊乃防禦荊州的重鎮。樂進、李典不明說，擠對他這個「統帥」出頭。可薛悌也不敢拍板，莫說曹操密教在這兒擺著，真腆著臉找曹仁，人家就肯幫忙？至於青徐臧霸、孫觀等非曹營嫡系，況軍紀渙散，無主公之令隨便調發，惹出禍來怎麼辦？

想至此薛悌板住面孔，擺起護軍的架勢道：「主公密教在此，我等必須依計行事，大家各盡其力，即便事不能成也無愧矣。至於何處發兵救援，乃日後之事，當先把眼下之事議定再說。」這話聲音不大，卻斬釘截鐵，毫無商量餘地。

李典把頭一低、樂進蒲扇一搖，都不搭這個茬兒；薛悌雖是護軍，手裡無兵也拿他們沒辦法。仨人僵在那裡，不想一旁惱了張遼：「猶猶豫豫臨事不決，多耽誤一刻孫權便多靠近一里，快拿定主意才是。」

李典聽他說話就有氣，不耐煩道：「那你又是何主意？」

「打！」張遼一拍大腿，「成敗之機在此一戰，有何商量的？」

薛悌見終於有肯聽話的，暗甩一把冷汗，也不端護軍的架子了：「好，將軍痛快！」

樂進卻連連咋舌，李典頗有不忿之意。薛悌瞧得明白，心下暗忖——張、李不睦，我讚張遼而激李典，李典必與之爭功，剩下一個樂進也無可奈何。想至此雙挑大指：「文遠忠義果敢，真國之砥柱，眾將之魁首也！不知麾下兵馬如何分派？」當了半輩子酷吏，這樣的奉承話他以前還真沒說過。

張遼大大咧咧道：「護軍不必謬讚，身先士卒唯盡力耳，若眾人不能同心，遼獨與敵決之！」

薛悌暗笑，要的就是這句話。果不其然李典拍案而起：「此國家大事，要看你計議如何，我李某人豈會因私怨而廢公事？」

「我計議如何？」張遼坦言，「依我之意立刻招募敢死士，今夜出擊明晨便至，管他十萬八萬，先給他個下馬威再說！」

李典不肯示弱：「你敢打，我就敢打！反正主公就想叫咱倆上，就這麼辦吧！」

「現在就調兵？」

「走！」倆人扯著膀子便要出帳。

「慢著。」就剩樂進了，不表態也不行，「既然你們都一個主意，我捨命陪君子，乾脆咱一塊兒上吧！」

薛悌卻攔道：「不必了，還是要遵主公安排。樂將軍若嫌兵少，可將你營中半數兵馬分與李將軍，咱倆守城。」話說至此薛悌總算鬆了口氣，但懸著的心卻未放下——出兵之計定下來了，可能不能打贏呢？眾寡實在懸殊，可不能把樂進放走；萬一那倆回不來，孫權大舉圍城，我總得留一個為倚仗啊！主公啊主公，您倒是想得周到……

先聲奪人

孫權少掌江東久歷磨難，深知天下大勢瞬息萬變，要想在日後與曹操的爭戰中占據主動，必須抓住眼前這次良機。故而大軍渡江以來一路向西，沿途曆陽、浚遒等縣置之不理，兵鋒直指合肥，只要拿下這座重鎮，曹操東南一線的布置將完全癱瘓，整個淮南唾手可得。

雖然倍道而行甚是辛勞，但江東軍挾奪三郡之餘威，氣勢正盛耀武揚威，全無疲憊之態。尤其孫權親督前軍身先士卒，眾將咸感振奮人人爭先，一路上屢見江北屯民倉皇逃竄，更助長了囂張氣焰，全沒把合肥那點兒小敵放在眼裡。

僅僅五天時間，江東軍已出浚遒縣界，輜重也由水路盡數運來。只要再趕半日路程，涉過西面淝水逍遙津（今合肥市舊城東北）便可兵臨合肥城下。孫權倒也不算大意，自知入敵境已深，早早紮營安息。他暗暗算計：來日清早出動，在逍遙津集結整隊，午後便可至合肥從容下寨，曹軍必不敢出。雖說合肥城不似皖城那麼好打，但情勢卻比去年皖城之戰還要有利，曹操鞭長莫及，援軍遙遙無期，攻皖城只花了半天時間，合肥再難打半個月也攻下了！

這一夜是在遐想和興奮中度過的，孫權幾乎沒合眼。因為各部兵馬有先有後，哨探嚴密警戒以防突襲，不過終究沒見曹兵影子，看來合肥守軍真是嚇破膽了。天濛濛亮孫權就傳令整備，各部將領也隨之拔營，偏將軍陳武所部先行出發——只因陳武乃廬江人士，所率士卒大半也是江北人，所以此番出征擔任先鋒，其實也有嚮導之責。

孫權從容準備，用過戰飯，收拾軍帳、拔營起寨。哪知還未開始列隊，忽聞西面隱約吵嚷，繼而有自家兵卒朝這邊奔來。剛開始他還不甚在意，以為是傳送軍報的，豈知越來越多漸成人潮，大呼小叫似有驚惶之態。孫權不敢怠慢，急令本部人馬布陣戒備；這會兒回來的兵已到近前，才知前軍遭襲。

孫權甚駭，忙喚過敗軍細問，敗兵道：「陳將軍率部先行，還沒到逍遙津，突遇一支小隊迎面撲來。天色未明看不甚清，這支隊伍人數又少，我們原也不懼，哪知對方人急馬快，列陣未成已到眼前，這幫人個個都不要命，馬上步下逢人就殺，我軍倉促之間被衝散了……」話說一半已被嘈雜聲打斷，孫權抬首西望——丘陵起伏樹木零落，陳武麾下士卒如一盤散沙鋪滿山野，漸漸向東湧來；而就在亂軍之中有支小隊異軍突起，馬上步下佇列整齊，所過之處敗兵如避猛虎，似退潮般左右分開。

孫權第一反應——這領兵的是個瘋子！我軍數萬大軍匯聚於此，他這支部隊恐怕還不滿千人，豈不是送死來的？但他即刻又意識到不可小覷，陳武所部三千餘人，還不讓他打了個措手不及？想至此，忙令中軍司馬宋謙、假司馬賈華帶兩千人馬前去截殺。繼而又有敗兵奔至近前，悲痛大呼：「陳將軍已戰死啦！」

「什麼！」陳武不但為孫氏所信用，更難得他是江北人，乃招攬北方勇士之標榜，不想竟糊裡糊塗遭襲身亡。這可把孫權惹火了，拔出佩劍放聲高呼，「全軍出擊，滅了他們給陳武報仇！」

令是傳下去了，但大軍未動前面已經亂了——宋謙也算孫營名將，能在中軍為司馬的豈是孬種？他以多拒少自以為不成問題，哪知敵人未到敗軍先至，這支隊伍竟是席捲著自己人一塊兒來的。吳兵總不能自相殘殺吧？可人家不管姓陳的姓宋的，反正一鍋燴啊！一猶豫工夫已接上仗，這支隊伍人雖少，戰力可不弱，人似猛虎馬如蛟龍，揮舞兵刃玩命往前衝。吳兵只一交手便覺不支，陣勢立時被衝出道口子，敵眾魚貫而入，賈華撞於馬下踐踏而死！宋謙見副將斃命惱羞成怒，提刀就要玩命。可曹軍偏不跟他玩，小小一支隊伍又短又快，如利劍透膛，宋謙領親隨從旁截擊，卻連個尾巴都沒切到，只隱約看到有面戰旗一晃而過，上書斗大「張」字。

斯情斯景孫仲謀畢生難忘，他兀自呼喊咒罵，大軍兩翼包抄尚未合攏，卻見前面士卒鬨鬧般潰敗，那隊曹兵氣勢洶洶穿陣而過，直奔自己而來！

「張遼在此！孫權小兒納命來！」一嗓子可就炸營了——沒聽說過這麼打仗的，兩軍交鋒大將豈能親率敢死隊？甘寧劫曹營也還趁夜，張遼竟敢明著來！而且還報名，若叫吳兵擒殺豈不全軍潰亡？

但這會兒吳兵已驚，敵隊直入本陣，若主公有失江東何以再存？大軍吵吵嚷嚷一擁而上，都往本陣湧來。

孫權久聞張遼之名，心下雖駭，但仍昂首挺胸要逞一下英雄；卻不知誰那麼討厭，喊了聲「護衛主公！」幾十名親兵小校擁上，七手八腳搶過韁繩，連拉帶拽；孫權畢竟心裡沒底，連掙都沒掙，在他們掩護下撥馬而遁——惜乎這點英雄氣叫一群沒見識的小兵耽誤了！

他若不跑大夥尚可抵禦，他一跑可就嚴重了。將乃兵之膽，兩軍對陣講究「不動如山」，如今主將一動，大夥心思就亂了——是先擋張遼還是先護主公？兩翼人馬雖已圍上，卻又被打個措手不及。張遼所部其實只八百，但這八百人皆從三部士卒中精挑細選，無不以一當十，昨夜三將又臨危誓師屠牛置酒，人人酒足飯飽，今天就是豁出命來的。

八百壯士湧入敵陣，除了張遼，其他人連一聲都不吭聲，掄刀舞槍如砍瓜削菜，只管悶頭拚殺；江東軍人仰馬翻，又叫他們衝出道口子。張遼並不識得哪個是孫權，卻是望著帥旗麾旄來的，眾親兵軋成一堆轉身而逃，似是護衛要緊人物，這還能不追？一時間，孫權前面跑，張遼後面追，兩支小隊一前一後由本陣而出。

江東眾將早得消息，營也不拔了，隊也不列了，一股腦兒都來救。孫權腦筋已亂，顧不得東南西北，哪兒有路就往哪兒扎。張遼在後緊追不放，口中大呼：「張遼來也，孫權納命！」甘寧、凌統、呂蒙、呂範等部行動迅捷四面圍上，但局面早已經失控，孫權逃到何處，張遼追到何處，還不能擋孫權的道，萬一路堵死孫權過不去，張遼趕上就完啦！眾將只能設法從中截斷，可哪這麼容易？張遼這隊伍短小精悍追得又緊，一眨眼就竄過去——於是兩支小隊似游魚般在丘陵間追來追去，各部軍隊左封右堵前遮後攔，還是無濟於事，數萬大軍竟被張遼攪了個團團轉！

四面八方人聲鼎沸，都在招呼主公躲避，孫權已然聽不清楚，也不知該聽誰的，伏在馬背奮力逃竄，昏頭脹腦間見右前方有一座還未拆淨的營寨，細細觀瞧竟是自己捨棄的中軍營——繞一圈又回來了！孫權靈機一動，縱馬馳入，張遼死咬不放隨之追入。營內尚有些雜兵在拆柵欄、裝糧草，一見主公馳過焉能不救？這些兵雖不善戰，畢竟是中軍親隨，也不管手裡拿什麼，廚刀、木板、燒火棍子一起奔曹軍招呼！張遼乘威而來哪在乎他們，左砍右殺；但是孫權熟識營壘，三繞兩繞，前門進後門出已拉開距離。

又聽斜前方丘陵上金鼓大作，原來長史諸葛瑾等見陣勢已亂，取了孫權麾蓋移至山丘之上。孫權立時醒悟，縱馬上坡，回頭再望——親兵已傷大半，險矣！

曹兵衝殺出寨，卻見孫權衛隊已上山丘，大戟士左右林立，弓箭手、長槍手封鎖坡道，各路人馬四下圍攏。這回莫說八百，八千人也未必攻得上去。張遼一擺大刀，厲聲大罵：「孫權豎子，有種一戰乎？」

孫權滿頭大汗盔歪甲斜，上氣不接下氣，往諸葛瑾身後一躲——罵什麼我也不下去啦！

轉眼甘寧、凌統、呂蒙、呂範、潘璋等部都壓過來了，張遼不慌不忙，率八百將士左衝右突奮力廝殺。刀光閃閃人聲震耳，荒野丘陵籠罩在一片殺氣之中，時而鮮血飛濺，如細雨般灑將下來，大陣猶如一鍋燒開的水，沸騰不止、翻動不休。前面一番堵截撲救，江東各部都衝亂了建制，也分不清誰是誰的，八百壯士也不管來者是誰，恣意拚殺著、衝刺著、叫囂著……張遼凌晨出兵，清早接戰，這一陣直殺到紅日當頭。

壯士雖勇，終有聲嘶力竭之時。時至正午，曹兵都已殺得血瓢一般，不斷有人倒下。張遼也知此非長久之計，看準方向往西突圍。江東軍哪裡肯放？但一者見敵奇勇已懷怯意，二者建制不明難以協力，還是叫曹兵數十騎走脫。

張遼雖走，心頭不悅——昨夜與李典共謀，我率死士先行突襲，他督大軍隨後便至，殺了半日他竟不來，回去可不能輕饒於他！思罷揚鞭欲撤，卻聽後方隱約有北兵呼叫：「將軍棄我等乎？」回頭觀看，陣中尚有百餘勇士被圍。張遼毫不怠慢，調轉馬頭又入敵群！

此刻張遼已渾身血染狀如魔鬼，吳兵正聚殲餘敵，完全沒料到這廝還敢回來，立時怯意大增，不禁兩腿發軟漸漸後退，竟眼巴巴任由他復入陣中把人救了出去。

江東眾將也都是血性漢子，今日叫張遼奇襲一場，數萬大軍竟難殲敵八百，豈可善罷甘休？蔣欽、徐盛是兩側偏師，在周邊建制未亂，見張遼突走立時左右攔堵。這會兒曹兵力竭不堪再戰，張遼率眾猛衝一陣，自兩軍間隙而過，奔西北方逍遙津而去。兩軍放箭連斃數十人，二將兀自不捨在後緊追，其他各部將領也多尾隨。

渾身是鐵能打幾根釘？張遼拚殺半日已人困馬乏，堪堪逃過逍遙津，下了木橋氣喘吁吁回頭再看——江東諸部緊追不放，也漸漸追到橋邊，八百勇士還剩不到二百，騎士尚能支持，步兵沒幾個了。

張遼咬牙切齒心中暗罵：李曼成，你這卑鄙小人！難道要借敵手害我性命？如此陣勢追至城下，開門納我豈非塌天大禍？若不進城又往何方？也罷，今日拚死在此也就是了……思慮及此意欲撥馬，抬眼間卻見西北方不遠處一片密林隱約有旌旗聳動，張遼心念一轉，放聲大呼：「吳兵至矣！」

一聲喊罷戰鼓大作，李典督率五千人馬從林後衝出，讓開陣腳呼張遼等速入。張遼馳至李典身前，抹抹血汙破口而罵：「你這刁徒，相約共戰，獨叫我去玩命！」

李典冷笑：「都玩命？那就真玩死了！」

江東軍也到了，蔣欽、徐盛追擊在前，聞聽戰鼓聲已知不好，但勒兵已勒不住。此處距淝水咫尺，距逍遙津又只一橋，曹兵當道而立，吳兵一過河便與曹兵撞上，連陣勢都列不開，這邊已奮戰半日，那邊還是生力軍。一陣交鋒吳兵大潰，自相踐踏死者甚眾，落水者也不在少數，奔走逃亡自己就把過河的路堵死了。

趁他們救死扶傷，李典把兵刃一舉：「後隊改前軍，回城！」曹軍從容不迫、大大方方地撤了。

蔣欽、徐盛費勁巴力把混亂的局面控制住，見曹兵陣形齊整無懈可擊，這還打什麼？東岸諸將莫說堵著過不去，這會兒就算能過去也不想打了——一鼓作氣，再而衰，三而竭。泱泱大軍叫八百人殺得團團轉，追擊不及又敗一陣，早就洩氣啦！

威震逍遙津

雖已是八月天，但江淮之地依舊很熱，尤其最近剛下過雨，熱辣辣的太陽一出，天地間如蒸籠一樣。孫權脫去鎧甲，只穿著一件白色襦衫，駐馬逍遙津以西，透過層層蘆葦，望著過河撤退的隊伍，心下暗暗著急。

江東軍來得快，沒想到撤得也挺快。張遼、李典遵曹操密教，趁孫權立足未穩先殺一陣，斃敵二將，嚇得孫權狼狽逃避，打去了吳兵的銳氣。經此一役孫權再不敢輕敵，大軍步步逼近，渡過逍遙津圍困合肥城。但曹軍人心穩固士氣高漲，守備遊刃有餘。加之合肥非皖城可比，已故前揚州刺史劉馥為經營此地花了十年心血——高築城牆、貯存木石、囤積糧草、打造守具，把這處於江淮丘陵四戰之地的古城修繕得鐵桶一般，孫權想盡辦法終究不能撼動分毫。

孫武子曰：「上兵伐謀，其次伐交，其次伐兵，其下攻城」。但凡強攻硬打都屬無奈之策。孫權本借荊州得勝之餘威，但遭遇挫折銳氣已消，戰鬥只能趨向僵持。更要命的是此時又鬧起了瘟疫。當初赤壁之戰曹操落敗，很大原因就是瘟疫肆虐，如今輪到孫權嘗嘗這滋味了。短短十幾天，吳兵因患病不能作戰的小一半，似甘寧那等攻城主力軍尚能披甲臨陣者僅剩千餘人，情況何等糟糕！繼而又得軍報，曹操已定漢中，敵人氣勢更盛，豫州、徐州也欲募兵解圍，再耗下去恐怕偷雞不成要蝕把米了！

無奈之下孫權只得放棄，趁夜拔營起寨。好在我眾敵寡，曹兵不敢來襲，到轉天清晨，江東大軍已撤離合肥周匝，來到了逍遙津。只要過了橋與賀齊的水軍會合，就可以安全退往江東了。

士氣受挫瘟疫蔓延，孫權心內著急，但越是這個時候越要穩住，他親自坐鎮西北岸，先讓各部人馬過河。各部將領也頗盡責，又先叫帶病之人過橋，畢竟江東兵源較少，不能輕棄一人。如此慢吞吞過了一上午，將近午時大部分軍隊皆已撤至橋東。呂範、蔣欽、潘璋等也已過去，西岸只剩不到萬人。

中軍司馬宋謙來至孫權眼前：「徐盛所部已過大半，請主公過河。」

孫權卻道：「你先帶咱的兵走吧！」說罷仍望著合肥方向。

宋謙提醒：「西岸人少，留神曹軍偷襲，大意不得。」

孫權漫指不遠處呂蒙、甘寧等將：「莫說曹兵不來，即便到此有他們護衛又有何妨？我在此眾心乃安，如今士氣低落，我一定要等到大家都過去再走。」這話說得頗具豪氣。

「唯恐眾將保護不周。」

宋謙話音未落，一旁甘寧大大咧咧嚷道：「姓宋的，你為中司馬能保主公，我等就不能護衛主公了嗎？」

孫權強笑道：「不錯，有興霸保我，自當無恙。你且去吧！」宋謙不願爭執，只得給他留下親兵，自己率中軍之士先撤。

莫看孫權兀自談笑風生，心下卻覺悵然——曹操大軍不在尚未能奪取合肥，若敵眾在此豈不大敗虧輸？合肥震懾江淮，終是江東心腹大患，何日才能破之？難道我孫氏只得雄霸一隅，不能揚威中原？想了片刻又覺釋然，固然打曹操吃了虧，畢竟劉備那裡討的便宜長遠，這半載也算有賺無賠，日後之事徐圖之，天長日久不愁沒有勝算。

剛想到這兒，忽見西北丘陵奔來一騎斥候，離著甚遠放聲大呼：「曹兵來……」話未說完，一箭正中後心，栽落馬下。恍惚間有一支千人部隊已轉出山陵。

吳兵不禁駭然，甘寧破口大罵：「這群曹狗，饒他們不死還敢來擾！看我殺他一陣，你等護主公先撤！」

凌統卻道：「想搶功勞？我來！」他父凌操昔隨孫權攻打江夏，那時甘寧還是黃祖麾下，兩軍交戰甘寧殺死凌操，因而與凌統結仇。這般仇怨比之張遼、李典更甚，但今同為孫氏效力，也是不便私鬥，因而以功勞相爭。這會兒凌統所部盡數過河，只剩親隨三百，還要搶這一功。

二將爭吵見曹兵漸漸接近，又見「張」字大旗迎風飄擺——原來清晨張遼見合肥解圍，差出斥候輪番探察，畢竟曹兵人少，不敢貿然追擊，就等江東大部隊涉過逍遙津，來切吳兵的尾巴。先前一戰張遼聲威大震，吳兵一見「張」字旌旗皆有懼意，孫權已捏了把冷汗，意欲過河躲避，卻見自家人馬正從橋上列隊而過，暫時還過不去。

此番出兵不勝，甘寧早憋一肚子火，見敵來者甚少，誓要破之，一面指揮部下列陣，一面厲聲大呼：「鼓吹之士安在，何不擂鼓以壯軍威？」問了兩聲無人答覆——輜重頭一個時辰就運過去裝船了，誰顧得上給他擂鼓？凌統爭功心切，竟帶親兵列在了甘寧之前。

這會兒西岸吳兵所剩不足四千，又已撤退不及，呂蒙忙率本部人馬將孫權護在垓心。甘寧所部遭瘟疫最重，如今只剩一千兵可戰，這幫人早恨透了曹軍，真有些哀兵必勝的氣勢，竟是迎著曹兵而上。

張遼遇甘寧，都是一千人，還都是打仗不要命的狠角色，頗有些一較高下的意味，凌統也偏要爭功，因而兩軍撞在一處，剛一接仗就殺得難解難分。孫權心中記恨張遼，連聲叫嚷給甘寧助威；哪知呂蒙突然大呼：「不好！看那邊！」

原來曹軍欲切吳兵之尾，李典又耍個小伎倆：張遼先親率千餘兵在前，他率三千人馬相隔甚遠。吳兵若知曹軍盡來必調回列陣，嚴加防備；現今只見張遼千人，自以為能敵，哪知已接上仗，李典才繞出丘陵前來廝殺。呂蒙預感不妙，此處又處河灘極難抵禦，忙呼喊二將後撤；可兩軍鬥得正酣，戰場廝殺一片根本聽不見。眼見曹軍大軍呈包圍之勢，呂蒙只得保孫權先退，一面招呼河邊撤退之兵相助。

說是保護主公，此處地形不利，能保住自己就不錯了，吳兵大多打寒了心，紛紛東逃。尤其中軍宋謙與徐盛部，兩位將軍已經過河，只剩下未撤完的幾百人，見此情形倉皇奔走，擁擁簇簇都上了橋，多有不慎落水者。其他的兵看見他們逃也跟著逃，自相踐踏亂作一團。武猛校尉潘璋正在橋東，聞聽變故忙提兵來相救，無奈橋太窄，敗兵一擁而上反把他的兵衝亂了。情急之下潘璋連砍兩名逃兵，放聲大喊：「主公尚在彼岸，臨陣脫逃者斬！」這才稍止潰敗之勢。

但轉瞬間又聽吶喊更劇，曹軍大隊兵馬滾滾而來——今天是痛打落水狗，樂進怎耐得住寂寞？只甩給薛悌五百兵，他也追來了！馬上步下蜂擁而至。凌統、甘寧勇則勇矣，無奈兵少，本想徐徐而退，可地形又不利，沒撤幾步就被曹兵衝個七零八落；二將見勢不好，忙與呂蒙一起保護孫權策馬遁逃。這次主帥都跑了，士兵更不客氣，丟盔棄甲湧上橋頭，水性好的直接扔兵刃下河逃生。孫權馳馬奔至河邊，見橋上擁堵一片，回頭再望，張遼已驟然殺至！

呂蒙、甘寧再顧不了許多，各舞兵刃趕殺自己兵，餘者見將軍紅了眼，成群跳入水中，這才勉強讓出條路。孫權伏於馬上，低著腦袋死命奔逃；突然胯下馬猛地勒住，前蹄縱起險些將他掀到河裡。幸虧身後有一貼身小校名嗅谷利，手疾眼快搶過轡繩，幫他勒住；甘寧、呂蒙左右攙扶，這才沒落馬。

孫權抬眼觀瞧，原來逃跑之人太多太急，慌亂間竟將橋板踩塌，出現了一丈許的一個大洞；回頭再看，張遼威風凜凜如催命惡鬼般已追到近前！

「你們撤，老子跟他拚了！」凌統怒吼一聲掉轉馬頭，帶著親兵不要命地向曹軍撲入，想拖延一陣。無奈他兵太少，連同兀自抵禦的吳兵加起來不過三百，盡被李典困於陣中，張遼、樂進所部還是似洪水般湧來。呂蒙見勢不好率領麾下退至橋頭，任憑曹兵弓箭槍戟齊來，死死守住不放。孫權已驚得不知所措了，谷利一把攥住他轡繩：「主公，把馬後捎，放鬆轡繩，抱緊馬鞍，一股氣縱過去！」

「啊？」孫權甚是為難，一丈有餘能越過去嗎？可後面呂蒙已漸漸抵禦不住。沒辦法，豁出去試試！

孫權抖擻精神放鬆轡繩、肚帶，把馬後捎；後面箭支嗖嗖射來，他連鎧甲都沒穿，甘寧等忠心護主，揮舞兵刃撥打雕翎，眾人身上卻皆中箭。孫權深吸口氣，揮舞馬鞭急催前進，一旁谷利也往他馬屁股上抽打，疼得這馬一聲長嘯直奔窟窿而去；孫權連鞭子都拋了，手腳並用死死抱在馬身之上——白衣白馬，霎時似白虹般一閃，竟成功躍了過去！

眼見孫權過橋已被潘璋、徐盛護住，甘寧心下輕鬆大半，忙招呼呂蒙、谷利快撤。這會兒西面吳兵差不多折盡，凌統生死不明，三人被曹兵趕了個馬頭銜馬尾，狼狽地越過橋洞，相隨者多有墜落。吳兵過去了，可曹兵騎士也追過來了，一場仗從西邊打到東邊。

徐盛也豁出去了，讓過三將，自己奮力擋住，一不留神卻被曹兵長槍刺中手腕，又一槍正中馬頸，生生被掀下馬來。眼看曹兵槍矛齊舉就要廢他性命，忽然一陣箭雨從後襲來，將曹兵紛紛射死——原來賀齊已督率戰船沿淝水趕到。曹軍沒有船出動，孫權倉皇跳馬，逃上賀齊座船，這才算脫險；眾士兵一擁而上，將徐盛也救出來。張遼等眼見江東軍勢大，這才停止追擊，回頭聚殲西岸殘兵；賀齊這會兒想救他們都救不了，只得催促水陸兵將沿河而退。

孫權逃至船上驚魂未定，又惦念眾將生死，坐立難安；撤了半日臨水而駐，謹防曹兵再襲。到日落時分才見稀稀落落的散兵游勇聚來，凌統身被數創一瘸一拐，自西涉水而回，一見孫權大放悲聲：「我的兵都死光了！」

孫權軟語安慰，歸納殘兵又撤數里，命庖人在舟中擺酒置菜，為眾將壓驚。大家哪裡吃得下？賀齊舉酒，語帶哽咽：「至尊人主理當持重。今日之不慎幾至禍敗，我等猶有餘悸，願此役可為主公終身之戒……自此權衡持重，才對得起死難將士的英魂……」話未說完眾將已唏噓一片。「慚愧慚愧。」孫權甚為動容，「我欲將此敗書於衣襯之內，永生不敢忘懷。亡者已矣，所幸我等君臣俱在，何患不能圖報？」眾將大哭大醉一場，來日班師而去。

合肥之戰孫權損兵折將，喪失許多輜重之物，瘟疫又傷兵甚重，軍勢受損非一日可復，這對原本蒸蒸日上的江東是個巨大打擊。孫權也清醒地認識到，曹操親臨淮南固然難鬥，不在淮南也未可小覷，江東方興未艾，拓境固國還是要向荊州下手，目前尚不足以與曹操爭鋒，當以防禦為上。

不過孫權沒有氣餒，堅信終有一日能戰勝曹操，因為他有個曹操沒有的優勢；不具備這個優勢，便有縱橫四海、拔山舉鼎之能也無濟於事——那便是青春！

第十三章
無心戀戰，曹操錯失滅蜀良機

天師降曹

逍遙津一戰，張遼聲威大震，敗軍士卒回去後爭相訴說，自此揚名江東無人不知。據說就連江東孩童夜半啼哭，只要父母叫一聲：「張遼來了！」孩童立時嚇得渾身顫抖不敢哭鬧，比「大老妖」管用多啦！

捷報傳至漢中，曹操自然欣喜。但好事遠不止這些，時至九月，董昭攜天子詔書來到漢中，宣布從即日起任命地方官、加封侯爵等事曹操可自行決定，無需事先向朝廷請奏。這份詔書大贊曹操之功德，極盡誇耀之能事：

> 夫軍之大事，在茲賞罰，勸善懲惡，宜不旋時，故司馬法曰「賞不逾日」者，欲民速覩為善之利也……君秉任二伯，師尹九有，實征夷夏，軍行藩甸之外，失得在於斯須之間，停賞俟詔以滯世務，固非朕之所圖也。自今已後，臨事所甄，當加寵號者，其便刻印章假授，咸使忠義得相獎勵，勿有疑焉。

毫無疑問，這是曹操心中所欲，也是董昭等人所策劃，更是天子出於自保作出的妥協。身為天子兼女婿的劉協為了活命，不得不諂媚自己的臣子兼丈人，竟然把封官封爵的權力都讓渡出來，所有人都清楚地意識到，漢室天下實際已滅亡了！

曹操早已躍躍欲試，接到詔書後立即宣布設立五大夫、關外侯、關中侯、名號侯四等爵以賞軍功，這樣再加上原有的列侯、關內侯就有了六等軍功爵，意味著在新朝廷享受封爵的機會將大大提高。曹操又把南鄭府庫得來的財貨盡數散發，犒勞出散關以來將士們所受的辛苦。大家既有爵封又有財發，無不歡呼雀躍，高呼魏公萬歲。

沒過多久又有喜事，在天師道眾祭酒斡旋下，張魯終於帶領兄弟子姪走出大山，心甘情願臣服在曹操腳下。而與他同來的不僅有教中元老，還有七姓夷王朴胡、賨邑侯杜濩。國之強盛莫過於外藩歸順，張魯投降還帶來兩個蠻夷首領，這實在是份厚禮，給足了曹操面子。於是曹操正式將漢寧郡改回漢中郡，分錫、上庸二縣為上庸郡，安陽、西城二縣為西城郡；任命申耽為上庸都尉、申儀為西城太守；巴郡之地崇山峻嶺地廣人稀，又居住了不少土著，曹操乾脆將其一劈為二，任命朴胡為巴東太守，杜濩為巴西太守。當然這些任命很大程度上只是名義，並沒有多少實權，曹操需要借助這些地方土豪、部落首領來籠絡蜀地人心。因為劉備尚在成都，如果曹操輕慢他們，就會促使他們轉而支持劉備。這些地方小頭目雖不足以成事，但要壞事卻綽綽有餘。

最令人意想不到的是曹操對張魯一族的恩封，莫說是前所未有，簡直到了無以復加的程度。張魯由鎮民中郎將晉升為鎮南將軍，加封閬中侯，食邑一萬戶；張魯七個兒子中五個成年的，即張富、張廣、張盛、張溢、張巨皆封列侯，其中長子張富還被辟為掾屬；又封張魯的二弟張衛為昭儀將軍，三弟張愧為南郡太守，皆享俸二千石。這還不夠，曹操又與之結為兒女親家，預定都鄉侯曹宇娶張魯之女為妻；既而又封其心腹閻圃為平樂亭侯，辟從事李休為掾屬……天師道祭酒中征入魏廷、辟入相府者數不勝數。

張魯食邑萬戶，七子五侯，兄弟、女兒、心腹都跟著沾光，非但先前歸降的勢力首腦沒這待遇，連朝廷元老、曹營功臣都無人可及。縱觀曹營眾將享爵最高者乃夏侯惇，食邑二千五百戶；而曾經的敵人竟是他的四倍，名副其實的萬戶侯，若加上五個兒子，恐怕也僅次於曹氏家族了。眾將私下議論，看來魏公憋急了，好不容易拿到封侯的權力，可算過了把癮。

曹軍春天起兵，夏秋之際進入漢中，轉眼又到了冬季。好在蜀中氣候不冷，曹軍北方士卒反更覺暢快，眾將得了賞賜又想再接再厲，整天叫囂著兵發成都滅了劉備；辛毗、劉曄等也忙著收集戰報、派出細作，為接下來的戰鬥作準備。但曹操卻不著急，一連數日與新朋友張魯盤桓論道，大談蜀中風土民情。

這一日陽光晴和不寒不燥，曹操頗有興致，邀張魯出外同遊，兩人只帶了許褚等幾十親衛卒乘馬而出，來至漢山觀覽景致。

登上山頂極目遠眺，但見群山疊嶂無邊無際，峭壁懸崖直刺蒼穹，林深茂密似幔似帳，峽谷幽深薄霧籠罩，山泉瀑布傾瀉如簾，羊腸蜀道曲折蜿蜒，奇石古木千奇百怪，野猿猛獸時時嘶啼，飛鳥淒鳴掠過雲天——好一派奇險壯麗景色！

曹操雖攀山攀得呼呼帶喘，也不禁讚歎：「天之造化鬼斧神工，既有那滔滔大江一瀉千里、泱泱塞北飛雪茫茫，想不到還能有這蜀道滄桑險峻所在。一夫當關萬夫莫摧，埋伏奇襲有虛有實，非真英雄不能駕馭此地矣！」

張魯雖自謂「天師」，必要之時也涉塵俗，恭維道：「魏公不愧注過兵法，所到山川皆言兵要，您便是當今第一英雄也。」

「過譽了。」一陣陣山風甚是清爽，曹操鬆開衣襟，「張公居此間三十載，不但遍覽峻山美景，還得百姓擁戴，福分大得很！」

張魯推讓：「其實魏公遍走天下，所見所得勝過在下何止百倍？我不過閉門造車井底之蛙耳，受封萬戶七子五侯實愧不敢當！」封侯之事他已辭謝多次。

「休要再提。」曹操依舊不准，「張公率民歸順乃天下表率，況乎修道多年，即便不能升仙，還不該得些富貴？若連富貴都沒有，只怕你那些教眾該說修道無用了。」

「哦？哈哈哈……」兩人撫掌而笑。

笑罷曹操又陷入沉思，其實有件事他早想向張魯請教，卻怕旁人笑話，一直沒得機會開口，這會兒四下再無旁人，終於說出來：「老夫有一事不明，想向張公請教。」

「不敢，魏公但言。」

「自老子著說以來，常言大道如何如何，又莫可名狀。大道究竟是何？還說世人修道可以成仙，長生不老無病無災，可真有其事？」這話從曹操說出實在可笑，嚷了一輩子不信天命，如今也猶疑起來，難怪要避諱旁人。

張魯早聽說他讀了自家的《老子想爾注》，心下不免自得，也樂於向他傳道，便悉心解說：「大道變化無常，萬里相望，上下無窮，周流六方。守之即吉，不守即傷。其付有道，使善人行之，其壽命與天地為期。夫德有優劣，事有本末，凡事悉道之也。將興者得善，將衰者得惡，比若土地，得良土即善，得薄土為惡。」

「得良土即善，得薄土為惡？這比方倒也有趣。」曹操邊思索邊喃喃道：「豈不是說人之成敗生來已注定？」

「非關功利成敗，僅論修道。」

曹操不禁蹙眉：「那你所言『其壽命與天地為期』，豈不是非天生異質不能及？」

「然也。」張魯詭祕一笑，「仙自有骨，非行所臻。」

曹操窺破門徑笑而不語——其實用盡畢生精力也不能修仙，他卻不承認修仙是假，反說一般人資質不足沒有仙骨。那什麼樣的人有仙骨？真正修成神仙的誰又見過？左不過答案又是一句「道可道，非常道」，顛來倒去豈盡虛言！

張魯似乎看出他輕視道學，緊接又說：「大道雖不能使人人至仙，但亦可治身治民。古者神人治身皆有本也，治民乃有大術也。」

「願聞其術。」曹操對這些也很感興趣，張魯能將漢中之民治理得無欲無求安分守本，怎能不討教？

「天道茫茫，天術亦然，未可盡言。」

又是大道無形這一套！曹操耐著性子追問：「其雖茫茫亦可窺之，張公既稱天師，可試言一二。」

張魯本不想深論這話題，但他反覆追問，只好坦言：「治者貴在知，未知其本末，安能得治哉？而知者貴在得其大要。可使萬物生各得其所，六極八方遠近歡喜，萬物不失其所，唯自然者。似世間凡人，豈能安八方四遠，行恩不失氂毛？德、仁、義、禮、文、法、武各異治，俱善有不達，而各有可長，亦不可廢，亦不可純行。總而言之，以正治國，以奇用兵，以無事取天下！」

曹操聽罷倒抽一口涼氣——張魯表面裝神弄鬼，實際精明得很。凡事不能求全責備，均衡而務大體。張魯不反對刑罰、武略的作用，權衡利弊，圓滑變通，也就無怪乎他傳道治軍兩不相誤了。以正治國，以奇用兵，以無事取天下，這道理若非遍觀古今成敗豈能得出？其實張魯本質上是為政之才，而且是極其高明的為政之才，只是披了一件神明的外衣。

想至此，曹操已不僅僅是佩服，甚至有些畏懼了，不禁有感而歎：「你所言甚是有理。自先帝以來天下混亂，蒼生多遭塗炭，究其本末皆因孝安帝以來諸君王不知民生、不察得失所致。」

張魯聽他認同也甚欣喜，進而又言：「天下之本由先王治，後世效之而小小失其綱紀，災害不絕，更相承負，稍積為多，因生大奸，為害甚深。動為變怪，前後相續，而生不祥，以害萬國。君王不知，遂相承負，不能禁止，令人冤呼嗟天。使正道失其路，王治為其害，常少善應，人意不純，轉難教化，邪氣為其動。帝王雖愁，心欲止之若渴，而不能如之何。君王縱有萬人之仁德，亦不能止禍。」他所說雖以道發論，但皆治國之言，主張清靜無為遵循古法，甚合老子之學，卻又不離實際有所闡發。

曹操贊同他所言天下禍亂之因，卻不甚贊成墨守古法一成不變，故時而點頭時而搖頭：「開弓沒有回頭箭，既然天下已走到這一步又能如何？」此言出口又覺苦澀——這話倒像是說自己，我還不是茫茫然走到今天這步，回也回不去嗎？

張魯全未察覺曹操若有所思，他話匣子已開，索性暢所欲言：「天下欲亂君王欲惑，反以為行善無益，天道無知。禁民為惡，愁其難化，酷其法令，急其誅伐。乃至一人有過，殃及鄰里，被冤者愈多，惡氣日以增倍！」說到激憤之處，他不禁張開雙手仰望天空，「又以為道德無用，廢之不行，選吏唯試其才，使衣冠之徒趣利射祿，是為亂天儀！此等無道之治，安能與皇天心合乎？」

言者無心聽者有意，曹操已暗自心驚——選吏唯試其才，使衣冠之徒趣利射祿，這說的不就是我嗎？難道這廝故意譏刺？

可曹操冷眼旁觀，張魯一副痛心疾首的樣子，全不似故意說他。這反倒令他更疑惑了——難道「唯才是舉」錯了？難道我數十年抑制豪強都不對？我真的是亂天儀？不對，錯的肯定是他，這些話是故弄玄虛的。袁紹不就挾豪強以自重嗎？如果我錯了，怎麼可能擊敗袁紹呢？等等，官渡之戰難道就沒有僥倖？我究竟因何戰勝袁本初的？是為政勝之，還是僅兵略勝之？怎麼回事？怎麼回事？

曹操從未考慮過這些陳芝麻爛穀子的往事，現在忽然想起，腦子便亂了，恍恍惚惚不得其解，迷離之際彷彿覺得站在不遠處暢談的不是張魯，而是袁紹，那個揮之不去的老朋友、老對手又回來了！繼而又覺頭昏眼花，左手的麻木感漸生，而且這次不僅是手掌，已上延到臂腕。

其實早在出兵前曹操已種下病根，出散關、破羌氐一路得勝，但辛勞趕路病情越積越重。在陽平關本已無法忍受，若非機緣巧合使其制勝，很可能這會兒已回鄴城了。只因平定漢中喜出望外，天氣轉涼心情舒暢他才漸覺好轉，但病根卻沒有除；今日出遊爬山，又吹了山風，既而思慮堪憂，終於又勾起來了。

「魏公……魏公！」張魯輕輕拉了拉他衣袖。

「本初，你怎……」曹操定定遊離的眼神，「哦，是張公。」

「您臉色不好，身有不適？」

曹操穩穩心神，刻意掩蓋，信手指向南面崇山峻嶺：「此山真是險極，兵伐成都恐非易事。」他絕不承認自己有病，一來病勢公開有礙軍心，二者在被自己征服的人面前呻吟作色也太失顏面。

「魏公時時不忘軍國之事，佩服。」張魯拱了拱手，卻轉而又道：「方才明公曾問修仙之事，我又想了想，凡人固然難以升仙，但謹身養生還是有益的。世之萬物皆由氣生，養生貴在養氣。氣渥則體強，氣薄則體弱。頤養精神則理氣，調和飲食則補氣，寬心少憂則順氣。」他似是怕曹操記不清，一字一句說得極慢，最後又補充道：「此論非道家獨有，就是王允《論衡》也不否認。」

「嗯，領教了。」曹操嘴上雖這麼說，心下甚惑——真邪門，他似乎全知我所思所想。

張魯四下張望一番，笑道：「涼州諸將蒙魏公恩赦，今日就該到南鄭了。此間風景雖好還是不宜耽擱，請魏公回營吧！」說罷與幾個親兵當先引路下山。

曹操這會兒略感不適，當然求之不得，但由張魯搶先說出來，頗感不悅——此人有治世之才，又善以道術惑人，漢中百姓視為神明，萬不可縱容小視。若不為籠絡此地人心，兼有千金買骨之意，豈能不除之？他為政之念暗合袁紹，可袁紹能治人，他不但治人而且惑人，近乎張角而才學遠勝之。若非出身不顯得勢稍晚，屈居此一郡，恐怕興風作浪比袁紹、張角都厲害，須多加戒備才是。

回去路上按轡而行不疾不徐，曹操倒也略覺好轉；張魯時而聊些道家之言，曹操一概附和，心下卻再不敢多信。時至正午回至連營，眾將祭酒紛紛出迎。孔桂一溜煙似的竄過來，拉住轡繩贊道：「主公果真聖明，天師道治人大有學問，今日陳長史與閻先生談為政之事，我在旁邊都聽傻了！」他再能逢迎也架不住曹操時而變主意，這會兒風向又變了，他卻不知。

曹操越發不快，卻強笑下馬，果見閻圃在一旁跪著，伸手相攙：「閻先生請起。」

閻圃雖年紀不甚大，為人卻最沉鬱：「懇求魏公免去亭侯之封，在下無德無才愧不敢受。」

曹操對這個人有愛有憎——毫無疑問他是張魯心腹，但當初也是他勸阻張魯不要稱王，不可謂無功。聽說陽平關敗績時張魯打算立刻投降，閻圃卻道：「今以迫往，功必輕；不如依杜濩、朴胡相拒，然後委質，功必多。」這才耗了仨月，弄得曹操請神一般把張魯請回來。但換言之，若非他獻計讓張魯跑到巴中，杜濩、朴胡也不能這麼輕易來降。閻圃翻手為雲覆手為雨，雖為張氏而謀，也讓曹操得了好處，弄得曹操無話可說。

但無話也得找話，曹操堅決不同意他辭去侯位，耐心撫慰：「賞罰者，懲惡勸善也。你諫張公勿稱王，乃忠於社稷之舉，當彰告天下勸諭世人，使割據思順。我還希望天下多出你這樣的人呢，豈可不侯？」這話真假參半。

閻圃似乎猶豫了一下，繼而道：「公執意厚澤，在下不敢不受。但自感出力太薄，懇請闔家遷往冀州，竭盡所能效力大魏。」這便是聰明人，他乃蜀中閻氏首腦，一家遷往鄴城，比送個兒子當人質強多了。全家都到河北，其他宗族弟子如同摘心，解決了曹操顧慮。

這番話給在場其他人也提了醒，一時間張衛、張愧、楊昂、李休等文武盡皆下拜：「我等也願闔家遷魏，效力明公。」

曹操求之不得：「甚好甚好，統統賞賜宅邸。」說罷依舊裝作親近之態，拉張魯同入大營。又見帳前跪了不少人，男女老少皆有，都穿罪衣罪裙，自縛雙臂——原來是剛投至曹營的涼州舊將及家眷。

他們比張魯心結更深，當初關中之叛就跟曹操結仇了，又隨馬超抗拒多年，雖受招撫豈能心安？故身在巴山猶豫不決，不知該降曹操還是投劉備。後來仔細斟酌，曹操勢大，投劉備雖有馬超引薦，但若劉備再亡豈不又添罪過？既而聽說張魯封萬戶侯，終於禁不住誘惑都過來了。

曹操看看程銀、李堪這倆賊梟，笑道：「你等向誰請罪？」

「向魏公請罪。」

「錯！」曹操伸手指楊阜、姜敘、尹奉等，「過往之事一筆勾銷，你等該向他們請罪。」

是啊，宰了人家主子韋康，又殺了人家那麼多家眷，還不該認個錯？既來之則安之，程銀跪爬兩步向雍州諸將叩首：「大人不記小人過，兄弟給各位磕頭……你們若氣不過，可以宰我，但切莫再殺我們家眷。我們雖殺了你們家眷，懇請將心比心，饒了他們吧……」說著還掉了幾滴眼淚。老婆兒女在後面聞聽此言更齊放悲聲，大人哭孩子鬧，個個自縛如待宰鵝鴨，鐵石心腸也瞧不下去啊！

「唉！」楊阜、姜敘相顧而談——斬盡殺絕難消此恨！但是冤冤相報何時了？我等殺馬超全家，他們又殺我等全家，如今我們再殺他們全家，這還有完嗎？況且曹操做主，想殺也殺不了，賣個人情吧！

「既已如此，當尋馬超報仇。瞧在魏公面上，你也不必多言。」趙昂一甩衣袖，不再追究了。

「這便好。」曹操傳令盡數鬆綁，又見一人膀大腰圓甚是雄壯，跪伏於地不失驍勇之態，依稀面熟，「大漢可是馬氏宿將龐令明？」

「正是某家。」龐德站了起來。

曹操一把抓住他手腕：「昔日渭水之事可還記得？」

龐德怎忘得了？當初曹操渡渭水，龐德隨馬超奇襲，險些要曹操老命；後來假意和談，龐德又隨馬超在側，幾欲趁機取曹操性命，終因許褚在旁未得下手。今日聽他舊事重提，龐德自知不免，索性把眼一瞪：「要殺要剮悉聽尊便！」

「當真小覷了我。」曹操手托鬚髯，「孤用武一生，豈可害當世之勇士？我封你亭侯之爵，晉升立義將軍，今後隨中軍效力吧！」

龐德呆了：「你、你要升我官，還給爵位？」

「不錯。」曹操拍拍他肩膀，「千軍易得，一將難求。」

龐德沒心機，脫口而出：「我兄長已投奔劉……」

「你是你，令兄是令兄，老夫信得過你，難道你反倒信不過自己？」

「這、這……」龐德無以表達唯有跪倒磕頭——險些取他性命，他反給我官爵，這麼信任我，還隨中軍效力前途無量；還想那個棄我而去的舊主子作何？後半輩子就報效此明主吧！

曹操只輕描淡寫道：「將軍不棄乃孤之萬幸，何須如此？」轉身而去——不用多說，他對這些魯莽漢子的心思太瞭解啦！

李堪趨步向前：「啟稟魏公，馬超那廝的家眷也在。」

「嗯？」曹操面露獰笑，「領進中軍帳，孤欲親自處置，你等可帶家眷居於各營，安排去吧……

張公昆仲與閻先生隨我來。」

張魯兄弟與閻圃不知他要作何，無奈跟進大帳；孔桂也想跟來，卻被曹操揮退。不多時李堪就把馬超家眷帶來了，卻只一破衣爛衫的青年女子抱個娃兒——馬家沒人了，昔馬騰、馬休父子入京，因馬超叛亂皆被曹操處死；剩下馬超的一些遠親，在冀城又讓梁寬、趙衢宰個乾淨。三百餘口命喪黃泉，如今就剩小妾董氏，因相貌甚美馬超帶在身邊倖免於難，生個兒子起名馬秋，還不滿三歲。

曹操默然不語閉目養神，待李堪退出，帳外文武散盡才睜開眼，冷笑道：「此女窈窕風騷啊……」

董氏戰戰兢兢，恐懼地盯著這又矮又凶的老傢伙，忽然見他起身走來，心中害怕一不留神，孩子已被搶去。董氏連忙跪倒：「求求您！求求您還我孩兒……」

馬秋嚇得哇哇直哭，曹操卻獰笑道：「妳這女人好不識趣，此罪人之子不可留於世上，脫卻妳身乃是好事。閻先生！」

「在。」閻圃顫巍巍答應一聲。

曹操滿面春風：「我觀此女頗有姿色，你也正值壯年，孤將她送你為妾，豈不風流？」

「這……」饒是閻圃神機妙算，猜不著他還有這招——堂堂天師道長老奪人小妾，豈不汙了名聲？但又不敢不要，曹操就是嫌其名聲太好要玷汙一下。閻圃心若針扎，說不出話來，只默默點頭。

「很好。」曹操抱著孩子踱了兩步，突然不由分說往張魯懷裡一塞，「此兒交與張公處置。」

「給我？」張魯一愣，待要再言卻見曹操已回歸帥位，直勾勾盯著自己。

大帳內鴉雀無聲，唯有董氏和孩子淒慘的哭聲，所有人都意識到曹操的殘忍。他明明說「此罪人之子不可留於世上」，又強塞到張魯懷中，豈不是要張魯親手弄死馬秋？

張魯懷抱嬰孩，好似冷水澆頭渾身冰涼——天師理當樂善重生、抱樸守真，殺此孩童情何以堪？即便修仙升天多是虛言，慈善仁義也是虛言嗎？今若殺此孩兒，三代修真何存？我天師道名聲何存？可若不殺此兒，曹孟德焉能放過我？

曹操緊盯著他，眼光越來越犀利，似要噴出火！

張魯渾身顫抖，仍不能決斷，人人都捏把冷汗。他身後張衛大感不妙，二話不說搶步上前奪過嬰孩，繼而雙手舉起大頭朝下，狠狠往地上一摔！

「噢！」董氏尖叫一聲暈厥過去。

張衛躬身施禮：「此孽子死有餘辜。」

「嗯。」曹操犀利的眼神漸漸柔和，擺了擺手，「都下去吧……」

「諾。」張衛、閻圃等如逢大赦，攙著戰慄的張魯，抱著暈去的女人，拖著孩童死屍一股腦兒湧了出去。

這結果曹操並不滿意。在他看來張魯還是太愛惜羽毛了，愛名聲就是有所圖，有所圖就是有野心！絕不能讓這個能蠱惑人心的傢伙存在下去，如果萬戶侯還不能買他個逆來順受，就只能動屠刀了。但目前還不行，要收服全體教眾，要再找機會。

正在他冥想之際，董昭與司馬懿又來求見。司馬懿一進帳便道：「涼州殘部已降，正是入蜀大好時機。主公可曾聽聞，張魯逃遁時劉備曾派黃權前去迎接，幸而我方說客早到一步，否則不堪設想！伐成都萬不可拖。」

曹操顯得很不耐煩：「現在不想談這個，你先退下。」

「諾。」司馬懿無奈而出。

曹操望著他背影，心裡想的完全是別的事——這小子似乎與子桓過從甚密，可又若即若離。

司馬懿漸漸走遠，不知是不是感覺到曹操正看自己，不禁回過頭看了一眼，報以恭順微笑。

曹操一見越發心疑——這小子回頭的姿勢怎這樣？身子不動，頭卻轉向後看，這不是鷹視狼顧之態嗎？莫非此人真的其心不堪？嗯，想洩密之事他有摻和，即便不怨他，在兩府之間傳閒話也不是好東西，固然他兄長端雅正派，他兄弟憨厚直率，卻難保他沒什麼幸進之心，無論如何該敲打敲打……

董昭甚是恭順，見他半晌無言也不說話，直到司馬懿步出轅門再望不見，才上前施禮。

「公仁又有何事？」

董昭微笑道：「主公定漢中，合肥又挫孫權，揚威天下。即便……」壓低了聲音，「即便不為天子，爵位似乎也該再升一升了。」

「我現在也不想談這個。」曹操實在累了，手臂的麻木感也越來越強，卻沒有似轟司馬懿那樣把他轟走，只歪歪身子，「不過你既然提起，坐下慢慢說吧……仲康傳令，孤有機要之事，任何人不得進帳！」

「諾。」許褚答應一聲，將帳簾垂下，手執陰森森的鐵矛擋在了門前。

得隴望蜀

劉備平定西蜀已一年，但蜀地局勢仍不樂觀，甚至可說焦頭爛額。

想一年前兵入成都何等風光？劉備輾轉半生寄人籬下，直到那一刻他才終於有了些安全感，終於可以卸去偽裝慶賀一番。他甚至縱容部下搶奪府庫寶物，甚至搜刮百姓的錢財散發士卒，甚至賜給關羽、張飛、諸葛亮、法正每人五百斤黃金、千斤白銀、五千萬銅錢、一萬匹絹帛；甚至還想把成都周匝所有莊園桑田都分給眾將，幸而趙雲及時勸諫才算作罷。他每日舉酒豪飲縱情聲色，真有些陡然而富的暴發戶心態。

但好景不長，第一場麻煩接踵而至，劉備把成都的公私財產都搶走分給將士了，百姓開始不滿，府庫也大量虧空。富人雖蒙受損失但家有囤糧，窮人卻生無所依食不果腹。劉備意識到此非長久之計，想盡辦法終不可解，最後竟腆著臉找到了劉璋遺臣劉巴的頭上。劉巴本是曹操部下，赤壁戰敗流落入蜀，被劉璋熱情挽留，原要設法奉蜀以歸曹營，故而竭力反對迎劉備入蜀，無奈劉璋昏聵懦弱不辨忠奸，最終成都易主。但令他意想不到的是劉備非但沒追究，還親自撫慰他，要辟用他。老天爺真是跟劉巴開了玩笑，想保之人保不了，一再聘請他的卻是他視為仇敵的，他也只有默認這可歎可笑的人生，給劉備當了西曹掾。

當劉備諮之以食貨之策，劉巴馬上建議開鑄「當百」大錢，平準市價①。劉備從善如流依計施行，沒多久果然府庫充實百姓漸安。

經過此事劉備也自覺恣意而為有些過分，漸漸收斂心情勵精圖治。首先提拔諸葛亮為軍師將軍、署左將軍府事，法正為揚武將軍、蜀郡太守，外統都畿內為謀主，以此二人作為統治益州的左膀右臂。任命張飛為巴西太守；為酬謝馬超協助定蜀之功，表奏其為平西將軍；任命黃忠為討虜將軍、趙雲為翊軍將軍；昔日創業元老麋竺為安漢將軍、簡雍為昭德將軍、孫乾為秉忠將軍、劉琰任固陵太守；提拔部曲魏延為牙門將軍、霍峻為梓潼太守，義子劉封為副軍中郎將。其餘陳到、馬良、伊籍、陳震、向朗、輔匡、殷觀、薛永、習禎、張存等都予以提升，就連鎮守荊州的關羽也被任命為蕩寇將軍、督荊州事。

繼而劉備又開始大力籠絡蜀中士人和劉璋舊黨，除劉巴外，原任益州太守董和被委以重任，擔

① 「當百」大錢，即在原銅錢的基礎上書「當百」字樣，強制百姓按一百文使用，類似於現今紙幣的貨幣符號。

任掌軍中郎將，與諸葛亮並署左將軍府事；曾激烈反對劉備入蜀的益州主簿黃權被任命為偏將軍，李嚴不戰而降拜為興業將軍；劉璋之婿費觀為裨將軍，親族吳懿為討逆將軍、來敏為典學校尉；劉備入蜀途中招攬的智士彭羕為治中、李恢為功曹。其他如孟達、張裔、費詩、秦宓、王謀、楊洪、周群、張裕、王連、嚴顏等蜀中舊臣都被授予官職，甚至連劉璋麾下權臣龐羲、三輔移民領袖射援、流亡半生的老一代名士許靖也被劉備接納封官。當然，這所有的任命和表奏都是不可能被許都朝廷承認的。

劉備數年征戰妻子或亡或散，糜氏殉於當陽之敗、甘氏病逝於江夏；在平定蜀地之後，連那位曾經同床異夢的孫夫人都被娘家不聲不響接走了，堂堂左將軍、益州牧、大司馬、領司隸校尉還是個光棍漢。群臣勸其再娶，沒想到劉備在法正的撮合下，竟迎娶了吳懿之妹、劉璋已故兄長平寇將軍劉瑁的遺孀，僅此一事就使蜀中舊人領略到了這位新主子寬闊的胸襟。一者劉備大行仁義折節下士，再者也是蜀中士人厭惡了劉璋的昏弱無能，大家遂接納了劉備的統治。左將軍府一時群賢畢至少長雲集，新人舊黨和諧和睦，頗有明主能臣共圖霸業之勢。

不過，隨著曹操西征，劉備的噩夢又開始了。劉備既然有意扎根益州，便知漢中重要，若不掌握這個蜀地門戶，他的地盤永遠是向曹操敞開的，甚至可說若無漢中便無蜀地。因而在大體穩定局勢之後，他就在法正建議下籌謀討伐張魯——惜乎曹操又搶先了一步！

得知曹操兵伐漢中，劉備震怖不已，原先的計畫也都歸為無用。眼下最佳之策是與張魯結盟，協力趕走曹操，再與張魯秋後算帳。但是前番張魯在劉備、劉璋角力之際曾企圖攻打白水關，劉備為儘快取下成都也從漢中挖走馬超，兩家結怨非淺，一時難以聯合。而就在劉備苦思冥想之際，荊州又出亂子，孫權趁火打劫向三郡發起突襲，長沙、桂陽相繼失守，劉備不得不趕往荊州救援；但路途遙遠，孫權又詭計多端，三郡還是丟了。即便劉備擺足武力解決的架勢，但還是被孫權摸到了底線，最終只能接受平分荊州的議和協定，一路風塵折返成都。

可就是這一去一回間，局勢越發糟糕，曹操已打破陽平關、拿下漢中。劉備即刻派黃權去巴郡招攬張魯，卻被曹操提前下手。

劉備之志不可謂不高，其才不可謂不大，其胸懷不可謂不寬廣，但他取代劉璋畢竟只有一年，要讓蜀人與自己同舟共濟，絕非一年半載可得。劉焉父子之時就已有益州士人的西州派和外來士人的東州派，兩派官員不能調和，離心離德，如今劉備又帶來個荊州派。無事的時候大家尚可安定共處，一旦大難臨頭便各打各的小算盤。有東州人恨不得劉備早些滅亡，他們好回歸鄉土再謀仕途；西州得勢者希望劉備將全部精力放在益州，捨棄那些荊州人而重用他們，而不得勢者也巴不得曹操快來；唯有荊州士人才是劉備貼心之人，而他們當中打了退堂鼓希望回荊州的也不是沒有。於是成都陷入勾心鬥角中，漸漸地就連百姓也不安起來，甚至有人風言風語說曹操已經打過來了。劉備回到成都之時，各種小道消息不脛而走，人心惶惶談曹色變，每日處決散布流言之徒數十人，百姓驚懼仍不能安。

一旦成都不保劉備勢必退歸荊州，而曹操奪得蜀地將意味著天下割據的終結。若其發一軍自川蜀順江而下，再以中州之眾兵出襄樊，莫說劉備有滅頂之災，八成孫權也完了。退縮就是滅亡，為此劉備只能橫下心來孤注一擲，他給各處守軍增派兵馬，命張飛擁兵三萬屯於巴西，隨即準備抵抗——但眼下內憂外患，能抵禦得住乘勝而追擊士氣正旺的十幾萬曹軍嗎？

恐怕連劉備、諸葛亮都想不到，就在蜀中岌岌可危之際，有人要救他們了。而拯救他們的不是別人，正是他們的宿敵曹操本人。

曹軍七月取漢中，初定局面之時就有人提議兵伐蜀地，但是曹操立足未穩不敢輕易下手；直到十一月，張魯、朴胡等人歸降，局面已格外穩定，不存在漢中人心不附的問題。可曹操本人又開始畏縮不前了，討蜀之事曹營先後兩次進行會晤，曹操卻仍難提起興趣。

中軍帳內氣氛緊張，眾文武列立兩旁，大家都蹙眉不語，關注著曹操的意向。主簿劉曄已滔滔不絕說了半晌，大家都有些聽煩了：「明公以步卒五千，西誅董卓，北破袁紹，南征劉表，九州百郡十併其八，威震天下勢懾海外。」劉曄本善於察言觀色，一邊說一邊揣摩曹操心性，想用幾句馬屁話勾起他的興趣，接著才話入正題，「今舉漢中，蜀人望風，破膽失守。推此而前，蜀可傳檄而定……」

曹操端坐帥位凝然不語，似乎這些話全未入耳，只是琢磨自己的心事；他左手攥緊再鬆開、鬆開又攥緊，好像這樣就能緩解日益加劇的麻木感，待劉曄說完，他才陰沉沉道：「取下漢中已屬不易，蜀中山勢險要，恐非你所言這般容易。」曹操吸取教訓，前番雍州眾將皆言陽平關易取，若非運氣好根本拿不下，這次劉曄說蜀中易取，實在不敢信了。

劉曄見順著說毫無效果，又轉而危言聳聽：「劉備實乃人傑也，有度有識，然得蜀日淺，蜀人未可恃。今我軍已破漢中，蜀人震怖其勢自傾。以公之神明，摧此傾頹之勢，無不克也。今若緩之，則劉備得以喘息。諸葛亮明於治民，關羽、張飛勇冠三軍而為將，劉璋舊黨並作爪牙。蜀中本有山川之險，憑之據守，天長日久則不可犯矣。今若不取，必為日後之憂。」

曹操只是低頭把玩令箭，沒吭聲。其實劉曄的分析他都能預見到，但他考慮更多的是不利因素。劉備固然現今稍弱，但若負隅頑抗也非一日可定，若大軍長期膠著於此，難免孫權不會再生歹意，可以贏一次合肥之戰，但誰能保證下次如何？漢中之民對張魯的崇敬遠遠高於自己，仗打起來靠這樣一群人保障供給實在堪憂。再者近日董昭與他密談，建議早日完成代漢大業，在曹操看來天下不統一時機就不成熟，原不該考慮這個；但最近身體狀況給他提了醒，似乎也該變通變通了，孫權在側、劉備不滅，統一之路遠得很，如此奔忙一生，難道最後連心願都圓不了？而一考慮到稱帝，勢必又牽扯到繼承人問題，曹植與曹丕該選擇誰，至今無定見……這些紛擾縈繞在曹操腦中，他哪還有心思伐蜀？

劉曄訴說半晌毫無效果，只得無奈而退，緊跟著司馬懿又站出來補充道：「劉備以詐力擄劉璋，蜀人未附而爭江陵，此機不可失也。今耀威漢中，益州震動，進兵臨之，勢必瓦解，因此之勢，易為成功。聖人不違時，亦不失時矣。主公明見。」有的人聽司馬懿為了進言竟把聖人都抬出來了，不僅掩口而笑。

曹操卻只瞟他一眼，也不反駁，苦笑道：「人苦不知足，既得隴，復望蜀耶？」

此言一出，眾人面面相覷。「人苦不知足，既得隴，復望蜀耶？」這話並非曹操首創，乃是中興之主光武帝所言。昔日劉秀平河北、定中原、震江淮，唯有割據涼州的隗囂和盤踞益州的公孫述負隅頑抗，已是苟延殘喘。後來漢軍大舉討伐，隗囂難以抵禦憂病而亡，劉秀派吳漢、岑彭將隗氏餘黨包圍在西城，又派耿弇、蓋延兵臨上邽阻擋公孫述援軍。劉秀在洛陽聞知戰事順利，給圍攻西城的征南大將軍岑彭寫封信，信上說：「兩城若下，便可帶兵向南擊破蜀虜。人若不知足，即平隴，復望蜀。」光武帝表面感歎人不知足，實際是表達渴望今早統一天下的心情，望岑彭速速進軍。今日曹操雖引光武帝之言，卻是反其道而行之，感歎何必得隴望蜀不知足呢？至此眾文武終於窺破了他心思——在曹操看來能輕易打破陽平關已屬望外，一舉定蜀之事他根本未考慮過！

曹操把話說到這份上，還怎麼勸？夏侯惇出來打個圓場：「可再遣細作探其虛實，來日再作定奪。」其實他何嘗不希望早日進軍？

眾文武無奈而出，司馬懿更是心下惴惴——人苦不知足，怎突然冒出這話？莫非說我？三弟在臨淄侯府中，我卻與五官將結交，難道主公怨我司馬氏腳踏兩船心不知足？看來日後要小心了……

但拖延時日並不能改變曹操退兵之意，曹軍派出細作南下打探，隔了七天之後再行會晤。這次不僅中軍文武，連雍州各部以及涼州、漢中的降將都來了，辛毗、陳矯等人頗有不定下伐蜀之意誓不甘休的姿態。曹操依舊故我，但看上去興味索然，歪靠在帥案前；孔桂也真不顧廉恥，堂堂騎都尉當眾給曹操捶背，簡直像個奴僕。

夏侯惇派出的斥候當眾稟報，甚至還有幾個偪於局面跑來投降的蜀人訴說見聞，當大家聽說成都流言橫飛一日數十驚的時候，無不高聲請戰，雍州眾將最為激烈。

曹操仍不表態，司馬懿也沉穩許多，不敢再隨便發言。斥候稟報完之後，劉曄又施禮而出；眾將無不欣然，想必他又有高論，哪知開言便道：「屬下以為蜀中不可伐也。」

不但眾將目瞪口呆，連曹操都覺意外，劉曄態度怎會有如此大轉變？他立刻抓住這個機會：「子陽所言甚合我意，蜀地尚不可伐。若事有不順，我軍羈於蜀中，孫權、關羽襲於後，恐難以堅固；況且去歲改易并州郡縣，匈奴之心未服，隴西羌胡、武都氐人皆可為患，當還軍才是。」

「主公所言甚是。」劉曄一再附和，辛毗、陳矯卻斜眼瞪著他。

文臣尚能按捺，武將可忍不住，趙昂一猛子躥出來：「主公不念我雍州人所受屠戮嗎？劉備、馬超狼狽為奸，必將為西州之害！今若不取，末將自討之！」他們既是建功也為報仇，破劉備還在其次，殺馬超才是夙願。曹彰在旁侍立，若非曹真、曹休攔得快，差點兒喊出聲：「我跟你去！」

夏侯惇雖也想戰，但還得維護曹操顏面，斥道：「趙偉章！憑你那幾千人能拿下成都嗎？少安毋躁，不可無禮。」

趙昂也知自己鬧過分了，曹操撫慰道：「趙將軍莫急，你們雍州諸將之仇早晚會替你們報。今我軍勞碌已久，不可犯險。這樣吧，我任命你為益州刺史，日後伐蜀時必以你為先鋒。再留夏侯淵、張郃等部於此，我雖不在，你等可見機行事，意下如何？」

「行！」夏侯淵捋著滿腮虬髯一口應下，「區區大耳賊何足掛齒？老子便與他鬥一鬥，興許不必主公出馬，我便把成都拿下了。」他倒滿不在乎。

張郃拱手道：「既然如此，末將願率一軍先入巴郡破其守備，來日伐之事半功倍。」

趙昂繼續叫囂：「只盼那馬超速來受死。他若不來，我必與夏侯將軍討之！」

雖然這些留守的將軍信心滿滿，也頗能作戰，但曹操大軍一去，原有的泰山壓頂之勢就不復存在，漢中與蜀中成了長期對峙局面。可曹操心意已決，別人還能說什麼？於是暫時放棄伐蜀，班師回鄴的計畫便草草議定下來。

曹操宣布來日撤軍，眾文武敗興散帳。辛毗一出來就數落劉曄：「爾誤大事矣！為何臨時而變？」

劉曄只搪塞道：「我軍無十成勝算，確實不宜戰。」

司馬懿也跟上來：「雖無十成，亦有七分。兩軍交戰本無必勝之理，昔官渡之戰若不行險何以大破袁紹，白狼之征若不赴險何以收降烏丸？子陽兄所言不合道理，莫非另有苦衷？」

辛毗資格老，可不似司馬懿那麼客氣，恨不得搧劉曄嘴巴：「此經國之大計，豈可如此而廢？荒唐！」

劉曄挨訓卻不作聲，低頭往外走，直出了中軍轅門才止住腳步，回頭對喋喋不休的二人道：「你們沒注意嗎？」

辛毗餘怒未消：「蜀中一日數十驚，劉備雖斬之而不能安。如此情勢大局已定，還有什麼可注意的？」

「我不是說這個。」劉曄一邊擺手，一邊謹慎地左右張望。

司馬懿似有領會，停下腳步，待會晤之人漸漸散去走遠，才問：「你發覺什麼了？」

劉曄壓低聲音蹙眉道：「主公左股一直在抖，抖個不停，左手也在微微顫動，不知他自己意識到沒有……這仗我可不敢再打了，我是怕……是怕……」他眼中流露出恐懼，終究沒勇氣把這話說完。

辛毗、司馬懿霎時無言，似乎都已被劉曄說的話嚇住了。最可怕之處並非是在眼前，而是在遙遠的鄴城。齊桓公九合諸侯一代霸主，身後之事如何？一想到兩位公子各擁勢力旗鼓相當，簡直令人毛骨悚然！

第十四章

曹操晉封魏王

時不我待

雖然暫時放棄伐蜀充滿爭議，但曹操還是堅持己見宣布撤軍，命夏侯淵行都護將軍，督平寇將軍徐晃、平狄將軍張郃、益州刺史趙昂等部留守漢中；又任命楊阜為武都太守、蘇則為西平太守，安撫降眾保障供給；自己則率領大軍回歸魏國。

建安二十一年（西元二一六年）二月，曹操終於如願以償回到了闊別一年的鄴城。眾將雖戰意未盡，但回家總是好事，而且平羌氏、定漢中不為無功，又得不少賞賜，凱旋而歸興高采烈。就連王粲似乎也忘了喪友之痛，寫下詩篇謳歌此征：

從軍有苦樂，但問所從誰。
所從神且武，焉得久勞師？
相公征關右，赫怒震天威。
一舉滅獯虜，再舉服羌夷。
西收邊地賊，忽若俯拾遺。

陳賞越丘山，酒肉踰川坻。
軍中多飫饒，人馬皆溢肥。
徒行兼乘還，空出有餘資。
拓地三千里，往返速若飛。
歌舞入鄴城，所願獲無違。

王粲《從軍詩》

結局有些差強人意，但僅在一年時間裡就平定雍涼，又拿下漢中打個來回，也確實是「往返速若飛」了。不過曹操剛回到鄴城，就趕上一個喜訊一個噩耗。喜訊是他近年寵愛的姬妾陳氏在他出征前已身懷有孕，剛產下一子；曹操進門就有弄璋之慶，為此兒起名曹幹，當即封為高平亭侯。這孩子福分實在不小，似曹彰二十六歲還是白身，他卻生下來就掛印綬。而噩耗也與子嗣有關，生來多病的曹熊終於要走到生命的盡頭了。

卞氏的宮苑永遠是魏宮之中最樸素的地方，古樸的屏風、簡潔的擺設、毫無雕飾的器具、有補丁的帷幔，但與其形成巨大反差的，卻是卞氏在後宮中不可動搖的地位。或許世上只有她最瞭解曹操的所思所想，她雖無嫡妻之名，卻能在這個家族乃至宮廷占據女主人的地位，絕不僅僅因為她生了幾個兒子。

曹熊的病榻與卞氏的睡榻緊挨著，雖然他快十歲了，可永遠是個長不大的孩子，孱弱的病體永遠需要母親呵護，永遠泡在藥罐子裡。但現在他已沉沉睡去，任何呼喚都叫不醒，即便撬開牙關，餵進去的藥也嚥不下。

其實卞氏也快解脫了，她再不用為小傢伙牽腸掛肚了，也再不會夜半三更被他的咳喘聲驚醒。

但她不住哭泣，眼睛都哭紅了。因為她留戀著這種焦慮和羈絆，甚至可以說是依賴，忙碌會使人忘卻煩惱，今後沒有曹熊時時刻刻占據她的心靈，又該如何面對那兩個爭為王嗣的兒子呢？

「小臣醫術不精，不能救公子性命，萬死莫贖。」李璫之不住叩首請罪。

「不必如此。」曹操面無表情，「他本來就是這根骨，你師徒讓他多活了這麼久，已屬不易。」經過切身體會，曹操再不會像處死華佗那樣慢待李璫之了。

「熊兒！」卞氏驚叫一聲，「他動了……他有救了？」

迴光返照！李璫之瞧上一眼就明白怎麼回事，但還是從針包裡摸出兩根銀針。曹操卻道：「算了吧，已經食水不進，還不如痛痛快快讓他去呢，折騰得越久他越難受。」說罷已撐著几案站起身來。

卞氏伏在榻邊抽泣不止，環氏、王氏、秦氏等人有的安慰她，有的陪著抹眼淚。曹操只在她肩頭輕輕拍了拍，什麼都沒說，又掃了眼堂下守候的曹丕、曹彰、曹植、曹彪等諸子，卻誰也沒搭理：「你們去準備喪禮吧！」

曹丕和曹植似乎都有話要說，卻被父親以決絕態度頂了回去。曹操衝李璫之擺擺手：「你隨我來。」

沒有一個內侍跟隨，兩人出了後宮木蘭坊，穿側門向西，自文昌殿後殿而過，到了西苑之中。曹操停下腳步，望著幽幽碧池、抽芽的翠樹，還有不遠處巍峨璀璨的銅雀臺，微微發出一聲歎息——這又是個生機勃勃萬物復蘇的春天，但逝去的人和青春卻永遠回不來。平心而論，曹熊這樣的小孩在他心目中原本沒多大分量，雖說是父子至親，但多了也不過爾爾，似曹鑠、曹乘、曹勤、曹京、曹棘這些兒子，有的沒活到十歲，有的生下來就夭折了，即便去年西鄉侯曹玹病逝也沒勾起他太多傷心，畢竟全不似曹沖那般得寵。

但曹操自己都沒想到，曹熊的死會讓他那麼難過。他表面漠然，心中卻充滿了愁悶，這並非是對夭折孩子的留戀，而是對世事無常的感歎。他對全天下人聲稱不信天命、不畏生死，可如今有些事實在令他想不清楚，似曹熊這短暫的一生難道就是為了承擔病痛的嗎？或許是曹操本身漸感精力衰頹，他開始考慮許多從前未想過的問題，諸如他自己這輩子又在追求什麼？原先他總以為只有天下平定之後才能堂而皇之走上至尊之位，但現在卻動搖了。誰知道明天什麼樣？誰知道天下還能不能歸於一統？想做漢室忠臣卻做到今天這一步，難道希冀成為開國帝王也不能如願嗎？若有生之年不能掃平天下，這輩子豈不是什麼都沒撈著？雖說留諸後人，但對自己而言也太可惜、太無奈、太不甘心了吧！

李瓚之躬著腰在後面跟著，見曹操站住也停下，一動不動，大氣都不敢吭一聲，隔了好一陣才聽曹操道：「那有條小舟，隨我上去。」

「諾。」李瓚之亦步亦趨緊緊跟隨。

這是條觀覽芙蓉的小舟，能容下三四人，園子裡撐船的不在，只孤零零地漂在池畔。登上船剛剛坐定，曹操便伸出左臂：「我最近感覺很不好，軍中醫吏又不甚精，只說受了風寒，你給我仔細診診。」

「諾。」李瓚之早看出他氣色不正、行走緩慢，忙跪在晃悠悠的船板上，摸他腕子。

曹操卻道：「坐下診，慢慢來，別著急。」他思慮良久，已有充分的心理準備。

「謝主公。」李瓚之穩住心神，合上雙眼給他把脈。過了良久才睜開眼，小心翼翼問：「主公左股、左臂……」

「麻木，而且越來越厲害。」曹操直言不諱。

「這就對了。」李瓚之喘了口粗氣，撤下診脈的手，「主公確實是受了風寒，兼風疾發作，不過比以前重些……」

「不必吞吞吐吐，但講無妨。」

「這個病……」李璫之似乎下了很大決心才脫口而出，「南陽張仲景謂之『中風』。夫風之為病，當半身不遂，或單臂不遂者，此為痺。脈微而數，中風使然。不過主公還沒那麼嚴重，姑且算『小中風』吧。」

「誰叫你背醫書？我就問你一句話，這病會不會死？」

李璫之又跪下了：「實不相瞞，在下治病多年，似主公這般病發良久尚能出征，況得勝而還者實屬罕見。此疾發作之期已過，所幸除麻痺之外並無大礙，在下以湯藥濟之，調理經脈祛邪扶正，不久便可好轉。不過今後主公必須用心調養，飲食起居內外諸務皆不可過力，否則恐其復發。」他話說得樂觀，心裡卻打鼓——豈能這麼容易就好了？年逾六旬患此頑症，又兼頭風、麻痺不癒，皆大病之先兆也。

曹操對這話也是將信將疑，但自己不通醫術，即便刨根問底又能改變什麼？只道：「孤的病體就全靠你了，不過病情不可對人言講，即便是諸位夫人公子問起也不許說，否則……」

「在下一定守口如瓶。」李璫之趕忙磕頭——老師華佗的死還不足以為鑒嗎？

曹操又道：「你畢竟是岐黃之士，若還識得其他精通醫道、養生之法的人要記得引薦入府，我會另加賞賜的。」

「諾。」李璫之見他要起身，忙攙了一把，「主公凡事要放寬心，切忌恚怒傷神。」

曹操棄舟登岸，又回頭道：「聽說你想修一部醫書？」

「是……」李璫之擠出絲慚愧的微笑，「在下醫術不敢比先師，唯在藥性一道小有心得，想勉力著一部藥典。」他為人處世甚是小心，說罷又覺不周全，趕緊補充道：「此皆閒暇之務，不會誤了給主公診治。」

「嗯，好好寫。」曹操仰望著天空，不知是對李璫之還是對自己說，「人活在世有心願當儘早為之，莫待日後倉促啊……」說罷緩緩而去。

回到木蘭坊，曹熊又已昏昏睡去，卞氏的眼淚早就哭乾了，呆呆地守在榻邊。卻見姬妾宋氏所生庶子、十歲的曹袞正手捧一卷書，站在堂下朗朗讀著——曹操平素不喜歡曹袞，只因他性情古怪，從不與兄弟一起玩耍，整日閉門讀書不理旁務，就連家宴都很少參與，父子見面說不上三句話，天生的悶葫蘆，一點兒不討喜。

「今夫貴人之子，必宮居而閨處，內有保姆，外有傅父，欲交無所。飲食則溫淳甘脆，脭醲肥厚。衣裳則雜遝曼煖，燂爍熱暑……」

「你在念什麼？祭文？」曹操蹙眉道。

曹袞頓了頓道：「《七發》。」①

曹操又好氣又好笑：「這能治熊兒的病？」

曹袞一本正經：「太子之病尚可醫治，何況熊兒一公子？」說罷也不再理睬父親，繼續往下念，「龍門之桐，高百尺而無枝。中鬱結之輪菌，根扶疏以分離。上有千仞之峰，下臨百丈之溪……」

曹操靜靜注視著這個小書呆子，恍惚間浮想聯翩。他想起故去幾十年的族叔曹胤，又想起死在泰山的弟弟曹德，說來也奇怪，曹家輩輩總有一個這樣的人物，那種醉心詩書不問世事的另一種精神竟也默默地傳承著……曹操忽然覺得這孩子格外可愛，或許是平常羈掛天下大事沒有留心，現在想來每個孩子都有其長處。整個曹氏家族背負在他身上，他應該使他們富貴，應該使他們更幸福。有些事不為了自己，也該為他們多考慮考慮了。

「嗚嗚嗚……熊兒……我的兒啊……」

卞氏撕心裂肺的哭聲打斷了他的思緒，曹熊死了。曹操終於不再猶豫了，倏然轉身而去，穿廊過門，不多時就來到聽政殿。書案上的公文、戰報早堆得小山一樣，侍衛上前稟奏：「五官將和臨淄侯都曾請見，孔大人也來過，請主……」

「不見，叫他們忙喪儀去！」曹操迫不及待坐下，「今日所有臣僚一概不見……只召諫議大夫董昭上殿，越快越好！」

晉封魏王

建安二十一年，就在曹操成了魏公兩年半之後，他篡奪漢室天下的步伐突然加快了。二月辛未日，曹操以太牢之禮祭祀魏國，並下達《春祠令》解釋對宗廟祭祀的禮儀規格；三月壬寅日，又在鄴城再次舉行籍田禮，並制定了秋季講武之禮。

稍有些見識的人都能預感到這意味著什麼，而與此同時，許都方面也在緊張運作著。沒過多久在董昭、華歆、潘勖等人的炮製和天子劉協的配合下，一份晉封曹操為王爵的詔書頒布天下：

自古帝王，雖號稱相變，爵等不同，至乎褒崇元勳，建立功德，光啟氏姓，延於子孫，庶姓之與親，豈有殊焉。昔我聖祖受命，創業肇基，造我區夏，鑒古今之制，通爵等之差，盡封山川以立藩屏……今進君爵為魏王，使使持節行御史大夫、宗正劉艾奉策璽玄土之社，苴以白茅，

---

①《七發》為西漢文士枚乘所著的諷諫之文。內容是說楚國的太子因耽於享樂而病，無藥可醫，有吳客以治病名義前去上諫，終使太子改過自新而病癒。

金虎符第一至第五，竹使符第一至十。君其正王位，以丞相領冀州牧如故。其上魏公璽綬符冊。敬服朕命，簡恤爾眾，克綏庶績，以揚我祖宗之休命！

《進魏公爵為魏王詔》，全文見附錄三

這份詔書誇耀曹操「秉義奮身，震迅神武，獲保宗廟，華夏遺民，無不蒙焉」，將他捧為當世的伊尹、周公；並公然否定漢高祖「非劉不王」的祖訓，欲「盡封山川以立藩屏，使異姓諸侯親戚並裂土地」，勸其早正王位。總而言之一句話——若曹操不當魏國之王，就對不起我大漢之祖宗！

曹操自然一如既往地謙虛不受，這邊三上辭書，那邊三下其詔。最後弄得皇帝劉協沒辦法，竟御筆親寫了一道詔書，聲稱「今君重違朕命，固辭懇切，非所以稱朕心而訓後世也」。堂堂天子被逼得親手寫信，勸大臣在自己的江山稱王裂土，何等痛心無奈？

面對如此懇切的請求，曹操最終不得不「屈服」。於是建安二十一年四月甲午（西元二一六年三月三十日），曹操接受朝廷賜予的印璽、虎符，晉位稱王。值得一提的是，那位御史大夫郗慮終於不堪一次次的驅馳，臥病不起，改由與曹營關係親睦的宗正劉艾代行御史大夫事，持節至鄴城完成了冊命。

王爵與公爵雖一字之差，卻有本質上的不同。既然先前已施行了公、侯、伯、子、男五等爵，那麼這個異姓王又從何談起呢？很顯然這已經不是臣子所能獲得的，天子一切權力既然都由曹操代為施行，那麼他雖不稱天子，卻已經是天下之主，天子是虛，王才是實。可笑那些自詡正統的士人嚷著尊周復古，如今真的復古了，惜乎復的不是周武王時期的政治，卻是周幽王以後的東周，天子苟且諸侯稱霸。

而隨著曹操地位的提升，小朝廷從「國中國」變成「國上國」，再不用顧忌許都朝廷的臉面，連奉常、宗正這樣象徵社稷的官也任命了，曹操諸子的地位也全面提升——那位素來不受待見的二公子曹彰終於因此獲封鄢陵侯，其他諸子曹彪為壽春侯、曹衮為平鄉侯、曹峻為郿侯，又將饒陽侯曹林之子曹贊過繼給已故西鄉侯曹玹，襲取爵位；繼而讓曹整、曹均、曹徽奉續曹操三個早夭兄弟的香煙，曹魏旁系宗室也產生了。美中不足的是魏國未確立太子，曹操意屬的繼承人至今不明。

不過許多擁護曹氏的鐵杆大臣似乎對這結果尚不滿意，他們認為直接把劉協從龍位拉下去，自己坐上去不就行了？曹操自有他的難處，他一次次「三讓而後受之」固然表現得格外謙虛，卻也等於一次次宣示效忠漢室，這樣的表演如此之多，言猶在耳，現在卻要他自食其言，老臉往哪兒擱？再者他稱帝就意味著漢室天下終結，別人也自可稱帝。且不論坐斷江東野心勃勃的孫權，那位自詡中山靖王之後卻奪了同宗之地的劉備未嘗不期待這一天，到時候劉備可堂堂正正以延續漢室之名自立。想到要與他們等同而論，曹操豈能接受？

所以權力名分上的篡奪要與軍事征戰雙管齊下，曹操計劃一步步地走，在有生之年完成最後的步驟。但老天不作美，他晉位王爵稱孤道寡還不到一個月，太史令稟報出現日蝕！

自孝武帝罷黜百家以來，倡天人相繫之道，王莽與光武更是深信不疑。凡人世災異蒼天必先示警，日蝕更是種種天譴之中最嚴重的：光武帝建武三年日蝕，赤眉軍樊崇作亂；建武七年日蝕，隗囂謀反；孝明帝永平八年日蝕，廣陵王劉荊謀反；孝安帝永平元年日蝕，天下暴雨成災；孝順帝永和五年日蝕，涼州羌亂開始；孝靈帝熹平二年日蝕，十常侍亂政；本朝初平四年日蝕，李傕、郭汜禍亂長安；建安十三年日蝕，王師大敗於赤壁……曹操固然不相信這些災亂與上天真有聯繫，但甚囂塵上的非議之聲令他很困擾——難道這次日蝕寓意曹操禍亂大漢？

考先朝定例，凡上天示警必要罷免三公代天子受過。但如今不行了，三公早就被曹操罷免乾淨，難道要他自革丞相之位？幸虧那位有名無實奄奄一息的御史大夫郗慮還在，曹操忙不迭將他罷免敷衍了事。不過危機遠沒有結束，從這一年開始到五月，河北之地竟一滴雨都沒下過！

敵國發難可以兵戈對之，臣僚發難可以刑罰誅之，可如今是老天發難，曹操又能怎麼辦？面對民間日益猖獗的流言蜚語，光靠壓制逮捕也不是辦法，反而越壓越壞。曹操無奈之下，以遊樂為名在銅雀臺召集飽學之士和心腹智囊，商量處置之策。

似宋衷、邴原、董遇等都是坐談經籍賦閒之人，這次應邀皆感榮幸；張魯作為溝通天人的一教之主自然少不了，連早已不做事的程昱、賈詡、婁圭、陳琳也來了，由鍾繇陪同主持宴會。大家吟詩作賦甚是熱鬧，酒過三巡菜過五味，曹操哪有心思與他們閒聊，見時機已到，忙提及天象異變民間議論，請在座之人想些解決之策。

這些人素以不問世事自居，也是今日酒酣耳熱，大家反應卻挺積極。五官將長史邴原率先發言：「國家將有失道之敗，天乃先出災害以譴告之，不知自省又出怪異以警懼之。此乃天人相繫之理，合於《尚書》之義，以臣度之，大王當自省。」

別人說這話曹操早就怒了，但邴原的歲數名望在那擺著，也不好說什麼，自省就自省唄，可眼下總得有些解決辦法，或是祭祀田地、或是略減徭役、或是赦免罪人……這些禮儀之類的東西，他們總比曹操懂得多吧？當然，在曹操看來，若是這幫人能不惜筆墨做些粉飾太平的文章更求之不得，惜乎這幫人不太上道！

「誠如邴老夫子所言。」西首一位長鬚飄飄的老文生站了起來，乃荊州儒士宋衷。他是章陵人士，原屬劉表麾下，曾在襄陽建立官學校修訂五經，堪稱一代大儒。但見他指天劃地侃侃而談：「昔宋景公之時，熒惑守心，忙召大臣子韋問之，子韋曰：『熒惑，天罰也；心，宋之分野也，禍當君。可移於宰相。』景公曰：『宰相所使治國家，而移死焉，不祥。』子韋曰：『可移於民。』公曰：『民死，寡人不忍，寧獨死耳。』子韋復曰：『可移於歲。』公曰：『民饑必死，為人君者豈可害民而自活？』子韋退走，北面再拜，賀曰，『君有三善，天必有三賞，星必三徙。三徙行七星，星當一年，三七二十一，君命延二十一歲。』是夕也，火星果徙三舍。可見天之災異當須君王補過行善矣。」他典故倒背得滾瓜爛熟，但所論未免有些迂腐。

曹操從不相信天人感應這一套，況且請他們來是叫他們想辦法，而非聽他們「教導」自己的，未免有些不快，硬生生打斷：「宋夫子稍歇，經義大道固然有理，但寡人治國又豈可全賴天意？」雖然僅過了一個多月，曹操早習慣稱孤道寡。

「大王難道不信天？」宋衷還是個死腦子，抓住不放，硬要辯個明白，「孔子曰：『死生有命，富貴在天。』魯平公欲見孟子，嬖人臧倉毀孟子而止，孟子曰：『天也！』高祖曾言：『吾以布衣提三尺劍取天下，此非天命乎？』韓信與帝論兵事，謂高祖曰：『陛下所謂天授，非智力所得。』歷代之聖賢明君無不信天，大王豈能等閒視之？」

鍾繇一旁插口：「宋仲子所言有理。古人曰：『天子見怪則修德，諸侯見怪則修政。』咱們還是論論如何修政才是。」他聽宋衷話題越扯越遠，趕緊圓了回來。

「甚好。」宋衷順水推舟，「以在下愚見，天下之政莫過吏治，吏治之政莫過選官。大魏草定基業，欲使四海晏然，當改易選官之法，復經義察舉之風；罷酷吏、黜校事、逐宵小、汰軍功，不可再使苛政之徒、德汙之吏立於官寺！」

此言一出，銅雀臺上靜得連掉根針都聽得見。這話太不尋常，宋衷這樣講，豈不是把曹操厚賞軍功、不重德行、唯才是舉的取士標準全都抹殺了嗎？

曹操心中自然惱火——當年孔融就曾帶頭非議過他的取士之道，結果一刀殺了，其他人什麼意見都不敢有了，沒想到時隔多年這論調又借屍還魂！

不過宋衷並非孔融，伺候過劉表、曹操兩任主子，比之孔融性格圓滑許多，料定曹操不高興，早把說辭準備好，深施一禮，口氣謙卑至極：「學生並非不敢輕視那些軍功之人和公門老吏，實是為我大魏社稷。想軍功之士，雖有功於行伍、忠貞於大王，然為人粗獷、疏少學識，不窺先王之典，不通律令之要，難保不行荒唐之事。那些公門之吏，雖非生而苛察，但起於几案之下，長於官曹之間，無經籍文雅以自潤，雖欲無察刻，豈能得乎？至於取士但論其才，不察其德，更長詐力之術，無以勸善。夫筋骨之力，不如仁義之力榮也！」宋衷說到一半跪倒在地，「學生本荊襄降者，蒙大王不棄，諮以國政，希冀大魏成就萬世永固之業，斗膽放言！」原本提心吊膽的人聽這話都鬆口氣——不愧是歷經滄桑之人，一篇激烈文章卻修飾得溜光水滑無稜無角，還高喊大魏基業萬世永固，把「忠」擺到首要位置，即便有忤也不至於獲罪嘍！

曹操全沒料到這場徵詢會變成這樣，眼下主題已不是應對災異，而演變為魏國該不該改變唯才是舉的選官標準。短短半載之間，這已是第二次有人非議曹操吏治之道了，他不可能不猜疑，不禁瞟了一眼坐在遠處的張魯，卻見張魯端然穩坐神情自若；繼而眼光又掃向邴原等人，見眾人無不頷首。這幫人雖不理世事，其實並非不關心時政，乃是不贊同曹操的為政理念，故而寄情風雅明哲保身，今日宋衷敢於把話挑明，他們求之不得自然附和。此時就連鍾繇都垂頭不語——他畢竟出身於潁川望族，靠經學起家，心中所想未嘗不是與宋衷一樣。唯有程昱、賈詡安然自若，一盞接一盞地吃酒，他倆是主動遠離是非，抱著陪吃陪喝的心思來的，才懶得摻和這閒事呢！

「宋夫子請起……」曹操終究不好慢待宋衷的好意，思慮良久才道：「世間才者殊異，有純良者，亦有功利者，有德高者，亦有傾奇者，孤因其人而置其位，又有何不可？」

宋衷卻道：「善善而不能用，惡惡而不能去。彼善人知其貴己而不用，則怨之；惡人見其賤己而不好，則仇之。夫與善人為怨，與惡人為仇，天下豈得太平？」

論口舌之辯，十個曹操也難敵一個宋衷，連遭三次反駁他實在火往上撞，也顧不得宋衷是出於好意，猛然把酒盞一摔，剛要破口大罵，忽聽樓臺之下一陣吶喊：「有人造反啦！」

眾人一怔，起身扶欄而望——銅雀臺高十丈，魏宮一覽無餘，只見西夾道裡十幾個衛兵正揮舞兵刃朝西苑大門殺來，竟是守宮衛士作亂！

西苑本是遊玩之地，沒多少守兵，只院門處有一隊侍衛，這幫人眼見來的分明是自己人，猝不及防竟被他們砍倒了好幾個，院門一陣大亂，眨眼間這群叛亂者竟衝到銅雀臺下，眾人無不變色。

程昱似乎還沉寂在酒香中，醺醺然朝下瞅了一眼，便笑道：「這群叛賊是傻子，十幾人就敢攻銅雀臺，豈不是找死？」果然如他所料，臺下段昭、任福正領著幾個親信侍衛把守樓門，一見叛賊衝到立刻迎戰；貯存寶物的白藏庫和乘黃廄在銅雀臺以南，也有幾個守門兵丁，各持佩刀趕了過來。護駕之人雖不多，但反叛之人也只十幾個，雙方搏鬥之際宮中大亂——鐘也敲了、鼓也敲了，各處的郎中、虎賁士、虎豹士，百十餘人都往西苑湧來。那幫反叛之兵情知大難臨頭，不敢戀戰四散奔逃：有的被段昭等人追上制伏，有的一衝入西夾道就被對面趕來的虎賁士亂刀砍倒，有的慌不擇路栽進了芙蓉池，也有機靈的，攀著園角的桐樹翻上牆頭跳了出去。霎時間宮外也亂了，宮門侍衛順著牆根來回堵截……

曹操與程昱一樣，根本沒把這點兒叛兵放在眼裡，不過一場兵變就發生在他眼皮底下，還是震驚不已。不多時，保駕的兵已來了一大堆，都擠在高臺之下，段昭朝上高喊：「左掖門兵長嚴才作亂，大半已被擒殺。請大王放心！」

「嚴才？」曹操事務冗繁哪記得起這個小軍候，只冷笑著揮揮手，「傳令關閉城門，士民各歸己家不准擅出，叫楊縣令派兵捕盜，諒幾條漏網之魚也逃不出去！」

「諾。」臺下一哄而散，段昭、任福等押著人犯而去，其他的兵各歸己位。

災異之事還沒理出頭緒，又鬧出場叛亂，一會兒百官聽到鐘聲準要趕到宮中，宴會進行不下去了。曹操甚是懊惱，但扭頭一看，不禁又笑了——受邀而來的學士嚇得變了顏色，有的渾身顫抖，有的藏身柱子後面，那位方才還滿口道義的宋先生竟鑽到几案底下去了！

「哈哈哈……」曹操得意洋洋，剛才憋的火霎時間消了，挖苦道：「宵小作亂未至近前你等便如此驚懼，徒然坐而論道，也配指摘那些奮命沙場軍吏出身的人嗎？」說罷拂袖而去。

鍾繇滿臉尷尬，只是衝眾人點點頭，趕緊跟上。曹操走到樓梯口又往外一望——見搜捕餘黨的士兵已出動，大街小巷川流不息，各官署門前都備了車，準備進宮問安；尤其引人注意的是中陽大街上有一人徒步奔跑。此人紅深衣、青綬帶，腰掛革囊，頭戴冠冕，手握佩劍，分明是列卿服色，撩袍端帶直奔宮門跑去。

雖然離得甚遠，曹操依然猜出是剛剛遷任奉常的王修，不禁連挑大指：「此必王叔治。兵荒馬亂禍福未知，竟能不顧安危赴宮保駕，真忠臣也！」

剛剛讚罷，背後不知誰嘀咕了一句：「王修本袁氏故吏，受孔融提拔，他不也是以經義德行起家的嘛……」

「嗯？」曹操回頭瞪了一眼。

宋衷等人正交頭接耳，見他回頭，嚇得紛紛後退如鼠避貓，誰也不敢嘀咕了。

「哼！」曹操一甩衣袖，轉身下樓，心下卻甚茫然。

徐奕罷職

曹操稱王，魏國本該萬事和諧欣欣向榮，沒想到河洛不出、祥瑞不降，反倒先鬧出場兵禍。此事起於把守門的衛士長嚴才，此人曾為軍候，被曹操貶為軍吏，領著幾十個兵看守左掖門。其實左掖門只是西宮止車門西側的一個小旁門，連著西夾道。平日曹操處置事務皆在東宮，西面文昌殿沒有重大禮儀不開放，止車門常年關閉，再往西又是僅供曹家私用的銅雀園，所以左掖門平常也不開。

嚴才當年在左校署採石場何等威風，如今被貶到這麼個破地方，天天守著扇不開的門，莫說升遷無望，就連找個達官貴人巴結的機會都沒有，整日還要遭衛尉署斥責，家產也全叫孔桂敲詐乾淨了，早窩一肚子火，和他在一起的哥們也多有怨氣。也是這幫宵小之徒不知天高地厚，竟冒出刺殺魏王洩恨的念頭來，僅憑十幾個人就想衝上銅雀臺殺死曹操，簡直滑天下之大稽。

對付這麼荒唐的叛亂，根本無需調城外大軍，僅僅王宮各處衛兵出動就平息了。嚴才拒捕，當場被亂刃分屍，其同黨十餘人下獄，逃出宮的也被楊沛盡數抓獲。事情不大卻鬧得宮內宮外人心惶惶，謀害魏王無論如何也是大案，曹操震怒不已，必要追出幕後元凶，責令大理寺處置。鍾繇不敢怠慢親自審問，連過三堂可就是問不出背後陰謀——本來便是嚴才挾恨起意，根本沒什麼幕後元凶嘛！

但曹操對這結果不滿意，在他看來，區區十幾個小卒怎會如此膽大包天？不是交通敵國，就是與許都君臣有關。鍾繇沒辦法，硬著頭皮繼續審，諸般苦刑用盡，依舊沒有進展。這幫犯人也知難逃一死，無奈怎麼招供都過不了關，受盡酷刑還不如死個痛快的，最後竟連「忠於漢室，為國鋤奸」都喊出來了。反倒把曹操嚇個夠嗆，再不敢張揚此事，趕緊把這幫倒霉蛋殺了結案。

案子是結了，曹操餘怒未消，責令將郎中署、衛尉署來次大徹查，凡稍有違禁的一律打發到軍中，各處宮門兵長全部改由沛國籍貫之人擔任。進而核查朝廷、幕府各官署士人，又對叛亂士兵的同鄉、親族、共事之人嚴加盤詢，足足折騰了十多天。核查官吏本就是敏感之事，又素來多恩多怨，未免有些不得志之人借此機會大發牢騷：

「什麼唯才是舉，我看是任人唯親！呂昭不過是曹氏家奴出身，如今竟官居校尉，這叫什麼道理？」

「我在縣寺當個小小功曹，我親姪子卻官居別駕，難道見了面我還得給姪子下跪嗎？」

「毛玠選官一味尚儉，我上次參選不過就穿得好一點兒，結果就沒補上掾屬的缺……」

「還記得李孚嗎？當年袁曹大戰，千軍萬馬之中出入鄴城，連主公都器重的人，去年竟外放到偏遠小縣。崔琰卻推薦了個楊訓，算是什麼東西，主公稱王他第一個上賀表，滿卷諂媚之詞，就是個馬屁精！」

言者無心聽者有意，何況還有睜大眼睛尋是非的。西曹屬丁儀早對長官不滿，又懷恨崔琰、毛玠不肯保曹植，聽到這些風言風語甚是高興，逐條匯報曹操。曹操於是對這個丁沖之後格外恩寵，所言無不納之，因而對東西兩曹屢加斥責，一場是非從下屬鬧到上級。最後結果是西曹掾徐奕因失察之過罷官，丁儀如願以償當上了西曹掾，與東曹掾何夔共掌選官之事。

新任命頒布下來，群臣紛紛揣測——自西征歸來，曹操對立嗣之事態度十分曖昧，稱王之際也未立太子，甚至近來連曹丕、曹植的面都很少見，更不要提給什麼差事，搞得大家莫名其妙，全然窺不透他心中所想。現在這個任命似乎已解答了大家的疑惑，丁儀毫無疑問是「曹植黨」，而何夔其人素來謹慎，不參與是是非非，對立嗣之事也無明確表態，算是中間派。東西曹兩黨平衡被打破，曹丕失勢，因而大多數人判斷大王還是意屬曹植。

不過曹操卻沒空顧忌臣下如何揣摩，他最關心的是如何穩住眼下這副爛攤子。原想在登上王爵後就逐步給自己加賞賜、加帝王衣冠，現在顧不到那些了，日蝕、乾旱、叛變這一連串事已使他名聲受損，愚昧百姓頗有非議，而選官關乎士人，他不能在這個問題上再栽跟頭了，所以任命頒布之後他召見何夔、丁儀反覆叮囑。

丁儀低垂二目恭恭敬敬侍立在大殿上，雖表面恭謹，心裡卻波濤起伏。他剛過而立之年就擔任了相府西曹掾，在人才濟濟幕僚成群的鄴城絕對稱得起少年得志，日後前途無可限量。不過他很清楚，能坐上這個位子除了自己的才智，還多虧父親冥冥中保佑。他父親丁沖與曹操既是同鄉又是好友，若論及曹操的原配丁氏，多少還能攀上些親戚關係。丁沖在奉迎天子東歸時幫過大忙，曾官居司隸校尉，卻因酗酒而死，曹操自然把這份厚遇轉到下一代。因而不光他擔任了西曹掾，他弟弟丁廙也在最近被授以黃門侍郎之職，成了魏王近臣。所以他反覆提醒自己，對曹家的恩寵一定要全心報答，要盡心盡力效忠這個國家乃至以後的新王朝；但在此之前還有個使命要完成，就是輔佐臨淄侯上位。在他看來輔佐曹植即是效忠曹魏，這不但與魏國之興衰榮辱息息相關，也與自己禍福密不可分。

丁儀將徐奕扳倒了，但並不意味著勝利，因為毛玠、崔琰還在。雖然他倆早已轉任尚書，但崔琰署理選官事務近十載，毛玠更是幹了二十年，威望和人脈早已奠定，後繼者無論是誰都不可能避開影響。如果東曹、西曹兩掾好比當今天子，那毛玠、崔琰就像魏王，雖不在其位卻凌駕其上。

想到這些，丁儀不禁偷偷瞥了眼身邊的何夔，這傢伙又是怎樣一個人呢？丁儀雖然歲數不大，但來到鄴城也很多年了，因為父親的關係也沒少聽聞官場之事，但對於何夔的印象卻始終模模糊糊。他只知道何夔何叔龍乃陳郡望族，早年曾被袁術脅迫，後逃歸曹操。此人名氣雖大得很，但很少對時政發表見解，對曹丕、曹植之爭也置身事外，自魏國建立便躋身中臺，卻不顯山不露水，有時甚至感覺不到他存在；而與之極不協調的是他華貴的衣飾、精美的馬車、奢華的宅邸，據說何家飲食起居皆有講究，吃頓酒席就要花一萬錢。不過何夔這麼奢侈不是靠俸祿，而是憑陳郡何氏龐大的產業。但在提倡節儉的曹操麾下竟有這麼個大臣，並與袁渙、毛玠那等清貧之官多年相安無事，簡直不可想像。在曹操召見之前，丁儀已想盡辦法接近這個人，但何夔總是不即不離難以窺測，至今還像謎一樣。

其實不單丁儀，就連曹操也並不真的瞭解何夔，他嘴裡一邊說著囑託的話，一邊思量著何夔這個人——在他眼裡，這位頂著名士光環的老臣總是不按他的規矩辦事，卻往往能給他意外驚喜。昔日青州海盜管承勾結遼東公孫氏叛亂，鬧得青徐沿海不得安寧，曹操任命何夔為長廣太守，協同樂進、李典進剿，可他到任後卻派了個與管承相熟的縣吏將海盜招安了，雖然沒能如曹操所願斬盡殺絕，卻因而得到不少船隻和水兵，不能不說是筆收穫。此後曹操推行租稅新法，各地無不遵行，偏偏到長廣郡何夔以戰亂未寧為名拒不執行，曹操無奈把他調回幕府，不久樂安郡出現叛亂，曹操又派他去剿滅，這一次不知他又用了什麼辦法，大事化小，漸漸把叛亂平息了。雖然他往往不合心意，卻總能讓曹操無話可說，因而建國時曹操還是將其納入尚書之列。

曹操一如既往闡述選官之事的重要，囑咐他們要儘量顧全大局，當然主要還是要向毛玠討教經驗，遵循一貫「唯才是舉」的主張；聽得丁儀心裡澀澀的。最後曹操喝了口水，禮節性問道：「你等還有何疑惑？」

丁儀一篇聆聽教訓受益匪淺的腹稿早打了半天，方要脫口而出，卻聽何夔搶先道：「臣有下情啟奏。」

「說。」曹操也並不十分意外。

「對毛公、崔公的選才之法，臣有些不同見解……」何夔話說得很平淡，但聽得出這個「不同見解」絕非什麼好見解。丁儀聽了不禁精神一振。

「哦？」曹操微微一笑——毛玠的選官之法即是他一貫主張的，對毛玠他們有意見說穿了就是對曹操有意見，只是這話委婉。

何夔不緊不慢道：「自軍興以來，戰亂紛紛制度草創，用人未詳其本，是以各引其類，時忘道德。以賢制爵，則民慎德；以庸制祿，則民興功。臣以為自今所用，必先核之鄉閭，使長幼順敘無相逾越，才德相符名至實歸，顯忠直之賞，彰教化之功，則賢者不肖者可別。上以觀朝臣之節，下以塞爭競之源，以督群下，以率萬民，如是則天下幸甚。」

「嘿嘿嘿……照你這麼說，是否還要試經義、論門第、搞個什麼月旦評啊？」曹操雖在笑，但口氣完全不似玩笑，倒像是痛斥。

「臣不敢。」何夔倒沉得住氣，躬身施禮，「只是臣覺得當下用人之法有弊病……」

「有何弊病？」曹操倏然收起笑容，聲音已越發嚴厲。

何夔口氣謙卑，言辭卻不謙卑：「自古用人德為貴，後考其行，既而則才。大王獨以才取士，未免張幸進之風，有些本末倒置了。」丁儀在一旁臉上嚴肅，心下卻甚覺好笑——還沒正式上任，東曹大印都沒捧熱乎，八成又要換人了。

怎料曹操竟沒發作，只是左手顫抖，蹙眉凝視著何夔。這些話他已聽得耳朵快起繭子了，高柔來說他可以笑其憨直，張魯說他可視為妖言左道，宋衷說他可以當作書呆子迂腐之論，可現在何夔都在說，難道他所謂「唯才是舉」真的不合時宜？但諸人所論以德行取士真的就那麼公平？曹操乾脆把話挑明：「你等口口聲聲以德取士，其實還不是想恢復昔日世家門第之選？若長此以往，經學之家挾儒術以進，寒微之徒積於末流，則州郡望族充斥衙寺，朝堂之上盡為門閥也！」

曹操的心裡話終於被何夔逼了出來，他真正不能接受的是讓那些世家大族、豪強門閥掌握大權。

但這還不算盡言，其實若論門第，曹氏何等出身？贅閹遺醜諂諛幸進，若曹操像袁紹一樣是經學望族之家，恐怕就不會如此反感了吧？這話何夔敢想不敢說，只道：「大王若這般設想，也無甚不妥。孟軻有言：『無恆產而有恒心者，唯士為能。若民，則無恆產，因無恒心。苟無恒心，放辟邪侈，無不為已。』自先帝以來毀經滅道重用宵小，人人希冀功名，家家欲得封侯，故幸進者、攀附者、買官者、左道者、投機媚上者，諸般雜流甚囂塵上，國安能不亂？」

這論調曹操其實是默許的，當年他何嘗不是站在何進、袁隗一邊與蹇碩、十常侍相抗？何嘗不痛斥許訓、樊陵、任芝那等鑽營幸進的大臣？其實深究起來，他父親曹嵩和幾位叔父也未嘗不是這類人物！

但偏偏曹操走上一條背叛家門之路，堂而皇之成為正統衛道士的一員，可如今他出人頭地，卻又不由自主地維繫、遮掩著這種出身。他不敢再想下去，把手一揮：「夠了！往事無須多提，今乃紛亂之世，經籍之士迂腐不堪百無一用，就憑他們去滅孫權、討劉備重整天下嗎？」

何夔見他恚怒，緩緩跪倒：「治亂以奇，治平以正。戡亂之際獎軍功、重才智毫無非議，然今大魏國基已定，應改弦更張，興教化、揚經義，匡定九等，使世人各行其道，方能長治久安。設使不尊正道不施德政，國無常法民無定制，只恐百姓不尊官寺、僚屬不敬尊長，世人不務正道專攻奇巧，投機幸進禁而不止，德行之人隱居避退。我泱泱大魏將永無寧日矣！」

「住口！」曹操明知他說得有理，卻忍不住痛批，「危言聳聽！生殺予奪盡在寡人之手，有何可懼？你不也是中原望族之人麼，難道你想隱遁山林，孤就容得你活著走嗎！」這已是赤裸裸的恐嚇。

悁嚇一出非但何夔驚懼，連丁儀也嚇得臉色煞白，這節骨眼不能乾看著，連忙也跪下了：「何東曹所言出於忠心，大王何必……」

「大王恕罪……」何夔突然顫巍巍開了口，又給曹操磕個頭，「臣有一物斗膽請大王觀。」

「何物？」

何夔哆哆嗦嗦從袖中取出一只小瓷瓶放在青磚之上。

曹操詫異：「那是什麼？」

「鴆酒……」

曹操愈加惱火：「你帶鴆酒入宮難道要威脅寡人？想博一個死諫之名嗎？」

「臣不敢，這鴆酒不是今日備下的，臣袖揣毒藥已近二十載。」何夔滿面淒然，「臣深知大王乃救世之才，故追隨以來忠心不貳。然大王素行嚴政峻法，廣攬負俗之吏，雖掾屬親隨稍有失職便加杖責，又重用校事之人監察刺奸。臣出身清流愛惜名節，常恐處事不慎橫遭凌辱，故常年蓄此毒藥，誓死無辱！倘有一日大王要像對待那些刀筆之吏那樣杖責我，臣誠寧可自盡也不受辱……」

何夔淒苦的聲音迴盪在大殿之上，曹操呆呆望著那只小瓷瓶——它就像一面鏡子，照亮了士人，也照亮了曹操自己。他突然覺得自己是那麼孤立，身邊一個人都沒有，似乎所有為他效力之人並非是衝著他的治世之才，不是為功名利祿，就是因為他有戡亂匡世的智謀，並沒有多少人發自內心佩服他、頌揚他。或許時至今日他當了諸侯王，在世家正統之人眼中仍舊是異類，仍舊是玷汙朝堂的宦豎子弟，從來就沒改變過！

沉默良久，曹操終於發出一聲歎息：「唉……何公請起，孤明白了……」

何夔顫巍巍抓起鴆酒又揣回袖中：「臣失禮。」

「明白了……明白了……」曹操喃喃許久才道：「今你為東曹，權柄尺度自在掌握，任爾為之吧！」

丁儀簡直不敢相信自己耳朵——任爾為之！這豈不是暗示要改弦更張？豈不是向高門士紳妥協？兗州舉事以來實行二十餘年的選官法則，豈不一舉撼動了？

霎時間丁儀敬仰地望著何夔，實在想不到這個平日謹小慎微的人竟有如此大能力，竟能使曹操妥協屈服……不！或許何夔只是推手，這是世道人心的力量吧？想至此丁儀靈光一現——如果「唯才是舉」的選官標準都改變了，那毛玠、崔琰奉行舊制，他們的威望不是也不復存在了嗎？

丁儀有些吃不準，小心試探道：「啟稟大王，侍中和洽曾言毛公選官過於尚儉，容易讓取巧之人鑽空子，今後這一條是否要改？」

「自當如此。」曹操點了點頭。

丁儀心頭狂喜，按捺著激動又道：「智者千慮終有一失，崔公久典選舉，雖一向慧眼公正也不免有刁猾之徒魚目混珠。前番所舉鉅鹿郡人楊訓，才能不足而媚上幸進，實在有些不如人意。」

「哼！」曹操冷笑一聲，卻未說什麼——不需要什麼表態，單這聲冷笑就夠了。當初崔琰露版上奏立世子之事，這口怨氣曹操還沒忘呢！

何夔躬身辭駕。丁儀也跟了出來，退出大殿後終於掩飾不住內心的喜悅，失聲而笑——太完美了，真是千載難逢的機會！毛玠、崔琰這倆老兒沒有什麼時候比現在更薄弱了，扳倒他們為臨淄侯清障的時機終於等到啦！

第十五章

重臣屈死，曹操立威

崔琰下獄

鄴城最熱鬧的地方要屬臨淄侯府，雖是坐落於城東北的戚里，與五官將府只隔兩趟街，卻完全是另一番天地。曹丕的府邸恬靜優雅，甚至有些冷清。曹植這邊大不相同，他本以詩賦馳名，府內從事也多風雅之人，招惹鄴下文人紛至遝來；最近不少官宦子弟也登門拜謁，你來我往、吟詩贈賦、彈箏撫琴，整日熙熙攘攘門庭若市。

臨淄侯是愛風雅之人，似乎還嫌這府裡情趣不夠，去年又派人從兗州成武一帶移植了不少牡丹，都種在當院裡。如今正值乾旱，虧了曹植招了一幫弄圃能手小心栽培，竟盡數開放，姹紫嫣紅葳蕤生光，清香飄逸宛如仙境，大清早就引來一群風流文人。荀緯、王象、劉偉各顯身手，每人都作了一篇《牡丹賦》，互道短長皆有得意之色。劉表庶子劉修也是這府裡常客，掛名議郎並無實職，孑然一身獨居鄴城的公子哥，比他那個在許都當傀儡高官的哥哥享福多了，半肚子詩書，比上不足比下有餘，卻專好臧否旁人文章，拿過詩來就咋舌：「不美啊不美！」腦袋晃得似貨郎鼓，又說不出門道，逗得眾人呵呵直笑。那旁青石上擺了弈局，倆少年戰得正酣，一個是樂安才子任嘏，一個是夏侯淵幼子夏侯榮，兩人都有神童之名，真是棋逢對手將遇良才，引得府中眾侍從都來圍觀。

眾人正暢談風雅各取其樂，卻見文學侍從鄭袤急匆匆闖進院來：「侯爺可在這邊？」

「鄭兄來得正好。」王象正與劉修舌辯，見他來了忙一把拉住，「小弟剛寫了篇文章，劉賢弟又說不好，你來評判評判。」

「不看！」鄭袤慌慌張張，哪有心思與他說笑，「侯爺在哪兒？」

王象見他推脫甚感無趣，嘟嘟囔囔道：「不知道，一早就沒見，八成還在書房裡吧！」這幫人常來常往隨便慣了，即便沒見到曹植照樣我行我素。

「唉呀……」鄭袤心裡起急，指著眾人嚷道：「你們也太拿自己不當外人了，此乃臨淄侯府，還有沒有點兒規矩？」說罷一甩衣袖，快步奔了後院。

眾人竊竊議論：「這廝今天中什麼邪了？不理他，下棋下棋……」

此時此刻曹植確實還在書房，最近父親沒交什麼差事，入宮請見十次倒有八次不見，大好時光閒著作甚，可不就與朋友四處盤桓唄！昨晚二哥曹彰作東，兄弟們去了不少，竟還招了幾名歌伎，鬧到定更天才散，曹植回府很晚，也不願再到後宅驚擾，就在書房裡糊裡糊塗睡了半宿，未免有些疏懶，洗簌完畢聽說大夥都到了，剛要出去支應，卻被劉楨、司馬孚攔下，硬生生要上什麼諫書：

家丞邢顒，北土之彥，少秉高節，玄靜澹泊，言少理多，真雅士也。楨誠不足同貫斯人，並列左右。而楨禮遇殊特，顒反疏簡，私懼觀者將謂君侯習近不肖，禮賢不足。采庶子之春華，忘家丞之秋實，為上招謗，其罪不小，以此反側。

曹植哭笑不得地看完諫書，瞅瞅跪在一旁煞有介事的劉楨：「怎麼回事？如今怎麼連你也學會這一套了？」

劉楨一本正經：「屬下是為侯爺著想。」

司馬孚跪在另一邊，也跟著幫腔道：「公幹所言極是。」

「采庶子之春華，忘家丞之秋實……倒是篇好文章。」曹植輕輕把它放在一邊，笑道：「是我沒睡醒，還是太陽從西邊出來？叔達若說這種話我不奇怪，可你還是瀟灑詼諧的劉公幹嗎？」

劉楨不禁愴然——自從獲罪被釋，他就再也瀟灑不起來了，果真就像那稜角磨盡的石頭一般。宦海沉浮絕非遊戲，明槍暗箭是是非非，身在其中不可能嘻笑怒罵無所顧忌，胡鬧了半輩子，也該回歸正道了。

「屬下平素不謹，深以為今是昨非，懇請侯爺納此良言，屬下感激不盡。」說著劉楨磕了個頭。

「人之相交貴在率真，你又何必這副素面朝天的樣子？」曹植甚感可惜，「邢子昂北土彥士，我平素禮數未敢有虧，重春華而忘秋實又從何談起？」

劉楨道：「侯爺對邢公確實恭敬有禮，但您整日招攬一群不羈文人，言笑不拘親昵戲狎，邢公那等保守之人如何看得慣？人分長幼，德有高低，他號稱『德行堂堂』，怎屑與劉修、王象這般人為伍？」

司馬孚也接茬道：「前番邢公密奏之事，侯爺難道忘了？如今楊修已數月沒登咱府門，丁儀兄弟也很少來了，旁人尚知避嫌收斂，侯爺實在應該收一收鋒芒才是，似五官將……」

「像大哥那樣還有意思嗎？」曹植打斷他話，背手起身，「畏首畏尾虛情遮掩，還有何意趣？我本就無意與他相爭，不過想為國家、為父親做些事，若因俗世侵染毀我之心性，不能為也。」

司馬孚卻道：「人間之水汙濁，野外者則清潔。俱為一水，源從天涯，或清或濁，所在之勢使之然，非干心性也。侯爺品性純良無以復加，然不能融於世，又談何作為？天道有真偽，真者固與天相應，然偽者人加智巧，亦與真者無異。只恐侯爺之誠未能感天，卻被矯情偽飾者所擾。」他這話已說得十分露骨，不管他兄長如何立場，至少他是真心實意想輔佐曹植。

曹植卻只微微一笑——司馬孚自從入府幾乎天天向他諫言，他固然念其一番好意，但早已不大當回事了。

劉楨見他全不在意，又道：「克己復禮本為國之正道，侯爺豈能不納？」

「哈哈哈……」這種話從劉楨口中說出，曹植總覺好笑，「公幹亦知克己復禮？外面那些朋友嘻笑戲狎，論起來你可是始作俑者！」一句話倒把劉楨噎得無言以對，真不知這些年他與曹植意氣相投，是幫了他還是害了他。

司馬孚還欲再諫，忽見鄭袤急匆匆闖了進來：「啟稟侯爺，崔公被大王下獄了！」

一時間所有人都呆立當場，劉楨疑惑地問：「哪個崔公？」

「還有哪個崔公？崔季珪崔大人。」

「胡言……怎麼可能……」曹植三人面面相覷都不相信。在他們看來崔琰不但是國之忠良，還是曹操所倚重的大臣，十餘載恪盡職守，怎麼可能獲罪？

「千真萬確！」鄭袤急得跺腳，「有人與崔公作對，尋了一封他與楊訓往來的書信呈獻大王，也不知上面寫些什麼，大王看後指責言辭不遜，派人連夜將崔公抓捕入獄。今晨消息傳開，眾臣都爭著往宮中求情呢！」

曹植蹙眉片刻，卻道：「料也無甚大事，這般老臣父王不會隨便處置。以前賈逵不也下過獄麼？前幾日徐奕遭斥罷官，如今不還在朝裡掛著議郎的銜麼？崔公秉性倔強難免與人結怨，父王自會明察秋毫，再說還有群臣保奏，料也無妨。」

「借一步講話。」鄭袤也不顧尊卑了，拉著曹植出門來至簷下，耳語道：「我聽宮中之人傳言，構害崔公的好像是丁儀。」

曹植一怔，頃刻間明白了——丁儀欲扳倒崔琰助我登位，怪不得近來少來我府，果真是故意避嫌。可崔琰是耿介忠義之人，若這樣被丁儀整倒，豈不是我害了他老人家？

「丁正禮做事太過偏激，事先竟不與咱商量。」鄭袤話要說又恐劉楨他們聽見，小聲嘀咕著，「聽聞信中所言非同小可，大王震怒已極，絕不會輕饒崔公。此事關乎侯爺聲譽，無論如何您得入宮保奏，免得旁人說三道四啊！」

「這……」曹植犯了難。論情論理都該出頭為崔琰說句話，無奈他原配夫人乃崔琰姪女，連信上寫的什麼都沒搞清楚，這麼冒冒失失跑去保崔琰，倒似是徇私情！曹植暗暗埋怨丁儀做事不當，左右為難正不知如何是好，又有家僮稟報：「夫人請侯爺後宅敘話。」

「你且等等。」曹植甩下鄭袤先奔後面，一進後宅垂花門，就見妻子崔氏跪於當院，後面還有一堆女眷，皆是崔家之人，也都陪跪著，「你們這是……」

崔氏以膝代步爬到丈夫身前：「賤妾懇請夫君救我叔父一命！」

曹植與她雖不敢說舉案齊眉也甚是恩愛，連忙攙起：「妳這又是何必？我自會想辦法，這事急不得。」

崔家之人怎能不急？崔琰之女跪在地上泣道：「侯爺豈不知我叔父何等忠良？昨夜虎豹士闖入我府，不由分說就將他繩捆索綁拿往監中，大王天威難測，若再不救只恐……只恐……」話未說完已泣不成聲，眾女眷也都跟著哭。

還有個衣飾華貴的老太太，也不知是崔家什麼人，又是叩頭又是央求：「我家大人阻侯爺為嗣，老嫗代為謝罪。只求侯爺念在與崔氏聯姻份上，您就高高手，饒了我家大人吧……以後清河崔氏對侯爺忠心不貳……」

「啊呀！這從何說起！」曹植就怕有人瞎揣摩，可現在連內眷都認為崔琰是他害的，怎逃世人悠悠之口？懶理是非偏偏惹上是非，曹植急得團團轉，一院子女眷攙也不是、扶也不是，妻子也跟著啼哭不止。

曹植把心一橫：「也罷，我去求情便是。」回到前院見鄭袤連馬都叫人備好了——聽說夫人找他，就料到得鬧這麼一齣！

兩人牽馬出院，外面相候的賓客一股腦兒圍上來施禮。劉偉笑呵呵道：「在下特來請臨淄侯赴宴，鍾公新近舉薦一個才子，還是尊家同鄉，名喚魏諷，談吐風流出口成章，已在西曹備選。今日我與家兄做個小東，邀了不少好友，連宋仲子先生也要來，請侯爺賞光。」劉偉的家兄正是曾為五官將文學，又調任朝臣的劉廙。

這會兒哪還有工夫赴什麼宴，曹植把崔琰之事簡單說了。這幫人不少在朝中掛了職銜，雖沒什麼正經差事，入見倒不成問題，聽說要保崔琰，個個躍躍欲試，不為崔琰也得給臨淄侯面子啊！立時湊了十多人，司馬孚趁亂去了趟偏院，竟把家丞邢顒也搬請出來了。現在也顧不得長幼高低了，一行人騎馬的騎馬、坐車的坐車都往王宮趕。吵吵嚷嚷遞了牌子，剛至顯陽門下，就見峨冠林立袂如雲，幾十名官員早候著請見呢！

崔琰何等人物，朝中出這麼大事群臣焉能不來？列卿鍾繇、王朗、王修、國淵，尚書臺袁渙、涼茂、毛玠、楊俊、何夔、常林、傅巽，就連剛罷職的徐奕也來了，其他似桓階、辛毗、陳矯、司馬懿、賈逵、楊修之流數不勝數，朝廷和幕府的重臣幾乎湊齊了，獨缺西曹掾丁儀。曹丕站在最前面，似被擋了駕，手足無措甚是焦急。

「大哥，怎不進去？」曹植分開人群擠到前面。

曹丕還沒說話，辛毗一旁冷冰冰道：「大王不准我等進去保奏，臨淄侯想必無妨吧？」

曹植聽出他有揶揄之意，八成也誤會了，忙提高聲音對在場眾臣道：「崔公乃我大魏耿介之臣，有比干之烈、史魚之直，無論如何咱們也要保他無恙！」劉修、劉偉那幫人都是隨他來的，紛紛摩拳擦掌：「對！臨淄侯說的對！」說著都湧到前面，嚷著要內侍臣入奏請見。

曹丕卻悻悻然瞟了兄弟一眼——整倒了徐奕又害崔琰，還來虛情假意充好人。三弟啊三弟，一奶同胞我竟不知你這麼奸詐！

群臣憂心忡忡等了半個時辰，才見有個十幾歲的小寺人昂首闊步而來：「大王有令，求情保奏一概不准，命爾等速速散去不得囉唣！」說罷轉身便去。

曹植識得是新近受寵的小黃門嚴峻，趕忙拽住：「嚴公公且慢，我兄弟能不能進去？」

嚴峻雖是孩童，卻甚機靈，滿臉堆笑道：「大王說不見，小臣做不得主，二位世子還是回去吧。」

曹丕卻問：「現在誰在父王身邊？」

嚴峻本不該說，又不敢得罪五官將，小聲道：「騎都尉孔大人和丁西曹在裡面呢……小臣覆命，少陪少陪。」再不容他兄弟再問話，趕緊一路小跑溜了。

群臣不得入見更覺憂慮，也不知誰嚷了一聲：「我等在此跪候，今日無論如何也得把崔公保出來！」

「使不得！使不得！」又有人道：「大王年邁脾氣愈戾，別再救不出崔公，把大家都陷進去。不如……不如留下五官將與臨淄侯，咱們到大牢看看，即便見不著崔公，跟獄吏託付一下也好啊！崔公也一大把年紀了，先把他照顧好，咱再想辦法。」

「走走走。」群臣拿定主意熙熙攘攘散去，只留下曹丕、曹植，兩兄弟一東一西立於顯陽門下，彼此再沒說一句話。

司馬懿早在人群中望見兄弟司馬孚，趁著大夥出宮擾攘之際，把他拉到僻靜之處，鬼鬼祟祟問道：「丁儀構陷崔琰之事臨淄侯可知？」

司馬孚還未得聞，險些叫出聲來。司馬懿趕緊捂住他口：「不知便好，此事莫要張揚。」

司馬孚餘悸未消：「這豈不是陷侯爺於不義嗎？」

「哼！」司馬懿冷笑，「什麼義不義？少說這等迂腐之言，徐奕、崔琰都叫他扳倒了，若毛玠再受斥獲罪，滿朝文武震怖，日後誰還敢再保五官將？丁正禮可真夠狠的……你最近有沒有給臨淄侯進諫？」

司馬孚連連搖頭：「諫言倒是不少，無奈侯爺不納，還是與劉修那幫閒人廝混。」

司馬懿卻很滿意：「納不納忠言是他的事，諫不諫是你的事。只要吾弟盡到職責，給臨淄侯留個忠心耿耿印象便是。」

「在其位，謀其政，理所應當。小弟既為臨淄侯侍從，自然全力輔佐侯爺，兄長你呢？」

「我？」司馬懿一笑，「我還幫五官將。」

司馬孚困惑不解：「兄長助秦，卻叫小弟仕楚，究竟為何？您到底是為五官將而謀，還是為臨淄侯而謀？」

「我的傻兄弟喲！」司馬懿拍拍他後腦勺，「時局未明前途未卜，可不能一棵樹上吊死，我是為咱司馬氏的前程而謀啊！」

忠臣屈死

群臣皆知崔琰獲罪，卻不曉其中細節。原來禍頭始於一年前選官之事，當時崔琰推薦了鉅鹿文士楊訓等進入幕府，這楊訓為人倒是很正派，辦事才能卻不甚高，也是選官之事多恩怨，未免有些人說楊訓些閒話。月前曹操晉位為王，楊訓帶頭上了份賀表，頗多讚譽之詞，於是又有人說其諂媚行虧，鬧得他還挺委屈。畢竟是自己提拔的人，崔琰不免重視起來，找楊訓要來了那份表章察看，發現是有些溢美之詞，尚在情理之中，便沒當回事，給他寫了封信表示安慰。

這本是再尋常不過的事了，無奈其中有人作梗。丁儀憤恨崔琰、毛玠已久，又想助曹植剷除絆腳石。何夔受任東曹掾向曹操諫言，被曹操接受，從此選官事務不再按崔、毛之策進行。丁儀看準了這機會，千方百計要尋二老臣之過。

也是事有湊巧，楊訓看了崔琰的信，感到些安慰便丟到一邊了。那絹帛之物在當官人看來不算什麼，尋常僕僮卻甚為珍視，一般衙門裡無用的絹帛都取走使用。楊訓家有一僕人，得到此絹洗也沒洗，竟用它攏髮包巾。這人出門辦事，行走在鄴城大街上，頭頂黑黲黲「崔琰」二字，正被校事爪牙看見，忙搶了來遞交上去，於是此信輾轉又落入丁儀手中。丁儀掌燈夜讀咬文嚼字，把似有爭議之處都勾畫出來進獻曹操。曹操看後勃然大怒，這才將崔琰下獄。

群臣不明所以東打西探，終於得知點兒緣由。原來崔琰信中有句話觸了曹操霉頭：「省表，事佳耳！時乎時乎，會當有變時。」一但這句話可有多重解釋。可以是安慰楊訓——看了你的表，感覺不錯，時乎時乎，隨著歲月推移大夥就不議論你了。也可以視為是對時局的分析——看完了你的表，事態還不錯，時乎時乎，隨著歲月推移朝廷的局面會有改觀的。當然，也可以視為正話反說，對曹操的怨咒——看了你的表，還不賴嘛，時乎時乎，隨著歲月推移他曹某人會變的。這也暗示曹操可能很快就要篡漢稱帝。

曹操想當然就把它設想成了最後一種解釋，因此震怒。魏王偏要小題大做治崔琰的罪，群臣進諫一概擋駕，好在畢竟沒明言咒罵什麼話，崔琰在牢裡住了兩天，便被罰輸作左校，服了苦役。群臣又多有受其提攜著，三五成群去看望這位受委屈的同僚，今天送件衣服，明天送些吃的，左校署也不敢為難這位大官，崔琰也算沒受什麼委屈。

這事過去就算了，多數人看來似劉楨那等人都能在左校署周遊一遭官復原職，崔琰更無大礙，不過是等大王消消氣。哪知時隔七日曹操突然召集朝會，又翻出了一件事。

西宮文昌殿莊嚴肅穆，為了這點兒事曹操竟動用了大朝的規模，他坐於王位之上，面沉似水，憒憒而言了半個時辰。除了病勢沉重的袁渙，朝中所有官員都到了，連曹丕、曹彰、曹植、曹彪兄弟都在場旁聽，大家垂首而坐默默不語，聆聽著曹操咄咄逼人的訓教：

「自天下混亂綱常盡失，以下克上簡傲成風，此皆亂世之弊也。昔日孝章皇帝召集學士在東觀論學，修下《白虎通》以為世間綱常之準則，有言『君為臣綱』，此乃萬世不易之度……孤縱橫半世，群臣將領莫不親手拔擢。或初隨者、或降服者、或征辟者皆孤之信賴乃得功成富貴，今雖為將為卿，豈可負孤之厚遇？放辟邪侈，訕謗忤上，此乃忘恩負義也……昔主父偃居功自傲、收受財貨，不免孝武帝之族；韓歆指天畫地、詆毀朝政，難逃光武帝之誅。近者少府孔融、議郎趙彥妄言受戮還不足以為訓？謗上者必不得以善終……」

曹操底氣十足聲色俱厲，儼然已是天下之主，但是這些忠君禮法之言從他口中說出，還是顯得不倫不類。一個本身就背君欺上、踐踏綱常的人，有一天突然說出這種話，誰能接受？

群臣都明白這一番長篇大論由何而發，低頭忍受著訓斥，大氣都不敢出，直至曹操把話說完，大殿上連個咳嗽聲都沒有，又悶又熱的天氣，人人頭上一層汗珠。時隔半晌，尚書毛玠出班舉笏：「大王之言臣等銘記不敢忘懷，然崔季珪之事……」

「你還要替他求情？」

毛玠咽了口唾沫，接著道：「臣不敢求情，然崔季珪清忠高亮，雅識經遠，推方直道，德才兼備，此番因言獲罪實乃無心之過，請大王寬宥，早復其官。」

死！」

「嘿嘿嘿……」曹操冷笑道：「復官不可能。實不相瞞，就在此刻校事已前往左校署，責令其

「啊……」群臣大吃一驚。

毛玠雙眼一黑，笏板鬆手，險些暈倒在地，就勢爬下：「大王開恩。」

「大王開恩……大王開恩……」卿者王修、國淵等，中臺涼茂、何夔等，郎者辛毗、司馬懿等乃至四位公子盡皆出班跪倒。

「晚矣！」曹操一甩衣袖，竟有一絲得意之色。

毛玠不知不覺眼淚已下，斗膽道：「崔公有何必死之罪？」

曹操合上雙眼：「他書中所言悖逆已極。生女耳……生女耳……」這七天裡這個「耳」字一直在他腦中盤旋，不過卻不僅是崔琰所寫，還有十六年前玉帶詔上那句鮮紅的「誅此悖逆之臣耳」，那個「耳」字最後一豎拉得很長，彷彿還在滴血；崔琰所寫跟它一模一樣。曹操猛然睜開眼，不敢再想下去，當然這話也不能說，卻道，「『耳』就不是個好字眼，民間生子有弄璋之慶，生女若問起，不過搪塞一句『生女耳』，他這是咒罵我！」

群臣都聽糊塗了，怎麼連民間生男生女都出來了？曹操又道：「姓崔的自恃河北望族，一副舍我其誰的架勢，孤本來就是殺殺他威風。哪知他竟無悔改之意，這幾天來我祕遣使者多次窺探，他在左校署依舊是我行我素大言不慚……還有你們！」

「呃……」群臣更感驚愕。

「你們天天去拜會他，替他說好話，聽他發牢騷，哪把孤放在眼裡？你們以為孤是誰？孤是你們的王！」曹操把御案拍得山響。群臣腸子都悔青了，本想照顧崔琰，一片好心反把人家害了。

「聽好了！」曹操顫抖著左臂站了起來，「崔琰之事不准再提，誰若再敢為之聲辯，與其同罪。

散朝！」

眾臣狼狽萬狀，惶恐者惶恐、哀傷者哀傷、竊喜者竊喜，慢吞吞從地上爬起。曹丕兄弟更是嚇得連頭都不敢抬，摸著牆邊欲去。

曹操一眼瞥見：「你們四個給我站住！」

哥四個不敢再躲，直挺挺跪成一排。

曹操先對曹植道：「崔氏乃你之姻親，今已獲罪，日後少跟他們走動！你須專心讀書磨練才幹，以後再有槍替之事絕不輕饒！」

「是。」曹植忍著悲痛重重磕了個頭。

「你！」曹操又把目光掃向曹丕，「姓崔的保你是不是？靠不住的，再敢拉幫結派，小心我廢了你的官職。聽說司馬懿跟你走動挺多啊，叫他也留神這點兒。清河崔氏我殺了，再多殺一個溫縣司馬氏也無所謂！」曹丕噤若寒蟬，叩首不能語。

「老二，你封侯就了不起嗎？留神我撕了你的皮。」

「哦。」曹彰是滿不在乎，三天兩頭挨訓，習慣了。

「還有你！」曹操又把手指向曹彪，「別以為老子不知道你想些什麼，我罵他們仨你高興是不是？有你哭的時候！」

「不敢不敢。」嚇得曹彪連連磕頭。

「一群不成器的東西，都給我滾！」曹操聲嘶力竭喊了一嗓子，既而坐在地上連喘大氣——怎麼了？究竟怎麼了？四月稱王，五月就日蝕！老天不下雨，百姓說閒話，孫、劉滅不了，病也治不好，兒子不爭氣，大臣不聽話！天憎人怨，無一件順心事！他心裡也委屈啊……

群臣嗟歎著步出魏宮大門，人人心中皆感寒意。曹操這不僅僅是在殺崔琰，也是在殺雞儆猴，他如今稱孤道寡已經是王了，再不能似以前那般隨便親昵，再不能像以前那般直言不諱。天下動亂了三十多年，從今以後又該過那種伴君如伴虎的日子了。

最痛心的當屬毛玠，他與崔琰共掌選官之事長達十年之久，如今面對老朋友的死竟束手無策，抬起頭眼望著似火驕陽，心中宛如油煎。

「快走！磨磨蹭蹭做什麼？」一陣喝罵和皮鞭聲傳來。

群臣望去，但見劉慈等虎狼吏正驅趕著一群黥面髡髮的囚徒，往東門而去，這都是近兩個月因「造謠惑眾」之罪被縣令抓捕的罪犯。曹操怨恨有人說天降災異，楊沛也是嚴苛酷吏，凡這類罪人不但本人獲刑，妻子兒女也充作官奴。這隊破衣爛衫身帶桎梏的囚犯自大街上一過，每人都被這無情皮鞭、殘酷世道、炎熱烈日折磨著，痛哭慘呼之聲不絕於耳。

毛玠眼望著這群囚犯，又想起今日無辜受誅的崔琰，痛心疾首，不禁手指囚徒放聲悲歎：「苛政猛於虎也！使天不雨者，蓋此也！」他這聲悲歎聲音極大，群臣無不隨之搖頭歎息。可就在人群中，西曹掾丁儀卻眼神一亮，緩緩露出了微笑。

就在群臣嗟歎之時，趙達、盧洪也奉命來到採石場：「崔公，您還不明白大王的心意嗎？您也是堂堂清河崔氏河北望族，怎連臉皮都不懂得要，叫我們說您什麼好？」

「呸！」崔琰項掛鎖鏈身披囚衣，兀自虬髯虎目威風凜凜，「你等宵小也配嘲弄老夫？戕害忠良血債累累，早晚一日不得善終！」

「好好好。」趙達愛搭不理，「我得不得好死不勞您老人家操心，可您這事怎麼辦呢？」

「我要見主公！」崔琰揮舞著鎖鏈，狀若瘋癲，「崔某人忠於社稷無微芥之過，何以如此辱我？我有何罪，我究竟何罪？」他聲若洪鐘，張牙舞爪朝盧洪怒吼著，兩旁看押的士卒都拉不住。

盧洪辦了十幾年這等差事，還是頭一回遇到這般強橫之人，竟被他嚇得連連倒退：「您、您別衝我們發火啊！」

「算了，您歇歇吧！」趙達冷笑道：「主公托我們給您帶件東西，您一看就明白了。」說著從身後兵士手中接過一口寶劍。

此劍湛青碧綠，在炎炎日頭下泛著耀眼光芒——崔琰當然識得是青釭劍。曹操振威用倚天劍，殺人用青釭劍！

「叫我死……」崔琰霎時間沉默了。

趙達笑道：「實話跟您說吧，您若早知悔改，也不至於落到今天這步田地。可您都當苦力了，還天天頤指氣使吹鬍子瞪眼，大王不殺您等什麼？還有這滿朝的大臣，天天來看您，自以為對您好，其實害了您啊！」

崔琰凝視著青釭劍，突然仰天狂笑：「哈哈哈……我崔某人就是這副脾氣，是非公道自在人心。玉可碎，而不可壞其質；竹可焚，而不可毀其節。大丈夫行無虧、志無改，身雖殞，仍可青史留名。死又何懼！反是他曹孟德要遺罵於後人了，哈哈哈……」他那攝人魂魄的狂笑聲在山谷中嗡嗡不絕。

「這便好，你既明白也省得我們費事。」趙達鬆口氣，把劍遞上，「您自己動手吧！」曹操終不敢以斧刃加此名士，吩咐過務必逼他自己動手。

崔琰大手一伸搶過此劍，霎時間又轉喜為悲，歎息道：「崔琰啊崔琰，你因耿介所以全身，亦所以亡身。可惜……可惜……」

趙達見他久久不動手，催道：「您快點兒吧，可惜什麼！」

「可惜什麼？」崔琰持劍在手，把眼一瞪，「可惜我崔某人烈士之心、文士之才、武士之膽，不能將你們無恥奸臣斬盡殺絕！」說罷舉劍便刺。

「媽呀！」趙達萬沒料到他還有這手，抱頭鼠竄還是慢了一步，劍尖在屁股上劃道大口子。眾軍兵立時亂了，各拉兵刃。崔琰卻道：「此劍上誅奸佞、下誅群寇，豈能殺我這有德之人。給你吧！」朝著盧洪面門就擲了出去！幸虧盧洪躲得快，那也擦著耳根子過去的，削掉一塊頭皮，血也流淌下來了。

趙達捂著屁股、盧洪抱著腦袋，二人嚇得都尿褲了，躲在士兵身後：「殺、殺……快殺了他！」

「不勞伺候！」崔琰大喝一聲掙開士兵，卯足力氣身子一縱，一頭向山石撞去。

霎時間一聲悶響，紅光迸顯血漿橫飛，濺了眾人一身！

毛玠之案

崔琰效忠曹操十餘載，披肝瀝膽耿介忠實，最後竟落個被逼自盡的下場，魏國文武既感驚懼又覺寒心。可就在大家尚在悲憤之時，又一起驚天大案發生——有人狀告尚書毛玠訕謗朝廷、詆毀魏王。曹操再度震怒，當即將毛玠抓捕入獄，責令大理寺嚴加審訊。這次群臣吸取教訓不再輕易求情了，又恐好心辦壞事，無一人敢去探望，都默默關注案件的審理。

大理寺與其他官衙最大的不同在於越清閒越好，一般刑獄皆由地方郡縣處置，若非震驚朝野的要案，何勞大理卿親自出馬？鍾繇已在這位子上坐了三年多，除了前番嚴才叛變，還沒別的案子要由他親自審問；而且自曹操晉封諸侯王之後，早就內定由他擔任魏國國相，荀氏叔姪已死，現今無論出身、資歷、德望都無人比得上他，充任宰相也是眾望所歸當仁不讓。魏王乃漢之宰輔，鍾繇乃魏之宰輔，一國之相何等榮耀？任命詔書都快下來了，又攤上這麼個棘手的案子！

開審之日是個朗朗晴天，院外比院裡熱鬧，堂下比堂上人還多。朝中大臣來了不少，即便不能來的也打發心腹家人來探聽消息，擁擠的人群從堂口一直擠到街上，交頭接耳議論紛紛。

三通鼓響，士兵衙役兩廂站立，大理卿鍾繇登堂上坐；大堂東面有大理正、大理監、大理平三佐官陪審；西首還坐著尚書僕射涼茂、西曹掾丁儀、騎都尉孔桂，三人奉曹操之命前來觀審。鍾繇手扶公案，瞧著這堂上堂下的情景已心亂如麻，合上雙目喘了口大氣，才將驚堂木一拍，喊了聲：「肅靜！」

大家倒很給鍾繇面子，驚堂木響立時鴉雀無聲，不過這安靜倒比喧鬧更緊張，所有人都睜大眼睛關切地望著他。鍾繇手捋鬚髯定了定神，不禁側目觀看——涼茂二目低垂滿臉無奈，似是沉痛；孔桂東瞅西看滿不在乎，倒像來瞧熱鬧的；丁儀氣定神閒嘴角微翹，似有得意之色。

曹操雖未告知，但鍾繇早已風聞構害毛玠的又是丁儀，禍就出在他那天出宮時瞧見黥面罪犯時發的那句牢騷：「使天不雨者，蓋此也！」災異乾旱夠叫曹操心煩了，毛玠這個節骨眼上發牢騷，無疑要觸霉頭。可僅因為一句閒話就至於下獄治罪嗎？

鍾繇心內思量半晌無言，一旁的大理正司馬芝先開了口：「啟稟大人，此案所涉乃尚書高官，況有訕謗之語，關乎國之體面，懇請將堂下之人盡數逐去，閉門審問。」司馬芝也是河內司馬氏，與司馬懿兄弟是族親，去年剛調任大理寺，但他為官清正頗得鍾繇器重。此言一出大理監、大理平也隨之點頭附和。

「甚好，正合我意。」鍾繇立刻擺了擺手，眾兵丁手執棍棒皮鞭一擁而上，將堂下旁聽者盡數往外轟——此處是講王法的地方，不管何等身分都得遵命，頗有幾位相厚的同僚，也只能無奈而去。

眾人逐走，大門一關，鍾繇穩當不少，又低頭詳詳細細看了一遍案卷——其實這案子再簡單不過，這句牢騷話毛玠肯定說了，但除此之外丁儀還向曹操進了什麼讒言，就不得而知了。現在關鍵在於若毛玠認罪是何結局，會不會像崔琰一樣丟了性命？論公而言，毛玠是中臺重臣，又是曹營元老，僅因幾句怨言獲罪實在有失公道；若論私的，鍾繇雖與毛玠無甚深交，但畢竟二十年同僚，毛玠何等忠直他很清楚，若不援手情何以堪？好在這次與崔琰之事不同，丁儀只是耳聞上告，並無書信之類的佐證，這便有周旋的餘地。鍾繇既要想方設法幫毛玠開脫，又不能忤逆曹操之意，自然百般思慮，慎之再慎。

「鍾公！」丁儀突然打破了沉默，「升堂許久為何還不開審？大王等候回覆，可不能耽誤啊！」

「哦。」鍾繇不敢再拖延，傳令衙役，「帶人犯！」

丁儀知他有心偏袒，瞇著眼睛微笑道：「鍾伯父，我父在世時，常說您老人家是個公正無私的清官好官。小姪這還是第一次觀您審案，若您身有不適可別硬撐，我可向大王稟奏另換他人。」

鍾繇瞥他一眼，心中暗罵——醉死鬼丁沖，在天有靈睜眼瞧瞧，看你養的好兒子！

少時間鎖鏈叮噹，只見毛玠身戴枷鎖被四個士兵押著，踉踉蹌蹌來到堂上。不見毛玠，鍾繇倒還按捺得住，一見毛玠，頓時五內俱焚——昨日國之忠良，今朝階下囚徒。毛孝先早逾六旬，滿頭銀髮蓬亂如草，臉上又是皺紋又是汙垢，一雙死魚眼呆滯無神似是心灰意冷，手腳之上皆有桎梏，躬身駝背一瘸一拐，叫人好不淒然！

兔死狐悲物傷其類，鍾繇強忍激動咕噥一聲：「卸去枷鎖……」

「謝大人。」毛玠嘶啞著嗓子說了一聲；有兵士為他解去枷鎖，隨即按他跪地。

鍾繇真不知這案該怎麼辦，但催命鬼就一旁坐著，硬著頭皮也得問：「犯官毛玠你可知罪？」

毛玠跪直身子，提了口氣道：「在下不知何罪。」

滿堂之人心裡都似漏跳了一拍——好硬的毛孝先，來個死不認帳！

鍾繇又喜又憂，喜的是毛玠心思未死尚有迴旋餘地，憂的是這倒給自己出了難題。他既不忍著力逼審把案坐實，又不能發無罪之論，無奈之下轉而陳述案情：「毛玠，有人檢舉你數日前擅發議論，有譭謗朝廷之言，可有此事？」

「不記得了。」毛玠很精明——如說有就是認罪，說沒有後面若坐實是罪上加罪，乾脆含含糊糊。

鍾繇又道：「你曾言大王刑律苛刻罪及犯人妻兒，以致上天示警不降甘霖，可有此類言語？」

「不清楚。」

「你是否與那些獲罪之人有私情？」

「不知哪些獲罪之人。」

「你可知此言所涉之罪？」

「不瞭解。」毛玠一問三不知。

這三問下來，鍾繇心裡有底了——看來毛玠腦子還挺清楚。其實這會兒已無話可問，咬死不招就該動刑，可鍾繇哪能對毛玠下手？擺出一副恫嚇之態：「你身為中台要臣，豈會不知這等言論所涉之罪？分明巧言舌辯！」說罷捋捋鬍鬚，慢慢解釋道：「自古聖帝明王，處置罪人連坐妻子，古已有之。《尚書》有云：『左不攻於左，汝不恭命；右不攻於右，汝不恭命。用命，賞於祖；弗用命，戮於社，予則孥戮汝……』」[1]大理三官暗暗吃驚——審案竟審出《尚書》來了！鍾公意欲何為？

鍾繇確實有點兒口不擇言，乾脆以錯就錯，接著論下去：「古之司寇治刑，男子入於隸，女子入於舂。漢律，罪人妻子沒為奴婢，皆黥面。漢法所行黥墨之刑，存於古典。今奴婢祖先有罪，雖歷百世，猶有黥面供官者。何也？」他自問自答，「一以寬良民之命，二以宥並罪之辜……」這已經不是問案了，倒似暢談他對律法的心得。

司馬芝坐於東邊首位，心中甚是焦急，那邊還坐著對頭呢！於是裝作不適，輕輕咳嗽一聲。

鍾繇聽聞咳聲硬把話往回拉：「既然連坐，黥面不負於神明之意，何以致旱？」

毛玠雙唇一動未及開口，鍾繇一拍公案又接著侃侃而談：「若考《洪範》五行之說，政苛則天寒，所以致陰霖；政寬則炎熱，所以致乾旱。你訕謗之言根本不合經義，若大王之法苛急，應當陰雨洪澇，何以反而天旱？」這番話出口，丁儀不禁眉頭緊鎖——他預料到鍾繇可能袒護，因而自請監審，但這一套亂七八糟的推論使他迷惑不已。鍾繇不在案情上做文章，反而深挖訕謗的經義依據，究竟意欲何為？不但丁儀，連涼茂、孔桂也聽迷糊了。

鍾繇拋出這套經義之理，接著越扯越遠：「成湯、周宣皆為聖明令主，所逢之世尚有乾旱。今戰亂以來乾旱之災斷斷續續三十餘載，你卻一概歸咎於黥面之刑，你這樣說對嗎？昔衛人伐邢，師興而雨，並無罪過何以應天？」這兩問實在與案情毫沒關係，這不像是審訊，簡直是考經義。

大理三官和涼茂等人今日真大開眼界——恐怕盤古開天以來從沒有這麼問案的。審案都是上面問一句，犯人交代一番，今天完全顛倒，鍾繇在上面長篇大論，犯人在底下聽得兩眼發直。問的都是經義之學，叫毛玠如何回答？

毛玠無話可說只能聽著，鍾繇自有主意，話風一轉越說越快：「你訕謗之言今已流入民間，大王聞之甚是恚怒。你不可能自言自語，當時你看到黥面罪人時身邊有誰？你對誰說的這話？那人又回答了些什麼？哪月哪天？在何地方？」這一連串問題如暴風驟雨毫不間斷，根本不給毛玠答辯的機會，一口氣問罷，鍾繇死勁一拍驚堂木，「你聽好啦！狀告你之人具已明言，大王深信不疑，你好好想想……可要從實招來。」說這兩句話時，他死死盯著毛玠的眼睛。

別人不明白，司馬芝見此情景立時了然，瞧丁儀滿臉迷惑之色，心中暗笑——鍾公好厲害！一

---

①《尚書・甘誓篇》意思是：打仗時戰車左右的將士若不奮勇出力，就是不遵命令，若服從命令就可在祖宗神靈前得賞賜，若不服從命令，就要處罰或處死。

套迷魂掌把他打蒙，猝不及防切入正題。

大堂又已恢復寧靜，毛玠低頭沉思——鍾元常究竟什麼意思？他問我那日有誰、說了什麼，卻又不容我立刻回答？莫非……莫非暗示我不要招對，直接把狀告之人攀扯進來？是了，我身在獄中不知告狀者是誰，但此人必是添油加醋另有讒言，我若認罪，無形中就連那些不實之言也一併認下了；我若不認，把那日在場之人都招出來作證，只恐牽連甚多愈加揪扯不清。鍾元常暗示我把告狀者攀扯進來，反扣他個誣告之罪，便有機會翻案……

想至此毛玠精神抖擻，聲色俱厲：「臣聞蕭望之縊死，皆因石顯構陷；賈誼放外，乃因周勃、灌嬰讒害；白起因范雎之言賜劍自盡；鼂錯因袁盎之謀腰斬於市；伍子胥因伯嚭之讒喪命於吳。這些忠良皆因他人妒害屈枉而終……」提到這些毛玠甚是淒苦，效忠曹操二十餘載反遭刑獄豈能不悲？他老淚在眼眶裡打轉，把牙一咬接著道：「臣執簡幕府，職在機樞，又典選官。屬臣以私者，無勢不絕，語臣以冤者，無細不理。今日之事必有人構陷，欲以誣枉之言加害於我，懇請大人將狀告之人提至堂上，我與他當面對質，若我果有訕謗之心，情願就戮。若無此言麼……」他猛然提高沙啞的嗓門，「也不能放過此誣告之徒！」

鍾繇懸著的心總算放下了：恰到好處，不枉我一番苦心！

丁儀甚是心驚——實事求是講，毛玠確實說了句「使天不雨者，蓋此也」，絕對是牢騷之言，但也僅此而已；可他對曹操講的卻遠不止這些，大有誇張詆毀。若兩相對質，雙方都空口無憑，狀告就演變成互相攻劾了。毛玠的聲望權柄都比他大，他害死崔琰又不得人心，若鬧得不可開交，保不準有人跳出來幫毛玠作偽證，這官司非但治不了人家，反倒把自己害了！正不知如何是好，卻聽鍾繇冷森森道：「具結畫押！對質之事非本官能做主，需稟明大王再作定奪。」說罷又一拍驚堂木，「人犯帶回，退堂！」這麼糊裡糊塗對付下來，大理三官都鬆了口氣。

鍾繇收起鐵面，微笑著對西首三人道：「老夫已盡力，對質之事還請三位稟明大王。畢竟檢舉之人連我都不清楚，如若草草治罪實在難以服眾啊！」

「言之有理。」涼茂也不垂頭喪氣了，連聲附和，「還是當面對質問明白才好。」

丁儀聽他倆一唱一和甚是厭惡，取過書吏記下的筆錄細細觀看。他隱約感覺鍾繇誘供，但看了半天卻也挑不出毛病，暗叫怪哉。涼茂卻一拍他肩頭：「丁西曹，大王還等咱回覆呢，還不快走？」

「唉！」丁儀不情不願把供詞扔開。

鍾繇還故意氣他，手撚鬚髯道：「賢姪，老夫這堂問得如何？」

丁儀鼻子都氣歪了，拱拱手：「佩服佩服！」

鍾繇回轉後宅也不禁一頭冷汗——這一案問得實在險，審案的比犯案的還累！眼下這關算勉強過了，接下來怎麼辦？曹操能讓丁儀與毛玠當堂對質嗎？丁儀會不會告自己一狀？他又把供詞從頭到尾看一邊，確信挑不出毛病才鬆口氣；斜倚書案，正思量對策，府裡一個心腹老僕進來稟報：「大人，五官將差侍官朱鑠求見。」

「哦？」鍾繇料定是為毛玠之事，「不見！」

老僕卻道：「朱先生說了，大人不見也不強求，但有件東西一定請您過目。」說著轉身從廊下抱進一個粗布包裹，「朱先生還說，他在後門等候，請您看完後務必賞他句話。」這老僕很知趣，說完便退至門外，低頭等著。

鍾繇打開包裹，見是一只青銅的五熟釜鼎[2]，這東西不大不小，倒像是件擺飾。他當即領會：老子有云「治大國若烹小鮮」，為相者當燮理陰陽、調和五味，五官將預祝我擔當國相，送這別致物

---

② 釜，古時烹飪的鍋。五熟釜鼎，即釜中有分格，鼎足，可同時煮五種菜肴。

件倒也妥當。

繼而又見釜下還有卷書簡，展開來看，乃是曹丕親筆，通篇端端正正的小篆：

昔有黃三鼎，周之九寶，咸以一體使調一味，豈若斯釜五味時芳？蓋鼎之烹飪，以饗上帝，以養聖賢，昭德祈福，莫斯之美。故非大人，莫之能造；故非斯器，莫宜盛德。今之嘉釜，有逾茲美。夫周之尸臣，宋之考父，衛之孔悝，晉之魏顆，彼四臣者，並以功德勒名鐘鼎。今執事寅亮大魏，以隆聖化。堂堂之德，於斯為盛。誠太常之所宜銘，彝器之所宜勒。故作斯銘，勒之釜口，庶可讚揚洪美，垂之不朽。

鍾繇見絲毫未提及毛玠之事，倒也寬心不少，又細觀那釜鼎——此釜雖然不大，但雕飾精美，必是能工巧匠花了不少心思才鑄成，上面還有幾行小字，寫的是「於赫有魏，作漢藩輔。厥相惟鍾，實幹心膂。靖恭夙夜，匪遑安處。百寮師師，楷茲度矩」。這是盛讚鍾繇乃百官楷模、國之砥柱。摸著這只觸手光滑的釜鼎，鍾繇還是有些為難。倘若收下，便與五官將有私；如若不受，又與五官將結怨，究竟怎麼辦呢？

他放下釜又拿起書信再看一遍，從頭到尾措辭謙恭，只一味讚美他的仁德功績，毫無請私、拉攏之言。鍾繇蹙眉思忖：崔琰死了，若毛玠再遇害，誰還敢再保曹丕？但此事也不單是儲位之爭，兩位老臣相繼遭難，若算上先前罷官的徐奕，丁儀已扳倒三位重臣，作惡也忒過，天理人情何在？群臣敢怒不敢言，我將為一國之相，若不能保全忠臣又談何燮理陰陽、百官魁首？曹丕畢竟居長，既合宗法又無愆尤，也不宜拒之千里。何況丁儀既然連毛玠都敢讒害，焉知將來不會害到我鍾某人頭上？今日我百般開脫其實已經與他結怨，與其忍氣吞聲，倒不如……

鍾繇眼睛一亮不再猶豫，把這只釜擺在自己案頭，回頭吩咐老僕：「告訴朱鑠，東西老夫收下，請他代我向五官將致謝。」

「諾。」老僕領命。

「慢！打發走姓朱的，再到前面把司馬大人找來。」說罷鍾繇收好簡冊，又尋了塊空白絹帛，奮筆疾書；不多時吹乾墨跡，塞入錦囊。

剛剛封好，司馬芝也來了：「鍾公召喚屬下有何吩咐？」回想起方才堂上之事，他還有些忍俊不住。

鍾繇也笑道：「子華無須多禮，毛玠之案以你之見應當如何？」

「雖有怨言，不宜加罪。」司馬芝直言不諱，「毛公輔佐大王二十餘年，忠心耿耿豈會訕謗？不過是說句氣話。這半年天降災異、士兵叛亂，本就人心不寧，需知防民之口甚於防川，若連幾句牢騷都不能發，國家就要積出大禍了。」

「一語中的，甚合我意！」鍾繇把錦囊塞到他手，「老夫欲救毛公性命，然審理此案不便出頭，況且丁儀今日觀審，必道我有私情。這是密信一封，你代老夫另請他人周旋。」

「請誰？」

「以我度之，唯一人可救毛公者，」鍾繇詭祕一笑，「侍中和洽！」

營救老臣

孝安帝以來宦官干政屢禁不止，曹操就親眼目睹過王甫、曹節、程璜、蹇碩及張讓等十常侍的貪婪囂張，他又親自參與過剿殺寺人的政變，當然對宦官沒有好印象。不過等他當了一國之王，還是覺得這套制度有其必要。王宮姬妾眾多，他又日漸老邁，萬一哪位夫人送他頂「翠綠冠冕」，叫他老臉往哪兒放？於是魏宮也開始接納寺人，但只充當雜役奴僕，廢除中常侍，僅留小黃門，不得參與護衛和打理文書之事，這便限制了宦官勢力的膨脹。內侍官由士人、寺人並任，這差不多恢復到光武中興以前的舊制，想來曹操祖父曹騰便是宦官，曹操畢竟給這行當留了線生路，這也算對得起祖宗了吧！

如今曹操身邊最得寵的小黃門就是嚴峻，這孩子雖小卻甚伶俐，又是沛國人，滿口鄉音，不但曹操喜歡，後宮眾夫人也甚疼愛，常給他果子吃。但嚴峻在內宮是個撒嬌孩子，見外臣卻頗有些「官威」，若遇到官職低微之人都不拿黑眼珠瞅人家，趾高氣昂驕傲得很。

不過今天嚴峻可瞅了身後這位大臣無數眼了，他在前引路，邁兩步就回一次頭，看了又看，實在沒見過這麼寒磣的人。此人有五十多歲，冬瓜臉，寬腦門，塌鼻梁，左眉高右眉低，三角眼，大下巴，短鬍鬚，前雞胸後羅鍋。這倒也罷了，嚴峻連連回頭就為看他走路——羅圈腿卻內八字腳，能親眼見識這樣的人走路真開眼了！

但與長相既不相符的是他的服色，明黃錦繡官衣，頭戴貂璫冠，銀璫左貂，身披青綬，這可是二千石的侍中才有的裝束。遍觀天下，長得這麼醜又當這麼大官的恐怕只有一人，便是和洽和陽士。

現今除了孔桂，曹操最寵信的大臣當屬王粲、杜襲、和洽，三人中又以和洽最奇。他乃汝南人士，曾受月旦評，早年名氣很大卻沒當官，何進、袁紹有意延攬，他一概不從；天下戰亂避居荊州，也沒為劉表效力，直至曹操平定荊州才辟為掾屬。算來和洽投曹之前沒當過一天官，建安十三年起效力曹操，可到建安十八年魏國建立，初封百官他便受任侍中之職，從一介布衣躋身常伯只用了五年，整個曹營再無第二人！王粲以文采得幸，杜襲以忠直受寵，但和洽不一樣，雖身為侍中卻極少入宮陪駕，除大朝會外他連面都很少露。朝中之人皆知他得曹操寵信，卻始終搞不清曹操到底看中他哪裡，莫非貌醜也是優勢？

嚴峻再機靈也只是小孩，一瞅和洽便覺好笑，又不敢笑出聲，吭吭哧哧地一直把他引到溫室殿外。天氣太熱了，所有門窗都敞著，殿內垂著避蚊蟲的薄紗帳，和洽一眼瞅見——曹操正身著一襲短衫，坐於紗帳之中與人對弈；那對弈者三十多歲、身材高挑、舉止恭順，正是丁儀；曹操身後自然少不了孔桂，正手握一把蒲扇輕輕搖著；而帳外殿角處還垂首站立一人，只能看見背影，辨不清是誰。

不用問，丁儀觀審之後回奏魏王，必是他們君臣商量好了，料到有人來說情，故意擺下這麼個局拒諫。怎麼對付？和洽眼珠一轉，猛一抬手揪住小嚴峻的耳朵：「你這娃娃方才笑什麼？」

「沒有。喲喲喲……」嚴峻被他捏著直叫，「放手！放手！」

外面一鬧驚動了裡面，曹操朝外望了望：「來者是陽士吧？怎麼回事？」

「正是微臣。」和洽答話，卻不肯鬆手，「啟稟大王，這寺人笑臣貌醜。」

嚴峻尖著嗓子嚷道：「我乃大王之內侍，你當眾辱我……無禮！辱我就是辱大王……哎喲哎喲！」這小子還真能說。

和洽醜陋的臉龐抽動兩下，似乎是在笑：「豈不聞『不識無鹽之美者，是為無心』，你這娃娃不過區區內侍，以貌取人實在該打。」

曹操樂不可支：「你一把年紀了，怎與個孩子置氣？」

「去吧！去吧！」和洽這才鬆手，繼而朗聲道：「臣以為這些少年人實該管教，自恃恩寵驕縱無禮，上失公道下違人意，正直之士豈不寒心？」

丁儀攥著棋子的手一顫——這話說誰呢？

曹操一笑置之：「陽士莫非為毛玠之案而來？孤已有主張，不必多言。」

和洽腦筋一轉，笑道：「臣為漢中之事而來。」

「漢中之事？」

和洽借著說話的機會溜溜達達來到殿上：「主公雖得漢中而未拔蜀中，近聞張郃率部入巴郡與張飛相爭，此孤軍深入恐不得勝。漢中近敵而遠我，大軍又已撤回，長此以往必成敵進我守之勢，兩軍僵持所耗甚眾，不若將漢中軍民一併遷回關中，暫息兵戈可保無虞。」

曹操差點兒笑出聲來——這麼辦豈不是把漢中拱手讓與劉備了嗎？料是和洽故意沒話找話，便不理他，只道：「容孤想想再說。」又拾起棋子繼續下棋。

和洽順口說了這番話，才看清原來殿內站的是虎賁中郎將桓階，見他滿面無可奈何之色，想必也是為毛玠之事而來，碰了釘子。和洽暗挑大指——好個桓伯緒，如今無人不知你保曹丕，此時百官緘口，你卻不避嫌疑還肯出頭，真硬漢子！

他心下這麼想卻不動聲色，若讓魏王誤以為他們串通好的，反倒不好辦了。和洽也真有主意，一聲不吭邊上站著，就仰臉瞅著魏王。他瞅曹操，曹操能不看他嗎？問題是他這張臉實在看不下去。曹操明知道他為何而來，可他偏偏顧左右而言他，又拿這張醜臉對著自己，沒一會兒工夫曹操腦子就亂了。

「不下了……」曹操把弈局一推，「和陽士，孤實言相告。毛玠毀謗之言還在其次，他是故意為崔琰鳴不平，此乃損君恩而從私義，殆不可忍！昔蕭何、曹參與高祖並起微賤致功立勳，高祖每陷危困，二相恭順，臣道益彰，所以能終身富貴榮及子孫。毛玠隨我起於兗州，崔琰不過袁氏舊僚，即便論情分也當更與孤相厚，何況有君臣之分？孤三令五申不准再議崔琰之事，他竟如此倚老賣老大放狂言，怎叫孤不恨？」

桓階不禁瞥了和洽一眼——還是你高！我勸半天都不理，你往這一站他自己全說了。

丁儀卻暗暗埋怨曹操——大王糊塗，這醜鬼最會諷諫，難纏得緊，可千萬不能理啊！果不其然，和洽全不管曹操這一套理由，只眨巴眨巴眼睛，裝出一副恍然大悟的樣子：「大王不提，臣倒把這事忘了，既然提起，臣也該說兩句。」

曹操又好氣又好笑，抓把棋子往盒裡一拋：「說說說。」

「毛玠因何獲罪臣不清楚，但案子既然出了，要審明問清才好。依臣之見不妨叫檢舉者到大理寺與毛玠對質，也好水落石出。」和洽早得了大理寺的消息，打蛇得打在七寸。

曹操真後悔與他多言，倒叫他反將一軍，蹙眉道：「不行！案子自要審明，但檢舉者也是出於忠心，孤豈可讓他暴露人前？」說話間不自禁瞟了丁儀一眼。

和洽咬住不放：「大王所言差矣。是非曲直理當分明，若真如檢舉者所言，則毛玠訕謗屬實，其罪非天地所能載。若檢舉者所言不實便是誣告，當懲戒此卑鄙小人以儆效尤。臣並不敢偏袒毛玠，但毛玠早年投效特見拔擢，剛直忠公為眾所憚，按理推想不當有此行徑……」

丁儀聽這話就有氣：你說不偏袒，這話還不是偏袒之意？剛要插言質問，卻聽和洽又把話圓了回去：「然人情難保，或因一時之私而發悖逆之言，亦未可知，故需雙方對質以驗其實。大王維護檢舉者，雖出於恩澤仁愛之心，卻使是非不明曲直難分，只恐群臣見疑有失人望。」

他這番話說兩頭的理，並非一味偏袒，曹操沒法不答，便道：「孤不讓雙方對質，正是要求個兩全，既要毛玠明言其過，又要保檢舉者無礙。」曹操心裡有數，先前徐奕罷官、崔琰自盡，丁儀已有些不得人心，真要是兩方對質，借著輿論之威這官司都可能打翻了。

「天下事有得有失，並無兩全。」和洽往前湊了幾步，「若毛玠果有謗主之罪，當肆之市朝；若無此意，告發者誣陷大臣以誤主聽，也當嚴懲。二者不加檢核，糊塗審理人心難服，臣竊不安矣！」

「不可！」曹操讓他擠對得有點兒掛火了，「朝廷方立干戈未息，安可使同殿之人兩相攻劾？昔晉之狐射姑刺陽處父於朝，此當為君之誡也！」③

和洽又湊兩步，已到了紗簾邊，抬手一指丁儀：「大王何必引經據典，是非曲直乃是公理，何不直言有回護此人之意？」丁儀臉都白了，不知他要幹什麼，孔桂也摸不清風向。

曹操完全沒料到他把話挑明，又羞又怒，把棋盒一摔道：「不錯！正禮乃故人之子，又頗有才略忠於寡人，私之有何不可？」

和洽直挺挺往地下一跪：「大王所言有理，臣無不心服。但臣有一事不明，想請教大王。」

「說！」曹操已不勝其煩。

和洽突然壓低聲音，抬起頭直視曹操，和顏悅色緩緩道：「大王寵信乃臣子之榮耀，有所回護也屬情理，無可厚非。不過您既能回護一介晚生，為何不能回護輔保您二十多年的老臣呢？」

「呃……」曹操無言以對了！

是啊，辛辛苦苦給你賣命二十年的人你不偏愛，卻偏愛一個晚生後進，合乎人情嗎？其實曹操並不糊塗，他對毛玠的態度與對崔琰不一樣，崔琰再有功畢竟是袁氏降臣，毛玠卻是自兗州起家之際就相隨驅馳的。也正因如此，他才不能忍受毛玠因為崔琰而發他的牢騷，這不是訕謗不訕謗的問題，而是君恩私交誰重要的問題。平心而論曹操也知丁儀的話摻了水，但他就是要跟毛玠賭這口氣。他也根本沒想像對待崔琰那樣把毛玠置於死地，只要毛玠能向他認個錯，頂多罷幾天官，過一段時日就官復原職風平浪靜了。蕭何尚且下過獄，毛玠又有何不可？不就是認個錯麼？

可曹操想得容易，毛玠卻不能認。萬一像崔琰一樣怎麼辦？何況這牽扯立儲問題，他後面還有個五官將呢！

毛玠越不認，曹操越賭氣，但這都是擺不上桌面的話。現在和洽排除公義只論私情，應該不應該適當回護毛玠呢？曹操不禁回想毛玠二十年的功勞，出謀劃策選拔官員自不用說，當年毛玠一句「奉天子以令不臣」宛若驚雷，始開曹氏王霸之業，單這一條還不夠嗎？當初曹操也曾寵信毛玠，看中他耿介的品質，稱讚他是「國之司直，我之周昌」。現今毛玠倒夠個周昌，反倒是曹某人夠不上漢高祖嘍！

話都說到這份上了，公理私情都擺著，何必再賭這口氣呢？曹操瞅著和洽這張醜臉，苦笑道：「你呀！只要一開口總能把孤問得無話可說……孤確實不宜有偏有向，赦免毛玠吧！」

「大王聖明！」桓階一聲高呼。孔桂不禁白他一眼——嘿！竟拍在我前面了。

丁儀卻插言道：「毛玠訕謗確實無誤，臣願與之對質。」去不去放一邊，這態度他得硬，若不然糊裡糊塗放人，他豈不成了誣告？

「算了吧……」曹操苦笑道：「人可以放，但妄論朝政詆毀廟堂，此罪不能不治，打發他回家吧！」

丁儀無言再對，其實從他立場看，能不能把毛玠整死已無所謂，反正毛玠已下過獄了，以後也不可能對選官之事指手劃腳，以此撼動曹丕擁護者的目的已經達到。

孔桂更沒的說，他與毛玠無冤無仇，僅是想在關鍵時刻上對船。反正整治崔琰、毛玠之時他跟著擂鼓助威了，現在勉強也算個「曹植黨」，以後前程無憂就行了，至於毛玠怎麼樣根本無所謂，故而連呼「大王仁愛」。在他看來，登上臨淄侯這條船絕對安全！

③ 春秋晉國史實，晉襄公時任命狐射姑為中軍元帥，大夫陽處父自恃晉襄公老師的身分更改決議，改用趙盾為中軍元帥，因此兩家失和。晉襄公死後，狐射姑派族人狐鞫居刺殺陽處父，趙盾又處死狐鞫居，狐射姑出奔北狄，狐、趙之爭險釀晉國內亂。

桓階趕緊湊過來：「獄中非久居之地，望主公速發赦令，臣這便去辦！」他一刻都不想再耽誤。

曹操無奈，隨手寫了道赦令，和、桓二人千恩萬謝攜手而出。桓階可真服了和洽。和洽來前，桓階已苦勸半日，所言無非毛玠如何忠誠、如何有功、如何有威望，擔保他不會訕謗之類的話，皆是公的一面，全然沒提到私情；而和洽三兩句就引到私意，不否認偏愛袒護有何不對，一步步把曹操引進陷阱。最後這一句輕飄飄的話便把泰山撼動了——是啊，有的事越是認死理公事公辦越麻煩，反而人情更能動容。

這結果桓階、和洽、鍾繇已很滿意了，以毛玠的威望罷官能罷多久？最多一年半載就滿天雲霧散了。

可事實卻不是這樣。當毛玠從大理寺獄中出來時已心灰意冷，他怎麼也想不明白，含辛茹苦二十餘年，耿介忠直任勞任怨，換來的怎是這樣的厄運和羞辱？連句牢騷都發不得，滿腔激憤向誰去訴？這位老臣如行屍走肉般回到家，飯也不吃，覺也不睡，睜著兩眼往榻上一躺……沒三天工夫，竟活活氣死了！

第十六章 賢內助一語驚醒曹操

寒酸外戚

老臣屈死確實令人扼腕，但悲傷氣氛卻沒在鄴城持續多久。魏國朝廷依舊運轉，曹操篡奪漢天下的計畫照常進行，缺了誰都不會改變；群僚也只兔死狐悲地歎息一聲，便更加謹慎地繼續自己的差事，除了心頭那絲陰霾和畏懼，似乎什麼都沒留下。

半個月後許都發來詔書，宣布魏王之女皆封公主，食湯沐邑；繼而又有消息，代郡烏丸的首領普富盧要來鄴城朝賀魏王。

這看似兩個尋常事件，背後卻大有文章——從來只有皇女和宗室女可封公主，對曹操女兒的冊封打破了慣例。而烏丸在名義上是歸附漢王朝的少數民族，現在烏丸首領不去向漢天子朝覲，卻來朝拜魏王，意味著大漢的附屬國也已歸魏國所有。總而言之，隨著實際權力轉移，漢王朝的一切都將逐漸過渡到曹操手中。

冊封公主當然出於曹操授意，烏丸首領朝賀也很值得玩味。昔日收容袁尚兄弟對抗曹操的烏丸部落並沒有代郡烏丸，相反普富盧卻是主動向曹操投誠的，況且隨著幽州併入魏國領土，代郡烏丸實際已在魏國控制下，曹操想叫他什麼時候來，他就得什麼時候來。這一切都是事先安排好的，或許曹操是想營造國泰民安聲名遠播的氣象，以掩蓋他稱王以來的諸多不順。事實證明這辦法還真有效，至少鄴城官民暫時忘了日蝕和乾旱，投入到歡迎遠客的氣氛中，只有一人除外——五官中郎將曹丕。

支持曹丕為儲的徐奕罷官，崔琰、毛玠相繼被曹操逼害，在大多數人看來，曹操立臨淄侯為嗣已是板上釘釘之事，支持五官將的人都不會有好下場，連崔、毛那等元老大臣都難逃一死，誰還敢再登五官將這條船？曹丕自己都能感覺到，他彷彿已變成不祥之人，素來恭恭敬敬笑臉相迎的官員現在看見他就躲，以前常來走動的劉楨、應璩等人現在也不來了，甚至連府中僅剩的那幾個文學侍從也不怎麼親近了，或是告病或是請辭，偌大一座府邸門可羅雀。

吳質身在朝歌，毫無調回的希望；夏侯尚手中沒權幫不上忙；司馬懿因「鷹視狼顧」被曹操盯上，專心做事再不敢登曹丕的家門；曹真、曹休整日在軍中，又礙於族親身分。曹丕身邊連個可以倚仗的人都沒有，無奈之下他渾渾噩噩扎進卞秉家裡，希望這位舅舅能為他幫忙。

卞秉絕對稱得起曹營元老，跟隨曹操南征北戰，常督軍輜等事，因功受封都鄉侯，但職位至今只是別部司馬，或許是曹操鑒於漢室因外戚而亂故意不給他升官。三年前屯田貪賄案暴露，卞秉因監察不力遭曹操痛斥，其實頗有些委屈。從此他便聲言自己有病，再不肯出來做事，連王宮都很少去了。畢竟是曹操舅爺，官員們也得來探望，可他整天榻上一躺，飯不少吃酒不少喝，吆五喝六叫人伺候，也不知是真病假病。

曹丕是抱著一肚子委屈來的，卻沒料到舅舅「病榻」邊先坐了個訴委屈的，已絮絮叨叨說半天了，乃是曹操故友婁圭。私下論起，曹丕還得管婁圭叫聲叔父，又是舅父之客不便攪擾，只得一旁默默聽著。卞秉之子卞蘭也在，時而給父親捶捶背，時而給客人端茶送水。

「昏了頭，絕對昏了頭！」這位有職無兵的婁將軍說起話來搖頭晃腦，滿腮銀鬚直顫悠，「連毛孝先都讓他氣死了，若不是昏了頭是什麼？當年一起打天下的老兄弟閒著這麼多，偏偏重用丁儀那等黃口小兒。若是我管選官之事……」

「算了算了。」卞秉倚在榻上，拍著婁圭大腿，「又不少你俸祿，得清閒且清閒，操這多餘的心幹什麼！」

「我氣不過！」婁圭嚷道：「文王所以為糞土，惡來所以為金玉，非紂憎聖而好惡，心智惑矣。他這才剛稱孤道寡幾天就昏了，日後還了得？」按理說當著人家兒子的面就不該說人家老子的不是，何況這老子還是一國之尊，但婁圭滿不在乎越嚷聲越大。曹丕畢竟是晚輩，又有這層關係，也不好說他什麼，只把臉扭開了。

卞秉實在煩了：「婁子伯，你這饒舌老鬼！翻來覆去就這些事，窮嚼臭叨來我這兒好幾趟了，吵得我腦仁兒疼，有這閒工夫回家睡一覺好不好？」

「好好好！」婁圭不情不願起來，嘮嘮叨叨往外蹭，「不在這兒礙你們舅甥的眼，虧了咱還是老交情，連幾句話都不願意聽我說……」

卞秉動都沒動：「慢走啊，我有病不方便送。咳咳咳……」說著還咳嗽起來。

婁圭回頭白了他一眼：「你就裝吧！」

「送婁叔父。」曹丕不好怠慢，趕緊起身。

「子桓留步，」卞秉不咳了，「蘭兒，你去送！」

「諾。」卞蘭一點兒都不似他父親，既規矩又不愛說話，趕緊跑過去為婁圭掀起素紗簾，送他出府。

「過來。」一見婁圭走遠了，卞秉朝曹丕招招手，「以後離姓婁的遠點兒，這老小子遲早一日準他媽惹禍！敢把你爹比商紂，這話傳出去了得？自家人說什麼都無所謂，他一個外人跟著瞎摻和，不倒霉等什麼？」

曹丕湊到榻前：「我看他也是歲數大了，心裡存不住話。」

「哼！我看他是自視忒高，總覺得天底下沒人比他行。你爹當了王，他生氣！」說話間卞蘭也回來了，卞秉又道：「兒啊，跟廚下說，老子中午想吃雞，叫他們給我燉兩隻。」曹丕想笑又不敢笑——這是病人的飯量嗎？

卞蘭想得周到：「五官將來此，不如……」

「甭張羅他。」卞秉壞笑道：「他心裡有事吃不下，你去吧，我不叫你別進來。」

「是。」卞蘭應了一聲，又給曹丕規規矩矩作揖，才退出去。

曹丕聽他道自己心裡有事，正沉默間，舅父又抱怨道：「我怎養出這麼個兒子。你說他哪點兒像我？二十歲的人了，三棍子打不出一個屁來，成天就知道念書，老子認識的字沒歲數多，還不是照樣封侯？我怎麼瞧見他就氣不打一處來呢？」

曹丕滿腹心事還得勸他：「我看蘭兒弟弟挺好，規規矩矩，以後是為官之才。」

哪知卞秉突然笑了：「是啊，當老子的總覺自己了不起，瞧兒子不順眼，我跟你爹犯的都是一樣的毛病。你是不是這麼想的？」

曹丕一怔：「舅父……」

「哼！我看著你小子長大的，你有何心事瞞得過我？」卞秉道：「崔琰、毛玠一死沒人敢保你了，還沒當太子先成『孤家寡人』，你是想求我在你爹面前美言吧？」

「撲通」一聲，曹丕跪下了，霎時間滿眼含淚：「舅舅，您可憐可憐孩兒吧，我受的委屈可多了……」

「瞧你那熊樣！跟我哭管什麼用？」

曹丕抱住舅舅的腿：「舅舅最疼孩兒，這些年孩兒也沒少孝敬您。您畢竟跟了我爹三十多年，別看他表面上冷，其實對您老可看重呢！現在不是當不當太子的事，丁儀兄弟屢進讒言，孔桂落井下石，趙氏、李氏也給父親吹枕頭風，他們想逼死孩兒，您得救我啊！」跟舅舅用不著顧臉，越親昵越好，曹丕恨不得把小時候要糖吃的勁頭拿出來。

「唉……」卞秉歎口氣，「舅舅幫不了你。」

「我跟舅舅這麼好，難道您也向著子建？」

卞秉搖搖頭，似乎自言自語般說道：「你們兄弟若論我喜歡的，其實是老二，我還就愛他那混勁兒！但如果挑太子，還是你合適。」

「為什麼？」曹丕似乎得到一絲慰藉。

「因為你假、你虛、你會裝！」

曹丕一撇嘴：「這叫什麼話？」

「別害臊，舅舅不是貶你。」卞秉推開他，緩緩道：「你看你爹，接個詔書都得讓三回，當了王還穿打補丁褲子，多會裝啊！說句掏心窩的話，帝王不是他媽人當的玩意兒！有時就得裝。好比說你當皇帝，你愛喝粥，底下的人哄弄你，就天天給你熬粥；你愛吃柿子，他們就天天給你送柿子。結果你還愛財寶，他們為升官就把全天下的財寶都給你搜刮來，那百姓不反？」

「您說笑話。」

「笑話？」卞秉把眼一瞪，「孝靈帝的天下怎麼亂的？殷鑒不遠豈是虛談？為人君者若不把自己那點心思藏好了，那就要捅大婁子。子文與子建都沒你能裝，你知道什麼事都得克制點兒，就是……蘭兒讀書老說那倆字，叫什麼來著……」

「慎獨？」

「對！就這什麼『毒』，就屬你最『毒』！」卞秉想想又道：「況且他們一個偏文、一個好武，皆非權衡之才。可能子建有點兒你爹年輕時的風姿，但脾氣秉性不一樣，他心裡藏不住事兒，其實嫩得很！你文不及子建、武不及子文，卻能跟老人新人都搞好關係，大面上全過得去，有句話怎麼說來著……儒生的話……」

「中庸？」

「對！就你中用！」莫看卞秉肚子裡沒墨水，腦子可好用得緊，「況且你是老大，天下未平不立你立誰？他弄個小的，以後都跟著他學，那當大的沒心思？真要天下全姓曹也罷，劉備、孫權還不定什麼時候能滅呢！外敵未除，別他媽自己哥們先掐起來！」宗法制到卞秉嘴裡竟解釋成這樣，但話糙理不糙。

曹丕聞言不禁欣喜：「那您就勸勸我爹，立我為太子吧！」

「你真是有病亂投醫。」卞秉苦笑道：「不是舅舅放不下這張臉，這話我說了也沒用，你爹就怕外戚干政，我幫你就是害你。再者你們哥仨了，全是我姐肚子裡爬出來的，我這當舅的也不能光為你說話啊！別說你爹看不過眼，你娘那關還過不去呢！」

「唉！」曹丕跌坐在地，「那怎麼辦，如今丁儀相逼甚急，父親又不肯聽我解釋，誰能助我？」

「你那書都他媽白念！」卞秉也不裝病了，一猛子從榻上坐起來，「連我都聽說過，當年高祖爺也嫌自己兒子廢物，老想廢太子，後來呂雉去找張良問計，請了山上做買賣的四個老頭，結果……」

「商山四皓。」曹丕一陣皺眉，「那是隱士，不是商人。」

「我知道！」卞秉頗不耐煩，「你也得找高人相助。」

曹丕歎道：「崔琰還不算高人？朝中老臣孩兒都很尊敬，辛毗、桓階之流都沒少替孩兒美言。

前些日子我還給鍾繇送了……」

「你找那些人沒用！他們不吃你爹的俸祿嗎？」

「嗯？」曹丕一愣，似乎明白些了。

卞秉笑道：「傻小子，開開竅吧！他們名望再高也是魏國臣宰，自家利益牽涉其中呢！在你爹那點兒髒心眼看來，這些大臣說你好並不是他們真知灼見，而是他們想當佐命功臣，他們越幫越壞，弄不好還把他們自己陷進去。崔琰、毛玠之敗難道與這沒關係？」

霎時間曹丕的思緒豁然開朗——不錯！國之儲君奇貨可居，立之可獲萬利，家門富貴繫於其中，難怪父親猜疑。

卞秉笑呵呵拍著他肩膀：「高人自然要請，但不能找舅舅我，也不能找朝廷和幕府的人。你得找身在局外，不牽扯他利益的人，最好是名氣大、心眼多，還能讓你爹佩服的人。」

曹丕已經開始思忖——身在局外無干利害，卻智謀深遠被父親看重，誰是這樣的人呢？

天師羽化

建安二十一年五月，代郡烏丸普富盧到鄴城朝賀，消息傳遍天下，遠在平陽的匈奴單于呼廚泉也坐不住了。

自漢室動亂以來，匈奴幾度與曹為敵，先是初平年間與袁術聯合侵擾兗州，後與袁紹之姪高幹糾纏不清，甚至馬超作亂也可窺見匈奴的影子。但匈奴單于呼廚泉很清楚彼此的實力差距，所以并州郡縣改易也只能忍耐。如今普富盧朝賀不啻是一個明顯訊號，漢家屬國必須轉移到魏國治下，烏丸既已歸順，匈奴要保自身無虞也不得不走這條路。因而呼廚泉決定主動爭取，率各部首領齊往鄴城朝賀。

匈奴右賢王去卑早年流落中原護衛劉協東歸，曾與曹操結下不近不遠的因緣；於是呼廚泉遣去卑為前站，先到鄴城向魏王致以敬意，為了表示忠心大魏，還獻上一份匈奴各部落的名冊。曹操自然歡喜，在王宮擺宴款待，不但群臣列侯來了，久不理事的老臣也請來不少，更是把張魯迎到次席，讓天師充當陪客，向右賢王敬酒。一場熱鬧的宴會將近亥時才散。

天師道教規不許飲酒，張魯更當率先遵循，但魏王有令豈敢不從？況且曹操還特地為他一人準備了果酒，若不喝如何勸去卑盡興？張魯勉強破了戒，但可能是多年不喝酒的關係，只飲了幾盞便有些過量，出宮登車之際已搖搖晃晃。

一開始張魯沒甚在意，以為小憩一會兒便好，哪知腹內漸有灼熱之感，好似鋼刀攪於肺腑，繼而口乾舌燥雙眼昏花，情知大事不妙：莫非酒中有毒，魏王欲除我！那日殺馬秋我心生躊躇，難道種禍於此？若因此殺我未免有些簡單了，想來天師道教民數萬，今又講道說法遊走四方。曹操乃跋扈之主，久欲混一天下篡奪漢統，豈能留我於世上？

雖知無常迫命，張魯卻出奇地沉穩，既不設法嘔酒，也不思解毒之策；只催車夫速速回府，兀自端坐念訣、強忍痛楚。不多時回到府邸，張魯已覺周身灼熱，唯恐毒性運行不敢動彈，命侍從揹他回房，點起燈燭，速招三子張盛前來。

他自知時間已不多了，打發走僕人立刻攤開杏黃絹帛，左手按著小腹，右手執筆，強忍劇痛寫了篇短短的教旨。待寫罷之後，只覺渾身無力滿頭虛汗，想把寫完黃絹捲好，卻再無力動彈，情知大限已到，便盤膝而坐靜候兒子。

說是只招三子，老爺子叫人揹回來的還了得？這會兒天已大晚，諸子都休息了，聞聽召喚全起來了，顧不得整理衣衫，張富、張廣等兄弟七人一起擠進閣內：「師尊！師尊！您怎麼了？」張氏皆修道之人，即便是父親也恭稱為師尊。

張魯已毒遍周身，只覺眼前天旋地轉，哪有許多工夫與他們告別，只強掙道：「老三留下，你們都出去，把門關上。」

天師有訓不得不遵，張富六人退出閣門跪候廊下，三子張盛將門掩上，回頭再看——張魯雖端然穩坐，卻滿頭汗珠，渾身微顫，嘴唇已呈青紫色。

「魏王毒害師尊？」張盛頃刻間明白了。

張魯掙扎著擺擺手：「你不必多問……」告訴孩子又有何用？當曹魏的官、吃曹魏的糧，滿門親眷居於鄴城，這仇報得了嗎？別再把全家性命都搭進去！他只道：「我有話交代你。」張盛唯恐父親斷氣，立刻跪到他眼前。

張魯提了兩口氣，手上掐訣穩住心神：「榻邊有一包袱，你把它拿來……」

張盛不敢怠慢，馬上取了來——這東西不大，卻用杏黃布包裹，平時張魯絕不許人碰一下。

「打開它。」

「諾。」張盛解開，見是一塊四四方方的白玉印璽，長寬二寸，厚有七分，上雕螭紐，下刻篆字——正是天師道掌教至寶，陽平治都功印！

「你們弟兄七人雖各有所長，唯你悟性最高、修真最勤，日後將有所成，必能弘我道法。自今日起，你便繼天師之位，但願你孜孜不倦，修真有份，進道無魔。」

「師尊，弟子……」張盛本想說兩句自謙的話，但這時候哪顧得上虛禮？趕緊磕頭，「弟子領受！」

張魯心事已了大半，身子漸漸癱軟搖晃，又道：「還有……書案上有道教旨……把它呈與魏王……」

張盛這才注意到一旁明晃晃的絹布，雙手捧起看起來：

魏氏承天驅除，歷使其然，載在河雒，懸象垂天，是吾順天奉時。以國師命魏王行天下，死者填坑。既得吾國之光，赤子不傷身，重金累紫，得壽遐亡。七子五侯，為國之光。將相掾屬，封侯不少，銀銅不少。父死子系，兄亡弟榮，沐浴聖恩。

張盛看罷手都哆嗦了——「魏氏承天，載在河雒」，這種話旁人說說無所謂，但一教之主不能亂講，虔誠的教徒絕對相信這是天命。「以國師命魏王行天下」更是最緊之言，這豈不是說曹操受天師之托主宰天下嗎？這份教旨頒布意味著所有天師道教徒轉而遵從曹操，都要視曹操為神明，天師沒有直接統轄教眾之權，那天師道豈不是不存在了？

「師尊……這是為什麼？是曹操害了您呀！」

「為我張氏之安危，為天師道無數教民，更為你們能繼續弘道。答應我，忘掉仇怨，不要追究此事了。」張魯很清楚，即便曹操除掉他也不會放過他子嗣後人，天師道無數教徒都會無辜受累。與其大家都被曹操迫害，不如把一切拱手獻上，只犧牲他自己，讓所有人融入魏國免此一劫。

「此令一出，我張氏三代心血豈不化為烏有？」

「大道甚夷，永存不滅。」張魯腹內早已痛如刀絞，強忍著說：「道可道，非恆道，從事於道者同於道。只要一心修真，外化而內不化，有沒有天師道又有何區別？挫其銳，解其紛，和其光，同其塵……」

「父親！」張盛再矜持不住，哪還管什麼教規，印也拋到一邊，抱住張魯淚如雨下，「您是天師，您不能走！您不是說要以大道拯救世人嗎？」

「嘿嘿嘿，」張魯竟然笑了，輕輕推開兒子，慢慢合上了眼睛，「太上老君生於春秋昏亂之際，若他能憑藉道法安定天下，何必西出函谷隱遁呢？度化貴在度心，心之愉悅便乃人之愉悅，人之愉悅便乃世之愉悅。無論何朝何代誰為帝王，若能使世人無憂無慮，即為超脫之時。其實人並非活在世上……」說著他把手縮回，撫在自己心口，「而是活在這裡。」

張盛忍住眼淚：「孩兒明白了。」

張魯盤坐在那裡，恍惚間已不再感覺痛苦，反而渾身輕飄飄的，彷彿自己靈魂要脫離身軀飛上天際，但他還有最後的話要交代：「要抱樸守真……天地之所以能長久，以其不自生……切記外化內不化，性命雙修，終有一日能弘大道……終有一日……」他聲音越來越小，到後來已細不可聞，漸漸地，嘴唇不再翕動了。

張盛凝望父親，好久好久，不知為何突然哭不出來了，面對眼前這具屍身竟覺得自己彷彿從來就不認識。父親曾是縱橫捭闔割據一方的軍閥，曾背信棄義反叛劉焉，曾殺害張修兼併教眾，但是他又度化了那麼多百姓，使他們虔誠順服。此時此刻他真的超脫了，最後時刻竟如此安詳、如此豁達，這心如止水的境界遠非生命所能局限——真乃一代宗師！

想至此張盛不再難過，他擦乾眼淚，敞開房門高聲嚷道：「天師羽化了……」

一陣哀聲響起，張富、張廣兄弟皆伏地痛哭。張衛剛馳馬趕到，未能見兄長最後一面，立於中庭捶胸頓足。張盛再未發一言，他還有許多事處理，為了張家，為了教眾，為了繼承父志繼續傳道，絕不能耽擱。他收好印璽，揣上教旨快步出院門，信手拉過叔父騎來的馬，縱身而上，連連揮鞭直奔王宮而去。

其實並非只有「天師」才能做到心若止水，就在張魯羽化之際，在距其不遠的城郊，一座不甚華麗的宅邸裡，有位老臣也正心如止水開導自己的兒子，那便是太中大夫賈詡。

賈詡身分尷尬，以他負罪之身是不大可能融入魏國朝廷的。他本欲稱病而退，曹操卻不肯放，想了個折中之策，將其任命為太中大夫。這是個漢官，不屬於魏國之臣。但曹操卻叫他居於鄴城，若有需要還會召他入宮問計問策，半隱半仕半臣半友，就算魏王的一個智囊吧！

太中大夫非尋常人所能擔當，這位置雖無具體職責，卻有二千石俸祿，通常是安置元老大臣或卸任三公的。雖然賈詡當年有「禍國」之舉，但畢竟在西京當過尚書令、總攬朝政，擔當此職也說得過去，再者他已年過古稀，如此高齡是該享享清福了。

不過賈詡卻與程昱、婁圭不同，即便退下來也依舊如此。他闔門自守無所私交，即便曹操請群臣赴宴，十次倒有八次設法推脫。本人如此也就罷了，甚至連整個家族也被約束，族中男婚女嫁不結高門，喜壽之事不請賓客。他長子賈穆快五十歲了，至今還在許都當個散秩郎官；長孫賈模都二十多了，仍沒有入仕。他雖居鄴城，宅邸卻選在城外偏遠之處，房舍簡單也沒多少僕僮，家中事務皆賴幼子賈訪打理——說是幼子，也三十多了，還是白身呢！

賈訪整日服侍父親衣食雜務，倒是格外孝順，不過這種日子何時能熬出頭？眼看父親一天天蒼老，自己前程堪憂，雖說家底還算厚實，但讀書便欲成就功名，不敢說建功立業，總得入仕進取吧！而且賈訪又是幼子，不似長兄日後能繼承父親侯位，想要融入魏國必要借父親之名四處結交。可眼下莫說拜會朝中群臣，家門都不出，今晚魏王遍邀老臣，父親又推脫不去，長此以往如何是好？他躊躇再三，終於把這些話挑明，軟磨硬泡講了一晚上，父親依舊不為所動。

夜已漸深，賈詡又只點了一小盞燈，更顯得屋裡黑黢黢的。賈詡微微駝背，坐在陰黑之處顯得老態龍鍾，雙目注視著燈芯，說起話來慢吞吞的：「今朝座上客，他年階下囚。似毛孝先那等隨王創業之人尚難得善終，老父怎能不知謹慎？我並非魏王舊臣，且負禍國之名，又因宛城之事害其嫡子，避禍尚且不及，豈能叫你四處遊走。」

這話賈訪已聽他說了無數遍，早有些煩了：「父親之言固然有理，然興家立業當慕進取，閉門不出也非長久之計。」

賈詡甚有耐心：「今大王立嗣未明，鄴下攀附世子者極多，稍有不慎貽害無窮，以你這般才智還是遠離是非好！」

賈訪聽父親不看好自己才智，心中不服又不敢頂嘴，卻道：「萬事有失必有得，孩兒也不求幸進，即便結交幾個朋友也好。」

賈詡冷冷一笑：「仕途中人豈有推心之友？中庸守業才是正道。」

「唉！」賈訪自知辯不過更拗不過父親，唯有苦笑，「我賈氏雖出身涼州，卻也是世代官宦。祖父（賈龔）曾為大漢輕騎將軍，您是太中大夫，想不到今止於此，父親這般墨守，我兄弟無出頭之日，恐怕今後難有作為了。」

賈詡輕撩眼皮瞅了兒子一眼：「世間之事並無注定。今日尚不能度明日，又安能度子孫後代？誰知將來會有何際遇呢！人之成敗皆在見機而動不違天時，何言注定？為父幼時只不過是想循規蹈矩，效力朝廷，以正道輔佐君王，哪知輾轉半生，竟走到今日這般田地。世事難料啊……」說到此處，他的目光倏然變得炯炯有神，似乎回憶起昔日輔佐李傕、張繡的那段歲月。

賈訪還欲再言，忽聽房外傳來腳步聲，一個僕人隔著紗簾稟道：「有客拜訪。」

父子倆對視一眼——家中極少會客，這麼晚會是誰？

賈詡擺了擺手，賈訪明白又是老規矩，朝外嚷道：「天色太晚，請他改日再來吧！」

「只一主攜一僕，那人說出城不易萬望海涵。」

「究竟何人？」

「那人未說，有名刺拜上。」

賈訪打著哈欠走到門口，只把紗簾掀起道縫，接過青竹名刺，天色太暗瞧不清楚，又踱回燈前：「沛國譙縣五官中……」只念了幾個字便不敢往下看了。

賈詡也不再聽下去，七十歲的人竟不靠攙扶一猛子站起來，高聲吩咐：「掌燈！更衣！迎客！」

賈訪也跟著忙起來，不多時幾十盞大燈點燃，把原本黢黑的宅子照得白晝一般。賈詡似乎變了個人，精氣神兒也來了，換了件簇新的長衣，帶著兒子一路小跑迎到大門，一揖到地：「不知五官將駕到，有失遠迎當面請罪。」

曹丕比他還客氣：「不敢不敢，攪擾前輩休息，晚生罪該萬死。」

賈詡憨然笑道：「將軍不必多禮，請……」

「多謝。」曹丕一人進了賈宅，朱鑠卻守在門外東張西望。

賈訪在前領路，引至堂前親手挑起紗簾；賈詡在後殷勤相讓，與曹丕攜手入內。堂上七八盞燈明晃晃耀眼，曹丕未落坐便道：「天氣實在忒熱，還是叫僕人把燈撤去吧！」

賈詡笑道：「將軍乃是貴人，豈有在陰暗之室接待貴客之禮？」

曹丕故意撩了撩衣衫：「那就叫裡裡外外的僕人先退下吧，人來人往實在熱得很。」

賈訪不敢怠慢，忙揮退一切從人，回頭剛想招待曹丕用些果品，卻見這位五官中郎將竟給父親跪下了！賈訪趕緊一掀紗簾，也躲出去——人出去了，耳朵沒走，隱在廊下一邊把守一邊偷聽。

賈詡似乎早料到此舉，不待曹丕雙膝落地，已牢牢抱住：「將軍不可如此，折殺老朽了。」

「賈公救我！」

「將軍何出此言，有話起來講。」

曹丕誠惶誠恐：「今丁儀等屢進讒言，欲使我失寵於父王。晚生年輕智淺萬不能禦，望賈公垂憐相助。」

「此乃將軍家事，老朽不便干預。」不論幫不幫，這姿態是務必要擺的。

曹丕卻道：「他等所為實是禍國之舉，戕害忠良、荼毒社稷，又豈止是家事？萬望賈公相幫。」這話是他早籌謀好的，把謀儲之事與戕害忠良掛鈎，這就名正言順多了。

「老朽年邁，況非大王舊臣，實在無能為力。」

「賈公何必自謙？魏國上下皆知您乃智謀深長之士，從軍多年屢獻妙計，雖退守閒職，父王依舊將您留於鄴城時時問策，所發高論無所不從。今丁儀等輩相逼忒甚，晚生之勢危若累卵，賈公難道見死不救作壁上觀？」曹丕言罷又欲跪拜。

賈詡年事已高又怎攙得動他？無奈而談：「將軍不必如此，老朽蒙將軍父子洪恩，聽命驅馳怎敢不從？快快請起……」

曹丕一塊石頭總算落地，這才緩緩起身：「賈公肯助一臂之力？」

賈詡微微點頭：「將軍請坐。」

曹丕連連擺手：「不勞款待。今夜王宮設宴遍請群臣，這才敞開城門以供出入。我若回去遲了，只恐城門關閉又生事端。不敢耽擱，只求賈公教我固寵免禍之法。」

「這倒不難。」賈詡手捋鬚髯，「願將軍恢崇德度，躬素士之業，朝夕孜孜，不違子道。」

「如此而已？」

「僅此而已。」賈詡撚鬚而笑。

曹丕詫異地望著這位老臣——莫非他搪塞於我？瞧神情又不像。

賈詡知他猶疑，又緩緩道：「天下之事，以正處之，以奇濟之。將軍立身行道盡孝慎行，至於其他事……您就無需操心了。」

莫非他自有良策暗中助我？曹丕半信半疑，卻施禮道：「賈公老成謀國智謀深遠，實乃我大魏砥柱之臣，晚生不敢忘您老之功勳。」言下之意是說，你若真能幫我奪儲，日後等我爹沒了，我坐上那位子絕不會虧待您老人家。只是這話不能明說。

賈詡怎會聽不出來？趕緊還禮：「我賈氏滿門皆感大王與將軍之恩。」

「天色甚晚不便叨擾，晚生告辭。」

「將軍到此寒舍蓬蓽生輝，恭送將軍。」賈詡說著話，拾起案頭的名刺又遞還給他。

二人攜手而出同至府門，鬧得外面的僕從直納悶——這位犯什麼病？大晚上來訪，連喝口水的工夫都不到，怎麼又走了？孰不知該說的已經全說了！賈訪也趕緊從黑暗處溜出來，隨著父親連連作揖，恭送曹丕上馬。

雖然賈詡父子彬彬有禮連聲應承，但這並不能消解曹丕的愁煩，他無可奈何打馬而去，望著黑黢黢的前途，心中甚是恐懼。那遠處的樹木山石彷彿已變成攔路厲鬼……不，那不是厲鬼，是丁儀、丁廙兄弟還有孔桂那幫人，他們就像猛虎野獸一般，咬舌磨牙，陰森森的何等可怖！他不禁吟道：

登山而遠望，溪谷多所有。
楩楠千餘尺，眾草芝盛茂。
華葉耀人目，五色難可紀。

曹丕《相和歌・十五》

雉雊山雞鳴，虎嘯谷風起。
號羆當我道，狂顧動牙齒！

眼見曹丕與朱鑠打馬而去消失在夜幕中，賈氏父子可算鬆口氣，又回到房裡。賈詡似乎又變回那個拘謹的老人，親手把燈熄滅，依舊只留一盞，然後又坐回原位。

賈訪甚是不悅：「父親剛才如何囑咐孩兒？遠離是非，中庸守業，莫要捲入爭儲之事，怎麼他一來您就變了？」

「唉！」賈詡未曾說話先歎息，「不應允又能如何？難道拒之門外？那就把他得罪了。不結交臨淄侯，再得罪五官將，那咱家還有好日子過？他不來我不會去，他既來之，我則安之。」

「原來如此。」賈訪這才知父親用心良苦，「那父親輕涉爭儲之事，又為他獻策，若叫魏王知道……」

「我哪裡獻策了？」賈詡捋髯道：「我不過叫他恢崇德度、不違子道。夫孝，始於事親，中於事君，終於立身。五官將既為人臣又為人子，勸一個當兒子的人孝順老爹，難道有錯嗎？這話即便傳到魏王耳朵裡又能如何？」

賈訪一愣——是啊，勸一個當兒子的孝順老爹永遠不會錯！今晚之事即便讓曹操知道，對父親也不會有惡感。難怪他要掌燈，沒有背人之事當然要正大光明！

雖無背人之語，賈詡卻還是很無奈：「我本想躲個清靜，哪知樹欲靜而風不止，閉戶家中坐，是非都找上門來。世事流轉不盡不休，我這匹老馬何時才能卸套啊？」

「這也是無奈之舉，父親為名所累，人人都說您精明嘛！」賈訪嘴上這麼說心中卻甚猶疑，眼下曹植得志，曹丕不受寵，難道父親還真要燒這冷灶？想至此試探道：「父親搪塞他兩句也就是了，難道還真幫他？」

「你莫拿這話探我。」賈詡立刻瞧穿兒子的意圖，「實話告訴你，既然答應就得當真，若自食其言豈不結怨更大？我都快入土了倒也不怕得罪他，皆是為你等考慮。」

賈訪半喜半憂，喜的是若父親能助曹丕謀得儲位，日後前程不愁，憂的是曹操意屬曹植，這個忙甚是難幫。「父親有何打算？」

「還沒有。」賈詡緩緩起身，「爭儲如爭戰，兵無常勢水無常形，有籌畫就有變化，只能見機行事。」說話間已踱至窗邊，仰望夜空。

賈訪見父親始終一副不緊不慢的樣子，甚是著急：「如今魏王意屬臨淄侯，這是明擺著的。恐怕此事不易辦成。」

「明擺著的，我怎沒看見？」賈詡仰著腦袋動也不動，「我只知這半年來魏王不曾單獨召見他倆。西征時為何要帶那麼多無干之人，你想過沒有？楊修曾暗助臨淄侯，這件事已不是祕密，他不能再登臨淄侯的門；還聽說司馬懿也遭到斥責，如今也避嫌了。丁儀當上西曹掾，表面上臨淄侯一派得勢，其實姓丁的已成了幕府之人，也在魏王控制之下；吳質雖有些本事，無奈遠在朝歌鞭長莫及。你睜大眼仔細看看吧！無論五官將一黨還是臨淄侯那派，都被魏王攪了個支離破碎七零八落。誰受寵？誰又不受寵？說大王意屬臨淄侯，這定論下得太早了。」

「父親所言有理……不過大王逼殺崔琰、毛玠總是事實吧？還不因為他們死保五官將？」

「庸人之見。」賈詡輕蔑地一笑，「不錯，大王對他們確實太無情了。比干之殪，其抗也；孟賁之殺，其勇也。不過若認為處置他倆僅因為他們死保五官將，那就把大王看得太小了！」

「太小了？」賈訪思來想去不得要領。

「兒啊，我問你個問題。你說官渡之戰究竟誰勝了？」

賈訪覺得這問題太荒謬，甚至懷疑父親腦子迷糊了，不禁蹙眉：「這還用問，當然是魏王贏了。」

「哦？」賈詡雙眼空洞，彷彿沉寂在悠遠的冥想中，好半天才喃喃道：「戰場上或許是贏了，但治國為政嘛……如果有人堅信以一己之力就能改變乾坤，那也太小看這世道了。」

賈訪用心揣摩父親的話，待要開口問明，又聽父親再次發問：「孩兒，你知道執掌天下之人最痛心的是什麼嗎？」

「亡國？」

賈詡冷笑道：「自作孽自遭殃，報應不爽談何痛心！」

「遭逢禍亂？」

「天命所定，盡力而為，也談不到痛心。」

「子嗣中無良才可托？」

「雙眼一閉皆歸塵土，太史之筆各書功過，誰的帳歸誰。」

賈訪實在猜不到：「請父親指教。」

賈詡扭過頭來，雙眉抖動面露苦楚：「執掌天下之人最痛心的是……自己摸索並遵行一生的治國之道，到暮年卻不得不親手將它毀滅！」

賈訪從來未見過父親這副表情，不禁愕然。

但賈詡的這絲憐憫僅一閃而過，漸漸又恢復了那副無動於衷的麻木表情，繼續仰望天空：「風雲難測，好像要變天了……」

當曹操從聽政殿回轉後宮之時，不禁長出一口氣——這真是充滿虛偽的一個夜晚！

曹操對右賢王去卑沒多大興趣，他盼望的是匈奴單于早日到鄴城，他已祕密安排一個計畫，等呼廚泉到來就以款待為名將其扣留，只要把單于牢牢攥在手心，匈奴就構不成威脅，到時候再隨便扶持幾個率眾王統轄各部，促使他們自己勾心鬥角，更顧不上與漢人為仇作對了，北部的邊患又少一個。因而曹操這幾日雖身體不佳，但還是裝出一副歡天喜地的樣子招待去卑，裝得親親熱熱拉張魯來飲酒作陪。

一切都很順利，而且出乎意料地順利，去卑答應遣使者催呼廚泉上路，而張魯也在回家後「羽化」了。張盛給他送來了張魯最後一道教旨，這位天師果真識時務，天師道全心歸附魏國，大可將他們遷離漢中，從此也省了不少麻煩。但張郃孤軍深入與張飛戰於瓦口隘，因敵眾我寡打得頗為艱難，巴郡很可能要失守，這樣漢中就當真似和洽所料，成為單純的守勢了。

曹操清楚地感覺，要想解決漢中的問題必須再來一次西征，不把劉備趕出蜀地，他永遠都不會死心；當然還有孫權，合肥之戰雖然打贏了，但還要再給他一次教訓，叫他老老實實龜縮在江東，等待末日降臨。可是……曹操竟對戰爭有些反感了，他現在身體比在漢中之時好了一些，但也差強人意，李璫之信誓旦旦能治好，卻始終不見起色，難道他以後就只能這樣忍受左臂、左腿的麻木？是啊，六十多了還能指望痊癒？當然，目前最糟糕的是天氣……

想至此，曹操叫住在前掌燈的嚴峻，將左手搭在這孩子肩膀上，拿他當了拐杖，繼而抬頭仰望——天上黑黢黢一片，沒有月亮，也沒有星辰，什麼都望不見，彷彿一塊黑幕壓下來，壓得人喘不過氣。還不下雨，這一年已過了將近一半，一滴雨都沒有，為什麼呢？曹操從不信天命，但此時此刻不由得他不懷疑，難道大漢王朝冥冥之中真有神明保佑，他要成為第二個身敗名裂的王莽？

想到這兒曹操又覺可笑。王莽就注定是身敗名裂的？此人未嘗不勵精圖治，未嘗不德才兼備，直到功敗垂成退守漸臺，身邊死士一個變節的都沒有，也是個英雄啊！以前曹操從未把王莽放在眼裡，他要效仿的是文武雙全、無可挑剔的光武帝，甚至要比劉秀更出色，但如今他腦子裡想得最多的卻是劉秀的敵人王莽。

王莽仰慕周朝，想把他的新王朝打造得萬年永固，一切的官職、政令完全附會周禮，甚至一心想恢復井田制。最後的結果呢？說好聽的叫曲高和寡，說難聽的叫不識時務，這些異想天開的夢想與現實差距太大……而曹操自己呢？

他曾想打破東漢以來逐步壯大的士族門閥，甚至創立比那些儒生更坦誠的教化，這些符合實際嗎？夢想終歸是夢想，當他走上王位的時候，終於發現這場夢似乎該醒了，他永遠不可能跳出世道的圈圈。現實就是如此，尚且不能統一天下，又何談更高遠的東西？沒辦法，他不想做第二個王莽，空抱著幻想讓魏國、讓他的兒孫走向毀滅。還能怎麼辦呢？他只能接受這無奈的現實，甚至只能親手毀滅自己二十多年所信奉的理念。

而即便是接受現實都那麼難，曹操是一個大臣，他要逾越禮教走上天子之位，與此同時他還要利用禮教打造新的王朝，矛盾不矛盾？可笑不可笑？可悲不可悲！

曹操自己都覺得自己可笑可悲，把一件治國利器扔進了故紙堆，後來發現有用，又把它撿回來，修了修補了補，還是不免破綻百出。有時他甚至質問自己為什麼當初要反對世家大族？是出於理想，還是僅僅因為他出身於一個「異類」家族，對那些以前輕視自己的人進行報復呢？

「大王。」嚴峻打斷他的思緒，「天不早了……」

處戲耍是不是？」

「哼！」曹操苦笑著在他小臉上捏了一把，「你催孤早早睡下，然後你好跟宮裡那幫小宮女一

嚴峻愕然：「您怎、怎麼什麼都知道？」

「哼！因為這是孤的國家、孤的宮殿，知道是應該的，不知道是因為不想知道……走吧！」曹操神情黯淡。不想知道比如丁儀是何居心，反正這個人有才，眼下很可用就足夠了，至於他圖謀之事能不能如願，還不是攥在自己手裡？最想知道的也是最不想知道的就是兩個兒子府裡那些內幕，都弄清楚作甚？趙達、盧洪去辦差，背後還有個劉肇盯著他們呢！睜一眼閉一眼就得了，越弄清楚越傷心。

忽然間不遠處一棵樹沙沙晃動，曹操面露驚懼：「什麼人？」

「大王，過去隻貓。」

「哦，疑心生暗鬼。」曹操心緒稍安，他剛才好像看見一個人，似是張魯，又像是崔琰！為什麼非要把崔琰置於死地呢？曹操捫心自問，是因他露版上書挑起子嗣之爭？是因他桀驁不馴剛毅犯上？是因他久掌選官，如今要改弦更張殺他以防掣肘？是因現在必須殺一個清流名門立威？還是僅僅因為他那個「事佳耳」？或許都不是，但所有這些加起來他就必死無疑了！

至於毛玠，曹操完全沒預想到會是這個結局，早知如此確實不該賭這口氣。毛玠之死讓他傷心了好久，他給毛家賜了最好的棺槨，還送了不少錢帛，又征辟毛玠之子毛機為官，希望這樣能彌補些過失。但良心怎麼彌補呢？毛玠是氣死的，也算是他間接害死的，他又一次害死了跟隨他起家打天下之人。

想到這些曹操不禁加快了腳步，不知為何他覺得夜晚的宮苑如此恐怖，彷彿到處潛伏著鬼魅。不多時，來到楸梓坊，嚴峻又停下腳步：「大王去哪位夫人那裡？」

這可真難住了曹操，去哪裡好呢？卞氏永遠是他的首選，雖說她年老色衰，可卻是最瞭解他的人。但近些年卻不行了，老夫老妻聊些什麼呢？已偽裝一天了，難道夫妻二人還要想方設法在彼此面前規避兒子的話題？都太累了。環氏悲她的沖兒，秦氏哭她的玹兒，這些為兒子而活的女人啊！至於那些貌美如花的姬妾，算了吧，他今天實在提不起枕席之歡的興趣，以後恐怕也越來越沒興趣。

「還去陳氏那裡如何？」嚴峻竟主動提議，「看看小王子？」

「哼！看小王子？」曹操伏到他耳畔，「她給你的果子最好吃，有時還給您小銀錁子，對嗎？」

嚴峻跪倒在地：「大王……」

「起來！孤說過，孤什麼都知道。」曹操直起身子喃喃道：「連她那些果子是誰送的都知道。」曹操固然寵愛陳氏，但也不至於到曹幹生下來就封侯的地步，他這麼做是因為他清楚，曹幹可能是他這輩子最後一個孩子了，「去王氏那裡。」

不知從何時起王氏那裡成了曹操的避風港，這個姬妾是他從宛城搶來的，至今無兒無女，不老也不少，更重要的是她什麼都不多說，只默默陪著他，或許這正是她最可貴之處吧！

王氏似乎料到他今晚又要來，但她沒像別的姬妾那樣忙於梳妝，而是在門前點了艾草，把蚊蟲驅趕光了，把被褥安排得舒舒服服，把水晾得不涼不熱，一切都沒得挑。王氏將嚴峻打發走，又揮退了侍女，親自為曹操沐浴更衣，扶入羅帷又為他按摩左肩、左臂。曹操的病情從未告訴過任何姬妾，李璫之膽小得像老鼠、嘴嚴得像城牆，可王氏偏偏就知道曹操的痛患在那裡，真是有心而不多言的女人。

他摟著王氏靜靜躺在榻上，雖然累卻不睏：「妳這屋裡太靜了。」

「是嗎？」王氏輕輕道：「妾身也慣了，不缺什麼。」

「我知道妳這屋裡缺什麼，缺個孩子……」

王氏似乎輕輕歎了口氣，卻沒說什麼。

「孔桂那小子說，皇甫隆尋不到了，不過另外物色了幾位奇人。有個山陽郡的人叫郤儉，會辟穀之術，據說好幾年都不吃飯。有個叫甘始的甘陵人，會駐顏之術，年近百歲卻跟五十歲一樣。還有個廬江人叫左慈，有補導之術。還有幾個人，我打算把他們都招來，若是調養好了，也讓妳生個兒子……」曹操雖這麼說卻不大有自信。

「您是不是太輕信那個孔桂了？」

「哼！孤知道他是個小人，諂媚得不能再諂媚的小人，但除了他誰能說些孤愛聽的話呢？心裡不快就罷了，難道耳癮都不能過過？」曹操摸著王氏的臉，「可憐見的，人家即便沒孩子還有親眷，妳什麼親人都沒有，我死之後妳可怎麼辦呢？」

王氏不想說這個，眨巴眨巴眼睛，故意扯開了話題：「前日姐姐又派人去看她了。」

曹操當然知道「她」是誰：「她還好嗎？」

「病了。」

「是啊，孤六十二，她比我大一歲，人不找病病找人嘍！」曹操頗感無奈。

「但還是那副脾氣，送的絹帛都不肯要。」

「嗯，她改不了，我也改不了。」曹操一想起丁氏就想到曹昂，而一想到曹昂就又想起現在的煩惱，他差點兒就問王氏該立誰為嗣，卻還是忍了回去。

王氏似乎知道他想什麼，歎道：「治國難，治家更難啊！」

曹操拍拍她肩膀：「妳還滿口都是道理，那妳再說說妳的道理，孤聽聽妳還知道多少？」

「我們女人家懂得什麼？」王氏話雖這麼說，但她實際是眾姬妾中學識最高的，甚至比卞氏高。她本出身於關中仕宦人家，亂世動盪闔家慘死，被張濟搶了去，又輾轉入曹操之手，班昭的《女誡》

她通篇能背，甚至還讀過些史書。

曹操又拍拍她肩膀：「妳呀，沒個親眷真可惜了，妳其實最會當管家婆了。」

王氏湊到他耳邊輕輕道：「管家事小，管族事大，誰是一家之主其實要看誰跟整個族裡人關係和睦。人沒有遇不到麻煩的，小到三災老病，大到田產財貨，在族裡沒個人緣，投親靠友都沒人理。若族裡兄弟和美，大家都一條心，你有難大家就都上門了。反正我就是這麼點兒小見識。」

「嘿嘿嘿，這見識不錯。」曹操回味著這番話……突然，他鬆開王氏坐了起來，腦中靈光一現！族人？曹操從來沒想過這個，他要選的繼承人不單是一家之主、一國之主，還是整個曹氏家族乃至夏侯氏家族的族長，這關係到整個家族的興衰。不！比這還重要！唯才是舉行不通，日後朝廷的走向已變了，世家大族不可避免進入朝廷，曹家、夏侯家必須也變成強大的家族，牢牢把握住軍權、財權，曹家應該是當世最強大的世家大族，足以壓制住任何高門。那麼他的繼承人就應該同時也是最能凝聚整個家族勢力的人。拋開個人才智不論，想想那些日後要予以重任的家族子弟，曹真、曹休、夏侯尚、夏侯楙等等，老大與老三誰更能凝聚這幫人呢？答案似乎早就有了……

轟隆……轟隆……

「打雷了！」王氏猛然坐起來，興奮地晃著曹操的肩膀，「大王，打雷了！打雷了！」

「打雷怎麼了？」曹操沉浸於思考，竟沒反應過來她高興什麼。

「要下雨了！」

「下雨？哎呀……」曹操顧不得穿衣服，激動地站起來，扯開帷幔衝到窗前。

「哦哦哦，下雨嘍……」滿宮的寺人宮女都高興壞了，這會兒都不再管什麼規矩，張著手臂在宮苑中跑來跑去——好辛苦、好漫長的等待，這場打破天降災異謠言的雨可算來了。

「哈哈哈……」曹操手扶窗櫺放聲大笑。可沒笑兩聲，一陣涼颼颼的大風迎面刮來，灌了他一嘴；王氏忙取過衣衫為他披上。

曹操咳嗽了兩聲抬頭再看——憋了幾個月，這場雨太大了，砸得地面劈啪直響，大風似乎要把庭院的樹木連根拔起，密集的雨點彷彿變成了白霧，電閃雷鳴隆隆不止。曹操注視著這席捲乾坤般的急雨，笑容漸漸收斂，繼而竟感到一陣莫名的恐懼。

狂風暴雨吹得滿宮樹枝搖曳，似厲鬼般張牙舞爪、閃電交替，閃得他老眼昏花天旋地轉，隆隆雷聲似是天譴，恫嚇著他的心緒。陣陣涼風捲著冰涼的水珠撲進窗來，就像飛來的箭支，似要戳在他的心上。那暴風驟雨之中，彷彿有哭泣之聲，曹操聽出來了，只有他聽得出來，那是崔琰、毛玠、張魯、路粹的哭聲，還有孔融、許攸、荀彧，他們都來討命了！

曹操一個側歪磕在窗櫺，王氏死勁攙扶，他仍坐地不起，只覺左半個身子完全麻木了。太可怕，太可怕了！他終於相信天命了，神明在向他發威！天地間一片蒼茫，從他出生以來頭一次感到如此恐怖，人絕對不能與天抗衡……

附錄一

冊魏公九錫文①

——潘勖

朕以不德，少遭閔凶，越在西土，遷於唐衛。當此之時，若綴旒然，宗廟乏祀，社稷無位；群凶覬覦，分裂諸夏，率土之民，朕無獲焉。即我高祖之命，將墜於地，朕用夙興假寐，震悼於厥心，曰：惟祖惟父，股肱先正，其孰能恤朕躬。乃誘天衷，誕育丞相。保乂我皇家，弘濟於艱難，朕實賴之。今將授君典禮，其敬聽朕命：

昔者，董卓初興國難，群后失位，以謀王室。君則攝進，首啟戎行，此君之忠於本朝也。後及黃巾，反易天常，侵我三州，延於平民，君又討之，翦除其跡，以寧東夏，此又君之功也。韓暹楊奉，專用威命，又賴君動，克黜其難。遂遷許都，造我京畿，設官兆祀，不失舊物，天地鬼神於是獲乂，此又君之功也。袁術僭逆，肆於淮南，懾憚君靈，用丕顯謀，蘄陽之役，橋蕤授首，稜威南邁，術以隕潰，此又君之功也。迴戈東指，呂布就戮，乘轅將返，張揚殂斃，眭固伏罪，張繡稽服，此又君之功也。袁紹逆常，謀危社稷，憑恃其眾，稱兵內侮。當此之時，王師寡弱，天下寒心，莫有固志，君執大節，精貫白日，奮其武怒，運諸神策，致居官渡，大殲丑類，俾我國家拯於危墜，此又君之功也。濟師洪河，拓定四州，袁譚高幹，咸梟其首，海盜奔迸，黑山順軌，此又君之功也。烏丸三種，崇亂二世，袁尚因之，逼據塞北，束馬懸車，一征而滅，此又君之功也。劉表背誕，不供貢職，王師首路，威風先逝，百城八郡，交臂屈膝，此又君之功也。馬超成宜，同惡相濟，濱據河潼，求逞所欲，殄之渭南，獻馘萬計，遂定邊境，撫和戎狄，此又君之功也。鮮卑丁零，重譯而至，箄於白屋，請吏帥職，此又君之功也。君有定天下之功，重以明德，班敘海內，宣美風俗，旁施勤教，恤慎刑獄。吏無苛政，民不懷慝，敦崇帝族，援繼絕世，舊德前功，罔不咸秩。雖伊尹格於皇天，周公光於四海，方之蔑如也。

朕聞先王並建明德，胙之以土，分之以民，崇其寵章，備其禮物，所以蕃衛王室，左右厥世也。其在周成，管蔡不靖，懲難念功，乃使邵康公錫齊太公履，東至於海，西至於河，南至於穆陵，北至於無棣，五侯九伯，實得征之，世胙太師，以表東海。爰及襄王，亦有楚人，不供王職。又命晉文，登為侯伯，錫以二輅，虎賁鈇鉞，秬鬯弓矢，大啟南陽，世作盟主。故周室之不壞，繄二國是賴。今君稱丕顯德，明保朕躬，奉答天命，導揚弘烈，綏爰九域，罔不率俾，功高乎伊周，而賞卑於齊晉，朕甚恧焉。朕以眇身，託於兆民之上，永思厥艱，若涉淵冰，非君攸濟，朕無任焉。今以冀州之河東、河內、魏郡、趙國、中山、常山、鉅鹿、安平、甘陵、平原凡十郡，封君為魏公，使使持節御史大夫慮，授君印綬冊書，金虎符第一至第五，竹使符第一至第十，錫君玄土，苴以白茅，爰契爾龜，用建冢社。昔在周室，畢公毛公，入為卿佐，周邵師保，出為二伯，外內之任，君實宜之。其以丞相領冀州牧如故。今更下傳璽，肅將朕命，以允華夏，其上故傳武平侯印綬。今又加君九錫，其敬聽朕命。以君經緯禮律，為民軌儀，使安職業，無或遷志，是用錫君大輅戎輅各一，玄牡二駟。君勸分務本，嗇民昏作，粟帛滯積，大業惟興，是用錫君袞冕之服，赤舄副焉。君敦尚謙讓，俾民興行，少長有禮，上下咸和，是用錫君軒懸之樂，六佾之舞。君翼宣風化，爰發四方，遠人回面，華夏充實，是用錫君朱戶以居。君研其明哲，思帝所難，官才任賢，群善必舉，是用錫君納陛以登。君秉國之鈞，正色處中，纖毫之惡，靡不抑退，是用錫君虎賁之士三百人。君糾虔天刑，章厥有罪，犯關干紀，莫不誅殛，是用錫君鈇鉞各一。君龍驤虎視，旁眺八維，揜討逆節，折衝四海，是用錫君彤弓一，彤矢百，玈弓十，玈矢千。君以溫恭為基，孝友為德，明允篤誠，感乎朕思，是用錫君秬鬯一卣，珪瓚副焉。魏國置丞相以下群卿百寮，皆如漢初諸侯王之制。往欽哉，敬服朕命！簡恤爾眾，時亮庶功，用終爾顯德，對揚我高祖之休命！

---

① 此文為天子詔書，潘勖代草，今存兩個版本：一在陳壽《三國志・魏書》第一卷，一在南朝蕭統《昭明文選》第三十五卷。兩者相較《文選》所錄更為豐富，但許多語句與建安二十一年天子詔書相同，故不採納。以上為《三國志》版本。

附錄二

秋胡行

——曹操

【一】

晨上散關山，此道當何難！
牛頓不起，車墮谷間。
坐磐石之上，彈五弦之琴。
作為清角韻，意中迷煩。
歌以言志，晨上散關山。

有何三老公，卒來在我旁。
負掩被裘，似非恆人。
謂卿云何困苦以自怨，徨徨所欲，來到此間？

歌以言志，有何三老公。

我居昆崙山，所謂者真人。
道深有可得，名山歷觀。
遨遊八極，枕石漱流飲泉。
沉吟不決，遂上升天。
歌以言志，我居昆崙山。

去去不可追，長恨相牽攀。
夜夜安得寐，惆悵以自憐。
正而不譎，辭賦依因。
經傳所過，西來所傳。
歌以言志，去去不可追。

【二】

願登泰華山，神人共遠遊。
經歷崑崙山，到蓬萊。
飄遙八極，與神人俱。

思得神藥，萬歲為期。
歌以言志，願登泰華山。

天地何長久！人道居之短。
世言伯陽，殊不知老；
赤松王喬，亦云得道。
得之未聞，庶以壽考。
歌以言志，天地何長久！

明明日月光，何所不光昭！
二儀合聖化，貴者獨人不？
萬國率土，莫非王臣。
仁義為名，禮樂為榮。
歌以言志，明明日月光。

四時更逝去，晝夜以成歲。
大人先天而天弗違。不戚年往，憂世不治。
存亡有命，慮之為蚩。
歌以言志，四時更逝去。

戚戚欲何念！歡笑意所之。
壯盛智愚，殊不再來。
愛時進趣，將以惠誰？
泛泛放逸，亦同何為！
歌以言志，戚戚欲何念！

附錄三

進魏公爵為魏王詔①

——劉協（漢獻帝）

自古帝王，詔雖號稱相變，爵等不同，至乎褒崇元勳，建立功德，光啟氏姓，延於子孫，庶姓之與親，豈有殊焉。昔我聖祖受命，創業肇基，造我區夏，鑒古今之制，通爵等之差，盡封山川，以立藩屏，使異姓親戚，並列土地，據國而王，所以保以天命，安固萬嗣。歷世承平，臣主無事。

世祖中興，而時有難易，是以曠年數百，無異姓諸侯王之位。朕以不德，繼序弘業，遭率土分崩，群凶縱毒，自西徂東，辛苦卑約。當此之際，唯恐溺入於難，以羞先帝之聖德。賴皇天之靈，俾君秉義奮身，震迅神武，捍朕於艱難，獲保宗廟，華夏遺民，含氣之倫，莫不蒙焉。君勤過稷、禹，忠侔伊、周，而掩之以謙讓，守之以彌恭，是以往者初開魏國，錫君土宇，懼君之違命，慮君之固辭，故且懷志屈意，封君為上公，欲以欽順高義，須俟動績。韓遂、宋建南結巴、蜀，群逆合從，圖危社稷，君復命將，龍驤虎奮，梟其元首，屠其窟棲。暨至西征，陽平之役，親擐甲冑，深入險阻，芟夷蝥賊，殄其凶醜，蕩定西陲，懸旌萬里，聲教遠振，寧我區夏。蓋唐、虞之盛，三後樹功，文、武之興，旦、奭作輔，二祖成業，英豪佐命。

夫以聖哲之君，事為己任，猶錫土班瑞以報功臣，豈有如朕寡德，仗君以濟，而賞典不豐，將何以答神祇慰萬方哉？今進君爵為魏王，使使持節行御史大夫、宗正劉艾奉策璽玄土之社，苴以白茅，金虎符第一至第五，竹使符第一至十。君其正王位，以丞相領冀州牧如故。其上魏公璽綬符冊。敬服朕命，簡卹爾眾，克綏庶績，以揚我祖宗之休命。

① 此文為天子詔書，作者不詳。原始史料出於《三國志・魏書》第一卷裴松之注，引《獻帝紀》，《全後漢文》歸為漢獻帝劉協親擬。民間又有尚書令鍾繇所草之說，《三國演義》取之，並無實據。

INK PUBLISHING

從前 37

卑鄙的聖人 曹操9
千古之謎，曹操為何棄曹植立曹丕

作　　者　王曉磊
總 編 輯　初安民
導　　讀　陳明哲
責任編輯　孫家琦　陳健瑜
美術編輯　陳淑美　黃昶憲
校　　對　孫家琦

發 行 人　張書銘
出　　版　INK 印刻文學生活雜誌出版有限公司
新北市中和區建一路249號8樓
電話：02-22281626
傳真：02-22281598
e-mail:ink.book@msa.hinet.net
網　　址　舒讀網 http://www.sudu.cc

法律顧問　巨鼎博達法律事務所
施竣中律師
總 代 理　成陽出版股份有限公司
電話：03-3589000（代表號）
傳真：03-3556521
郵政劃撥　19785090 印刻文學生活雜誌出版有限公司
印　　刷　海王印刷事業股份有限公司

港澳總經銷　泛華發行代理有限公司
地　　址　香港新界將軍澳工業邨駿昌街7號2樓
電　　話　852-2798-2220
傳　　真　852-2796-5471
網　　址　www.gccd.com.hk

出版日期　2018年 9 月 初版
ISBN　978-986-387-214-6
定　　價　380元

國家圖書館出版品預行編目(CIP)資料

卑鄙的聖人 ： 曹操. 9：千古之謎，曹操為何棄曹植立曹丕 /
王曉磊著. -- 初版 --新北市 ： INK印刻文學，2018. 09
面；　17 × 23公分. -- （從前：37）
ISBN 978-986-387-214-6（平裝）

1.（三國）曹操 2.傳記 3.三國史

782.824　　106021336